李克强　龙远蔚　刘小珉 / 主编

Chinese Household
Ethnicity Survey
2013

中国少数民族地区
经济社会住户调查 2013

社会科学文献出版社
SSAP
SOCIAL SCIENCES ACADEMIC PRESS (CHINA)

序　言

我国是一个统一的多民族国家，少数民族人口约为1.1197亿人，占全国人口总数的8.49%，这是一个非常庞大的人口基数。我国的少数民族主要分布在西部，民族自治地方面积为611.73万平方公里，占国土总面积的63.72%。少数民族和民族地区是我国经济社会发展非常重要的组成部分，在国家经济社会发展全局中占有极其重要的地位。

根据“木桶理论”，全面建成小康社会、实现中华民族伟大复兴的“中国梦”，重点在少数民族地区，难点也在少数民族地区。少数民族和民族地区经济社会的发展，不仅是区域经济社会发展问题，同时也是政治问题（民族区域自治），其不可避免地涉及民族关系、宗教信仰、民族文化的保护和传承、民族文化的多样性等问题，以及跨界民族可能形成的国际问题。民族自治地方在生态环境建设、减少贫困人口、维护民族团结和社会稳定、巩固边疆等方面负有更重要的责任，以资源开发为推动力的经济增长模式也面临着可持续发展等问题。因此，少数民族和民族地区经济社会的发展吸引了越来越多国内外学者的关注。

自20世纪80年代初民族经济研究在我国兴起，民族经济学界就一直把少数民族和民族地区经济社会发展作为学科的主要研究方面。本文主要从两个方面展开论述。

其一是从经济学视角探讨少数民族地区的经济社会发展问题。“少数民族地区”或“民族地区”往往是“民族自治地方”，因此这方面的研究具有明显的政治内涵，关注的重点是经济利益的合理分配，强调扶持落后地区的发展等，类似于特殊的区域经济研究。其缺陷在于：少数民族人口仅占民族地区人口的一部分，民族地区经济的发展并不等于少数民族的发展。实际上，在很多少数民族地区，拉动地区经济增长的现代经济与少数民族经济活动的关联度很低，一些少数民族甚至游离在地区经济发展的进程之外。费孝通先生曾批评过这种忽视少数民族发展的做法："不少在少数民族地区兴建的大型国营企业根本没有考虑到和当地少数民族联系，甚至眼中只有这地方的资源，而忘了还有生活在这个地方的人"。缺乏对少数民族的统计数据，则是造成这种结果的主要原因。在缺乏数据的情况下，用统计部门提供的民族地区统计数据来反映少数民族经济发展的状况，也就成为很多学者不得已的选择。

其二是运用民族学与人类学的方法，对少数民族和民族地区经济社会发展进行案例研究。民族学与人类学的研究方法主要是通过乡村或社区调查，以剖析案例的方式反映一定社区的文化现象，以"以小见大"的方式来剖析社会。将其研究方法运用于微观经济研究，尤其是乡村、企业的微观研究，可以深层次地揭示乡村经济或企业的运行规律或状态，在微观研究方面要比经济学的研究更为详细和扎实。这也是民族经济研究的重要特征。此外，运用民族学与人类学方法探讨少数民族和民族地区经济社会发展，也催生出了"经济人类学""企业人类学"等新兴学科。其缺陷在于：经济研究是以量化分析为基础，仅依靠案例剖析来分析经济现象是远远不够的，亦是不科学的。

现代社会进入了大数据时代，哈佛大学社会学教授加里·金说："这是一场革命，庞大的数据资源使得各个领域开始了量化进程，无论学术界、商界还是政府，所有领域都将开始这种进程。"在现代经济社会发展中，大数据已然成为人们生活的重要组成部分，无论是日常决策还是战略规划都将越来越依赖基于数据的分析，它不仅强调各变量之间的因果关系，更强调变量间的相关关系。为解决研究少数民族和民族地区经济社会发展缺乏数据的问题，中央民族大学经济学院与中国社会科学院民族学与人类学研究所民族经济研究室共同组织了"中国西部少数民族地区经济社会问卷调查"课题组，目的是为研究少数民族地区经济社会发展问题提供可靠的数据支持，同时通过对调查数据的挖掘和分析为少数民族地区经济社会发展提供理论基础。

我们的调查问卷内容丰富，涉及经济、社会、文化、教育、人口、公共服务等多个领域。为了让问卷设计更科学、更合理，课题组在调查问卷设计过程中，咨询了诸多不同领域的国际、国内知名学者，并得到他们的大力支持。他们分别是瑞典哥德堡大学的 Bjorn Gustafsson 教授、日本一桥大学的佐藤宏教授、美国明尼苏达大学的 Samuel Myers 教授、法国里昂大学的 Sylvie Demurger 教授、英国牛津大学的 John Knight 教授、北京师范大学的李实教授以及中国社会科学院民族学与人类学研究所、中央民族大学、云南民族大学、内蒙古师范大学等十余名国内学者。其中李实教授和佐藤宏教授对问卷设计发挥了重要作用。

2012 年 3 ~6 月，在各级地方政府的大力支持和帮助下，课题组完成了对新疆维吾尔自治区、内蒙古自治区、宁夏回族自治区、青海省、广西壮族自治区、贵州省黔东南苗族侗族自治州、湖南省等七个省区的城镇和农村家庭调查。共获得家庭总样本 10516 户，涉及个人总样本 41733 人。其中，内蒙古自治区、宁夏回族自治区、新疆维吾尔自治区和青海省等西北四省区的城乡样本 5970 户，占家庭样本总量的 56.8%；涉及个人样本 22754 人，占个人样本总量的 54.5%。广西壮族自治区、湖南省和贵州省黔东南苗族侗族自治州等西（中）南三省区的城乡样本 4546 户，占家庭样本总量的 43.2%；涉及个人样本 18979 人，占个人样本总量的 45.5%。农村调查还包括行政村的调查，七个省区共调查了 757 个行政村，其中西北 433 个，占行政村样本总量的 57.20%；西南和中南地区 324 个，占行政村样本总量的 42.80%。调查样本涵盖了七个省区的 53 个地级市（地区、盟、自治州）、81 个县（自治县、旗、区）。在农村调查样本中，少数民族家庭占 62.81%；在城镇调查样本中，少数民族家庭占 44.78%。调查数据覆盖全面，代表性强，涵盖了七个省区实行民族区域自治的主体民族。2013 年 7 月，经过中国社会科学院调查与数据中心的专家评审，课题组的问卷调查数据获得了中国社会科学院调查与数据中心的后期资助。

本书是课题组根据上述问卷调查数据形成的描述性分析报告，反映的是 2011 年七个民族省区城镇、农村个人及家庭样本的全面情况，旨在为学界同仁探讨少数民族和民族地区经济社会发展提供数据支持，同时也可以为政府相关部门的决策提供参考。

本书在利用数据库进行统计描述时，没有对数据库的缺失值进行处理。受缺失值的影响，部分变量如民族、性别、年龄、受教育程度和地区等的样本量不一致，因此，总样本量与如民族、性别、年龄、受教育程度和地区等的汇总样本量可能会出现不一致的情况。但这并不影响我们对被调查的民族七省区总体情况的分析。

全书共分为九章和序言及附录。

第一章为“西部民族地区经济社会状况家庭调查数据概述”，主要介绍调查样本的选择和问卷调查的主要内容。调查样本的抽样采用城乡分层随机抽样的方法，强调对各个地区主体民族的家庭调查，同时考虑到使用数据分析研究时所需要的民族聚居区和非民族聚居区、不同自然地理条件、经济社会发展水平的差异等，概述了调查样本的地区分布、民族分布以及年龄、性别和家庭规模分布情况等方面内容。调查问卷的内容涉及城乡居民家庭收入和支出，家庭成员就业或失业状况，农村劳动力流动、教育、时间使用、社会保障、主观意愿等方面，城镇和农村的问卷力求保持统一。

第二、第三章分别对农村、城镇居民家庭的收入水平、收入来源，城乡居民家庭的支出、支出结构进行了描述，分析了七省区不同民族和地区之间的收入分配差异，并运用基尼系数、泰尔指数和阿特金森不平等系数等对不同民族和地区之间的收入分配、消费支出差距进行了探讨，得出了一些很有意义的结论。

第四、第五章分别对七省区城镇、农村劳动力就业情况进行了描述性分析。主要从地区、民族和性别三个方面探讨了七省区城镇劳动力就业的稳定性（固定职工、长期合同工、短期或临时工、私营或个体经营人员分别占城镇总就业人口的比例）、在职人员的职业类型和行业类型分布、城乡劳动力获得工作的途径、私营或个体经营人员的资金来源，分析了不同地区、不同民族和不同性别之间城乡劳动力的就业差异，对农村劳动力外出务工的意愿、外出务工渠道、就业分布等方面进行了数据描述分析。

第六章主要统计描述了七省区城镇和农村的教育状况。从城镇、农村以及城乡差异三个方面对语言能力、受教育程度和语言教育情况进行描述统计，并对这些指标进行不同民族和不同省区之间的比较，探讨七省区城镇、农村居民家庭的教育差异。

第七章对七省区公共服务情况进行了数据描述。分别对农村修路工程、水利排灌工程、小学及小学设施、其他教育事业、乡村医疗点及设施和人畜饮水工程等方面的数据进行统计和差异性分析，并对七省区村级基础教育、留守儿童托管机构及医疗卫生条件进行了现状描述。

第八章为主观性问题分析。主要统计描述了七省区被访者对有关主观性问题的回答，包括农村和城镇被访者的调查统计。问及的内容包括被访者的收入满意度、对收入差距的看法、对民族交往和民族政策的看法以及对子女受教育程度的期望等。问题设计涵盖了农村、城镇各族人民关于家庭经济生活、社会文化以及子女教育方面主观态度的方方面面，对于进一步了解民族七省区经济社会方面的问题有重要借鉴意义。

第九章主要统计描述了七省区儿童的语言、教育和健康状况。分别对儿童语言知晓率，语言沟通能力，语言读写能力，获取信息能力，语言教育经历，父母培养意愿，儿童的身体和心理健康情况，生病或受伤影响正常生活、工作、上学状况，青年（15~24岁）饮酒、吸烟状况进行描述统计，并对这些指标进行不同民族、不同省区之间的比较分析。

对少数民族和民族地区进行一定规模的经济社会发展调查，不仅耗资巨大，而且还需要克服许多难以想象的困难。本次调查的一个重要缺陷在于调查点中没有包括云南省和西藏自治区这两个重要的少数民族聚居区。我们只能期望在有限的条件下做到最好，至少能够反映大多数少数民族和民族地区的经济社会发展状况。微观数据调查是学术研究的基础，只有从微观数据中才能发现我们所关心、研究的问题的答案，数据是不会说谎的，只有基于数据建立起来的理论才是坚实的，让人信服的，没有数据的结论只能是主观猜想和臆断。为此，我们期望更多的学界同仁参与调查研究工作，为少数民族和民族地区的经济社会发展提供更大样本量的数据支撑。

课题组

2014年6月

目　录

第一章　西部民族地区经济社会状况家庭调查数据概述

西部民族地区经济社会状况家庭调查数据（2011 年）（Chinese Household Ethnicity Survey 2011）是来自对新疆维吾尔自治区、内蒙古自治区、宁夏回族自治区、广西壮族自治区、青海省、贵州黔东南苗族侗族自治州和湖南七个地区的城镇、农村家庭调查。本次调查由中央民族大学经济学院和中国社会科学院民族学与人类学研究所民族经济研究室于 2012 年 6 月共同完成。调查期间，得到了七个地区各级政府的大力帮助。调查样本的选择采用国家统计局的城乡分层随机抽样方法，强调对各个地区主体民族的家庭调查，同时考虑到使用数据分析研究时所需要的民族聚居区和非民族聚居区、不同自然地理条件、经济社会发展水平的差异等。调查问卷的内容涉及城乡居民家庭收入和支出，家庭成员就业或失业状况，农村劳动力流动、教育、时间使用、社会保障、主观意愿等方面，城镇和农村的问卷力求保持统一。

一　调查样本的分布情况

西部民族地区经济社会状况家庭调查（2011 年）包括了七个地区的农村和城镇，家庭总样本共 10516 户，涉及个人总样本 41733 人。其中内蒙古自治区、宁夏回族自治区、新疆维吾尔自治区和青海省等西北四省区的城乡样本 5970 户，占家庭总样本量的 56.8%；涉及个人总样本 22754 人，占个人总样本量的 54.5%。广西壮族自治区、湖南省和贵州省黔东南苗族侗族自治州等西（中）南三省区的农村和城镇家庭总样本 4546 户，占家庭总样本量的 43.2%；涉及个人样本 18979 人，占个人样本总量的 45.5%。农村调查还包括行政村的调查，七个地区共调查了 757 个行政村，其中西北

433个，占行政村总样本量的57.20%，西南和中南地区有324个，占行政村总样本量的42.80%。

表1－1　分地区的农村样本分布

地　区	县（个）	所占比例（%）	行政村样本量（个）	所占比例（%）	家庭样本量（户）	所占比例（%）	个人样本量（人）	所占比例（%）
七个地区	81	100	757	100	7257	100	31671	100
西北地区	40	49.38	433	57.20	4020	55.39	16862	53.24
内蒙古	13	16.05	103	13.61	1050	14.47	3653	11.53
宁夏	9	11.11	97	12.81	970	13.37	4224	13.34
青海	10	12.35	133	17.57	1000	13.78	4867	15.37
新疆	8	9.88	100	13.21	1000	13.78	4118	13.00
西南和中南地区	41	50.62	324	42.80	3237	44.61	14809	46.76
湖南	14	17.28	101	13.34	1007	13.88	4516	14.26
广西	11	13.58	103	13.61	1030	14.19	4806	15.17
贵州黔东南	16	19.75	120	15.85	1200	16.54	5487	17.32

注：调查单位是家庭，个人样本是被调查家庭成员。

表1－2　分地区的城镇样本分布

地　区	市（个）	所占比例（%）	家庭样本量（户）	所占比例（%）	个人样本量（人）	所占比例（%）
七个地区	53	100	3259	100	10062	100
西北地区	28	52.83	1950	59.83	5892	58.56
内蒙古	9	16.98	450	13.81	1320	13.12
宁夏	7	13.21	500	15.34	1562	15.52
青海	8	15.09	500	15.34	1494	14.85
新疆	4	7.55	500	15.34	1516	15.07
西南和中南地区	25	47.17	1309	40.17	4170	41.44
湖南	14	26.42	499	15.31	1686	16.76
广西	7	13.21	500	15.34	1561	15.51
贵州黔东南	4	7.55	310	9.51	923	9.17

注：调查单位是家庭，个人样本是被调查家庭成员。

表1-1、表1-2给出了西部民族地区经济社会状况家庭调查（2011年）（Chinese Household Ethnicity Survey 2011）中城市和农村调查样本分布的总体状况以及内蒙古、宁夏、青海、新疆、广西、湖南和贵州黔东南地区的具体样本分布。本次调查共涵盖了七个地区的81个县、53个市。

（1）内蒙古自治区调查地点

内蒙古自治区下辖12个地级市（盟）、52个旗（自治旗）、17个县、11个盟（市）辖县级市、21个区[①]。本次调查集中在通辽市、鄂尔多斯市和赤峰市的15个县级单位。

内蒙古自治区的城市调查点包括了通辽市8个县级单位中的6个，分别是科尔沁区、科尔沁左翼中旗、科尔沁左翼后旗、开鲁县、库伦旗、奈漫旗；鄂尔多斯市8个县级单位中的达拉特旗和乌审旗；赤峰市12个县级单位中的林西县。

内蒙古自治区的农村调查点包括了赤峰市的巴林左旗、巴林右旗、林西县、宁城县；通辽市的科尔沁区、科尔沁左翼中旗、科尔沁左翼后旗、开鲁县、库伦旗、奈漫旗；鄂尔多斯市的东胜区、鄂托克旗、杭锦旗。

（2）宁夏回族自治区调查地点

宁夏回族自治区下辖银川市、石嘴山市、吴忠市、固原市、中卫市，22个县级单位[②]。本次调查在宁夏回族自治区的覆盖较为广泛，具有代表性。

宁夏回族自治区的城市调查点包括了银川市6个县级单位中的永宁县、西夏区、兴庆区、金凤区，在数据清理中统一为银川市；吴忠市5个县级单位中的盐池县、同心县、青铜峡市；固原市5个县级单位中的隆德县、泾源县；中卫市3个县级单位中的海原县。

宁夏回族自治区的农村调查点包括了银川市的永宁县；石嘴山市的平罗县；吴忠市的盐池县、同心县、青铜峡市；固原市的西吉县、隆德县、泾源县；中卫市的海原县。

（3）青海省调查地点

青海省共有8个地区级行政单位，46个县级行政单位[③]。本次调查涉

① 内蒙古自治区统计局：《内蒙古统计年鉴（2012）》，中国统计出版社，2012。

② 宁夏回族自治区统计局、国家统计局宁夏调查总队：《宁夏统计年鉴（2012）》，中国统计出版社，2012。

③ 青海省统计局、国家统计局青海调查总队：《青海统计年鉴（2012）》，中国统计出版社，2012。

及的地区有5个，分别为西宁市、海东地区、海北藏族自治州、海南藏族自治州、海西蒙古族藏族自治州。

青海省的城市调查点包括了西宁市7个县级单位中的4个，即城东区、城中区、城西区、城北区；大通回族土族自治县；海东地区6个县级单位中的平安县；海南藏族自治州5个县级单位中的共和县；海西蒙古族藏族自治州8个县级单位中的格尔木市。

青海省的农村调查点包括了西宁市的大通回族土族自治县、湟源县；海北藏族自治州的门源回族自治县；海南藏族自治州的同仁县、尖扎县；海南藏族自治州的共和县；海东地区的民和回族土族自治县、互助土族自治县、化隆回族自治县、循化撒拉族自治县。

（4）新疆维吾尔自治区调查地点

新疆维吾尔自治区共有16个地区级行政单位，98个县级行政单位①。本次抽取了7个调查点，即昌吉回族自治州、伊犁哈萨克自治州、喀什地区、吐鲁番地区、阿克苏地区、和田地区、阿勒泰地区。

新疆维吾尔自治区的城市调查点包括了昌吉回族自治州的昌吉市；伊犁哈萨克自治州的伊宁市、阿勒泰市；喀什地区的喀什市。

新疆维吾尔自治区的农村调查点包括了吐鲁番地区的吐鲁番市、昌吉回族自治州的玛纳斯县、奇台县；阿克苏地区的库车县；喀什地区的疏附县；和田地区的和田市；伊犁哈萨克自治州的额敏县、阿勒泰地区的福海县。

（5）广西壮族自治区调查地点

广西壮族自治区共有14个地区级行政单位，109个县级单位②。本次调查点包括了11个地区，分别为南宁市、柳州市、桂林市、北海市、防城港市、来宾市、崇左市、梧州市、玉林市、百色市、河池市。

广西壮族自治区的城市调查点包括了南宁市的横县；柳州市的融安县；桂林市的兴安县；北海市的合浦县、防城港市的防城区；来宾市的金秀瑶族自治县；崇左市的江州区。

广西壮族自治区的农村调查点有南宁市的武鸣县；柳州市的融水苗族

---

① 新疆维吾尔自治区统计局、国家统计局新疆调查总队：《新疆维吾尔自治区统计年鉴2012年》，中国统计出版社，2012。

② 广西壮族自治区统计局、国家统计局广西调查总队：《广西壮族自治区统计年鉴2012年》，中国统计出版社，2012。

自治县、三江侗族自治县；桂林市的恭城瑶族自治县；梧州市的藤县；北海市的合浦县；玉林市的博白县；百色市的隆林各族自治县；河池市的罗城仫佬族自治县、大化瑶族自治县；崇左市的天等县。

（6）湖南省调查地点

湖南省共有 14 个地区级行政单位，122 个县级单位①。湖南省位于我国中部，少数民族比例低于西部民族八省区②，但为了比较不同地区的经济社会发展状况，本次调查特选了位于中南的湖南省，并主要集中在湖南少数民族聚居的地区。本次调查的地区有湘西土家族苗族自治州、邵阳市、永州市和怀化市。

湖南省的城市调查点包括了邵阳市的绥宁县、城步苗族自治县；永州市的江华瑶族自治县；怀化市的沅陵县、辰溪县、麻阳苗族自治县、新晃侗族自治县、靖州苗族侗族自治县、通道侗族自治县；湘西土家族苗族自治州的泸溪县、凤凰县、花垣县、古丈县、永顺县。

湖南省的农村调查点包括了邵阳市的俀宁县、城步苗族自治县；永州市的江华瑶族自治县；怀化市的沅陵县、辰溪县、麻阳苗族自治县、新晃侗族自治县、靖州苗族侗族自治县、通道侗族自治县；湘西土家族苗族自治州的泸溪县、凤凰县、保靖县、古丈县、永顺县。

（7）贵州黔东南苗族侗族自治州调查地点

贵州黔东南苗族侗族自治州共有 16 个县级单位。城市调查点集中在凯里市、镇远县、锦屏县和麻将县，农村调查点涵盖了所有的 16 个县级单位，分别为凯里市、黄平县、施秉县、三穗县、镇远县、岑巩县、天柱县、锦屏县、剑河县、台江县、黎平县、榕江县、从江县、雷山县、麻江县、丹寨县。

二　调查样本的民族分布情况

西部民族地区经济社会状况家庭调查（2011 年）侧重于对少数民族地区和少数民族族群的研究，因此少数民族样本总量要达到学术分析研究的

① 湖南省统计局、国家统计局湖南调查总队：《湖南省统计年鉴 2012 年》，中国统计出版社，2013。

② 目前，民族学界将新疆、宁夏、广西、内蒙古、西藏五个民族自治区和云南、贵州、青海三省简称为民族八省区。

要求。根据2010年全国人口普查的数据，我国少数民族人口占全国总人口的8.49%。在我们调查的七个地区中，内蒙古自治区少数民族人口占自治区总人口的20.46%；青海省少数民族人口占全省总人口的46.98%；宁夏回族自治区少数民族人口比例为35.15%；新疆维吾尔自治区少数民族人口比例为59.52%；湖南省少数民族人口比例为9.97%；广西壮族自治区少数民族人口比例为37.17%；贵州省少数民族人口比例为35.7%，其中黔东南苗族侗族自治州少数民族人口占78.27%[①]。本次调查中城镇和农村个人样本在100人以上的少数民族及其在全国少数民族人口排名的情况分别为：位居第一的壮族、位居第二的回族、位居第四的维吾尔族、位居第五的苗族、位居第七的土家族、位居第八的藏族、位居第九的蒙古族、位居第十的侗族、位居第十一的布依族、位居第十二的瑶族、位居第十六的黎族、位居第十七的哈萨克族、位居第二十八的土族、位居第二十九的仫佬族、位居第三十四的撒拉族。

（一）西部民族地区农村汉族和少数民族不同族别的样本分布

少数民族聚居区在西部民族地区的农村更为集中，且大部分少数民族也分布在西部的农村地区。因而在本次调查中，农村家庭样本总量是城镇家庭样本总量的2倍；农村个人样本总量是城镇个人样本总量的3倍。

表1-3　农村汉族和少数民族分布情况

单位：人，%

地　区	汉族样本量	所占比例	少数民族样本量	所占比例	合　计
七个地区	11474	37.19	19380	62.81	100
西北地区	7832	47.68	8593	52.32	100
内蒙古	2740	75.71	879	24.29	100
宁夏	2170	52.30	1979	47.70	100
青海	1762	37.24	2970	62.76	100
新疆	1160	29.55	2765	70.45	100
西南和中南地区	3642	25.24	10787	74.76	100

① 参见2010年人口普查资料。

续表

地　区	汉族样本量	所占比例	少数民族样本量	所占比例	合　计
广西	1614	34.22	3103	65.78	100
湖南	1072	24.60	3286	75.40	100
贵州黔东南	956	17.86	4398	82.14	100

从表1－3可看出，本次调查样本中农村少数民族的个人样本量超出农村汉族的个人样本量，所占比例为62.81%。西北地区的农村汉族和农村少数民族样本量比例相对平衡，西南和中南地区的农村少数民族样本量比例偏高，达到了74.76%。七个地区农村个人样本量在100人左右或以上的15个少数民族分别是：苗族、回族、侗族、维吾尔族、壮族、藏族、蒙古族、土家族、瑶族、撒拉族、哈萨克族、仫佬族、土族、布依族和黎族。

蒙古族是内蒙古自治区的主体少数民族，其农村个人样本量是838人，所占比例为23.16%；农村汉族个人样本量是2740人，所占比例为75.71%。

藏族、回族、土族、撒拉族是青海省农村调查样本中样本量在100人以上的少数民族。其中藏族个人样本量为1480人，所占比例是31.28%；回族个人样本量为884人，所占比例是18.68%；土族个人样本量为155人，所占比例为3.28%；撒拉族个人样本量为444人，所占比例为9.38%。

宁夏回族自治区的回族是当地主体少数民族，农村回族个人样本量为1919人，所占比例为46.25%；农村汉族个人样本量为2170人，所占比例为52.30%。

新疆维吾尔自治区的维吾尔族农村个人样本量为2263人，所占比例为57.66%；哈萨克族的农村个人样本量为339人，所占比例为8.64%；新疆农村的汉族个人样本量是1160人，所占比例是29.55%。

广西壮族自治区调查样本中除了壮族和汉族之外，还包括了样本量在100人以上的瑶族、苗族、侗族和仫佬族。其中，壮族农村个人样本量为1730人，所占比例为36.68%；汉族农村个人样本量为1614人，所占比例是34.22%；瑶族农村个人样本量是434人，所占比例是9.2%；苗族农村个人样本量为399人，所占比例为8.46%；侗族农村个人样本量是257人，所占比例达到了5.45%；仫佬族农村个人样本量是185人，所占比例是3.92%。

湖南省的调查样本除汉族外，主要包括了苗族、土家族、侗族、瑶族。其中，苗族的农村个人样本量最多，为1500人，所占比例为34.42%；汉族农村个人样本量为1072人，所占比例为24.60%；土家族的农村个人样本量为736人，所占比例为16.89%；侗族农村个人样本量为712人，所占比例是16.34%；瑶族农村个人样本量为245人，所占比例为5.62%。

贵州黔东南苗族侗族自治州的调查样本中，苗族农村个人样本量最多，达2634人，所占比例为49.20%；侗族农村个人样本量为1439人，所占比例为26.88%；汉族农村个人样本量为956人，所占比例为17.86%。

（二）西部民族地区城镇汉族和少数民族不同族别的样本分布

2010年全国人口普查数据公布了全国和31个省区的少数民族人口比例，但没有公布城乡人口中少数民族人口的比例。但众所周知，城镇少数民族人口的比例低于农村少数民族人口的比例。本次调查中七个地区的城镇少数民族样本比例为44.78%，比汉族样本比例低10个百分点。这与农村调查样本情况有明显的差异。七个地区城镇少数民族样本量在100人以上的民族有10个，分别为壮族、回族、蒙古族、维吾尔族、藏族、苗族、侗族、瑶族、土家族、哈萨克族。

表1-4　城镇汉族和少数民族分布情况

单位：人，%

地　区	汉族样本量	所占比例	少数民族样本量	所占比例	合　计
七个地区	5478	55.22	4443	44.78	100
西北地区	3353	57.72	2456	42.28	100
内蒙古	781	60.83	503	39.17	100
宁夏	821	53.07	726	46.93	100
青海	1099	73.86	389	26.14	100
新疆	652	43.76	838	56.24	100
西南和中南地区	2125	51.68	1987	48.32	100
广西	1069	69.06	479	30.94	100
湖南	713	43.29	934	56.71	100
贵州黔东南	343	37.40	574	62.60	100

表1－4给出的数据表明，西北、西南和中南地区的少数民族人口比例差异不大，且都与汉族样本比例相差不太大，样本较为均衡。分地区看，贵州黔东南、湖南和新疆的城镇少数民族样本比例偏高。以下为七个地区不同民族的样本分布。

内蒙古自治区的蒙古族城镇个人样本量为460人，所占比例为35.83%；汉族城镇个人样本量为781人，所占比例为60.83%。

青海省城镇的汉族个人样本量为1099人，所占比例为73.86%；回族城镇个人样本量为159人，所占比例为10.69%；藏族城镇个人样本量是125人，所占比例为8.40%。

宁夏回族自治区城镇汉族个人样本量为821人，所占比例是53.07%；回族城镇个人样本量为686人，所占比例是44.34%。

新疆维吾尔自治区城镇汉族个人样本量为652人，所占比例为43.76%；维吾尔族个人样本量为499人，所占比例是33.49%；哈萨克族个人样本量为186人，所占比例是12.48%。

湖南省城镇汉族个人样本量为713人，所占比例为43.29%；苗族个人样本量为466人，所占比例28.29%；土家族样本量256个，所占比例15.54%；侗族个人样本量为125人，所占比例是7.59%。

广西壮族自治区城镇汉族个人样本量为1069人，所占比例达69.06%；壮族城镇个人样本量是312人，所占比例为20.16%。

贵州黔东南苗族侗族自治州的城镇汉族个人样本量为343人，所占比例为37.40%；苗族城镇个人样本量为310人，所占比例是33.81%；侗族城镇个人样本量是167人，所占比例为18.21%。

三　调查样本的年龄、性别、家庭规模分布情况

根据2010年人口普查数据，全国人口中男性与女性的比例是104.90∶100。其中，乡村人口中男性与女性的比例为104.87∶100。内蒙古乡村人口中男性与女性的比例是112.11∶100；宁夏为105∶100；青海为106.8∶100；新疆为108.13∶100；广西为109.45∶100；湖南为107.07∶100。[①] 表1－

① 国务院人口普查办公室、国家统计局人口和就业统计司：《中国2010年人口普查资料》，中国统计出版社，2012。

5 中的数据表明，与 2010 年人口普查数据相比，2011 年农村调查数据中除了内蒙古的性别比与之相差 12.05 个百分点外，其他六个省区的性别比与之相差均不太大。另外，除了新疆、贵州的农村汉族性别比低于少数民族外，内蒙古、宁夏、青海、广西及湖南的农村汉族性别比高于少数民族；但七个地区总体上少数民族性别比值略高于汉族。

表 1－5　农村调查样本性别和家庭规模分布

单位：人，%

地　区	全部样本量				汉族样本量				少数民族样本量			
	男性	女性	性别比（女性＝100）	家庭规模	男性	女性	性别比（女性＝100）	家庭规模	男性	女性	性别比（女性＝100）	家庭规模
七个地区	16126	14723	109.53	4.9	5979	5495	108.81	4.5	10147	9228	109.96	5.1
西北地区	8360	8061	103.71	4.8	4006	3826	104.70	4.2	4354	4235	102.81	5.2
内蒙古	1810	1809	100.06	3.9	1397	1343	104.02	3.7	413	466	88.63	4.2
宁夏	2113	2036	103.78	4.9	1122	1048	107.06	4.6	991	988	100.30	5.1
青海	2439	2290	106.51	5.5	917	845	108.52	4.9	1522	1445	105.33	5.9
新疆	1998	1926	103.74	4.6	570	590	96.61	3.8	1428	1336	106.89	4.8
西南和中南地区	7766	6662	116.57	5.0	1973	1669	118.21	5.1	5793	4993	116.02	5.0
广西	2512	2204	113.97	5.1	882	732	120.49	5.3	1630	1472	110.73	4.9
湖南	2311	2047	112.90	4.9	577	495	116.57	4.9	1734	1552	111.73	4.9
贵州黔东南	2943	2411	122.07	5.1	514	442	116.29	4.9	2429	1969	123.36	5.1

表 1－5 中的家庭规模数据表明，农村少数民族的家庭人口规模总体上大于汉族的家庭人口规模，但地区之间的差异较大。其中，西北的内蒙古、宁夏、青海和新疆的农村少数民族家庭人口规模均明显大于农村汉族家庭。西南和中南地区农村少数民族的家庭人口规模则小于或与汉族家庭的人口规模基本相当。其中，广西壮族自治区农村少数民族的家庭人口规模明显小于汉族家庭；湖南农村汉族和少数民族的家庭人口规模基本一致；贵州黔东南苗族侗族自治州少数民族的家庭人口规模略大于汉族家庭。

表1-6　城镇调查样本性别和家庭规模分布

单位：人,%

地　区	全部样本量				汉族样本量				少数民族样本量			
	男性	女性	性别比（女性=100）	家庭规模	男性	女性	性别比（女性=100）	家庭规模	男性	女性	性别比（女性=100）	家庭规模
七个地区	4990	5063	98.56	3.4	2752	2724	101.03	3.3	2173	2270	95.73	3.6
西北地区	2891	2994	96.56	3.3	1675	1677	99.88	3.2	1180	1276	92.48	3.6
内蒙古	678	635	106.77	3.2	407	373	109.12	3.1	256	247	103.64	3.2
宁夏	767	795	96.48	3.4	411	410	100.24	3.3	350	376	93.09	3.6
青海	730	764	95.55	3.3	544	555	98.02	3.2	182	207	87.92	3.7
新疆	716	800	89.50	3.4	313	339	92.33	3.0	392	446	87.89	3.7
西南和中南地区	2099	2069	101.45	3.5	1077	1047	102.87	3.5	993	994	99.90	3.6
广西	797	763	104.46	3.5	544	525	103.62	3.5	247	232	106.47	3.4
湖南	851	834	102.04	3.7	368	344	106.98	3.7	463	471	98.30	3.8
贵州黔东南	451	472	95.55	3.3	165	178	92.70	3.2	283	291	97.25	3.3

2010年人口普查数据显示，全国城市男性与女性的比例是102.39∶100，家庭人口规模平均为2.72人，均小于农村男女性别比和家庭规模。2011年城镇调查数据中的男女性别比也明显低于农村调查数据，且家庭规模也小于农村调查样本的家庭规模。表1-6显示，在我们的城镇调查数据中，西北地区的男性样本量少于女性样本量，西南和中南地区的男性样本量略大于女性样本量。与农村家庭规模类似，西北地区的少数民族城镇家庭人口规模大于汉族的家庭人口规模，西南和中南地区少数民族城镇家庭的人口规模与汉族家庭基本相同。

表1-7　农村调查样本年龄分布

单位：人,%

地　区	0～5岁	6～10岁	11～20岁	21～30岁	31～40岁	41～50岁	51～60岁	61～70岁	70岁以上	样本量
七个地区	6.94	6.19	15.82	18.55	14.36	16.52	11.33	6.57	3.73	31639
其中：汉族	5.11	5.29	15.03	16.5	14.63	19.25	13.97	6.71	3.51	11470
少数民族	7.89	6.74	16.3	19.66	14.24	15.02	9.82	6.5	3.84	19374

续表

地 区	0～5岁	6～10岁	11～20岁	21～30岁	31～40岁	41～50岁	51～60岁	61～70岁	70岁以上	样本量
西北地区	7.08	6.43	17.84	16.92	14.55	17.19	11.25	5.5	3.25	16846
其中：汉族	4.63	5.08	16.06	14.43	15.04	20.84	14.42	6	3.5	7832
少数民族	9.19	7.69	19.5	19.01	14.16	14.02	8.33	5.07	3.04	8588
内蒙古	3.72	4.46	14.81	15.12	14.13	21.66	17.03	5.75	3.31	3652
其中：汉族	3.32	3.61	14.56	13.61	14.56	21.97	18.72	6.35	3.28	2740
少数民族	4.78	7.05	15.59	19.8	13.08	21.05	11.6	3.53	3.53	879
宁夏	7.88	8.19	19.89	15.9	13.7	16.16	10.3	4.75	3.23	4213
其中：汉族	5.48	6.91	18.39	14.84	13.5	19.08	12.9	5.02	3.87	2170
少数民族	10.47	9.76	21.69	16.78	14.11	12.79	7.48	4.4	2.53	1978
青海	7.94	6.17	17.81	18.18	13.78	16.35	9.38	6.37	4.03	4863
其中：汉族	6.36	5.05	15.72	16.46	14.13	19.81	12.09	7.04	3.35	1762
少数民族	8.93	6.84	18.88	19.22	13.52	14.5	7.59	6.17	4.35	2966
新疆	8.21	6.7	18.48	18.07	16.71	15.25	9.3	5	2.28	4118
其中：汉族	3.53	5.17	15.78	12.5	20.43	23.02	10.6	5.43	3.53	1160
少数民族	9.95	7.31	19.86	20.14	15.23	12.15	8.68	4.85	1.84	2765
西南和中南地区	6.78	5.91	13.51	20.41	14.14	15.77	11.42	7.79	4.29	14793
其中：汉族	6.13	5.74	12.81	20.95	13.74	15.83	13	8.25	3.55	3638
少数民族	6.85	5.98	13.74	20.17	14.31	15.82	11.01	7.65	4.48	10786
广西	6.68	6.06	12.66	22.68	13.81	15.99	12.33	5.58	4.21	4802
其中：汉族	6.57	6.45	14.07	23.31	12.28	15	13.95	5.7	2.67	1613
少数民族	6.64	5.87	11.8	22.46	14.47	16.53	11.63	5.58	5.03	3103
湖南	6.39	5.41	12.04	21	13.04	16.32	12.48	9.29	4.04	4510
其中：汉族	5.52	4.68	10.1	20.86	13.94	14.87	14.5	11.23	4.3	1069
少数民族	6.3	5.75	12.63	20.97	12.72	16.99	12.09	8.8	3.74	3285
贵州黔东南	7.19	6.19	15.45	17.93	15.33	15.12	9.74	8.48	4.56	5481
其中：汉族	6.07	5.75	13.7	17.05	16	18.31	9.73	9.21	4.18	956
少数民族	7.41	6.23	15.94	17.96	15.37	14.44	9.75	8.25	4.64	4398

注：本书利用数据库进行统计描述时，未对缺失值进行处理，因此会有民族、城乡、性别、年龄等变量的汇总样本量与总样本量不一致的情况出现，但这不影响本书的统计分析。下同。

表1-7是农村调查样本中少数民族和汉族样本的年龄分布。数据表明，11~60岁的人员占总调查样本的75%以上。从七个地区和西北地区来看，30岁以下的少数民族调查样本比例多于汉族，30岁以上的调查样本比例少于汉族。西南和中南地区的40岁以下少数民族调查样本的比例多于汉族，40岁以上的比例少于汉族。因而总体上，调查样本中少数民族的平均年龄要小于汉族的平均年龄。这一状况与2010年人口普查数据基本一致。

表1-8　城镇调查样本年龄分布

单位：人，%

地　区	0~5岁	6~10岁	11~20岁	21~30岁	31~40岁	41~50岁	51~60岁	61~70岁	70岁以上	样本量
七个地区	5.27	5.17	12.85	14.26	18.66	22.94	11.58	5.94	3.34	10045
其中：汉族	4.53	4.14	11.05	13.35	17.93	24.96	12.95	7.01	4.09	5477
少数民族	6.07	6.43	15.08	15.26	19.39	20.61	9.99	4.69	2.48	4435
西北地区	5.94	5.61	13.68	15.43	20.09	22.18	9.78	4.86	2.43	5879
其中：汉族	5.01	4.45	12.47	14.32	19.42	24.88	10.71	5.76	2.98	3352
少数民族	6.98	7.22	15.42	16.69	20.85	18.65	8.65	3.79	1.75	2451
内蒙古	4.72	4.11	11.88	14.39	19.65	26.88	11.88	4.11	2.36	1313
其中：汉族	3.84	3.33	10.12	14.98	18.31	30.73	12.04	3.97	2.69	781
少数民族	5.37	5.37	14.91	12.92	21.27	21.67	11.93	4.57	1.99	503
宁夏	8.16	6.17	15.54	18.3	21.71	16.96	7.19	4.24	1.73	1557
其中：汉族	7.44	4.63	15.12	17.2	21.22	19.15	8.54	4.88	1.83	820
少数民族	8.59	7.89	16.2	19.39	22.44	14.54	5.68	3.6	1.66	722
青海	5.02	5.29	13.8	9.65	17.68	24.85	11.39	8.24	4.09	1493
其中：汉族	4.46	4.46	12.65	8.83	17.65	26.39	12.1	9.1	4.37	1099
少数民族	6.7	7.73	17.01	11.86	18.04	19.85	9.54	5.93	3.35	388
新疆	5.61	6.66	13.19	19.06	21.17	20.84	9.04	2.84	1.58	1516
其中：汉族	4.29	5.52	11.66	19.17	21.47	22.55	9.51	3.37	2.45	652
少数民族	6.68	7.52	14.32	18.85	20.53	19.81	8.83	2.51	0.95	838
西南和中南地区	4.32	4.54	11.69	12.6	16.63	24	14.11	7.47	4.63	4165
其中：汉族	3.76	3.67	8.8	11.81	15.58	25.08	16.47	8.99	5.84	2125
少数民族	4.94	5.44	14.67	13.51	17.59	23.03	11.64	5.8	3.38	1984
广西	3.85	3.91	11.15	10.77	15.77	25.83	16.22	7.63	4.87	1560

续表

地　区	0～5岁	6～10岁	11～20岁	21～30岁	31～40岁	41～50岁	51～60岁	61～70岁	70岁以上	样本量
其中：汉族	4.02	3.55	9.45	10.94	14.78	26.01	16.84	8.89	5.52	1069
少数民族	3.55	4.59	14.82	10.44	17.12	25.68	15.24	5.01	3.55	479
湖南	3.8	5.34	11.51	14.06	18.15	21.06	12.81	8.07	5.22	1686
其中：汉族	2.81	3.93	7.71	13.88	16.97	22.44	15.57	9.26	7.43	713
少数民族	4.5	6.42	14.35	14.24	19.06	20.45	10.49	6.96	3.53	934
贵州黔东南	6.09	4.13	12.93	13.04	15.33	26.3	12.93	6.09	3.15	920
其中：汉族	4.96	3.5	9.04	10.2	15.16	27.7	17.2	8.75	3.5	343
少数民族	6.83	4.55	15.06	14.89	15.59	25.04	10.51	4.55	2.98	571

表1－8是城镇调查样本的年龄分布结构。与农村调查样本相同的是，城镇调查样本中少数民族的平均年龄小于汉族。总样本及汉族和少数民族样本中，11～60岁的样本分布较为集中，占80%以上。城镇样本的平均年龄略高于农村样本。

表1－7和表1－8的年龄分布说明，劳动年龄样本量的比例占绝大多数，有利于其后的学术分析和研究。但从最初的样本抽样可知，西部民族地区经济社会状况家庭调查数据（2011年）（Chinese Household Ethnicity Survey 2011）的调查虽然覆盖范围大，涉及七个地区的主体民族，但在地区和人口的代表性方面还有所欠缺，故课题组又计算了相应的权重并进行调整，使最终的分析研究成果具有更为有效的代表性。

第二章　西部民族地区农村家庭收入与支出

广袤的中国西部地区城镇化水平远远不如东部发达地区。无论是逐草而牧、逐水而居还是耕织于田间陌上，各民族人民以各种生活方式世代定居于幅员辽阔的西部农村地区。事实上，在本书所涉及的民族七省区①中，相对于城市地区而言，农村地区居民中的少数民族比例更高。因此对民族七省区农村家庭经济状况的刻画，对于了解民族七省区各民族人民生产、生活情况有着非常重要的意义。

家庭是社会经济生活的基本单位，而家庭的经济水平是家庭成员赖以生存、成长的客观基础。作为最基础的经济指标，收入和支出的水平是对家庭经济生活最为直观的反映，是衡量家庭和家庭成员生活是否安康和幸福的物质重心。本章将分为农村家庭纯收入和支出两大部分，对民族七省区农村家庭收入水平、结构、分配以及家庭支出水平与结构进行描述和分析。

第一节　农村家庭收入水平

在进行农村经济社会分析时，我们一般用农村居民人均纯收入来反映农村家庭收入水平。按照国家统计局的界定，农村居民人均纯收入是指，农村住户当年从各个来源得到的总收入相应地扣除所发生的费用后的收入

① 本次问卷调查包括内蒙古、宁夏、新疆、青海、广西、湖南、贵州七个省区，其中内蒙古、宁夏、新疆、青海、广西、贵州都属于西部民族地区，湖南的调查点有湘西土家族苗族自治州、邵阳市、永州市和怀化市，大部分是民族地区。为了简便，本书将被调查的这七个省区简称为“民族七省区”，将内蒙古、宁夏、新疆、青海简称为“西北四省区”，将广西、湖南、贵州简称为“西南三省区”。

总和。纯收入主要用于再生产投入和当年的生活消费支出，也可用于储蓄和各种非义务性支出。总收入是指调查期内农村住户和住户成员从各种来源渠道得到的收入总和。按收入的性质划分为工资性收入、家庭经营性收入、财产性收入和转移性收入。其中工资性收入包括在非企业组织的劳动所得收入、在本地企业的劳动所得收入和常住人口外出打工所得收入；家庭经营性收入包括第一、第二、第三产业经营性收入。[①]

本章统计的农村家庭人均纯收入是课题组李实老师在国家统计局界定的农村家庭人均纯收入基础上，按照国际惯例增加了人均自有房屋的估算租金价值。也就是说，农村家庭总收入包括工资性收入、家庭经营性收入、财产性收入、转移性收入、自有房屋的估算租金价值和杂项收入。如果调查户本人未能提供自有房屋的估算租金价值，则按照农户自有住房净值的6%计算得到租金价值。

根据课题组对农村家庭人均纯收入的界定，本研究在计算农村家庭人均纯收入时，经过了如下几步数据处理：首先，对各细项收入进行一些技术处理，如剔除了一些单项收入为极端值的情形；其次，通过将受访户填写的分项收入加总得到一个汇总的总收入，并且与受访户自报的总收入进行对比，取其大者作为最终进行研究分析的总收入。一般来说，由于受访户有低估或低报收入的倾向，汇总的总收入会高于受访户自报的总收入；如果汇总的总收入低于受访户自报总收入，则将其差额加入杂项收入中。如果某个分项下面还包括数个细分项，亦采用同前述方法类似的处理方法。

另外，在进行基尼系数等对样本有特定要求的指标计算时，则将总收入为负值的样本剔除，在31671个总样本中，有109个样本在这一步处理中被剔除。

为了说明本调查数据具有代表性，我们将调查数据计算得出的各省区农村居民人均纯收入平均值与各省区统计年鉴上的农村居民人均纯收入平均值进行比较。两者的比较情况如表2－1所示：民族七省区总样本中，调查得出的农村居民人均纯收入平均值比统计年鉴上的高5.42%，湖南样本中低20.33%，广西样本中低0.62%，贵州样本中高0.67%，宁夏样本中

① 中华人民共和国国家统计局编《中国统计年鉴·2013》，中国统计出版社，2013。

高 20.69%，青海样本中高 13.84%，新疆样本中高 18.37%，内蒙古样本中低 0.58%。因此，总体而言，本研究所使用的数据具有相当的代表性。

本节将从两个方面来描述民族七省区农村家庭收入水平，即农村家庭人均纯收入均值水平分析和分层分布情况。

表 2－1　2011 年农村居民人均纯收入的调查数据与统计数据的比较①

单位：元

地　区	调查数据所得农村居民人均纯收入	统计年鉴上所得农村居民人均纯收入
民族七省区	5420.07	5141.60
湖南（湘西）	2848.84	3575.62
广西	4769.35	4799.10
贵州（黔东南州）	3972.87	3946.36
青海	5420.25	4761.30
宁夏	5988.89	4962.03
新疆	11898.31	10051.50
内蒙古	6950.34	6990.70

一　农村家庭收入水平

（一）农村家庭收入的民族比较

当前，收入分配是我国经济社会发展进程中关系民生的重大热点问题，它不仅反映城乡、阶层、行业、地区间的差异，而且也反映不同民族之间的差异。以下我们利用调查数据，以民族的视角描述分析被调查农村

① 因为统计年鉴中的人均纯收入不包括估计的房租收入，为了与统计年鉴中的农村居民人均纯收入数据进行比较，表 2－1 中"调查数据所得农村居民人均纯收入"减去了估计的房租收入。另外，由于湖南（湘西）、贵州（黔东南）等省区的调查样本框所涉及的各县并非从全省各县抽样而来，因此表 2－1 中各省区的农村居民人均纯收入均值是由各县的农村居民人均纯收入均值按本调查样本框加权计算得出，而非直接从统计年鉴上引用各省区农村居民人均纯收入数据。由于新疆统计年鉴上无分县收入数据，因此新疆被调查各县（吐鲁番、玛纳斯、奇台、额驸、福海）农村居民人均纯收入统计数据是在各政府网站或人民网新疆版上查得。但是新疆的库车、疏附、和田三县的农村居民人均纯收入统计数据仍没找到。因此，表 2－1 中的新疆剔除了库车、疏附及和田三县，民族七省区总体也剔除了库车、疏附及和田三县。

家庭的收入状况。

中国的民族分布呈现大杂居、小聚居的特征。在少数民族分布集中的民族地区，由于地理、气候、历史等因素，西南民族地区和西北民族地区所集中居住的少数民族有着比较大的差别。在本研究所调查的民族七省区中，西南三省区（湖南、广西、贵州）的样本主要识别了苗族、壮族、侗族、瑶族、土家族五个少数民族，西北四省区（宁夏、青海、新疆、内蒙古）则主要识别了蒙古族、回族、藏族、维吾尔族、哈萨克族、撒拉族六个少数民族。其他少数民族由于样本量太少，不予分析。表 2 - 2 表示的是 2011 年民族七省区农村家庭人均纯收入总体情况。[①]

表 2 - 2　农村各民族家庭人均纯收入总体情况

单位：元，人

民　族	人均纯收入	少数民族与汉族家庭人均纯收入比值	样本量
总体	6059.40	0.79	31569
汉族	7676.40	1.00	11317
少数民族	5147.98	0.67	19656
其中：蒙古族	8777.92	1.14	864
回族	6245.38	0.81	2907
藏族	6079.32	0.79	1489
维吾尔族	4781.90	0.62	2331
苗族	3948.68	0.51	4587
壮族	5116.00	0.67	1733
侗族	4328.57	0.56	2490
瑶族	5146.24	0.67	744
土家族	3633.44	0.47	771
哈萨克族	10655.63	1.39	505
撒拉族	4727.08	0.62	445

① 本节分析描述的是农村家庭人均纯收入，在分民族的数据中，都是指民族家庭。家庭中少数民族人口占 50% 及以上的为少数民族家庭，其他的为汉族家庭。在少数民族家庭中，某一少数民族人口占 50% 及以上的为该少数民族家庭。参见丁赛《西部农村少数民族劳动力转移问题研究——基于民族地区农村微观数据》，中国社会科学出版社，2012。

由表2－2可知，总体来看，2011年民族七省区农村家庭人均纯收入为6059.40元，相当于当年全国平均水平（6977.30）的86.84%[①]。其中，汉族家庭人均纯收入达7676.40元，相当于总体家庭人均纯收入的127%；少数民族家庭人均纯收入为5147.98元，约为总体家庭人均纯收入的85%、汉族家庭人均纯收入的67%。

从各少数民族家庭来看，农村家庭人均纯收入最高的民族为哈萨克族，其次是蒙古族家庭，分别为10655.63元和8777.92元，分别占汉族家庭的139%和114%，这与两个民族大都在草原上从事畜牧业、生产资源较为丰富有很大关系。而农村家庭人均纯收入最低的民族家庭为西南三省区的土家族家庭，其次为苗族家庭，其人均家庭纯收入分别为3633.44元和3948.68元，只相当于汉族家庭的47%和51%，他们主要生活在湖南湘西、贵州黔东南等地势较复杂、经济欠发达的地域。实际上，收入最低的土家族家庭和苗族家庭的人均纯收入仅分别相当于收入最高的哈萨克族家庭的34%和37%。

表2－3报告了七个被调查省区的汉族和少数民族农村家庭人均纯收入的平均值和两者比较。可以发现各省区农村汉族家庭人均纯收入与少数民族家庭人均纯收入的比值差异较大。

从表2－3可以看出，民族七省区中，汉族家庭人均纯收入最高的省区是新疆（15803.45元），最低的是湖南（湘西）（3662.13元）；少数民族家庭人均纯收入最高的是内蒙古（8543.04元），最低的是湖南（湘西）（3260.61元）。除了内蒙古是少数民族家庭人均纯收入高于汉族家庭外，其他六个省区都是汉族家庭人均纯收入高于少数民族家庭。

民族七省区总体少数民族与汉族家庭人均纯收入的比值为0.67。少数民族与汉族家庭人均纯收入比值最大的省区是内蒙古（1.14），然后分别是贵州（黔东南）、湖南（湘西）、青海、宁夏，比值最小的是新疆（0.40），次小的是广西（0.60）。也就是说，虽然西南的湖南（湘西）、贵州（黔东南）农村家庭人均纯收入很低，但少数民族家庭与汉族家庭的收入水平相差较小。而广西、新疆的农村地区，

---

① 中华人民共和国国家统计局编《中国统计摘要·2013》，中国统计出版社，2013，第106页。

少数民族与汉族家庭收入水平差距较大。尤其是新疆农村，少数民族与汉族家庭的收入水平有着非常显著的差距。其原因是：第一，根据课题组的调查，新疆的北部地区，尤其是天山北坡经济带的农村家庭人均纯收入，在2002～2011年增幅持续超过南部地区，这使得新疆的收入差距呈现北部地区、南部地区不断扩大的趋势。第二，一方面因为汉族在南部地区人口较少且流动性大，使得调查数据中南部地区汉族的样本比例偏低；另一方面新疆的汉族大多集中在天山北坡经济带和北部地区，本调查数据的汉族样本也主要选自天山北坡经济带和北部地区。因此，课题组计算得到的汉族农村家庭人均纯收入必然是新疆全区最高的。这说明因经济发展滞后、城镇化水平低等原因，南部地区农村居民收入偏低是普遍现象，与是哪个民族没有直接联系，只是与少数民族人口较多分布在经济落后地区、贫困地区相关。因此，新疆收入差距大的根源是区域经济发展的不平衡，而非民族歧视问题。

表2－3　农村汉族与少数民族家庭收入比较（分省区）

单位：元，人

地　区	汉族家庭人均纯收入	样本量	少数民族家庭人均纯收入	样本量	少数民族与汉族家庭人均纯收入比值
民族七省区	7676.40	11317	5147.98	19656	0.67
湖南（湘西）	3662.13	1030	3260.61	3342	0.89
广西	7936.53	1594	4750.93	3119	0.60
贵州（黔东南）	5012.36	914	4558.23	4457	0.91
宁夏	7296.74	2158	6119.29	1965	0.84
青海	6512.12	1744	5699.70	2982	0.88
新疆	15803.45	1179	6387.13	2899	0.40
内蒙古	7462.55	2698	8543.04	892	1.14

（二）农村家庭收入的地区比较

由于西南、西北地区社会地理条件的差别，不同民族经济文化的差异等客观存在，对当地农村家庭收入造成影响。表2－4、表2－5表示的是

2011 年西南、西北农村家庭人均纯收入情况。

由表 2－4 可知，西南三省区农村家庭人均纯收入为 4636.92 元，仅为民族七省区总体的 76.52%。西北四省区农村家庭人均纯收入为 7313.25 元，是民族七省区总体的 120.69%，是西南三省区的 158%。也就是说，西北四省区农村家庭纯收入的平均水平不仅高于西南三省区的平均水平，也高于民族七省区的平均水平。七个民族省区中农村家庭人均纯收入最高的省区为新疆（9075.93 元），最低的为湖南（湘西）（3361.81 元）。事实上，西北四省区每一个省区的农村家庭人均纯收入均高于西南三省区每一个省区的农村家庭人均纯收入。西北四省区样本中农村家庭人均纯收入最低的青海省为 6028.07 元，而西南三省区样本中农村家庭人均纯收入最高的广西仅为 5831.27 元。不过，由于样本抽取并未对各省区样本框按照其民族比例进行严格加权，各省区样本中汉族与少数民族的比例有着较大差异，因此，这种简单的省区样本均值比较只能大概地反映七个省区农村家庭总体上的收入差异。

由表 2－5 可知，从不同民族家庭来看，总体上，西北四省区无论是汉族样本还是少数民族总体的样本，其农村家庭人均纯收入都高于西南三省区。另外，西南三省区的少数民族农村家庭人均纯收入与汉族农村家庭人均纯收入的比值为 0.71，而西北四省区这一比值为 0.75。也就是说，无论是汉族还是少数民族总体，西北四省区农村家庭的收入水平都高于西南三省区，且总体上，西北四省区少数民族与汉族家庭的收入差距略小于西南三省区少数民族与汉族家庭的收入差距。

另外，从表 2－5 还可以发现，主要分布在西北四省区的蒙古族、回族、藏族、维吾尔族、哈萨克族、撒拉族六个少数民族家庭中，除了维吾尔族和撒拉族家庭外，其他民族农村家庭人均纯收入都高于主要分布在西南三省区的五个少数民族：土家族、瑶族、侗族、壮族、苗族家庭。且西北四省区农村家庭人均纯收入最低的维吾尔族、撒拉族家庭，也比西南三省区农村家庭收入的平均水平高，比西南三省区的少数民族农村家庭收入水平的平均水平高，比西南三省区的侗族、土家族、苗族农村家庭收入水平高。由此看来，西部民族地区各民族间的收入差距很大程度上可能是由其居住地域的不同而造成的。

表 2-4　西南三省区及西北四省区收入情况（分省区）

单位：元，%

地　区	人均纯收入	占民族七省区总体的百分比	样本量（人）
民族七省区	6059.40	100.00	31671
西南三省区	4636.92	76.52	14790
湖南（湘西）	3361.81	55.48	4508
广西	5831.27	96.24	4795
贵州（黔东南）	4640.81	76.59	5487
西北四省区	7313.25	120.69	16779
宁夏	6718.17	110.87	4200
青海	6028.07	99.48	4856
新疆	9075.93	149.78	4103
内蒙古	7729.82	127.57	3620

表 2-5　西南三省区及西北四省区收入情况（分民族）

单位：元，人

民　族	农村家庭人均收入	少数民族与汉族家庭人均纯收入比值	样本量
西南三省区	4636.92	0.71	14790
汉族	5936.72	1.00	3538
少数民族	4216.08	0.71	10918
其中：土家族	3948.68	0.67	4587
瑶族	5116.00	0.86	1733
侗族	4227.58	0.71	2462
壮族	5136.59	0.87	740
苗族	3633.44	0.61	771
西北四省区	7313.25	0.75	16779
汉族	8467.63	1.00	7779
少数民族	6312.38	0.75	8738
其中：蒙古族	8810.41	1.04	857
回族	6261.52	0.74	2893
藏族	6079.32	0.72	1489
维吾尔族	4884.48	0.58	2268
哈萨克族	10901.46	1.29	487
撒拉族	4727.08	0.56	445

二　农村家庭收入分层状况

单纯的收入平均值水平的分析不足以清楚描述农村家庭人均纯收入在各省区样本或各民族样本中的分布情况。因此，对各省区和各民族样本的农村家庭人均纯收入指标进行分组和分层，可以更清晰、确切地刻画民族七省区农村家庭收入水平状况。下面我们从地区、民族的维度来分析民族七省区农村家庭收入的分层情况。

（一）各地区农村家庭收入分层状况

首先将民族七省区农村总样本和各个省区分样本按农村家庭人均纯收入进行五等分①，即农村家庭人均纯收入最低20%组、次低20%组、中间20%组、偏高20%组和最高20%组。通过对收入的分组来进一步观察不同收入群体之间的差异情况。分层结果如表2-6所示。

表2-6　不同收入等级的农村家庭人均纯收入情况（分地区）

单位：元，人

地　区	最低20%	次低20%	中间20%	偏高20%	最高20%	最高与最低之比	样本量
民族七省区	1420.26	3159.94	4526.84	6584.96	14345.15	10.10	31671
西南三省区	1202.63	2691.58	3713.25	5135.30	10261.29	8.53	14809
湖南（湘西）	824.80	2005.33	2800.55	3863.06	7228.63	8.76	4516
广西	885.46	2829.36	4259.98	6394.22	14322.73	16.18	4806
贵州（黔东南）	2162.85	3253.15	4093.35	5208.76	8505.79	3.93	5487
西北四省区	1736.57	3815.04	5526.20	7972.28	17165.47	9.88	16862
宁夏	1795.68	3347.75	4883.07	7155.38	16156.54	9.00	4224
青海	2177.82	3787.31	4969.74	6882.91	12264.87	5.63	4867
新疆	846.27	3735.45	6415.37	10236.95	23630.31	27.92	4118
内蒙古	2374.14	4708.74	6432.69	8605.71	16067.65	6.77	3653

① 收入五等分是较常用的一种等分法。等分法的基本做法是：将一定数量的居民（或家庭）按收入水平由低到高排序，并将这些居民依次划分为不同的组，使每组有相同的居民（或家庭）数，计算出每个收入组的平均收入水平，这个平均收入水平即代表该收入组的收入水平。

从整体情况来看，民族七省区收入最高 20% 的农村家庭人均纯收入为 14345.15 元，中间 20% 的农村家庭人均纯收入为 4526.84 元，最低 20% 的农村家庭人均纯收入则为 1420.26 元，最高收入与最低收入两组之间的比值为 10.10。

从西南、西北地区来看，西南三省区最高 20% 的农村家庭人均纯收入为 10261.29 元，是民族七省区最高 20% 的 71.53%；中间 20% 的农村家庭人均纯收入为 3713.25 元，是民族七省区中间 20% 的 80.03%；最低 20% 的农村家庭人均纯收入为 1202.63 元，是民族七省区最低 20% 的 84.68%；最高收入与最低收入两组之间的比值为 8.53。西北四省区最高 20% 的农村家庭人均纯收入为 17165.47 元，是民族七省区最高 20% 的 119.66%；中间 20% 的农村家庭人均纯收入为 5526.20 元，是民族七省区中间 20% 的 122.08%；最低 20% 的农村家庭人均纯收入为 1736.57 元，是民族七省区最低 20% 的 122.27%；最高收入与最低收入两组之间的比值为 9.88。因此，可以得出如下结论：其一，由上文可知，西北四省区农村家庭纯收入的平均水平不仅高于西南三省区的平均水平，也高于民族七省区的平均水平，相应地，将收入五等分分组后，西北四省区各个组的收入水平，不仅比西南三省区相应组的收入高，也比民族七省区相应组的收入高。其二，西南三省区与民族七省区总体及西北四省区的平均收入差距，随收入分组从高到低呈现差距缩小的趋势。其三，西北四省区农村家庭人均纯收入水平高于西南三省区，也高于民族七省区平均水平，但西北四省区农村家庭收入的不平等程度高于西南三省区，低于民族七省区平均水平。

从各省区来看，最低 20% 农村家庭人均纯收入最低的省区为湖南（湘西），仅为 824.80 元，其次为新疆（846.27 元），最高的省区为内蒙古，为 2374.14 元，接近湖南的 3 倍。而最高 20% 农村家庭人均纯收入最低的省区也是湖南（湘西），为 7228.63 元，最高的省区为新疆，高达 23630.31 元，是湖南的 3.27 倍。最高收入与最低收入两组之间的比值最大的省区是新疆（高达 27.92），其次是广西（16.18），最低的为贵州（黔东南）（3.93），次低的是青海（5.63）。说明新疆农村家庭收入差距最大，广西次之，贵州（黔东南）差距最小，青海差距次小。由本小节上一段可知，广西和新疆也是农村汉族和少数民族收入差距最大的两个省区，可以推论，这两个省区最高收入组和最低收入组的巨大差距，一定程度上来自两个省区收入最高的汉族和收入最低的少数民族之间的收入差距。

（二）各民族农村家庭收入分层状况

将各民族家庭样本按家庭人均纯收入进行五等分，结果如表2－7所示。

表2－7　各民族不同收入等级的农村家庭人均纯收入情况

单位：元，人

民　族	最低20%	次低20%	中间20%	偏高20%	最高20%	最高与最低之比	样本量
民族七省区	1420.26	3159.94	4526.84	6584.96	14345.15	10.10	31671
汉族	1940.59	4166.49	5815.30	8420.94	17636.94	9.09	11366
少数民族	1263.35	2788.10	3912.33	5614.43	11972.62	9.48	19709
其中：蒙古族	2509.67	5279.98	7044.15	9398.09	19882.74	7.92	867
回族	1627.79	3150.61	4311.86	6110.18	15655.84	9.62	2934
藏族	2371.19	3818.14	4843.43	6616.37	12847.16	5.42	1489
维吾尔族	690.76	2305.30	3791.68	5907.62	11273.06	16.32	2331
苗族	1308.79	2584.13	3427.24	4502.30	7855.80	6.00	4593
壮族	903.56	2343.98	3452.26	5307.66	13610.04	15.06	1736
侗族	1817.59	2863.25	3685.82	4890.88	8420.83	4.63	2490
瑶族	1687.71	2869.40	4142.08	5957.14	11078.69	6.56	747
土家族	811.02	2076.83	2867.50	4409.79	7967.64	9.82	773
哈萨克族	3159.34	6312.62	8325.89	11515.64	24419.61	7.73	505
撒拉族	1163.65	2387.89	3681.95	5968.44	10177.42	8.75	450

从表2－7可以发现，汉族收入最低20%的农村家庭人均纯收入为1940.59元，最高20%的农村家庭人均纯收入为17636.94元，而中间20%则为5815.30元，分别为民族七省区总体相应组的136.64%、122.95%和128.46%。少数民族最低20%的农村家庭人均纯收入为1263.35元，最高20%的农村家庭人均纯收入为11972.62元，而中间20%则为3912.33元，分别为民族七省区总体相应组的88.95%、83.46%和86.43%。显而易见，在任一组别中，汉族的农村家庭人均纯收入水平都要比少数民族高，也比民族七省区平均水平高。

从少数民族家庭来看，最低 20% 的家庭人均纯收入最低的民族家庭是维吾尔族家庭（690.76 元），其次为土家族家庭（811.02 元），最高的则是哈萨克族家庭（3159.34 元），其收入是维吾尔族家庭的 4.57 倍，次高的是蒙古族家庭（2509.67 元），其收入是维吾尔族的 3.63 倍。最高 20% 的家庭人均纯收入最低的是苗族家庭（7855.80 元），其次是土家族家庭（7967.64 元），该组最高的也是哈萨克族家庭（24419.61 元），其收入是苗族家庭的 3.11 倍，次高的是蒙古族家庭（19882.74 元），其收入是苗族家庭的 2.53 倍。

从农村家庭纯收入最高 20% 组与最低 20% 组的比值来看，汉族家庭为 9.09，稍低于少数民族家庭的 9.48，也低于民族七省区农村家庭平均水平的 10.10。该比值最高的为维吾尔族家庭（16.32），次高的为壮族家庭（15.06），最低的为侗族家庭（4.63），次低的为藏族家庭（5.42）。说明，农村家庭收入差距最大的为维吾尔族家庭，其次为壮族家庭，收入差距最小的为侗族家庭，次小的为藏族家庭。这一结论，与上一小节中收入最高 20% 组与最低 20% 组之比最高的省区为新疆和广西，收入最高 20% 组与最低 20% 组之比最低的省区为贵州和青海，是相对应的。不过值得注意的是，壮族农村家庭最高组别与最低组别收入之比仅稍低于维吾尔族，而广西农村家庭最高组别与最低收入组别之比（16.18）远低于新疆（27.92）。可见，广西汉族与少数民族收入差距对总差距的影响明显不如新疆汉族与少数民族收入差距对总差距的影响。

第二节　农村家庭收入结构

为了对民族七省区农村家庭收入情况有更全面的了解，为民族地区农村家庭增收政策的制定提供依据，有必要对民族七省区农村家庭收入结构进行分析。

按课题组规定，本文中农村家庭人均纯收入，包括人均工资性收入、人均家庭经营性收入、人均财产性收入、人均转移性收入、人均房租收入及人均杂项收入。以下将从民族、地区两个维度来分析民族七省区农村家庭的收入结构。

一　分民族农村家庭收入结构比较

据统计，2011 年，全国农村家庭纯收入中，工资性收入占 42.47%，经营性收入占 46.18%，财产性收入占 3.28%，转移性收入占 8.07%；东部地区农村家庭纯收入中，工资性收入占 52.32%，经营性收入占 35.94%，财产性收入占 4.25%，转移性收入占 7.49%；中部地区农村家庭纯收入中，工资性收入占 43.02%，经营性收入占 48.77%，财产性收入占 1.70%，转移性收入占 6.51%；西部地区农村家庭纯收入中，工资性收入占 34.52%，经营性收入占 53%，财产性收入占 2.62%，转移性收入占 9.86%。[①] 可以看出，东、中、西部随着经济发展水平的降低，工资性收入占家庭纯收入的比重逐渐降低，经营性收入占家庭纯收入的比重逐渐上升。从某种程度上可以说，农村家庭收入水平与工资性收入、经营性收入占家庭纯收入的比重相关，工资性收入占比高，农村家庭纯收入就高，经营性收入占比高，农村家庭纯收入就低。

表 2 - 8 表示的是民族七省区农村家庭收入结构情况。从表 2 - 8 可看出，民族七省区农村家庭人均工资性收入为 1702.17 元，占人均纯收入的 28.09%；人均家庭经营性收入为 3039.49 元，占人均纯收入的 50.16%；人均财产性收入为 97.88 元，占人均纯收入的 1.62%；人均转移性收入为 434.48 元，占人均纯收入的 7.17%；人均房租收入为 678.61 元，占人均纯收入的 11.20%；人均杂项收入为 106.76 元，占人均纯收入的 1.76%。

很显然，民族七省区农村家庭工资性收入占家庭纯收入的比重不仅低于东部地区的该比重，也低于全国平均水平的该比重，并低于中部、西部地区的该比重。而民族七省区农村家庭经营性收入占家庭纯收入的比重不仅高于东部地区的该比重，也高于全国平均水平的该比重，并高于中部地区的该比重，略小于西部地区的该比重。当然，由于本文农村家庭纯收入的计算口径与国家统计局的统计口径略有不同，本文中农村家庭纯收入比统计年鉴中增加了估计房租收入和杂项收入，两项加起来占总收入比重约 13%。所以与统计年鉴相比，本文对农村家庭工资性收入、家庭经营性收入占家庭纯收入比重的计算均存在一定程度的低估。但可以肯定的是，被

① 中华人民共和国国家统计局编《中国统计年鉴·2012》，中国统计出版社，2012。

调查的民族七省区家庭经营性收入占家庭纯收入的比重比东部、中部及全国平均水平要高。这也就部分地解释了民族七省区农村家庭收入水平较全国、东部、中部低的原因，即民族七省区农村居民的收入更多的是依赖家庭的农牧业经营，而非更多依赖市场化的工资性收入。

表 2－8　农村家庭人均纯收入结构情况（分民族）

单位：元，%

民族 \ 收入结构		人均纯收入	人均工资性收入	人均家庭经营性收入	人均财产性收入	人均转移性收入	人均房租收入	人均杂项收入	样本量（人）
民族七省区	平均值	6059.40	1702.17	3039.49	97.88	434.48	678.61	106.76	31569
	所占比重	100.00	28.09	50.16	1.62	7.17	11.20	1.76	
汉族	平均值	7676.40	2096.64	4101.09	158.07	501.95	753.04	65.61	11317
	所占比重	100.00	27.31	53.42	2.06	6.54	9.81	0.85	
少数民族	平均值	5147.98	1484.86	2454.12	63.52	397.30	635.06	113.12	19656
	所占比重	100.00	28.84	47.67	1.23	7.72	12.34	2.20	
苗族	平均值	3948.68	1341.08	1656.00	27.44	319.26	580.96	23.94	4587
	所占比重	100.00	33.96	41.94	0.69	8.09	14.71	0.61	
壮族	平均值	5116.00	1120.00	2347.57	51.41	132.23	955.50	509.28	1733
	所占比重	100.00	21.89	45.89	1.00	2.58	18.68	9.95	
侗族	平均值	4328.57	1430.57	2048.29	21.64	274.11	549.45	4.51	2490
	所占比重	100.00	33.05	47.32	0.50	6.33	12.69	0.10	
瑶族	平均值	5146.24	1888.71	2178.20	7.06	178.72	884.16	9.39	744
	所占比重	100.00	36.70	42.33	0.14	3.47	17.18	0.18	
土家族	平均值	3633.44	1259.08	1441.57	18.60	378.37	521.53	14.29	771
	所占比重	100.00	34.65	39.67	0.51	10.41	14.35	0.39	
蒙古族	平均值	8777.92	1478.55	5126.64	416.48	995.35	691.84	69.07	864
	所占比重	100.00	16.84	58.40	4.74	11.34	7.88	0.79	
回族	平均值	6245.38	2191.48	2842.18	44.24	497.67	591.76	78.04	2907
	所占比重	100.00	35.09	45.51	0.71	7.97	9.48	1.25	
藏族	平均值	6079.32	1144.16	3012.60	93.03	912.71	680.42	236.40	1489
	所占比重	100.00	18.82	49.55	1.53	15.01	11.19	3.89	
维吾尔族	平均值	4781.90	1290.94	2643.43	25.09	210.67	487.61	124.16	2331
	所占比重	100.00	27.00	55.28	0.52	4.41	10.20	2.60	

续表

民族 \ 收入结构		人均纯收入	人均工资性收入	人均家庭经营性收入	人均财产性收入	人均转移性收入	人均房租收入	人均杂项收入	样本量（人）
哈萨克族	平均值	10655.63	2162.23	6390.99	394.36	631.93	921.56	154.55	505
	所占比重	100.00	20.29	59.98	3.70	5.93	8.65	1.45	
撒拉族	平均值	4727.08	1339.24	2252.00	92.62	372.71	668.91	1.60	445
	所占比重	100.00	28.33	47.64	1.96	7.88	14.15	0.03	

注：本表中人均纯收入、人均工资性收入、人均家庭经营性收入、人均财产性收入、人均转移性收入、人均房租收入、人均杂项收入在计算时，都经过了小数点后数字四舍五入的处理，因此，各分项之和的平均值与总项的平均值之间有可能有差异。另外，各分项占总项的比重，也是经过了小数点后数字四舍五入的处理，有可能各分项占总项的比重之和不完全等于100%。下同。

分民族看，民族七省区农村汉族家庭的人均工资性收入、人均家庭经营性收入、人均财产性收入、人均转移性收入、人均房租收入及人均杂项收入占人均家庭纯收入的比重分别为27.31%、53.42%、2.06%、6.54%、9.81%、0.85%，少数民族家庭的人均工资性收入、人均家庭经营性收入、人均财产性收入、人均转移性收入、人均房租收入及人均杂项收入占人均家庭纯收入的比重分别为28.84%、47.67%、1.23%、7.72%、12.34%、2.20%，很显然，汉族家庭人均家庭经营性收入、人均财产性收入占人均家庭纯收入的比重比少数民族家庭的要高，尤其是人均家庭经营性收入占人均家庭纯收入的比重比少数民族家庭的该比重高5.75个百分点；而汉族家庭人均工资性收入、人均转移性收入、人均房租收入及人均杂项收入占人均家庭纯收入的比重比少数民族家庭的要低，其中人均工资性收入占人均家庭纯收入的比重比少数民族家庭低1.53个百分点。

进一步看，人均工资性收入占人均纯收入比重最高的民族家庭是瑶族家庭（36.70%），次高的是回族家庭（35.09%），最低的是蒙古族家庭（16.84%），次低的是藏族家庭（18.82%）；人均家庭经营性收入占人均纯收入的比重最高的是哈萨克族家庭（59.98%），次高的是蒙古族家庭（58.40%），最低的是土家族家庭（39.67%），次低的是苗族家庭（41.94%）。从表2-8也可以发现，哈萨克族是民族七省区中农村家庭人均纯收入最高的民族，其次是蒙古族。瑶族是西南三省区中农村家庭人均纯收入最高的民族，回族是西北四省区中除了哈萨克族、蒙古族以外农村家庭人均纯收入最高的民族。这里要解释的是，由于民族七省区农村家庭收入主要来源于家庭经营性收入，尤其是西北四省区的农牧区，主要依赖农牧业收入，因此家庭经营性收入的高低决定了其家庭收入的高低。

鉴于农村家庭经营性收入对民族七省区农村家庭纯收入的较大影响，有必要对农村家庭经营性收入下各细分项的结构进行分析。

表 2 -9 是民族七省区家庭经营性收入结构的情况。数据分析表明，民族七省区农村家庭经营性收入中，人均第一产业经营性收入为 2511.98 元，占人均家庭经营性收入的 82.64%，比同年全国人均第一产业经营性收入占人均家庭经营性收入的比重（78.21%）高 4.43 个百分点；人均第二产业经营性收入为 74.29 元，占人均家庭经营性收入的 2.44%，比同年全国人均第二产业经营性收入占人均家庭经营性收入的比重（5.98%）低 3.54 个百分点；人均第三产业经营性收入为 334.33 元，占人均家庭经营性收入的 11.00%，比同年全国人均第三产业经营性收入占人均家庭经营性收入的比重（15.81%）低 4.81 个百分点。[①] 需要说明的是，本文中家庭经营性收入的统计口径与国家统计局的也略有差异，我们调查的第一、第二、第三产业经营性收入占家庭经营性收入的比重被略微低估了。但仍可以说明，我们调查的民族七省区农村家庭第一产业经营性收入占家庭经营性收入的比重高于全国平均的该比重 4.43 个百分点以上。

分民族来看，汉族家庭的人均第一产业经营性收入为 3514.83 元，占人均家庭经营性收入的 85.70%，比民族七省区总体家庭的该比重高 3.06 个百分点；少数民族家庭的人均第一产业经营性收入为 1960.87 元，占人均家庭经营性收入的比重为 79.90%，比汉族家庭的该比重低 5.80 个百分点。关于人均第二产业经营性收入占人均家庭经营总收入的比重，少数民族家庭是汉族家庭的 2 倍多，但两者都很低。关于人均第三产业经营性收入占人均家庭经营性收入的比重，少数民族家庭则比汉族家庭高 5.77 个百分点。

① 根据中华人民共和国国家统计局编《中国统计年鉴 · 2012》，中国统计出版社，2012，相关数据计算得出。

表 2－9　家庭人均经营性收入结构情况（分民族）

单位：元，%

民族	收入结构	人均家庭经营性收入	第一产业经营性收入	第二产业经营性收入	第三产业经营性收入	其他经营性收入	样本量（人）
民族七省区	平均值	3039.49	2511.98	74.29	334.33	118.90	31569
	所占比重	100.00	82.64	2.44	11.00	3.91	
汉族	平均值	4101.09	3514.83	61.94	331.09	193.23	11317
	所占比重	100.00	85.70	1.51	8.07	4.71	
少数民族	平均值	2454.12	1960.87	82.58	339.58	71.10	19656
	所占比重	100.00	79.90	3.36	13.84	2.90	
苗族	平均值	1656.00	1377.58	62.87	183.97	31.58	4587
	所占比重	100.00	83.19	3.80	11.11	1.91	
壮族	平均值	2347.57	1650.46	386.71	289.21	21.20	1733
	所占比重	100.00	70.30	16.47	12.32	0.90	
侗族	平均值	2048.29	1733.95	83.13	172.32	58.90	2490
	所占比重	100.00	84.65	4.06	8.41	2.88	
瑶族	平均值	2178.20	1685.93	－4.03	298.07	198.23	744
	所占比重	100.00	77.40	－0.19	13.68	9.10	
土家族	平均值	1441.57	1214.35	39.44	133.16	54.61	771
	所占比重	100.00	84.24	2.74	9.24	3.79	
蒙古族	平均值	5126.64	4615.57	50.58	224.31	236.18	864
	所占比重	100.00	90.03	0.99	4.38	4.61	
回族	平均值	2842.18	2157.75	55.31	577.91	51.21	2907
	所占比重	100.00	75.92	1.95	20.33	1.80	
藏族	平均值	3012.60	2452.90	7.76	424.01	127.93	1489
	所占比重	100.00	81.42	0.26	14.07	4.25	
维吾尔族	平均值	2643.43	2130.65	57.63	384.08	71.07	2331
	所占比重	100.00	80.60	2.18	14.53	2.69	
哈萨克族	平均值	6390.99	5718.37	55.47	384.88	232.28	505
	所占比重	100.00	89.48	0.87	6.02	3.63	
撒拉族	平均值	2252.00	269.29	45.30	1937.39	0.02	445
	所占比重	100.00	11.96	2.01	86.03	0.00	

从少数民族来看，哈萨克族家庭和蒙古族家庭的人均第一产业经营性

收入占人均家庭经营性收入的比重位居各民族家庭的前两位。蒙古族家庭的人均第一产业经营性收入达 4615.57 元，占人均家庭经营性收入的 90.03%，而哈萨克族家庭人均第一产业经营性收入高达 5718.37 元，占人均家庭经营性收入的比重也达 89.48%。第一产业经营性收入占人均家庭经营性收入的比重最小的是撒拉族家庭（11.96%），其次是壮族家庭（70.30%）。

人均第二产业经营性收入占人均家庭经营性收入比重最高的民族为壮族，其人均第二产业经营性收入为 386.71 元，占人均家庭经营性收入的 16.47%，远远高于其他民族家庭。次高的为侗族，其人均第二产业经营性收入为 83.13 元，占人均家庭经营性收入的 4.06%。很显然，即使是次高的侗族家庭，人均第二产业经营性收入也不到 90 元，说明民族七省区农村家庭的第二产业经营性收入是很低的。

人均第三产业经营性收入占人均家庭经营性收入比重最高的民族是撒拉族家庭，其人均第三产业经营性收入高达 1937.39 元，占人均家庭经营性收入的 86.03%，是民族七省区农村家庭该指标平均水平的近 8 倍。人均第三产业经营性收入占人均家庭经营性收入比重次高的是回族家庭，其人均第三产业经营性收入为 577.91 元，占人均家庭经营性收入的 20.33%。这与撒拉族、回族具有经商传统有关，尤其是撒拉族农村家庭，其家庭人均纯收入的约一半来源于经营性收入，而其经营性收入又主要依赖于第三产业经营。

二　分地区农村家庭收入结构比较

表 2 - 10 是分地区的农村家庭人均纯收入结构情况。可以看出，西南三省区农村家庭人均工资性收入为 1414.30 元，占人均纯收入的 30.50%；人均家庭经营性收入为 2123.10 元，占人均家庭纯收入的 45.80%；人均财产性收入为 34.80 元，占人均纯收入的 0.80%；人均转移性收入为 273.20 元，占人均纯收入的 5.90%；人均房租收入为 710.10 元，占人均纯收入的 15.30%；人均杂项收入为 81.50 元，占人均纯收入的 1.80%。西北四省区农村家庭人均工资性收入为 1955.90 元，占人均纯收入的 26.70%；人均家庭经营性收入为 3847.30 元，占人均家庭纯收入的 52.60%；人均财产性收入为 153.50 元，占人均纯收入的 2.10%；人均转

移性收入为576.60元，占人均纯收入的7.90%；人均房租收入为650.90元，占人均纯收入的8.90%；人均杂项收入为129.10元，占人均纯收入的1.80%。很显然，西南三省区的农村家庭，除了人均工资性收入占人均纯收入的比重、人均房租收入占人均纯收入的比重高于西北四省区的相应比重（也高于民族七省区总体的相应比重）外，其人均家庭经营性收入、人均财产性收入、人均转移性收入占人均纯收入的比重都低于西北四省区的相应比重（也低于民族七省区总体的相应比重）。虽然西南三省区农村家庭工资性收入占纯收入的比重较西北四省区高3.8个百分点，但西北四省区农村家庭经营性收入占人均纯收入的比重较西南三省区高6.8个百分点。在农村家庭纯收入的一半左右来自经营性收入的民族七省区中，经营性收入的高低强烈地影响着家庭纯收入的高低，因此西北四省区的农村家庭纯收入较西南三省区高。

表2-10　农村家庭人均纯收入结构情况（分地区）

单位：元，%

地区 \ 收入结构		人均纯收入	人均工资性收入	人均家庭经营性收入	人均财产性收入	人均转移性收入	人均房租收入	人均杂项收入	样本量（人）
民族七省区	平均值	6059.40	1702.17	3039.49	97.88	434.48	678.61	106.76	31569
	所占比重	100.00	28.09	50.16	1.62	7.17	11.20	1.76	
西南三省区	平均值	4636.90	1414.30	2123.10	34.80	273.20	710.10	81.50	14790
	所占比重	100.00	30.50	45.80	0.80	5.90	15.30	1.80	
湖南（湘西）	平均值	3361.81	1067.87	1576.82	15.89	202.22	490.10	8.91	4508
	所占比重	100.00	31.76	46.90	0.47	6.02	14.58	0.26	
广西	平均值	5831.27	1596.00	2802.04	48.25	206.55	965.17	213.25	4795
	所占比重	100.00	27.37	48.05	0.83	3.54	16.55	3.66	
贵州（黔东南）	平均值	4640.81	1540.14	1978.46	38.60	389.82	667.94	25.86	5487
	所占比重	100.00	33.19	42.63	0.83	8.40	14.39	0.56	
西北四省区	平均值	7313.30	1955.90	3847.30	153.50	576.60	650.90	129.10	16779
	所占比重	100.00	26.70	52.60	2.10	7.90	8.90	1.80	
宁夏	平均值	6718.17	2415.52	3119.15	99.15	381.74	666.07	36.54	4200
	所占比重	100.00	35.96	46.43	1.48	5.68	9.91	0.54	
青海	平均值	6028.07	2117.59	2265.56	65.35	741.03	587.23	251.32	4856
	所占比重	100.00	35.13	37.58	1.08	12.29	9.74	4.17	

续表

地区	收入结构	人均纯收入	人均工资性收入	人均家庭经营性收入	人均财产性收入	人均转移性收入	人均房租收入	人均杂项收入	样本量（人）
新疆	平均值	9075.93	1614.64	6034.86	152.92	470.38	678.18	124.95	4103
	所占比重	100.00	17.79	66.49	1.68	5.18	7.47	1.38	
内蒙古	平均值	7729.82	1592.56	4334.48	335.38	702.66	687.62	77.12	3620
	所占比重	100.00	20.60	56.07	4.34	9.09	8.90	1.00	

从各省区来看，人均工资性收入占人均纯收入的比重最高的省区是宁夏（35.96%），次高的是青海（35.13%），最低的是新疆（17.79%），次低的是内蒙古（20.6%）；人均家庭经营性收入占人均纯收入比重最高的省区是新疆（66.49%），次高的是内蒙古（56.07%），最低的是青海（37.58%），次低的是贵州（42.63%）。从表2－10还可以看出，农村家庭人均纯收入最高的省区为新疆，次高的为内蒙古，最低的是湖南（湘西），次低的是贵州（黔东南），西北四省区中农村家庭人均纯收入最低的省区为青海。也就是说，在家庭纯收入的一半左右来自经营性收入的民族七省区中，特别是西北四省区，农村家庭人均经营性收入占人均纯收入比重的高低严重影响农村家庭人均纯收入的高低。

表2－11是西南、西北农村家庭人均纯收入结构分民族比较的情况。从表2－11可以看出，人均工资性收入占人均纯收入的比重中，西南三省区农村的汉族家庭比少数民族家庭低3.6个百分点，西北四省区农村的汉族家庭比少数民族家庭低0.6个百分点。在人均家庭经营性收入占人均纯收入的比重中，西南三省区农村的汉族家庭比少数民族家庭高7.3个百分点，西北四省区农村的汉族家庭比少数民族家庭低3.1个百分点。同时，西北四省区无论是总体、汉族还是少数民族，其人均家庭经营性收入占人均纯收入的比重均高于西南三省区总体、汉族及少数民族家庭的该比重，而且西北四省区汉族与少数民族间人均家庭经营性收入占人均纯收入的比重的差异相对西南三省区较小，并且相关性有正负之别（人均家庭经营性收入占人均纯收入的比重，西北四省区农村的汉族家庭比少数民族家庭低，而西南三省区农村的汉族家庭比少数民族家庭高）。这与西北四省区总体、汉族和少数民族的家庭人均纯收入都高于西南三省区总体、汉族和少数民族的家庭人均纯收入是一致的。

表 2-11　西南、西北农村家庭人均纯收入结构（分民族）

单位：元，%

地区 \ 收入结构		人均纯收入	人均工资性收入	人均家庭经营性收入	人均财产性收入	人均转移性收入	人均房租收入	人均杂项收入	样本量（人）
西南三省区	平均值	4636.9	1414.3	2123.1	34.8	273.2	710.1	81.5	14790
	所占比重	100.0	30.5	45.8	0.8	5.9	15.3	1.8	
汉族	平均值	5936.7	1669.6	3017.3	58.5	282.4	893.9	15.0	3538
	所占比重	100.0	28.1	50.8	1.0	4.8	15.1	0.3	
少数民族	平均值	4216.1	1337.2	1833.8	27.0	270.7	653.5	93.8	10918
	所占比重	100.0	31.7	43.5	0.6	6.4	15.5	2.2	
西北四省区	平均值	7313.3	1955.9	3847.3	153.5	576.6	650.9	129.1	16779
	所占比重	100.0	26.7	52.6	2.1	7.9	8.9	1.8	
汉族	平均值	6312.4	1669.4	3229.2	109.1	555.4	612.0	137.2	8738
	所占比重	100.0	26.5	51.2	1.7	8.8	9.7	2.2	
少数民族	平均值	8467.6	2290.9	4594.0	203.3	601.8	689.0	88.6	7779
	所占比重	100.0	27.1	54.3	2.4	7.1	8.1	1.1	

由于农村家庭经营性收入对民族七省区农村家庭纯收入的影响较大，下面对农村家庭经营性收入的结构做进一步的分析。

表 2-12 是民族七省区人均家庭经营性收入结构的情况。数据分析表明，西南三省区人均第一产业经营性收入占人均家庭经营性收入的比重为 81.04%，比民族七省区总体的该比重小（小 1.60 个百分点），也比西北四省区该比重小（小 2.39 个百分点）；西南三省区人均第二产业经营性收入占人均家庭经营性收入的比重为 4.91%，比民族七省区总体的该比重大（大 2.47 个百分点），也比西北四省区该比重大（大 3.66 个百分点）；西南三省区人均第三产业经营性收入占人均家庭经营性收入的比重为 10.90%，比民族七省区总体的该比重小（小 0.10 个百分点），也比西北四省区该比重小（小 0.15 个百分点）。说明无论是民族七省区总体还是西南三省区、西北四省区，农村家庭经营性收入绝大部分来源于第一产业经营性收入。民族七省区农村家庭第一产业经营性收入占家庭经营性收入比重的高低决定着其经营性收入的高低。

从不同省区来看，人均第一产业经营性收入占人均家庭经营性收入比重最高的省区是新疆（86.93%），次高的是内蒙古（83.43%），最低的是青海（69.94%），次低的是广西（80.30%）。人均第二产业经营性收入占人均家庭经营性收入比重最高的省区为广西（6.91%），次高的是贵州（黔东南）（4.07%），最低的是新疆（0.92%），次低的是内蒙古（1.25%）。但是，即使是次高的贵州（黔东南），其人均第二产业经营性收入也不到90元，说明民族七省区农村家庭的第二产业经营性收入是很低的。人均第三产业经营性收入占人均家庭经营性收入比重最高的省区是青海（25.87%），次高的是宁夏（15.21%），最低的是新疆（6.45%），次低的是湖南（湘西）（9.83%）。

表2－12　人均家庭经营性收入结构情况（分地区）

单位：元，%

地区 \ 收入结构		人均家庭经营性收入	第一产业经营性收入	第二产业经营性收入	第三产业经营性收入	其他经营性收入	样本量（人）
民族七省区	平均值	3039.49	2511.98	74.29	334.33	118.90	31569
	所占比重	100.00	82.64	2.44	11.00	3.91	
西南三省区	平均值	2128.09	1724.57	104.46	231.97	67.08	14755
	所占比重	100.00	81.04	4.91	10.90	3.15	
湖南（湘西）	平均值	1581.73	1305.08	37.89	155.52	83.24	4494
	所占比重	100.00	82.51	2.40	9.83	5.26	
广西	平均值	2814.36	2259.83	194.59	312.04	47.91	4774
	所占比重	100.00	80.30	6.91	11.09	1.70	
贵州（黔东南）	平均值	1978.46	1602.43	80.57	224.93	70.53	5487
	所占比重	100.00	80.99	4.07	11.37	3.56	
西北四省区	平均值	3854.65	3215.78	48.00	425.85	165.02	16747
	所占比重	100.00	83.43	1.25	11.05	4.28	
宁夏	平均值	3121.38	2531.57	39.34	474.74	75.73	4197
	所占比重	100.00	81.10	1.26	15.21	2.43	
青海	平均值	2266.96	1585.61	46.25	586.55	48.55	4853
	所占比重	100.00	69.94	2.04	25.87	2.14	
新疆	平均值	6073.35	5279.57	55.81	391.99	345.97	4077
	所占比重	100.00	86.93	0.92	6.45	5.70	
内蒙古	平均值	3854.65	3215.78	48.00	425.85	165.02	16747
	所占比重	100.00	83.43	1.25	11.05	4.28	

从本小节的分析结果来看，家庭经营性收入仍然是民族七省区农村家庭收入的主要来源和收入差距的重要影响因素。而家庭经营的核心依然是第一产业，即农户主要通过经营农牧业、出售农畜产品获得收入。根据基姆·安德森和速水佑次郎的《农业保护的政治经济学》[①]，在国家经济有一定发展的情况下，对农产品价格进行一定的保护，对农业本身进行有力的扶持是一件自然而然的事情。由此看来，现阶段[②]，民族七省区农村家庭的增收问题仍然是一项艰巨的任务，还需要进一步挖掘民族地区农民增收的潜力。在民族地区农村家庭收入构成中，除了继续在农牧产品增值、农业增效、收入增长渠道上想办法外，还要加大农民工转移培训的力度，以增加工资性收入份额，并积极探索增加农民财产性收入和补贴性收入的途径，创造条件使民族地区农民早日富裕起来。

第三节　农村家庭的收入差距

改革开放以来，中国经济在快速发展、取得举世瞩目成就的同时，区域、城乡、行业、社会阶层之间发展差距扩大，发展不平衡问题逐渐凸显。经济中日益增加的不平等可能会引发社会动荡，中国东部经济发达省份与西部民族地区欠发达省份之间存在的巨大不平等，以及西部内部城乡、区域、阶层不平等的扩大加大了这种风险。

为了深入了解民族七省区农村的经济收入情况，我们不仅要了解农村家庭平均收入水平、收入结构状况，还要了解收入分配的差异程度。以便为国家制定收入分配改革相关政策提供一定的数据支持。

① 基姆·安德森、速水佑次郎：《农业保护的政治经济学》，天津人民出版社，1996。

② 目前，全国处于工业化后期的前半阶段，民族八省区（目前，民族学界将新疆、宁夏、广西、内蒙古、西藏五个自治区和云南、贵州、青海三个多民族省份简称为“民族八省区”）中，只有内蒙古与全国的工业化平均水平相当，青海、宁夏、广西、云南、贵州处于工业化中期阶段，西藏、新疆工业化水平最低，仍然处于工业化初期阶段。全国城镇化进入中期阶段，绝大部分民族省区仅仅处于城镇化起步阶段（参见黄群慧《中国的工业化进程：阶段、特征与前景》，《经济与管理》2013 年第 7 期）。因此，民族地区在发展阶段上比东部及全国平均水平要落后，东部及全国农村家庭收入已经更多依赖于市场化的工资性收入，而民族地区仍主要依赖以第一产业为主的家庭经营性收入。因此，目前阶段，民族七省区农村家庭收入的影响因素会表现出与东部及全国不太一样的趋势，即经营性收入强烈影响家庭收入。

在本章第一节的第二小节中，我们已经对民族七省区农户的收入分层进行了一定探讨，本节则通过不平等系数的计算来刻画民族七省区农村家庭收入在地区和民族间的差异程度。

一 农村收入差距

（一）各地区农村收入差距

要分析收入差距，首先要确定收入差距的测量指标。目前，在国际学术界常用的收入差距测量指标有如下几种：相对平均离差、变异系数、基尼系数、Mehran 系数、Piesch 系数、Kakwani 系数、泰尔指数［GE（a），a = -1、0、1、2］、阿特金森不平等系数等。本文则使用以下四种测量指标。

第一，等分法（如五等分）。通过统计调查的方式，将社会中一定数量的居民（或家庭）按收入水平由低到高排序。在此基础上，将这些居民依次划分为不同的组，使每组有相同的居民（或家庭）数，然后计算出每个收入组的平均收入水平，这个平均收入水平即代表该收入组的收入水平。通过比较各收入组的平均收入水平，可以得到总体居民收入分配直观上的度量。上文在分析描述收入分层时已经用了五等分方法。

第二，基尼系数。基尼系数（Gini Coefficient）是意大利经济学家基尼（Corrado Gini）提出的定量测定收入分配差异程度的指标。一般的经济学教科书将基尼系数直观地解释为洛伦茨曲线与对角线之间的面积和对角线右下方三角形面积的比值。

根据《新帕尔格雷夫经济学大辞典》第二卷，Gini 在 1912 年首先提出了基尼系数的代数形式，即基尼平均差（Gini Mean Difference）。现在人们常用的基尼系数的代数形式为：

$$G = \sum_{i=1}^{n}\sum_{j=1}^{n} | x_j - x_i | /2n^2\mu$$

其值在 0 和 1 之间，越接近 0 表明收入分配越趋向平等，反之，收入分配越趋向不平等。按照国际一般标准，0.4 以上的基尼系数就表示收入差距较大，当基尼系数达 0.6 以上时，则表示收入差距很大。

第三，变异系数（Coefficient of Variation）。比较多组数据的离散程度，由于度量单位和平均数的不同，不能直接用方差进行比较，因此采用经过标准化处理的变异系数，其公式为：

$$C.V. = (S.D./Mean) \times 100\%$$

变异系数是一组收入数据的标准差与平均数的比值，反映了数据离散程度的绝对值，并且通过标准化而消除了测量尺度和量纲的影响。

第四，泰尔 T 指数。泰尔指数也称为泰尔熵标准，是衡量地区间收入差距的重要指标。本研究采用的是广义熵标准中参数取 1 的泰尔 T 指标，计算公式如下：

$$I(y) = \sum_{i=1}^{n} s(y_i)\left(\frac{y_i}{\mu}\right)\log\left(\frac{y_i}{\mu}\right)$$

泰尔 T 指数赋予不同收入组别以相同的权重，相比泰尔 L 标准而言，泰尔 T 标准对上层收入水平的变化更敏感，而基尼系数则对中等收入组别的变化更为敏感。另外需要说明的是，被研究的不平等指标均根据人均家庭纯收入和家庭人口数加权计算。

表 2-13 显示了民族七省区总体及分省区的几个常用收入不平等指数。民族七省区总体农村家庭人均纯收入的基尼系数是 0.414，变异系数是 1.057，泰尔 T 指数［GE（a），a=1］是 0.324。按照国际一般标准，0.4 以上的基尼系数表示收入差距较大，因此民族七省区农村居民收入差距属于较大的范畴。

分地区看，西南三省区农村家庭人均纯收入的基尼系数是 0.377，变异系数是 0.932，泰尔 T 指数［GE（a），a=1］是 0.268，西北四省区农村家庭人均纯收入的基尼系数是 0.410，变异系数是 1.036，泰尔 T 指数［GE（a），a=1］是 0.316。由此可见，第一，西南三省区农村家庭人均纯收入的基尼系数不到 0.4，按照国际一般标准，收入差距属于正常范畴。西北四省区农村家庭人均纯收入的基尼系数高于 0.4 的临界点，属于收入差距较大的范畴。第二，西南三省区农村家庭收入的基尼系数、变异系数、泰尔 T 指数均低于西北四省区的相应指标，西南三省区、西北四省区农村家庭收入的基尼系数也都低于总体的基尼系数，说明西南农村家庭的收入差距小于西北农村家庭的收入差距，并且西南农村和西北农村之间还存在系统性、区域性的收入差距。第三，西南农村家庭收入的变异系数略小于西北农村的变异系数，而且西南农村家庭收入的泰尔 T 指数显著小于西北农村家庭的泰尔 T 指数，说明西北农村家庭在最高收入组别有着很高的离散程度。

分省区看，收入基尼系数最大的省区是新疆（0.484），次高的是广西（0.439），最小的是贵州（黔东南）（0.271），次小的是青海（0.331）。这说明，第一，民族七省区中，新疆农村家庭收入差距是最大的，广西是第二大的；贵州农村家庭的收入差距是最小的，青海是第二小的。第二，民族七省区中，宁夏、新疆、广西的变异系数较大，而且泰尔 T 指数也较大，说明宁夏、新疆、广西农村家庭收入的不平等程度相对较高。具体来看，宁夏的变异系数是民族七省区中最大的，达 1.257，说明其收入整体的离散程度最高；但新疆的泰尔 T 指数是最高的，达 0.420，说明其最高收入组别的离散程度非常高，贫富差距比较大。

表 2-13　农村家庭人均纯收入不平等指数（分地区、省区）

地　区	基尼系数	变异系数	泰尔 T 指数［GE（a），a=1］
民族七省区	0.414	1.057	0.324
西南三省区	0.377	0.932	0.268
湖南（湘西）	0.367	0.743	0.228
广西	0.439	1.096	0.361
贵州（黔东南）	0.271	0.565	0.128
西北四省区	0.410	1.036	0.316
宁夏	0.416	1.257	0.348
青海	0.331	0.742	0.197
新疆	0.484	1.101	0.420
内蒙古	0.344	0.783	0.215

（二）各民族农村收入差距

表 2-14 显示了民族七省区各地区农村家庭收入分民族的不平等指数情况。

从表 2-14 可以看出，总体上，第一，民族七省区总体的农村家庭人均纯收入的基尼系数为 0.414，少数民族样本的基尼系数为 0.404，汉族样本为 0.395，以 0.4 作为收入差距是否偏高的标准，在民族七省区农村，汉族家庭之间收入差距属于正常范畴，而少数民族家庭之间的收入差距属于偏大的范畴。第二，民族七省区总体的农村家庭人均纯收入的基尼系数比少数民族家庭和汉族家庭的基尼系数都高，说明民族七省区总体收入差距中既包括了少数民族家庭和汉族家庭各自的收入差距，也包括了少数民族和汉族之间的收入差距。第三，民族七省区总样本中的变异系数是1.057，少数民族样本的变异系数为1.142，高于总样本中的变异系数，而汉族样本的变异系数为0.911，低于总样本中的变异系数，这说明在民族七省区农村，少数民族家庭收入的总体离散程度更高，而汉族家庭的收入相对而言更为集中。第四，民族七省区农村家庭人均纯收入的泰尔T指数是0.324，少数民族样本的泰尔T指数是0.323，与民族七省区总体的泰尔T指数非常接近，而汉族样本的泰尔T指数仅为0.283，明显小于少数民族样本及民族七省区总体的泰尔T指数。考虑到基尼系数对中间收入组别的敏感性和泰尔T指数对边缘收入组别的相对敏感性，可以认为，在少数民族农村家庭中，其最高组别的收入对于其平均收入的离散程度显著高于汉族农村家庭，或者说在少数民族农村家庭中，有少数家庭比一般家庭富裕得多。

表2-14　各地区农村家庭的收入差距指数（分民族）

民　族	基尼系数	变异系数	泰尔T指数［GE（a），a=1］
民族七省区	0.414	1.057	0.324
汉族	0.395	0.911	0.283
少数民族	0.404	1.142	0.323
西南三省区	0.377	0.932	0.268
汉族	0.392	0.990	0.294
少数民族	0.359	0.853	0.240
西北四省区	0.410	1.036	0.316
汉族	0.384	0.863	0.263
少数民族	0.421	1.218	0.356

从表2-14还可以看出，在西南三省区农村，汉族样本的基尼系数（0.392）高于少数民族样本的基尼系数（0.359），也高于西南三省区总体样本的基尼系数（0.377）。同时，其汉族样本的变异系数与泰尔T指数也分别高于其少数民族样本、西南三省区总体样本的变异系数与泰尔T指数。在西北四省区农村，少数民族样本的基尼系数（0.421）高于汉族样本的基尼系数（0.384），也高于西北四省区总体样本的基尼系数

(0.410)。同时，其少数民族样本的变异系数与泰尔 T 指数分别高于其汉族样本、西北四省区总体样本的变异系数与泰尔 T 指数。也就是说，分民族来看，西南三省区中的收入不平等情况与西北四省区中的收入不平等情况正好相反。在西南三省区农村家庭中，汉族内部的收入不平等程度显著高于少数民族内部的收入不平等程度，西南三省区收入不平等主要体现为汉族内部的收入不平等；而在西北四省区农村家庭中，少数民族内部收入不平等程度显著高于汉族内部的收入不平等程度，西北四省区收入不平等主要体现为少数民族内部的收入不平等。

表 2－15 显示的是民族七省区分民族的农村家庭收入不平等指数情况。从表 2－15 可以看出，在民族七省区农村，农村家庭纯收入的基尼系数最高的民族是壮族（0.476），次高的是维吾尔族（0.440），最低的是侗族（0.303），次低的是苗族（0.322），第三低的是藏族（0.339）。说明在民族七省区农村家庭中，收入不平等程度最高的是壮族，次高的是维吾尔族，收入不平等程度最低的是侗族，第二低的是苗族，第三低的是藏族。农村家庭纯收入的变异系数、泰尔 T 指数比较大的民族是回族、壮族、维吾尔族、蒙古族、哈萨克族，比较小的是苗族、侗族、土家族、撒拉族、瑶族、藏族，说明回族、壮族、维吾尔族、蒙古族、哈萨克族农村家庭的收入不平等程度显著大于苗族、侗族、土家族、撒拉族、瑶族、藏族农村家庭。

表 2－15　农村家庭的收入差距指数（分民族）

民　族	基尼系数	变异系数	泰尔 T 指数［GE（a），a=1］
苗　族	0.322	0.661	0.179
侗　族	0.303	0.674	0.167
壮　族	0.476	1.217	0.431
土家族	0.382	0.726	0.238
瑶　族	0.363	0.871	0.244
回　族	0.432	1.574	0.432
维吾尔族	0.440	0.993	0.345
藏　族	0.339	0.843	0.224
蒙古族	0.380	0.955	0.276
撒拉族	0.377	0.726	0.230
哈萨克族	0.391	0.954	0.297

将本小节结果与上一小节结果做比较可以发现，居住于新疆的维吾尔族家庭、广西的壮族家庭收入差距较大，而居住于贵州的侗族和苗族家庭，居住于青海的藏族家庭收入差距较小，两小节的结果是相互印证的。一个细微差别在于，壮族家庭收入的基尼系数要大于维吾尔族家庭收入的基尼系数，而新疆家庭收入的基尼系数则大于广西家庭收入的基尼系数，可能是因为新疆汉族家庭和少数民族家庭之间的收入差距较为显著。

二　按收入来源分解农村家庭收入差距

上一节所报告的结果显示，由于民族七省区的农村地区仍处于经济现代化的起步阶段，因此，在其家庭人均纯收入结构中，人均家庭经营性收入非常重要。民族七省区农村家庭居民收入和收入差距的影响因素表现出和东部地区农村家庭不一样的趋势，即经营性收入差异与家庭总收入差异之间存在较强关联。本小节通过对民族七省区农村家庭收入不平等按收入来源分解，可以得到与上述结果相互印证的结果。

本小节对民族七省区农村家庭收入不平等的影响因素的衡量，采用基尼系数，因为基尼系数是按照来源分解收入不平等的最佳指标[①]。根据基尼最初的定义和定理，基尼系数的准确值可以通过对洛伦茨函数进行积分计算得来，但很多情况下这样的计算是非常冗长且无效率的。为了让计算变得更为简单可行，西尔伯给出了基尼系数的近似值的代数公式[②]：

$$G = \sum_{i=1}^{k} \frac{\mu_i}{\mu} C_i$$

总收入 $Y = \sum_{i=1}^{k} Y_i$ ，即由 k 个分项收入来源构成，而 μ 与 μ_i 为总平均收入和第 i 个收入分项的平均收入，C_i 为第 i 个收入分项的集中指数（Concentration Index）。集中指数的定义方法与基尼系数相似，所不同的是其人口份额排列的顺序是按照总收入的大小而不是该分项收入的大小。将

① A. F. Shorrocks，The Class of Additively Decomposable Inequality Measures，*Econometrica*，1980，46（2）.

② J. Silber，Factor Components，Population Subgroups and the Computation of the Gini Index of Inequality，*The Review of Economics and Statistics*，1989，71（1）.

$\frac{\mu_i}{\mu}$简写为 S_i，即第 i 个分项收入占总收入的份额，将等式两边同时除以 G 改写为：

$$1 = \sum_{i=1}^{k} \frac{S_i C_i}{G}$$

将$\frac{C_i}{G}$记为 G_i，亚当斯（Adams）将其称为相对集中指数，若 G_i 大于 1，则该收入分项为加强差异（Inequality Increasing）的，反之则是减小差异（Inequality Decreasing）的收入分项①。可将$\frac{S_i C_i}{G} = S_i G_i$ 视作各收入分项不平等占总收入不平等的比重，上式也就说明按收入比重加权的相对集中指数之和为 1，这实际上就是基尼系数按收入来源的可加性、可分性。

另外，在研究收入不平等的来源时，不仅需要了解收入差异指标本身的来源，还需要了解收入差异的变化是由哪些来源构成的。对于收入差异指标的分解而言，某个收入分项不平等占总收入不平等的比重也许不大，但是收入差异指标也许对该收入分项的变化十分敏感。由简单的微积分知识和基尼系数按收入来源的可加性，对 $S_i C_i$ 做微分：

$$\Delta G = \sum (\Delta S_i C_i) = \sum (S_i \Delta C_i + C_i \Delta S_i + \Delta S_i \Delta C_i)$$

$$\text{或者 } dG = \sum d(S_i C_i) = \sum (S_i dC_i + C_i dS_i)$$

基尼系数的变化相当于按收入份额加权的各收入分项集中指数的变化之和，而按收入份额加权的各收入分项集中指数的变化则包括由该收入分项集中指数变化带来的影响、该收入分项的收入份额变化带来的影响以及二者的交乘项。上面第二个公式表明，当变化很小时，二阶项可以忽略。更详细的推导可以参考万广华的论文②。

表 2 – 16 中的“基尼相关系数”表示了某分项收入基尼系数与总收入基尼系数之间的相关性，即衡量了分项不平等的变化与总收入不平等的变

① R. Adams, Non – farm Income and Inequality in Rural Pakistan: A Decomposition Analysis, *Journal of Development Studies*, 1994, 31 (1) 1.

② G. H. Wan, Changes in Regional Inequality in Rural China: Decomposing the Gini Index by Income Sources, *The Australian Journal of Agricultural and Resource Economics*, 2001, 45 (3) .

化之间的关系。而“各分项对总不平等的边际影响”则表示各个收入分项每增加1%所带来的总收入基尼系数的变动，即衡量收入结构变动给总收入不平等带来的影响。

表2－16显示了民族七省区农村家庭收入基尼系数按收入来源分解的情况。我们先分析各分项收入不平等对总收入不平等的影响。首先，从表2－16可以看出，总收入的基尼系数为0.4136，所有收入分项的基尼系数均高于总收入的基尼系数，经营性收入和财产性收入的分项集中指数分别为0.4940和0.5310，高于总收入的基尼系数。财产性收入的相对分项集中指数大于1，为不平等促增因素，经营性收入、工资性收入、转移性收入、估计的房租这四个收入来源则为不平等消减因素。财产性收入、转移性收入、估计的房租收入占总收入的份额较小，因此其分项不平等占总收入不平等的比重也比较小。对于份额比较大的工资性收入和经营性收入而言，经营性收入无论是分项集中指数还是占总收入份额都较高，因此其分项不平等占总收入不平等的比重非常大，接近60%，而工资性收入不平等占总收入不平等的比重则为22.80%。

其次，分析总收入基尼系数的变化对各个分项收入变化的敏感程度。对于工资性收入、财产性收入、转移性收入、估计的房租收入这四个收入来源而言，虽然其占总收入份额的差别非常大，但他们的基尼相关系数相差不大，基本在0.45～0.55。而经营性收入的基尼相关系数则高达0.8170，可见经营性收入内部不平等的变化对总收入不平等的变化有非常大的影响。另外，各项收入增加1%时对总不平等的影响（绝对值）也是经营性收入最高，为0.0975，而工资性收入和估计的房租收入的这一影响为负，分别为－0.0529和－0.0439，财产性收入、杂项收入和转移性收入增长1%时对总不平等的边际影响较小。

综上所述，民族七省区经营性收入的不平等程度对总收入不平等程度有着最明显的促增作用，而工资性收入则有较明显的消减作用。若要降低总收入的不平等程度，一种方法是降低经营性收入的不平等程度，促进经营性收入较低的农村家庭的经营性收入增长，另一种方法是降低收入结构中经营性收入的所占份额，提高工资性收入的所占份额。

表 2－16　农村家庭基尼系数按收入来源分解

各分项收入	分项占总收入比例	分项基尼系数	分项集中指数	基尼相关系数	各分项不平等占总不平等比重	各分项对总不平等的边际影响
工资性收入	0.2809	0.6138	0.3357	0.5471	0.2280	－0.0529
经营性收入	0.5016	0.6047	0.4940	0.8170	0.5991	0.0975
财产性收入	0.0162	1.0229	0.5310	0.5208	0.0208	0.0046
转移性收入	0.0717	0.7423	0.3323	0.4479	0.0576	－0.0141
估计的房租收入	0.1120	0.5122	0.2515	0.4913	0.0681	－0.0439
杂项收入	0.0176	0.9886	0.6181	0.6244	0.0263	0.0087
总收入	1	0.4136	0.4136	1	1	0

第四节　农村家庭支出水平

对于民族七省区大部分农村家庭而言，其当年纯收入最主要的是用以当年支出和预付资本补偿，少部分可能用于储蓄和扩大再生产，而可用于其他投资的资金和金融渠道都较为稀缺。一个家庭的支出水平与其家庭生活的客观质量和主观感受都是直接相关的。所以，了解民族七省区农村各民族家庭的支出水平和支出结构，对我们了解当地各族人民生产生活的发展情况是非常必要的。

在本次调查中，与询问收入相同，我们既向农村受访户询问了其家庭支出的总额，也询问了他们的家庭经营费用、购买资产、缴纳税费、衣食住行、转移支出等分项支出，并且如缴纳税费等分项下还包含了更细致的小项目。本研究的农村家庭人均总支出包括：人均家庭经营费用支出、人均购置生产性固定资产支出、人均生产性固定资产折旧、人均税费支出、人均生活消费支出、人均财产性支出、人均转移性支出以及人均其他支出等八个分项。

其中，税费支出包括了第一、第二、第三产业纳税，“一事一议”筹资和其他各项收费，生活消费支出则包括了食品、衣着、居住、家庭设备及服务、医疗保健、交通通信、文教娱乐用品及服务和其他商品与服务。

一　农村家庭支出的民族比较

表 2－17 显示了民族七省区各民族家庭支出的总体情况。可以发现，

本书所涉及的民族七省区总体样本中，2011 年农村家庭人均总支出为 7888.49 元，而汉族样本的家庭人均总支出为 11151.82 元，少数民族样本的家庭人均总支出为 6085.07 元，民族七省区农村少数民族家庭的人均总支出仅相当于汉族家庭的 55%，汉族家庭支出远高于少数民族家庭。

具体从各民族来看，主要聚居于湖南（湘西）和贵州（黔东南）的苗族和土家族农村家庭人均总支出水平最低，仅为 4092.91 元和 3947.73 元，仅相当于汉族家庭的 37% 和 35%。而民族七省区农村家庭人均总支出水平最高的民族为蒙古族和哈萨克族：2011 年，民族七省区农村蒙古族家庭人均总支出高达 14633.95 元，比汉族家庭高出 31%；而农村哈萨克族家庭人均总支出亦达 12910.64 元，比汉族家庭高出 16%。

本小节的结果与本章第一节第一小节的民族七省区农村各民族家庭中，土家族和苗族家庭人均纯收入最低，蒙古族与哈萨克族家庭人均纯收入最高的结果十分相符。

表 2－17　各民族农村家庭支出总体情况

单位：元，人

民　族	人均总支出	与汉族之比	样本量
总体	7888.49	0.71	31671
汉族	11151.82	1.00	11366
少数民族	6085.07	0.55	19709
其中：蒙古族	14633.95	1.31	867
回族	7784.37	0.70	2934
藏族	5598.45	0.50	1489
维吾尔族	6702.67	0.60	2331
苗族	4092.91	0.37	4593
壮族	5358.47	0.48	1736
侗族	4838.81	0.43	2490
瑶族	4806.11	0.43	747
土家族	3947.73	0.35	773
哈萨克族	12910.64	1.16	505
撒拉族	5854.62	0.52	450

二　农村家庭支出的地区比较

本小节主要比较西南三省区农村家庭支出和西北四省区农村家庭支出之间的差异。表2－18和表2－19从两个角度显示了西南三省区和西北四省区农村家庭支出情况的对比。

表2－18　西南三省区及西北四省区农村家庭支出情况（分民族）

单位：元，人

民　族	人均总支出	与汉族之比	样本量
西南三省区	4886.85	0.78	14809
汉族	6242.30	1.00	3543
少数民族	4451.92	0.71	10932
其中：土家族	4092.91	0.66	4593
瑶族	5358.47	0.86	1736
侗族	4680.69	0.75	2462
壮族	4749.13	0.76	743
苗族	3947.73	0.63	773
西北四省区	10524.67	0.79	16862
汉族	13375.32	1.00	7823
少数民族	8119.22	0.61	8777
其中：蒙古族	14732.56	1.10	860
回族	7815.94	0.58	2920
藏族	5598.45	0.42	1489
维吾尔族	6865.05	0.51	2268
哈萨克族	13263.87	0.99	487
撒拉族	5854.62	0.44	450

由表2－18可知，西南三省区农村各民族家庭的人均总支出为4886.85元，汉族家庭的人均总支出则达6242.30元，而少数民族家庭的人均总支出为4451.92元，是汉族家庭的71%。西北四省区农村各民族家庭的人均总支出为10524.67元，汉族家庭的人均总支出为13375.32元，而少数民族家庭的人均总支出为8119.22元，为汉族家庭的61%。可见，西北四省区，无论是总体、汉族还是少数民族，其农村家庭人均总支出都高于西南三省区，而且西北四省区农村汉族家庭与少数民族家庭之间的支

出差距要大于西南三省区的这一差距。

表 2－19　西南三省区及西北四省区农村家庭支出情况（分省区）

单位：元,%

地　区	人均总支出	占七省区总体的比重	样本量（人）
总体	7888.49	100	31671
西南三省区	4886.85	61.95	14809
其中：湖南（湘西）	3310.38	41.96	4516
广西	6018.38	76.29	4806
贵州（黔东南）	5193.24	65.83	5487
西北四省区	10524.67	133.42	16862
其中：宁夏	8542.45	108.29	4224
青海	5671.50	71.90	4867
新疆	15582.87	197.54	4118
内蒙古	13580.66	172.16	3653

由表 2－19 可知，从民族七省区来看，农村家庭人均总支出最高的省区为新疆和内蒙古，分别达 15582.87 元和 13580.66 元，占七省区总平均值的 197.54% 和 172.16%。而农村家庭人均总支出最低的省区为湖南（湘西），为 3310.38 元，仅相当于七省区平均值的 41.96%。这一结果与第一节中新疆农村家庭收入最高，而湖南农村家庭收入最低的结果是相互印证的。事实上，与第一节结果相似，西北四省区中仅青海省农村家庭人均总支出较西南三省区的广西低，其他各省区农村家庭人均总支出均高于西南各省区。不过，由于抽样并未严格按照各省区民族比例且数据也未经过加权处理，因此这种分省比较并不十分精确。

从居住地域的视角来看民族七省区各民族农村家庭的支出差异，可以发现，西北四省区中所识别的所有六个少数民族的农村家庭人均总支出均高于西南三省区中所识别的所有五个少数民族的农村家庭人均总支出。有理由推论，民族间的支出差距很大程度上来自于其居住地域和环境的差别。

有必要说明的是，本节所报告的农村家庭人均总支出普遍高于上一节中所报告的农村家庭人均纯收入，这并非表明民族七省区农村家庭在 2011 年广泛存在入不敷出的经济情况，而是因为农村家庭纯收入的计算口径中，已经将家庭经营的成本、预付资本补偿、扩大再生产等开销扣除在外，而家庭总支出中又包括了家庭经营费用支出、购置生产性固定资产支出、生产性固定资产折旧等项目。若要在收支总额之间进行一定比较，应该从家庭总支出中去除用于预付资本折旧和扩大再生产的部分后再与家庭纯收入进行对比。

第五节　农村家庭支出结构

农村家庭支出主要可以分为三大类，用于生产经营的成本、用于生活消费的开销以及财产性和转移性的支出。对民族七省区农村家庭支出结构进行描述，有助于更细致地了解民族七省区各族人民的生活经济情况。

一　农村家庭支出结构的民族比较

根据 A·恰亚诺夫在其《农民经济组织》一书提出的“劳动－消费均衡理论”[①]，农村家庭总收入扣除预付资本补偿和用于扩大再生产的部分后，剩余部分全部用于满足日常生活需求；农村家庭对劳动的投入和其对消费的满足两个因素共同决定了农村家庭的经济活动量。经过权衡，当农村家庭增加劳动带来的“劳动辛苦程度”与增加消费带来的“消费满足感”达到均衡时，他们便不会再增加劳动，家庭经济活动量便确定下来。可以说，对于农村家庭来说，生活消费的过程实质上就是其家庭劳动力再生产的过程，生活消费自然成为其支出的重要部分。

表2－20是民族七省区农村家庭总支出的结构情况。需要特别说明的是，表中“人均总生产经营支出”一项，是人均家庭经营费用支出、人均购置生产性固定资产支出、人均固定资产折旧和人均税费支出四个项目的总和。

2011年，民族七省区农村家庭人均总支出中，人均生活消费支出达4115.4元，占总支出的52.2%，而家庭经营费用支出则达32.5%，加上购置生产性固定资产支出、生产性固定资产折旧和税费支出则达3045.5元，占总支出的38.6%。相比而言，民族七省区农村汉族家庭人均生活消

① A·恰亚诺夫著、萧正洪译《农民经济组织》，中央编译出版社，1996。

费支出为 5170.2 元，占人均总支出的 46.4%，而人均总生产经营支出达 4916.8 元，占人均总支出的 44.1%；民族七省区农村少数民族家庭人均生活消费支出为 3531.9 元，占人均总支出的比例高达 58.0%，而其人均总生产经营支出仅有 2014.0 元，占人均总支出的 33.1%。可见，民族七省区农村汉族家庭总支出中，用于生活消费的支出份额低于少数民族家庭，而用于家庭生产经营的支出份额高于少数民族家庭。

表 2－20　农村家庭支出结构情况

单位：元，%

民族 \ 支出结构		人均总支出	人均家庭经营费用支出	人均购置生产性固定资产支出	人均生产性固定资产折旧	人均税费支出	人均总生产经营支出	人均生活消费支出	人均财产性支出	人均转移性支出	人均其他支出	样本量（人）
总体	均值	7888.5	2566.2	341.4	128.6	9.3	3045.5	4115.4	43.7	496.2	187.7	31671
	占比	100.0	32.5	4.3	1.6	0.1	38.6	52.2	0.6	6.3	2.4	
汉族	均值	11151.8	4229.6	468.0	213.1	6.1	4916.8	5170.2	62.7	681.1	321.1	11366
	占比	100.0	37.9	4.2	1.9	0.1	44.1	46.4	0.6	6.1	2.9	
少数民族	均值	6085.1	1647.8	272.9	81.9	11.4	2014.0	3531.9	33.9	392.7	112.6	19709
	占比	100.0	27.1	4.5	1.4	0.2	33.1	58.0	0.6	6.5	1.9	
苗族	均值	4092.9	702.9	157.9	41.9	4.0	906.7	2817.7	9.8	312.1	46.6	4593
	占比	100.0	17.2	3.9	1.0	0.1	22.2	68.8	0.2	7.6	1.1	
壮族	均值	5358.5	1361.4	145.1	19.4	5.2	1531.1	3458.2	2.3	112.5	254.3	1736
	占比	100.0	25.4	2.7	0.4	0.1	28.6	64.5	0.0	2.1	4.8	
侗族	均值	4838.8	873.7	118.4	32.6	5.1	1029.8	3286.7	11.3	464.8	46.2	2490
	占比	100.0	18.1	2.5	0.7	0.1	21.3	67.9	0.2	9.6	1.0	
瑶族	均值	4806.1	1287.8	73.7	12.3	8.3	1382.1	3174.6	0.6	223.9	25.1	747
	占比	100.0	26.8	1.5	0.3	0.2	28.8	66.1	0.0	4.7	0.5	
土家族	均值	3947.7	1093.2	25.1	42.1	1.0	1161.3	2369.8	1.1	397.2	18.3	773
	占比	100.0	27.7	0.6	1.1	0.0	29.4	60.0	0.0	10.1	0.5	
蒙古族	均值	14634.0	5212.8	655.7	261.9	12.5	6143.0	6625.9	53.1	1571.2	240.9	867
	占比	100.0	35.6	4.5	1.8	0.1	42.0	45.3	0.4	10.7	1.7	
回族	均值	7784.4	2568.3	642.7	153.3	2.6	3366.9	3731.7	48.4	562.3	75.1	2934
	占比	100.0	33.0	8.3	2.0	0.0	43.3	47.9	0.6	7.2	1.0	

续表

民族	支出结构	人均总支出	人均家庭经营费用支出	人均购置生产性固定资产支出	人均生产性固定资产折旧	人均税费支出	人均总生产经营支出	人均生活消费支出	人均财产性支出	人均转移性支出	人均其他支出	样本量（人）
藏族	均值	5598.5	1039.7	193.8	256.6	0.0	1490.2	3517.5	3.9	278.4	308.5	1489
	占比	100.0	18.6	3.5	4.6	0.0	26.6	62.8	0.1	5.0	5.5	
维吾尔族	均值	6702.7	1972.4	401.8	21.1	57.9	2453.2	3838.9	68.5	169.7	172.4	2331
	占比	100.0	29.4	6.0	0.3	0.9	36.6	57.3	1.0	2.5	2.6	
哈萨克族	均值	12910.6	4179.6	270.4	96.2	4.1	4550.3	7301.0	437.4	615.5	6.5	505
	占比	100.0	32.4	2.1	0.8	0.0	35.2	56.6	3.4	4.8	0.1	
撒拉族	均值	5854.6	2776.0	184.7	8.9	0.0	2969.5	2644.4	0.0	233.8	6.9	450
	占比	100.0	47.4	3.2	0.2	0.0	50.7	45.2	0.0	4.0	0.1	

在民族七省区农村的各个民族中，撒拉族家庭用于生产经营的支出份额是最高的，高达 50.72%，是唯一该份额超过一半的民族，而回族和蒙古族的这一份额也分别达 43.3% 和 42.0%，接近汉族水平。家庭人均总生产经营支出占家庭人均总支出比重最低的两个民族为侗族和苗族，仅为 21.3% 和 22.2%，其中侗族尚不及汉族水平的一半。同时，这两个民族也是生活消费支出份额最高的两个民族，高达 67.9% 和 68.8%。

在民族七省区农村总样本中，家庭人均转移性支出占家庭人均总支出的比重为 6.3%，少数民族样本中为 6.5%，稍高于汉族的 6.1%。壮族家庭的转移性支出份额最低，仅为 2.1%，而蒙古族家庭和土家族家庭的转移性支出份额最高，达 10.7% 和 10.1%。

二　农村家庭支出结构的地区比较

表 2-21 和表 2-22 分别显示了西南三省区和西北四省区的农村家庭支出结构。由两表可知，西南三省区农村各民族家庭人均生活消费支出为 3144.9 元，占人均总支出的 64.4%，而人均总生产经营支出为 1308.4 元，仅占人均总支出的 26.8%。西南三省区农村汉族家庭人均生活消费支出份额为 58.9%，生产经营支出份额为 32.5%；而少数民族家庭人均生活消费支出份额高达 67.0%，生产经营支出份额仅为 24.1%。

比较而言，西北四省区农村家庭，无论是总体还是汉族、少数民族，生活消费支出份额都较西南三省区低，生产经营支出份额则相对较高。西北四省区农村家庭总样本的人均生活消费支出为4967.8元，占人均总支出的47.2%，而人均总生产经营支出达4571.1元，占人均总支出的43.4%。西北四省区农村汉族家庭生活消费支出份额为43.7%，低于其生产经营支出份额的46.6%；而少数民族家庭生活消费份额51.9%，高于其生产经营支出份额的39.2%。

表2－21　西南三省区农村家庭支出结构情况

单位：元,%

民族＼支出结构		人均总支出	人均家庭经营费用支出	人均购置生产性固定资产支出	人均生产性固定资产折旧	人均税费支出	人均总生产经营支出	人均生活消费支出	人均财产性支出	人均转移性支出	人均其他支出	样本量（人）
总体	均值	4886.9	1113.5	156.1	32.7	6.1	1308.4	3144.9	17.1	323.8	92.7	14809
	占比	100.0	22.8	3.2	0.7	0.1	26.8	64.4	0.4	6.6	1.9	
汉族	均值	6242.3	1771.3	223.8	25.0	6.9	2027.0	3677.9	57.0	359.9	120.6	3543
	占比	100.0	28.4	3.6	0.4	0.1	32.5	58.9	0.9	5.8	1.9	
少数民族	均值	4451.9	899.5	133.3	34.8	6.0	1073.6	2984.4	4.7	308.7	80.5	10932
	占比	100.0	20.2	3.0	0.8	0.1	24.1	67.0	0.1	6.9	1.8	

表2－22　西北四省区农村家庭支出结构情况

单位：元,%

民族＼支出结构		人均总支出	人均家庭经营费用支出	人均购置生产性固定资产支出	人均生产性固定资产折旧	人均税费支出	人均总生产经营支出	人均生活消费支出	人均财产性支出	人均转移性支出	人均其他支出	样本量（人）
总体	均值	10524.7	3842.0	504.1	212.8	12.2	4571.1	4967.8	67.1	647.6	271.1	16862
	占比	100.0	36.5	4.8	2.0	0.1	43.4	47.2	0.6	6.2	2.6	
汉族	均值	13375.3	5342.9	578.6	298.2	5.8	6225.6	5846.1	65.3	826.6	411.8	7823
	占比	100.0	40.0	4.3	2.2	0.0	46.6	43.7	0.5	6.2	3.1	
少数民族	均值	8119.2	2579.8	446.8	140.5	18.0	3185.1	4213.9	70.4	497.3	152.5	8777
	占比	100.0	31.8	5.5	1.7	0.2	39.2	51.9	0.9	6.1	1.9	

必须强调，鉴于我国目前通行的农村家庭支出的计算口径，其家庭经营成果中未被用于出售以获得货币性收入而是用于自行消费的部分，作为消费未予计入其家庭支出，或虽计入但明显被低估。这一计算口径实际上低估了农村家庭支出结构中，家庭消费性支出尤其是食品支出所占的比重。因此，农村家庭支出结构与下一章中的城市家庭支出结构，难以进行直观的对比。

总体而言，下章数据中将会显示的城镇家庭食品支出比例高于本章的农村家庭，这与农村家庭食物商品化程度不如城镇居民高有关。农村居民既很少在饭店中吃饭，也较少购买食材，而是较多地依靠自家生产粮食、蔬菜和禽、肉、蛋以供食用。从这个意义上来说，仅以现金支出这一口径计算的恩格尔系数难以准确地在城乡之间衡量居民家庭经济生活的水平。

不过近年来，随着商品化的市场经济在中国农村地区的不断深入、农村生活水平的逐年提高以及退耕还林等环境保护政策在广大中西部农村地区的推广，民族七省区农村家庭生产的农产品和畜产品占其家庭消费总量的比例有一定程度下降，另外其生产模式和产品结构变得相对单一化、集约化以适应商品化的需求；同时，农村常住人口中去往城镇打工的人口比例也呈发展趋势。因此，农村家庭生活消费中来源于其自产成果的比例在减小，而来源于货币购买的比例显著上升。

本章小结

1. 本章对民族七省区农村地区家庭的收入和支出状况进行了总体的描述，并且在地区间和民族间进行了比较。与统计局的口径相比，本研究在农村家庭纯收入中加入了自住房的估计房租收入，对收入的定义更为完整。从总样本来看，2011 年民族七省区农村家庭人均纯收入达 6059.4 元。

2. 从民族七省区农村地区家庭人均纯收入民族间的差异来看，哈萨克族和蒙古族家庭高于汉族家庭，而后者又高于其他少数民族家庭，最低的则为土家族和苗族。其中，哈萨克族农村家庭人均纯收入超过了 10000 万元。从地区划分来看，西北四省区农村家庭人均纯收入比西南三省区高近六成。事实上，西北四省区各民族农村家庭收入普遍比西南三省区各民族高。

3. 从家庭收入的构成来看，农业经营性收入依然是民族七省区家庭收入的主要组成部分。在民族七省区农村家庭纯收入中，经营性收入超过一半，工资性收入接近三成，而汉族家庭经营性收入占家庭收入比重高于少数民族家庭。在经营性收入中，第一产业经营性收入占其比重超过八成；哈萨克族、蒙古族以及汉族的这一比重最高。事实上，在民族七省区的各省区或各民族农村家庭中，经营性收入占总纯收入比重越高，则总纯收入倾向于越高。可以说，家庭经营性收入仍然是民族七省区农村家庭收入的重要组成部分和收入差距的重要解释因素，而家庭经营性收入的核心依然是第一产业。

4. 壮族和维吾尔族的收入差距相对较大，与此相符的是，广西和新疆也是民族七省区中收入不平等情况较为严重的省区。而贵州（黔东南）的内部收入差距很小。另外，家庭经营性收入的不平等状况对家庭纯收入的不平等状况影响最大。

5. 2011 年民族七省区农村家庭人均总支出额达 7888.49 元。从民族看，蒙古族和哈萨克族农村家庭人均总支出高于汉族家庭；而汉族家庭又远高于少数民族家庭的平均水平，后者仅相当于前者的 55%。从地区来看，西北四省区农村家庭人均总支出较西南三省区高。事实上，西北四省区中识别的每个少数民族家庭的支出水平均高于西南三省区中识别的每个少数民族家庭的支出水平。

6. 从家庭支出结构来看，民族七省区农村家庭支出的主要组成部分还是消费性支出。总样本中，农村家庭人均生活消费支出占人均总支出的一半以上，而少数民族家庭的该比例高于汉族家庭。西北四省区的这一比例则较西南三省区低，西北四省区汉族家庭的总生产经营支出甚至超过了生活消费支出。

第三章　西部民族地区城镇家庭收入与支出

自2000年3月中央开始实施西部大开发战略以来，西部地区的发展问题成为国家关注的焦点，西部地区的发展关系着中国现代化全局：中国现代化的困难不在东部，而在西部；中国现代化的落脚点最终还是在西部地区。因此，西部大开发是必须长期坚持的发展战略。

马克思说："家庭是社会的细胞。所以研究社会的经济发展状况，必须落脚到对家庭经济状况的研究，家庭是社会的基础。家庭的经济状况关系着民众生活质量的好坏，也是幸福与健康的一个重要基础。"本章从城镇家庭可支配收入和支出两大部分出发，对民族七省区城镇家庭人均可支配收入水平、结构、分配以及家庭支出水平与结构进行描述和分析。

第一节　城镇家庭收入水平

本次问卷调查，包含每个城镇受访户的家庭总收入及可支配收入，可支配收入包括工资性收入、经营净收入、财产性收入、转移性收入等各个分项，并且在一些分项下还包括更具体的细项。本章中的城镇家庭可支配收入由工资性收入、经营净收入、财产性收入、转移性收入、自有房屋的估算租金价值和其他收入组成。

与第二章中有关农村家庭收入数据的处理方式类似，本章中收入、支出数据经过了一些处理，剔除了一些极端值。在本次城镇被访的10062个样本中，有23个样本被剔除。因此，本章以下所分析描述的收入、支出数据是经过剔除极端值之后的数据。

本章通过收入的平均值、中位数和收入等级划分对民族七省区城镇家庭可支配收入进行描述性统计分析。

一　城镇家庭收入的民族、地区间比较

根据民族七省区城镇家庭状况的问卷调查结果，进一步分析城镇家庭收入状况。通过城镇家庭可支配收入的均值可以了解到整个民族七省区城镇家庭可支配收入的大体情况，结合中位数能够反映出不同民族之间城镇家庭可支配收入中等水平在什么位置。通过这两个重要的数字特征，可以让我们对民族七省区家庭人均可支配收入状况有大致了解。

（一）城镇家庭收入的民族间比较

表3-1所描述的是民族七省区城镇被访的各民族家庭收入情况。从总体情况看，民族七省区城镇家庭可支配收入为69286.7元，家庭可支配收入中位数为60000.0元，家庭人均可支配收入为21777.0元，家庭人均可支配收入中位数为18579.3元。汉族家庭人均可支配收入为23208.9元，比民族七省区平均水平高1431.9元；少数民族家庭人均可支配收入为20017.0元，比民族七省区平均水平低1760.0元。与少数民族家庭相比，汉族家庭人均可支配收入比少数民族家庭高3191.9元，是它的1.16倍。

从不同民族来看，在西北四省区城镇，家庭可支配收入平均值、家庭可支配收入中位数均是蒙古族家庭最高（分别为79063.8元、67283.0元），回族家庭相对较低（分别为61614.5元、51675.0元）。家庭人均可支配收入最低是维吾尔族家庭（15394.7元），最高是汉族家庭（25345.6元）。另外，西北四省区城镇各民族的家庭可支配收入、家庭人均可支配收入，均出现收入的中位数小于收入的平均值的情况，说明西北四省区城镇各民族家庭收入低于平均水平的家庭较多。

从西南三省区城镇来看，家庭人均可支配收入最低的是土家族（14454.1元），最高的是瑶族（23360.2元），瑶族的家庭人均可支配收入是土家族的1.62倍。瑶族比汉族家庭人均可支配收入高3516.9元。土家族比汉族家庭人均可支配收入低5389.2元。可以看出，西南三省区的汉族与其他民族之间的家庭人均可支配收入差距较小，壮族、瑶族均高于汉

族，可见，相对于西北四省区，西南三省区家庭人均可支配收入的民族差异较小。另外，与西北四省区相似，西南三省区各民族家庭可支配收入、家庭人均可支配收入的中位数均低于平均值，说明总体上，民族七省区城镇各民族家庭收入低于平均水平的家庭较多。

表 3－1　城镇家庭收入情况（分民族）

单位：元，人

民　族	家庭可支配收入平均值	家庭可支配收入中位数	家庭人均可支配收入平均值	家庭人均可支配收入中位数	样本量
民族七省区	69286.7	60000.0	21777.0	18579.3	10039
汉族	71675.3	61430.0	23208.9	19866.7	5467
少数民族	66449.9	58150.0	20017.0	17270.0	4431
西北四省区					
汉族	75446.6	64900.0	25345.6	21666.7	3344
少数民族	66187.0	58080.0	20115.8	16800.0	2451
回族	61614.5	51675.0	19081.1	15792.0	946
维吾尔族	59528.7	54036.0	15394.7	13682.4	497
藏族	68051.2	60716.0	20266.2	18604.0	125
蒙古族	79063.8	67283.0	24776.9	20590.0	539
哈萨克族	69052.4	65600.0	20741.1	19900.0	186
西南三省区					
汉族	65735.2	57500.0	19843.3	17015.0	2123
少数民族	66775.3	58216.0	19894.7	17686.6	1980
苗族	67309.2	60570.0	19633.9	17920.7	789
侗族	57509.8	53934.0	18717.1	16900.0	319
壮族	69016.1	63506.0	21222.2	19070.0	319
土家族	55359.6	45020.0	14454.1	12400.0	263
瑶族	77018.5	68874.5	23360.2	20637.1	144

（二）城镇家庭收入的地区比较

表 3－2 描述了民族七省区各省家庭的收入情况。从家庭可支配收入来看，西北四省区的家庭可支配收入比西南三省区高（高 5480.5 元），且西北、西南两个地区的家庭可支配收入均都达到 6 万元以上。西北四省区除

青海以外家庭可支配收入都达到6.5万元以上，内蒙古达到76922.3元，新疆紧随内蒙古，也有76548.2元，青海最低，为64000.4元，分别比内蒙古、新疆低12921.9元和12547.8元。总体来看，西北四省区家庭可支配收入比民族七省区平均水平高2271.6元，西南三省区比民族七省区平均水平低3208.9元。从西南三省区来看，广西与贵州家庭可支配收入均在7.2万元左右，而湖南只有56478.6元，省际差异较大。

从家庭人均可支配收入来看，西北四省区家庭人均可支配收入也高于西南三省区，两者之间的差距为3318.7元，内蒙古的家庭人均可支配收入在民族七省区里是最高的（25279.4元），人均收入最低的是湖南（15886.7元），内蒙古的家庭人均可支配收入是湖南的1.59倍。各省家庭人均可支配收入的中位数和各民族的家庭人均可支配收入中位数均低于其平均值，表明处于收入平均水平以下的家庭较多。

表3-2　城镇家庭收入情况（分省区）

单位：元，人

地　区	家庭可支配收入平均值	家庭可支配收入中位数	家庭人均可支配收入平均值	家庭人均可支配收入中位数	样本量
民族七省区	69286.7	60000.0	21777.0	18579.3	10039
西北四省区	71558.3	61380.0	23152.5	19800.0	5878
宁夏	69420.3	59610.0	22142.2	18500.0	1554
青海	64000.4	54872.0	21064.9	17959.9	1494
新疆	76548.2	68412.0	24401.0	20966.7	1514
内蒙古	76922.3	67560.0	25279.4	22427.7	1316
西南三省区	66077.8	57780.0	19833.8	17272.0	4161
湖南	56478.6	49660.0	15886.7	14320.0	1681
广西	72763.7	64080.0	21935.4	19506.4	1559
贵州	72280.7	61130.0	23480.4	19533.8	921

二　城镇家庭收入分层状况

为了更加清晰、准确地描述民族七省区各省、各民族之间的家庭可支配收入的状况，仅仅从收入的均值和中位数分析是不够的，所以接下来将采用收入分析的普遍做法，将城镇家庭人均可支配收入划分为5个等级进行分层分析，这5个等级分别为最低20%收入组、次低20%收入组、中间20%收入组、偏高20%收入组、最高20%收入组。

（一）各民族城镇家庭收入分层

将各民族样本按家庭人均可支配收入进行五等分，结果见表3-3。从总体来看，民族七省区汉族与总体相比，除最低20%收入组略低于总体水平以外，其余4组的收入均略高于总体收入水平，但相差不大。汉族最高收入组与最低收入组之比为6.43，高于总体的该比例（6.30）。民族七省区汉族除最低20%收入组低于少数民族外，其他4组均高于少数民族，且最高组与最低组之比为6.43，比少数民族的该比例6.07高。少数民族除最低20%收入组高于总体水平外，其余四组均低于总体水平，但最高收入组与最低收入组之比为6.07，低于总体的该比例（6.30）。

西北四省区的汉族各组收入都高于少数民族相应组别的收入，且汉族最高收入组与最低收入组之比为6.84，比少数民族的6.60高。西南三省区的汉族除最低20%收入组、偏高20%收入组的收入低于少数民族相应组别的收入外，其他3组都高于少数民族。西南三省区汉族、少数民族家庭最高收入组与最低收入组之比分别为5.72与5.33，分别低于西北四省区汉族、少数民族的该比例。这说明，西北四省区被调查家庭的收入差距大于西南三省区被调查家庭的收入差距。

分民族来看，西北四省区被访各民族家庭最低20%收入组中，收入最高的是哈萨克族家庭（8946.6元），最低为维吾尔族家庭（6207.9元）；中间20%收入组中，收入最高的是汉族家庭（17414.1元），最低的是藏族家庭（16865.2元），但是该收入组的民族家庭差异较小。西南三省区被访各民族家庭最低20%收入组中，收入最高的是瑶族家庭（8222.2元），最低的是侗族家庭（6636.6元）；中间20%收入组中，收入最高的是侗族家庭（17438.6元），最低的是土家族家庭（16783.4元），该收入组的民族家庭差异也较小。这说明民族七省区中等收入组中家庭人均可支配收入较平均。另外，被访各民族家庭最高20%收入组中，收入最高的是蒙古族家庭（44708.1元），最低的是土家族家庭（33681.7元）。显然，在中等收入家庭中各民族之间收入差距较小，收入差距主要存在于最高收入组中。家庭人均可支配收入最高20%收入组与最低20%收入组之间的收入差距最大的是维吾尔族家庭，其最高收入组是最低收入组的6.86倍，说明维吾尔族内部之间的收入差距较大。最高收入组与最低收入组差距最小的是哈萨克族家庭，其最高收入组是最低收入组的3.84倍，说明哈萨克族内部之间的收入差距较小。

表3-3　城镇家庭人均可支配收入五等分分布（分民族）

单位：元

民　族	最低20%	次低20%	中间20%	偏高20%	最高20%	最高比最低
总体	6704.8	12419.7	17200.5	23090.6	42249.5	6.30
汉族	6692.3	12470.7	17316.5	23129.0	43025.2	6.43
少数民族	6750.4	12370.9	17086.6	23054.9	40995.2	6.07
西北四省区						
汉族	6484.1	12531.7	17414.1	23176.3	44346.6	6.84
少数民族	6411.8	12450.4	17060.1	23012.9	42340.8	6.60
回族	6343.2	12041.1	17173.9	23085.0	43479.4	6.85
维吾尔族	6207.9	12729.6	16953	22432.6	42557.2	6.86
藏族	6240.1	12070.7	16865.2	23493.4	35887.7	5.75
蒙古族	6630.2	12622.9	17046.2	23350.5	44708.1	6.74
哈萨克族	8946.6	12710.2	17243.1	21868.7	34318.9	3.84
西南三省区						
汉族	6925.5	12396.3	17185	23040.2	39598.3	5.72
少数民族	7326.2	12287.1	17113.1	23102.8	39058	5.33
苗族	7786.3	12414.8	17095.5	23088.7	35896.3	4.61
侗族	6636.6	12480.9	17438.6	23390.7	36551.2	5.51
壮族	7395.4	11591.8	17154.5	22565.8	39066.4	5.28
土家族	7138.5	12248.1	16783.4	22413.5	33681.7	4.72
瑶族	8222.2	12868.8	16961.2	22810.2	38063.1	4.63

（二）各省区城镇家庭收入分层

将各省区样本按家庭人均可支配收入进行五等分，如表3-4所示。从整体来看，民族七省区最低20%收入组的家庭人均可支配收入平均值为

6704.8 元，中间 20% 收入组为 17200.5 元，最高 20% 收入组为 42249.5 元，最高收入组是最低收入组的 6.30 倍，从民族七省区总体趋势来看家庭人均可支配收入存在差距。

从不同地区来看，西北四省区最低 20% 收入组家庭人均可支配收入平均值为 6419.9 元，最高 20% 收入组为 43593.9 元，最高收入组与最低收入组之比为 6.79。西南三省区最低 20% 收入组家庭人均可支配收入平均值为 7097.8 元，最高 20% 收入组为 39427.9 元，最高收入组与最低收入组之比为 5.55，由此可见，西北四省区最高收入组均值高于西南三省区，最高收入组与最低收入组的差距西北也大于西南。

表 3-4　城镇家庭人均可支配收入五等分分布（分省区）

单位：元

地　区	最低 20%	次低 20%	中间 20%	偏高 20%	最高 20%	最高比最低
民族七省区	6704.8	12419.7	17200.5	23090.69	42249.5	6.30
西北四省区	6419.9	12500	17248.5	23096.96	43593.9	6.79
宁夏	6066.1	12181.4	17193.1	23007.87	49606.2	8.18
青海	6550.1	12391.1	17101.9	23074.78	40479.2	6.18
新疆	6550.7	12708.8	17359.3	22897.1	40736.7	6.22
内蒙古	6652.9	12836.1	17346.7	23413.4	44398.2	6.67
西南三省区	7097.8	12329.0	17144.8	23081.2	39427.9	5.55
湖南	7053.2	12398.6	17122.1	22729.1	33397.3	4.74
广西	7102.6	12221.4	17261.7	22864.3	39759.1	5.60
贵州	7262.6	12316.7	16974.4	23820.1	43506.2	5.99

西北四省区被访家庭最低 20% 收入组中，人均可支配收入最高的省区是内蒙古（6652.9 元），最低为宁夏（6066.1 元），4 个省区之间最低 20% 收入组的差异较小。最高 20% 收入组中，人均可支配收入最高的省区为宁夏（49606.2 元），最低是青海（40479.2 元）。最高收入组与最低收入组之比，最高的省区是宁夏（8.18），最低是青海（6.18），且除宁夏最高收入组与最低收入组之比较高以外其余各省都比较相近。西南三省区被访家庭最低 20% 收入组中，人均可支配收入最高的省区是贵州（7262.6 元），最低是湖南（7053.2 元）。最高 20% 收入组中家庭人均可支配收入

最高的省区是贵州（43506.2 元），最低的是湖南（33397.3 元），最高收入组与最低收入组之比贵州为 5.99，而湖南只有 4.74。总体而言，在民族七省区内，最高收入组与最低收入组之比最高的是宁夏（8.18），最低的是湖南（4.74）。说明总体上，宁夏被访城镇居民的收入差距较大，湖南的收入差距较小。

第二节　城镇家庭收入结构

从一个家庭的收入结构可以看出家庭收入的主要来源，从一个地区居民的收入结构可以判断一个地区的经济区域是否发达、居民的投资渠道是多是少等。所以，为政府增加民族地区城镇家庭收入、提高居民生活质量、提升居民幸福感制定相关政策提供依据，有必要进一步对城镇家庭收入结构进行分析。本节将从地区、省区、民族三个维度来分析民族七省区城镇家庭的收入结构。

一　不同民族之间家庭人均可支配收入结构比较分析

城镇居民家庭人均可支配收入结构是描述统计分析一个家庭经济状况非常重要的部分，表 3－5 是国家统计局对我国城镇住户抽样调查得到的全国城镇居民家庭收入结构的数据，主要反映了 2007～2011 年全国城镇居民家庭人均可支配收入结构的情况。从表 3－5 可以看出，2007～2011 年，全国人均工资性收入占人均可支配收入的比重分别为 68.7%、66.2%、65.7%、65.2%及 64.3%；人均经营性收入占人均可支配收入的比重分别为 6.3%、8.5%、8.1%、8.1%、9.2%；人均财产性收入占人均可支配收入的比重分别为 2.3%、2.3%、2.3%、2.5%及 2.7%；人均转移性收入占人均可支配收入的比重分别为 22.7%、23.0%、23.9%、24.2%及 23.8%。说明，2007～2011 年，工资性收入是城镇家庭收入的主要来源，占收入的六成多，但所占比重逐年下降；经营性收入虽然占比不足一成，但整体呈上升趋势；财产性收入占比较小，但呈上升趋势；转移性收入占两成多，也基本呈上升态势。可以说，我国经济在稳步增长，居民对工资性收入的依赖减少，经营性收入、财产性收入的支撑力加强。但是就目前来说，工资性收入仍是城镇家庭居民收入的重要组成部分，决定了城镇家庭收入水平的高低。

表 3－5 全国城镇居民家庭收入结构

单位：%

全国城镇居民家庭收入结构 \ 年份	2007	2008	2009	2010	2011
城镇居民人均工资性收入	68.7	66.2	65.7	65.2	64.3
城镇居民人均经营性收入	6.3	8.5	8.1	8.1	9.2
城镇居民人均财产性收入	2.3	2.3	2.3	2.5	2.7
城镇居民人均转移性收入	22.7	23.0	23.9	24.2	23.8
城镇居民人均可支配收入	100.0	100.0	100.0	100.0	100.0

资料来源：中华人民共和国国家统计局，国家数据，http：//data. stats. gov. cn/。

民族七省区各民族家庭人均可支配收入结构如表 3－6 所示。可以看出，总体而言，民族七省区家庭人均工资性收入为 13783.8 元，占可支配收入的 63.3%；家庭人均经营性收入为 2209.8 元，占比为 10.1%；家庭人均财产性收入为 248.1 元，占比为 1.1%；家庭人均转移性收入为 3065.3 元，占比 14.1%；家庭人均出租房屋收入为 1812.9 元，占比 8.3%；家庭人均杂项收入为 657.0 元，占比为 3.0%。

分汉族、少数民族家庭看，民族七省区汉族与少数民族家庭的工资性收入占可支配收入的比重均在 60% 以上。其中，少数民族家庭工资性收入占比为 65.0%，比汉族高 3.1 个百分点；家庭人均经营性收入占比，汉族家庭为 10.6%，少数民族家庭为 9.3%，汉族比少数民族家庭高 1.3 个百分点；家庭人均出租房屋收入占比，汉族家庭为 8.1%，少数民族家庭为 8.8%，比汉族家庭高 0.7 个百分点；家庭人均转移性收入占比，少数民族家庭为 12.6%，汉族家庭为 15.3%，汉族比少数民族家庭高 2.7 个百分点。对照表 3－5 2011 年全国城镇居民家庭收入结构，可以得出，我们调查的民族七省区，少数民族家庭工资性收入占比较同年全国平均水平（64.3%）高 0.7 个百分点，汉族家庭较同年全国平均水平低 2.4 个百分点；汉族家庭经营性收入占比较全国平均水平略高，而少数民族家庭较全国平均水平略低；财产性收入占比，少数民族、汉族家庭与全国平均水平几乎没有差异；转移性收入占比，汉族家庭较全国平均水平较高，而少数民族家庭较全国平均水平稍低；出租房屋收入占比，少数民族家庭较全国平均水平要高，汉族家庭较全国平均水平较低。可见，相对于汉族家庭，少数民族家庭对工资性收入、出租房屋收入的依赖更强。

表3-6 民族七省区城镇家庭人均可支配收入结构分布（分民族）

单位：元,%，人

地区	民族	指标	家庭人均可支配收入	家庭人均工资性收入	家庭人均经营性收入	家庭人均财产性收入	家庭人均转移性收入	家庭人均出租房屋收入	家庭人均杂项收入	样本量
民族七省区	总体	平均值	21777.0	13783.8	2209.8	248.1	3065.3	1812.9	657.0	10039
		所占比重	100	63.3	10.1	1.1	14.1	8.3	3.0	
	汉族	平均值	23208.9	14362.8	2461.4	278.2	3548.9	1883.8	673.9	5467
		所占比重	100	61.9	10.6	1.2	15.3	8.1	2.9	
	少数民族	平均值	20017.0	13003.8	1860.1	218.8	2524.1	1753.3	656.9	4431
		所占比重	100	65.0	9.3	1.1	12.6	8.8	3.3	
西北四省区	汉族	平均值	25345.6	16614.1	2737.9	165.6	3433.4	1760.2	634.4	3344
		所占比重	100	65.6	10.8	0.7	13.5	6.9	2.5	
	少数民族	平均值	20115.8	13403.7	1770.7	128.6	2270.9	1616.1	925.9	2451
		所占比重	100	66.6	8.8	0.6	11.3	8.0	4.6	
	回族	平均值	19081.1	12706.2	2205.6	47.4	2161.9	1417.7	542.3	946
		所占比重	100	66.6	11.6	0.2	11.3	7.4	2.8	
	维吾尔族	平均值	15394.7	9780.7	2117.6	61.7	1865.8	1301.0	267.9	497
		所占比重	100	63.5	13.8	0.4	12.1	8.5	1.7	
	藏族	平均值	20266.2	15869.4	141.2	28.1	3141.9	1085.6	0.0	125
		所占比重	100	78.3	0.7	0.1	15.5	5.4	0.0	
	蒙古族	平均值	24776.9	16263.9	1826.2	406.8	2071.3	1640.9	2567.7	539
		所占比重	100	65.6	7.4	1.6	8.4	6.6	10.4	
	哈萨克族	平均值	20741.1	13495.1	524.7	0.0	2186.6	3586.9	947.7	186
		所占比重	100	65.1	2.5	0.0	10.5	17.3	4.6	
西南三省区	汉族	平均值	19843.3	10816.6	2025.8	455.5	3730.8	2078.5	736.0	2123
		所占比重	100	54.5	10.2	2.3	18.8	10.5	3.7	
	少数民族	平均值	19894.7	12508.8	1970.8	330.6	2837.6	1923.0	323.9	1980
		所占比重	100	62.9	9.9	1.7	14.3	9.7	1.6	
	苗族	平均值	19633.9	12775.6	2134.6	260.4	2715.2	1575.1	173.0	789
		所占比重	100	65.1	10.9	1.3	13.8	8.0	0.9	
	侗族	平均值	18717.1	12259.6	1472.5	171.3	2619.8	1971.8	222.2	319
		所占比重	100	65.5	7.9	0.9	14.0	10.5	1.2	
	壮族	平均值	21222.2	13237.4	1777.7	644.4	2438.4	2904.1	220.1	319
		所占比重	100	62.4	8.4	3.0	11.5	13.7	1.0	
	土家族	平均值	14454.1	8937.0	1613.1	164.9	2542.9	1169.5	26.8	263
		所占比重	100	61.8	11.2	1.1	17.6	8.1	0.2	
	瑶族	平均值	23360.2	14485.6	2031.2	859.7	2613.0	2835.6	535.2	144
		所占比重	100	62.0	8.7	3.7	11.2	12.1	2.3	

再进一步看，工资性收入占人均可支配收入的比例最高的民族家庭是西北四省区的藏族（78.3%），次高是西北四省区的回族（66.6%），最低是西南三省区的汉族（54.5%）[①]，次低是西南三省区的土家族（61.8%）；经营性收入占比最高的民族家庭是西北四省区的维吾尔族家庭（13.8%），最低的是藏族（0.7%）；财产性收入占比最高的民族家庭是瑶族（3.7%），最低的哈萨克族（0%）；出租房屋收入占比最高的民族家庭是哈萨克族（17.3%），最低的是藏族（5.4%）。

总之，民族七省区各民族工资性收入依然是家庭收入的主要组成部分，是城镇居民赖以生存的保障，且工资性收入所占比例越高，家庭人均可支配收入就越高。这可能与西部民族地区经济欠发达有关，居民没有合适的投资渠道，没有太多的商业机会，所以主要靠工资收入。

二　各省区城镇家庭人均可支配收入结构比较分析

民族七省区各省区城镇家庭人均可支配收入结构如表3－7所示。分地区来看，西北四省区家庭人均工资性收入为15312.9元，占可支配收入的66.1%，西南三省区工资性收入为11623.8元，占可支配收入的58.6%，比西北四省区低7.5个百分点。可见相比较于西南三省区，西北四省区的可支配收入更加依赖于工资性收入。除人均工资性收入占比外，人均转移性收入占比最高，其中，西北四省区为12.5%，比西南三省区的16.6%低4.1个百分点。此外，两地区出租房屋与经营性收入差距较小。经营性收入占比，西北四省区为10.1%，比西南三省区低0.1个百分点。

分省区看，城镇家庭可支配收入中，工资性收入依然是家庭收入的主体。除湖南、广西外，各省工资性收入占比都在60%以上，宁夏、新疆更是超过65%。另外，转移性收入占家庭收入的地位次高，除宁夏与内蒙古转移性收入占比未超过10%以外，其余5个省区占比均超过10%，青海更是超过20%。家庭经营性收入占比最高的省区是宁夏（13.8%），最低的是青海（5.5%）。出租房屋收入占比最高的省区是湖南（11.5%），最低

① 但西北四省区汉族工资性收入占人均可支配收入的比例为65.6%，比西南三省区汉族高11.1个百分点。

是宁夏（5.8%）。财产性收入占家庭收入的比重最低，其中财产性收入占比最高的省区是广西（3.3%），最低是青海（0.3%）。可以说，工资性收入占家庭收入最重要地位，转移性收入次之，然后依次是经营性收入、出租房屋收入、财产性收入，财产性收入对于家庭可支配收入的影响很小。这种收入结构大的格局与全国平均水平是一致的，但由于我们统计可支配收入的口径与国家统计局有差异，因此具体到结构的比例上，也会存在一定的差异。

表 3-7　城镇家庭人均可支配收入结构分布（分省区）

单位：元,%，人

地区	省区	指　标	家庭人均可支配收入	家庭人均工资性收入	家庭人均经营性收入	家庭人均财产性收入	家庭人均转移性收入	家庭人均出租房屋收入	其他收入	样本量
民族七省区	总体	平均值	21777.0	13783.8	2209.8	248.1	3065.3	1812.9	657.0	10039
		所占比重	100.0	63.3	10.1	1.1	14.1	8.3	3.0	
西北四省区	总体	平均值	23152.5	15312.9	2348.4	147.8	2904.8	1691.6	747.0	5878
		所占比重	100.0	66.1	10.1	0.6	12.5	7.3	3.2	
	宁夏	平均值	22142.2	15103.0	3056.3	118.9	2184.3	1277.6	402.1	1554
		所占比重	100.0	68.2	13.8	0.5	9.9	5.8	1.8	
	青海	平均值	21064.9	13395.7	1152.3	58.1	4333.4	2091.8	33.6	1494
		所占比重	100.0	63.6	5.5	0.3	20.6	9.9	0.2	
	新疆	平均值	24401.0	16380.5	2432.1	102.9	2970.8	1828.7	686.0	1514
		所占比重	100.0	67.1	10.0	0.4	12.2	7.5	2.8	
	内蒙古	平均值	25279.4	16509.0	2774.2	335.6	2057.9	1568.3	2034.3	1316
		所占比重	100.0	65.3	11.0	1.3	8.1	6.2	8.0	
西南三省区	总体	平均值	19833.8	11623.8	2014.0	389.8	3292.1	1984.3	529.8	4161
		所占比重	100.0	58.6	10.2	2.0	16.6	10.0	2.7	
	湖南	平均值	15886.7	9383.3	1751.4	207.2	2465.1	1819.3	260.4	1681
		所占比重	100.0	59.1	11.0	1.3	15.5	11.5	1.6	
	广西	平均值	21935.4	12472.4	2446.2	714.3	3549.9	2217.6	535.0	1559
		所占比重	100.0	56.9	11.2	3.3	16.2	10.1	2.4	
	贵州	平均值	23480.4	14276.9	1761.6	173.5	4365.3	1890.4	1012.7	921
		所占比重	100.0	60.8	7.5	0.7	18.6	8.1	4.3	

第三节 城镇家庭收入差距

常言道："不患寡而患不均。"可见收入分配的不平等对于人们的主观感受有着极大的影响，为描述民族七省区城镇家庭收入、经济状况，不平等系数是一个重要的方法。

在本章前两节中，我们已经对民族七省区城镇家庭的人均可支配收入分层进行了统计描述，本节则通过收入不平等系数进一步探索民族七省区城镇家庭人均可支配收入[①]不平等状况。

一 总体收入差距分析

表3－8描述了城镇家庭人均可支配收入的常用不平等系数。从总体来看，基尼系数为0.344，少数民族的基尼系数为0.338，低于汉族（0.346），也低于民族七省区总体平均水平（0.344）。由此可见，无论是汉族还是少数民族，民族七省区被访家庭收入的基尼系数均低于国际警戒线0.4，说明其收入存在一定的差距，但仍处于相对合理范围。从几个不平等系数综合来看，汉族家庭人均可支配收入差距大于少数民族，且略高于民族七省区的总体平均水平；少数民族家庭人均可支配收入差距低于总体平均收入差距水平，可见少数民族之间收入差距相对较小，民族内部贫富差距相对不大。

表3－8 民族七省区城镇家庭人均可支配收入不平等系数

不平等指数	总　体	少数民族	汉　族
变异系数	0.788	0.730	0.813
基尼系数	0.344	0.338	0.346
泰尔指数［GE（a），a＝1］	0.215	0.201	0.221
阿特金森不平等系数（e＝1）	0.192	0.184	0.195

① 由于基尼系数对计算样本有着特殊的要求，这里把家庭人均可支配收入为负数和零值的样本从总样本中剔除，剔除了40个样本。

二　各民族城镇家庭人均可支配收入不平等系数分析

（一）西北四省不同民族城镇家庭人均可支配收入差距分析

表3－9反映了西北四省区各主体民族的收入分配情况。总体来看，西北四省区各民族家庭收入基尼系数为0.360，高于民族七省区总体的0.344，但是二者皆低于国际警戒线0.4，处于相对合理范围之内。西北四省区少数民族基尼系数为0.365，高于汉族（0.348），二者均低于国际警戒线0.4。

从西北各民族家庭之间来看，回族家庭的基尼系数最高（0.392），接近0.4。哈萨克族家庭的收入基尼系数最低，仅有0.197，处于收入绝对平均水平。这可能与我们问卷中哈萨克族所选取的样本量、样本范围有关，维吾尔族、藏族、蒙古族家庭的收入基尼系数都在0.33～0.36范围之内，皆低于0.4。

表3－9　西北四省区各民族城镇家庭人均可支配收入不平等指数

不平等指数	总　体	少数民族	汉　族	回　族	维吾尔族	藏　族	蒙古族	哈萨克族
变异系数	0.825	0.776	0.829	0.824	0.710	0.639	0.809	0.371
基尼系数	0.360	0.365	0.348	0.392	0.339	0.353	0.360	0.197
泰尔指数［GE(a)，a=1］	0.234	0.231	0.226	0.263	0.204	0.201	0.234	0.065
阿特金森不平等系数（e=1）	0.210	0.215	0.198	0.237	0.199	0.213	0.208	0.063

（二）西南三省区各民族城镇家庭收入不平等指数分析

由表3－10可以看出，西南三省区被访居民收入差距普遍低于西北四省区和民族七省区总体水平，基尼系数只有0.313。相对于汉族，少数民族被访家庭收入差距更小，基尼系数只有0.302，比汉族（0.323）低0.021。除了侗族家庭收入基尼系数为0.307外，苗族、壮族、土家族、瑶族皆低于0.3，处于相对平均水平。

表 3－10　西南三省区城镇家庭人均可支配收入不平等指数

不平等指数	总　体	少数民族	汉　族	苗　族	侗　族	壮　族	土家族	瑶　族
变异系数	0.699	0.667	0.727	0.511	0.589	0.698	0.62	0.492
基尼系数	0.313	0.302	0.323	0.263	0.307	0.29	0.297	0.252
泰尔指数［GE（a），a=1］	0.177	0.164	0.189	0.115	0.155	0.159	0.149	0.106
阿特金森不平等系数（e=1）	0.16	0.145	0.174	0.107	0.152	0.136	0.136	0.099

三　各省区城镇家庭人均可支配收入基尼系数分析

表 3－11 体现各省少数民族和汉族民族内部的收入差距状况。从总体水平来看，湖南被访居民的收入基尼系数最低（0.278），宁夏的最高（0.392）。少数民族方面，被访少数民族家庭收入基尼系数最低的是湖南（0.256），最高的是青海（0.429），超过了 0.4 的警戒线。汉族方面，被访汉族家庭收入基尼系数最低的是新疆（0.279），最高的是宁夏（0.390），接近 0.4。值得注意的是，青海省少数民族内部之间的收入差距要远远大于青海汉族内部之间的收入差距。

表 3－11　各省城镇家庭人均可支配收入基尼系数

地　区	总　体	少数民族	汉　族
湖　南	0.278	0.256	0.301
广　西	0.305	0.298	0.309
贵　州	0.329	0.315	0.349
宁　夏	0.392	0.386	0.390
青　海	0.350	0.429	0.319
新　疆	0.329	0.314	0.279
内蒙古	0.359	0.341	0.365

分省区来看，青海少数民族家庭人均可支配收入的基尼系数最高（0.429），远高于青海总体平均水平（0.350），而青海汉族仅为 0.319。由此可见，青海被访居民的收入差距主要体现在少数民族内部之间，而汉族内部的收入差距较小，这表示青海的少数民族家庭人均可支配收入存在较

大的不公平，汉族反而较小。新疆少数民族的城镇家庭人均可支配收入基尼系数为0.314，低于新疆总体平均水平（0.329），但高于新疆的汉族（0.279），可见新疆少数民族内部收入有一定差距，大于新疆汉族。此外，除了青海、宁夏两省外，内蒙古、宁夏、广西、贵州、湖南的少数民族城镇家庭人均可支配收入基尼系数均低于本省的总体水平与本省汉族家庭的基尼系数，由此可见，这5个民族省区的收入差距，主要来自于本省汉族内部之间。

四　家庭人均可支配收入的基尼系数分解

在本章第二节分析家庭可支配收入的结构时，工资性收入占家庭可支配收入的比重最大，占六成以上，并且与家庭可支配收入有着显著的正相关性。表3-12通过对家庭人均可支配收入的基尼系数分解来解释二者的关系。

从表3-12可以看出，工资性收入占总收入比例的63.3%，基尼相关系数为0.776，表明工资性收入的平等与家庭人均可支配收入不平等的关系为高度正相关，且工资性收入的基尼系数占整体不平等系数的比重为63.6%。对总不平等的边际影响为0.003，表明若提高工资性收入，可能会扩大收入差距。另外，经营性收入对基尼系数的贡献值较大，经营性收入占家庭人均可支配收入的10.2%，基尼相关系数也高达0.609，说明经营性收入与家庭人均可支配收入基尼系数关系为高度正相关，所占整体不平等系数比重为15.6%，对整体基尼系数的边际影响为0.055。这表明，增加经营性收入会导致总体基尼系数的增加。另外，财产性收入仅占可支配收入的1.1%，基尼相关系数为0.421，占总不平等比重仅为1.3%，对总不平等的边际影响为0.002。转移性收入所占人均可支配收入的比重为第二高，高达14.1%，基尼相关系数为0.321，与收入不平等的关系为正相关，且转移性收入的基尼系数占整体不平等系数的比重为10.4%，对总不平等的边际影响为-0.036，表面提高转移性收入，可缩小城镇居民人均可支配收入的差距。估计的房租收入占城镇家庭人均可支配收入的8.3%，基尼相关系数为0.393，占总不平等比重的5.5%，对基尼系数的边际贡献为-0.028。由此可见，民族七省区城镇居民家庭人均可支配收入不平等，主要来源于工资性收入。

表 3－12 城镇家庭人均收入基尼系数分解

各分项收入	分项占总收入比例	分项基尼系数	基尼相关系数	各分项不平等占总不平等比重	各分项对总不平等的边际影响
人均工资性收入	0.633	0.449	0.776	0.636	0.003
人均经营性收入	0.102	0.876	0.609	0.156	0.055
人均财产性收入	0.011	0.963	0.421	0.013	0.002
人均转移性收入	0.141	0.801	0.321	0.104	－0.036
人均估计的房租收入	0.083	0.584	0.393	0.055	－0.028
人均杂项收入	0.030	1.012	0.404	0.036	0.005
人均可支配收入	0.344				

第四节 城镇家庭支出水平

家庭的支出反映着家庭的生活质量，为了更好地研究我国少数民族地区城镇家庭的经济情况和生活水平，接下来将对家庭支出进行数据分析。

一 家庭人均支出均值、中位数

（一）民族七省区各民族间的城镇家庭支出比较分析

表 3－13 描述了民族七省区城镇民族家庭支出情况。从总体来看，2011 年，民族七省区城镇家庭总支出平均值为 45811.4 元，中位数为 38848.5 元，家庭人均支出平均值为 14465.0 元。汉族家庭总支出为 46845.8 元，比少数民族家庭高 2364 元，比民族七省区平均水平高 1034.4 元；汉族家庭人均支出均值为 15259.5 元，比少数民族家庭高 1802.2 元，比民族七省区平均水平高 794.5 元；但家庭总支出的中位数，汉族家庭为 38359.0 元，不仅比少数民族家庭低 871.9 元，还比民族七省区总体水平低 489.5 元。这说明，民族七省区中，相对于少数民族，汉族家庭的平均支出水平高，但中等支出水平低，低于平均支出水平的家庭多，家庭间支出差距较大。

从不同地区看，西北四省区中，汉族家庭总支出、人均支出分别为 48758.3 元、16462.1 元，比少数民族家庭分别高出 4067.9 元、2792.6 元。再看各少数民族家庭，总支出、人均支出最高的是蒙古族（分别为

50654.8 元、16036.9 元），最低的是维吾尔族（分别为 36748.7 元、9562.1 元）。西南三省区中，汉族家庭总支出为 43833.3 元，比少数民族家庭低 390.3 元，家庭人均支出为 13365.2 元，比少数民族家庭高 170.7 元。再看各少数民族家庭，总支出、人均支出最高的是瑶族（分别为 49209.5 元、15374.7 元），家庭总支出最低的是侗族（41862.2 元），家庭人均支出最低的为土家族（11539.6 元）。显然，西北四省区汉族家庭不仅比西南三省区汉族家庭支出水平高，而且比民族七省区汉族家庭平均支出水平高，西北四省区汉族与少数民族家庭的支出差距远远大于西南三省区汉族与少数民族的支出差距。

表 3-13　城镇家庭支出情况（分民族）

单位：元，人

民　族	家庭总支出	总支出中位数	家庭人均支出均值	家庭人均支出中位数	样本量
民族七省区					
民族七省区	45811.4	38848.5	14465.0	11710.0	10039
汉族	46845.8	38359.0	15259.5	11975.6	5467
少数民族	44481.8	39230.9	13457.3	11250.0	4431
西北四省区					
汉族	48758.3	39208.5	16462.1	13026.7	3344
少数民族	44690.4	38388.0	13669.5	11341.0	2451
回族	44477.1	39230.5	13727.1	11666.7	946
维吾尔族	36748.7	32608.0	9562.1	8360.0	497
藏族	43021.8	39480.0	13104.8	10089.0	125
蒙古族	50654.8	42476.0	16036.9	12425.1	539
哈萨克族	47245.0	43809.0	14077.8	12502.5	186
西南三省区					
汉族	43833.3	37140.0	13365.2	11040.0	2123
少数民族	44223.6	39883.8	13194.5	11232.0	1980
苗族	43454.9	40008.0	13039.4	11232.0	789
侗族	41862.2	37380.0	13492.0	11625.0	319
壮族	44962.0	40234.0	13676.7	12000.0	319
土家族	47007.1	39007.0	11539.6	9751.8	263
瑶族	49209.5	44753.3	15374.7	12717.8	144

（二）不同省份城镇居民家庭支出比较分析

从表 3－14 所描述的内容可以看出，西北四省区的家庭总支出比西南三省区高，两者分别为 47110.8 元和 43975.7 元。民族七省区城镇家庭总支出为 45811.4 元，民族七省区中，新疆的家庭总支出最高（52205.8 元），湖南则是最低（41353.2 元）；西北四省区中，除青海明显低于民族七省区总体水平之外，新疆与内蒙古均高于民族七省区总体平均水平，宁夏几乎与总体水平持平；西南三省区中，除广西外，其余各省家庭总支出均低于民族七省区总体水平。

民族七省区家庭人均支出平均为 14465.0 元，其中，新疆最高（16731.6 元），最低是湖南（11577.2 元）。西北四省区中，宁夏、新疆、内蒙古家庭人均支出均高于民族七省区总体平均水平，青海（14043.8 元）则低于总体平均水平；西南三省区中，湖南、广西家庭人均支出皆低于民族七省区家庭人均支出平均水平，可见西北四省区的家庭人均支出普遍高于西南三省区。

由民族七省区城镇家庭支出水平可以看出，西北四省区经济比西南三省区发达，西北四省区比西南三省区支出水平高。

表 3－14　城镇家庭支出情况（分省区）

单位：元，人

地　区	家庭总支出	总支出中位数	家庭人均支出	家庭人均支出中位数	样本量
民族七省区	45811.4	38848.5	14465.0	11710.0	10039
西北四省区	47110.8	39000.0	15313.8	12236.3	5878
宁夏	45748.8	39261.3	14528.5	12000.0	1554
青海	42427.3	34956.3	14043.8	10766.6	1494
新疆	52205.8	44616.0	16731.6	14140.0	1514
内蒙古	48174.5	36587.3	16051.8	12093.4	1316
西南三省区	43975.7	38744.8	13266.0	11083.3	4161
湖南	41353.2	36866.3	11577.2	10140.0	1681
广西	46760.3	40000.0	14172.9	11604.8	1559
贵州	44048.7	39016.0	14813.3	12361.8	921

二　家庭支出等级划分分析

本小节同样采用普遍等级划分方法，对家庭年人均支出进行排序并且等分成五组，得到各小组平均支出水平（见表 3－15）。

（一）各民族城镇家庭人均支出等级划分比较分析

表3－15描述的是民族七省区城镇各主体民族家庭支出的等级划分。从总体来看，民族七省区最低20%支出组是4649.3元，中间20%为11716.5元，最高20%为31714.8元。最高组与最低组的支出比为6.8。与民族七省区总体相比，民族七省区汉族家庭人均支出最低20%、中间20%、最高20%三组人均支出略高于民族七省区总体平均水平，但次低20%、偏高20%组家庭人均支出略低于民族七省区总体水平。相较于民族七省区平均水平，民族七省区少数民族家庭人均支出最低20%组、中间20%与最高20%组均比民族七省区总体水平低，其余两组则略高于总体水平。

表3－15　城镇民族家庭人均支出等级划分（分民族）

单位：元

民　族	最低20%	次低20%	中间20%	偏高20%	最高20%	最高与最低之比
民族七省区						
民族七省区	4649.3	8365.9	11716.5	15998.7	31714.8	6.8
汉族	4715.6	8349	11745.9	15992.5	33352.5	7.1
少数民族	4583.3	8388.8	11680.9	16006.8	29276.7	6.4
西北四省区						
汉族	4805.7	8274.1	11785	16007	33997.9	7.1
少数民族	4436.2	8363.6	11733.4	16094.7	30346.7	6.8
回族	4549.3	8298.3	11821.2	15921.4	31238.8	6.9
维吾尔族	4206.5	8452.9	11578.4	16152.6	23820.1	5.7
藏族	4066.9	7940.4	11513.3	15519	30853	7.6
蒙古族	4582.8	8572.6	11544.8	16225	30803	6.7
哈萨克族	4152	8514.7	11765.7	16294.6	24804.5	6
西南三省区						
汉族	4520	8398.1	11655.2	15890.1	31712.8	7.0
少数民族	4882.8	8392.3	11590.4	15894.9	27719	5.7
苗族	5092.1	8147.5	11572.4	15972.1	27745	5.4
侗族	4562.8	8542.2	11830.3	15540.9	29743.4	6.5
壮族	4505.4	8513.7	11982.1	15730.8	26842.7	6
土家族	4995.9	8680.2	11116.5	15859.6	23538.4	4.7
瑶族	5063.9	8382	11169.2	15605.7	31117.1	6.1

从不同民族来看，最低 20% 家庭人均支出最低的是藏族（4066. 9 元），最高的是苗族（5092. 1 元），比藏族高 1000 元左右。中间 20% 家庭人均支出各少数民族家庭相对平均，均在 1. 15 万元左右，各民族之间差异较小。最高 20% 组，西北四省区中汉族人均总支出最高（33997. 9 元），最低的是维吾尔族（23820. 1 元），两者相差 10177. 8 元，但是维吾尔族最高与最低组之比较低（5. 7）。

从最高与最低组支出相差倍数来看，最高 20% 组与最低 20% 组相差倍数最大的是藏族（7. 6 倍），最低的是土家族（4. 7 倍）。西北四省区的少数民族最高与最低相差 6. 8 倍，略低于汉族的 7. 1 倍，而西南三省区的少数民族最高与最低组之比只有 5. 7，低于汉族的 7. 0。

（二）各省区之间城镇家庭人均支出等级划分比较分析

如表 3 – 16 所示，民族七省区范围内，最低 20% 组的家庭年人均支出只有 4649. 3 元，最高 20% 组的家庭年人均支出高达 31714. 8 元，中间 20% 组的家庭年人均支出为 11716. 5 元，并且最高 20% 组与最低 20% 组的比为 6. 8。从总体来看，民族七省区家庭人均支出还是存在一定的差距。

表 3 – 16　城镇家庭年人均支出划分（分省区）

单位：元

地　区	最低 20%	次低 20%	中间 20%	偏高 20%	最高 20%	最高与最低之比
民族七省区	4649. 3	8365. 9	11716. 5	15998. 7	31714. 8	6. 8
西北四省区	4612. 6	8320	11782	16052. 6	32686. 3	7. 1
宁夏	4691. 8	8231	11710. 9	15826. 1	31519. 5	6. 7
青海	4875. 1	8215. 6	11819. 8	15886. 7	31503. 8	6. 5
新疆	4298. 6	8418	11775. 1	16292. 5	32488. 0	7. 6
内蒙古	4488. 4	8495. 4	11879. 4	16127. 9	35190. 7	7. 8
西南三省区	4711. 2	8410. 3	11644. 3	15913. 8	29737. 9	6. 3
湖南	4971. 1	8349. 3	11507. 8	15643. 4	30525. 7	6. 1
广西	4315	8486. 7	11635. 8	15868. 2	30084. 6	7. 0
贵州	4979. 1	8371	11849. 1	16242. 8	28737. 3	5. 8

从不同地区来看，西北四省区最低 20% 组中支出最低的是新疆（4298. 6 元），最高的是青海（4875. 1 元）。最高 20% 组中支出最低的是青

海（31503.8 元），最高是内蒙古（35190.7 元）。最高组与最低组支出差距最大的是内蒙古（7.8 倍），差距最小的是青海仅有 6.5 倍；西南三省区最低 20% 组支出最低的是广西（4315.0 元），最高是贵州（4979.1 元）。最高 20% 组支出最低的是贵州（28737.3 元），最高是广西（30525.7 元）。最高组与最低组支出之比最大的是广西（7.0 倍），最小的是贵州（5.8 倍）。

总体而言，最高 20% 支出组与最低 20% 支出组之比最大的省份是内蒙古（7.8 倍），最小的是贵州（5.8 倍）。但是贵州的最高 20% 支出组的平均支出仅为 28737.3 元，虽然差距小，但是总量也小。总之，民族七省区家庭人均支出存在一定差距。

第五节　城镇家庭支出结构

本次调查研究将家庭支出分为消费性支出、财产性支出、转移性支出、社会保障支出、购房与建房支出、其他支出 6 个部分。以下，本文从支出结构来研究民族七省区城镇家庭的支出情况和生活水平。

一　各民族之间家庭支出结构的比较分析

由表 3 - 17 可以看出，民族七省区汉族家庭的消费性支出占家庭人均支出的 69.9%，少数民族家庭占 70.6%，汉族家庭人均消费性支出所占比例略低于少数民族家庭。其次，汉族家庭的人均转移性支出占家庭人均支出的 10.5%，少数民族家庭略高于汉族（11.6%）。汉族的人均购房支出所占比例为 5.4%，而少数民族家庭人均购房支出只占家庭人均支出的 1.6%。最后，汉族与少数民族家庭人均财产性支出所占家庭人均支出比例均较小，分别为 1.0% 与 0.9%。总体来看，无论是少数民族还是汉族，家庭人均消费性支出占家庭人均支出的主要部分。

西南三省区汉族、苗族、壮族和土家族家庭的人均消费性支出均高于 70%，其中壮族是西南三省区最高的（74.6%），土家族紧随其后（74.5%）。西北四省区维吾尔族、哈萨克族、藏族家庭人均消费性支出所占比例超过 70%，其中藏族最高，占家庭总支出的 82.7%，维吾尔族家庭的人均消费性支出也较高（78.9%）。民族七省区各民族家庭里面藏族家庭人均消费性支出所占比重最（82.7%），最低的是蒙古族家庭（64.3%）。其余少数民族家庭也均高于65%。除人均消费性支出以外，人均转移性支出和人均社会保障支出也占一定的比重，从人均转移性支出所占比例来看，土家族所占比重最高（21.7%），藏族家庭最低（4.3%）。西北四省区的少数民族家庭的人均社会保障支出平均水平为10.0%，高于西南三省区少数民族家庭（7.6%），其中壮族最高（10.7%），土家族最低（3.4%）。

总体来看，在所调查民族七省区少数民族中，人均消费性支出仍然是家庭人均支出里最大支出项目，人均转移性支出和人均社会保障支出是除人均消费性支出第二大项目，人均购房与建房支出与人均财产性支出所占比例较小，平均所占比例不超过3%。

表3－17　城镇居民家庭人均支出结构（分民族）

单位：元,%，人

地区	民族	指　标	家庭人均支出	人均消费性支出	人均财产性支出	人均转移性支出	人均社会保障支出	人均购房与建房支出	杂项支出	样本量
民族七省区	汉族	平均值	15259.5	10666.6	151.7	1598.5	1471.0	828.2	543.5	5467
		所占比重	100	69.9	1.0	10.5	9.6	5.4	3.6	
	少数民族	平均值	13457.3	9498.1	115.6	1559.1	1203.9	215.5	865.0	4431
		所占比重	100	70.6	0.9	11.6	8.9	1.6	6.4	
西北四省区	汉族	平均值	16462.13	11192.4	147.4	1519.5	1877.3	1013.2	712.3	3344
		所占比重	100	68.0	0.9	9.2	11.4	6.2	4.3	
	少数民族	平均值	13669.5	9493.4	139.0	1202.1	1370.9	300.2	1163.8	2451
		所占比重	100	69.4	1.0	8.8	10.0	2.2	8.5	
	回族	平均值	13727.1	9109.3	330	849.6	1135.5	610	1692.8	946
		所占比重	100	66.4	2.4	6.2	8.3	4.4	12.3	
	维吾尔族	平均值	9562.1	7548.4	3.5	701.8	915.5	0	393	497
		所占比重	100	78.9	0.0	7.3	9.6	0.0	4.1	
	藏族	平均值	13104.9	10835.6	75.2	563.3	1535.8	87.8	7.2	125
		所占比重	100	82.7	0.6	4.3	11.7	0.7	0.1	
	蒙古族	平均值	16036.9	10319.4	10.5	2255.6	1693.5	82.9	1675.2	539
		所占比重	100	64.3	0.1	14.1	10.6	0.5	10.4	
	哈萨克族	平均值	14077.9	10279.8	52.7	1036.9	2071.4	64.5	572.6	186
		所占比重	100	73.0	0.4	7.4	14.7	0.5	4.1	

续表

地区	民族	指　标	家庭人均支出	人均消费性支出	人均财产性支出	人均转移性支出	人均社会保障支出	人均购房与建房支出	杂项支出	样本量
西南三省区	汉族	平均值	13532.4	9910.6	158.3	1724.8	833.8	536.3	368.6	2123
		所占比重	100	73.2	1.2	12.7	6.2	4.0	2.7	
	少数民族	平均值	13214.8	9576.2	86.4	2006.7	998.3	110.2	437	1980
		所占比重	100	72.5	0.7	15.2	7.6	0.8	3.3	
	苗族	平均值	13039.1	9547.7	108.1	1984.4	916.3	0	482.6	789
		所占比重	100	73.3	0.8	15.2	7.0	0.0	3.7	
	侗族	平均值	14162.8	9705.3	155.6	2457.6	1033.8	375	435.5	319
		所占比重	100	68.5	1.1	17.4	7.3	2.6	3.1	
	壮族	平均值	13676.7	10208.4	12.9	1592.2	1466.3	51	345.9	319
		所占比重	100	74.6	0.1	11.6	10.7	0.4	2.5	
	土家族	平均值	10111.6	7537.8	22.8	2198.5	340.4	0	12.1	263
		所占比重	100	74.5	0.2	21.7	3.4	0.0	0.1	
	瑶族	平均值	15374.7	11002.8	29.9	2310.1	1475.7	463.0	93.2	144
		所占比重	100	71.6	0.2	15.0	9.6	3.0	0.6	

二　各省区家庭支出结构的比较分析

从表 3－18 可以看出，民族七省区城镇家庭人均支出为 14474.2 元，人均消费性支出为 10157.8 元，占家庭人均支出的 70.2%，其次是人均转移性支出为 1590.8 元，占家庭人均支出 11.0%，人均财产性支出以及人均购房与建房支出占家庭人均支出比例较小，分别为 0.9% 和 3.8%。人均社会保障支出为 1352.2 元，所占比重为 9.3%。因此可以说，在所调查民族七省区里，消费性支出仍然是家庭年支出里最大支出项目。

分地区来看，西南三省区的人均消费性支出占全部家庭人均支出的 72.9%，西北四省区人均消费性支出所占比重为 68.5%，比西北四省区高 4.4 个百分点。湖南、广西、贵州的人均消费性支出均达到 70%，民族七省区范围内，人均消费性支出所占比重最高是青海高（77.7%），最低是宁夏（63.9%），其中新疆也高达 67.7%。除了人均消费性支出以外，人均转移性支出和人均社会保障支出也占一定比重，从人均转移性支出所占比例来看，贵州最高（16.7%），宁夏最低（6.8%）。西北四省区范围内，人均社会保障支出除宁夏所占比例不超过10%，为9.4%以外，青海、新疆、内蒙古分别为11.4%、12.4%与10.1%，并且新疆是民族七省区人均社会保障支出所占比例最高的省份。湖南、广西、贵州3省的人均社会保障支出所占比例都不足10%，其中湖南最低仅有3.9%，广西和贵州分别到达8.2%与8.6%。

表3－18　民族七省区各省城镇家庭人均支出结构

单位：元,%，人

地区	省份	指　标	家庭人均支出	人均消费性支出	人均财产性支出	人均转移性支出	人均社会保障支出	人均购房与建房支出	人均杂项支出	样本量
民族七省区	总体	平均值	14474.2	10157.8	133.6	1590.8	1352.2	553.3	686.2	10039
		所占比重	100.0	70.2	0.9	11.0	9.3	3.8	4.7	
西北四省区	总体	平均值	15330.6	10503.5	141.8	1400.4	1668.6	714.2	901.8	5878
		所占比重	100.0	68.5	0.9	9.1	10.9	4.7	5.9	
	宁夏	平均值	14528.5	9290.3	426.8	988.4	1366.0	571.9	1885.1	1554
		所占比重	100.0	63.9	2.9	6.8	9.4	3.9	13.0	
	青海	平均值	14043.8	10916.3	43.6	942.1	1605.9	378.4	157.5	1494
		所占比重	100.0	77.7	0.3	6.7	11.4	2.7	1.1	
	新疆	平均值	16731.7	11333.6	68	1465	2069.8	1440.1	355.1	1514
		所占比重	100.0	67.7	0.4	8.8	12.4	8.6	2.1	
	内蒙古	平均值	16051.8	10463.9	1.6	2327.7	1625.5	423.8	1209.3	1316
		所占比重	100.0	65.2	0.0	14.5	10.1	2.6	7.5	
西南三省区	总体	平均值	13266.0	9670.1	122.1	1859.4	905.8	326.5	382.1	4161
		所占比重	100.0	72.9	0.9	14.0	6.8	2.5	2.9	
	湖南	平均值	11577.2	8673.2	64.9	1690.1	446.4	259.1	443.5	1681
		所占比重	100.0	74.9	0.6	14.6	3.9	2.2	3.8	
	广西	平均值	14447.9	10286.9	156.7	1673.7	1189.2	579	562.4	1559
		所占比重	100.0	71.2	1.1	11.6	8.2	4.0	3.9	
	贵州	平均值	14813.3	10459.4	167.5	2479.1	1278.8	20.8	407.7	921
		所占比重	100.0	70.6	1.1	16.7	8.6	0.1	2.8	

三　人均消费性支出结构分析

上面分析得出人均消费性支出占家庭人均支出的主要部分。那么，我们有必要分解消费支出结构，对消费支出结构做进一步分析。本文中消费性支出包括：食品、衣着、居住、家庭设备用品及服务、医疗保健、交通和通信、教育文化等支出。

（一）各省区城镇居民家庭消费支出结构比较

表3－19是根据国国家统计局对2007～2011年我国城镇居民人均消费性支出结构的调查数据制作。从表3－19可以看出，2007～2011年我国城镇居民人均食品消费支出占消费支出的比例较为稳定，2007年为36.3%，2008年上涨1.6个百分点为37.9%，但是，2009年、2010年两年持续下降，2010年降为35.7%，2011年上涨又回到了2007年的36.3%，所以，从总体趋势来看，我国城镇居民家庭恩格尔系数趋于稳定。从人均衣着消费支出来看，2007～2011年5年间，人们的人均衣着消费支出所占比重在逐步上升，但是上升幅度较小，从2007年的10.4%，到2011年的11.0%，5年上升了0.6个百分点。城镇居民人均居住消费总体是下降的，2007年为9.8%，虽然在2008年上升了0.4个百分点为10.2%，但是，此后都在下降，至2011年所占比例降为9.3%。2007～2011年，人均医疗保健支出所占人均消费支出比例下降了0.6个百分点，人均通信与交通上升了0.6个百分点，人均文教娱乐服务所占比重下降了1.1个百分点。

表3－19　城镇居民家庭人均消费支出结构

单位:%

城镇居民家庭人均消费支出结构 \ 年份	2007	2008	2009	2010	2011
城镇居民家庭人均食品消费支出	36.3	37.9	36.5	35.7	36.3
城镇居民家庭人均衣着消费支出	10.4	10.4	10.5	10.7	11.0
城镇居民家庭人均居住消费支出	9.8	10.2	10.0	9.9	9.3
城镇居民家庭人均家庭设备及用品消费支出	6.0	6.2	6.4	6.7	6.7
城镇居民家庭人均医疗保健消费支出	7.0	7.0	7.0	6.5	6.4
城镇居民家庭人均交通与通信消费支出	13.6	12.6	13.7	14.7	14.2

续表

城镇居民家庭人均消费支出结构 \ 年份	2007	2008	2009	2010	2011
城镇居民家庭人均文教娱乐服务消费支出	13.3	12.1	12.0	12.1	12.2
城镇居民家庭人均其他消费支出	3.6	3.7	3.9	3.7	3.8
样本量	59305	64675	65506	65607	65655

资料来源：中华人民共和国国家统计局，国家数据。http：//data. stats. gov. cn/

表3－20及3－21报告了民族七省区各省人均消费支出的结构。总体上来看，人均食品占消费支出的39.2%，即民族七省区的恩格尔系为39.2%，比上述2011年我国城镇家庭人均平均水平高出2.9个百分点。除此之外人均衣着、居住、交通和通信都占到10%以上，均高于上述2011年全国平均水平，人均家庭设备用品及服务和人均教育文化各占8.3%和9.7%，人均医疗保健占7.3%，比2011年全国水平高0.9个百分点分地区看，西南三省区的恩格尔系数高于西北四省区。西南三省区恩格尔系数为44.4%，西北四省区为36%，西南三省区比西北四省区高8.4个百分点。西北四省区、西南三省区在人均衣着、居住、交通和通信这三项支出所占比例大部分超过10%，西北四省区均略高于西南三省区。西北、西南人均教育文化支出分别为10.7%和9%，西北低于西南。

民族七省区内，恩格尔系数最高的是广西（46.7%），最低的是内蒙古（30.2%），其他几项支出占总支出的比例各省相差较小。

表3－20　城镇家庭人均消费支出结构（分省区）

单位：元，人

地区 \ 消费性支出		家庭人均消费性支出	人均食品支出	人均衣着支出	人均居住支出	人均家庭设备用品及服务	人均医疗保健支出	人均交通和通信支出	人均教育文化及娱乐支出	其他支出	样本量
民族七省区	总体	10526.9	4128.3	1300.1	1188.8	873.9	764.5	1127.8	1018.6	125.0	9607
西南三省区	总体	9841.9	4364.8	975.7	976.3	763.2	622.7	984.2	1050.1	105.0	3995
	湖南	8847.8	3573.2	943.9	918.4	721.2	655.1	700.4	1000.5	335.1	1535
	广西	10442.5	4878.9	825.0	1005.8	721.3	642.6	1101.2	1022.4	245.4	1554
	贵州	10496.0	4424.9	1081.4	1031.6	909.9	525.6	1293.0	1188.7	41.0	906

续表

地区 \ 消费性支出		家庭人均消费性支出	人均食品支出	人均衣着支出	人均居住支出	人均家庭设备用品及服务	人均医疗保健支出	人均交通和通信支出	人均教育文化及娱乐支出	其他支出	样本量
西北四省区	总　体	11014.5	3960.9	1527.4	1341.6	958.2	860.9	1229.2	995.0	141.2	5612
	宁　夏	9788.9	3289.9	1335.3	1326.7	775.4	779.5	1278.3	950.6	53.2	1409
	青　海	10705.2	4352.9	1363.4	1151.2	650.5	790.4	1374.6	956.9	65.2	1450
	新　疆	12108.3	4693.2	1604.3	1398.9	1071.6	902.3	1066.7	945.7	425.6	1442
	内蒙古	11470.9	3462.0	1856.4	1523.5	1349.8	958.6	1067.6	993.4	259.5	1311

表 3-21　城镇家庭人均消费支出结构（分省区）

单位:%，人

地区 \ 消费性支出		人均食品支出	人均衣着支出	人均居住支出	人均家庭设备用品及服务支出	人均医疗保健支出	人均交通和通信支出	人均教育文化及娱乐支出	其他支出	样本量
民族七省区	总　体	39.2	12.4	11.3	8.3	7.3	10.7	9.7	1.2	9607
西南三省区	总　体	44.4	9.9	9.9	7.8	6.3	10.0	10.7	1.1	3995
	湖　南	40.4	10.7	10.4	8.2	7.4	7.9	11.3	3.8	1535
	广　西	46.7	7.9	9.6	6.9	6.2	10.6	9.8	2.4	1554
	贵　州	42.2	10.3	9.8	8.7	5.0	12.3	11.3	0.4	906
西北四省区	总　体	36.0	13.9	12.2	8.7	7.8	11.2	9.0	1.3	5612
	宁　夏	33.6	13.6	13.6	7.9	8.0	13.1	9.7	0.5	1409
	青　海	40.7	12.7	10.8	6.1	7.4	12.8	8.9	0.6	1450
	新　疆	38.8	13.3	11.6	8.9	7.5	8.8	7.8	3.5	1442
	内蒙古	30.2	16.2	13.3	11.8	8.4	9.3	8.7	2.3	1311

（二）各民族家庭人均消费性支出结构比较分析

如表 3-22 所示，整体来看此次所调查民族七省区范围内，汉族和少数民族之间的人均消费性支出结构差异较小，汉族家庭的恩格尔系数为 39%，少数民族家庭的恩格尔系数为 39.8%，其中人均衣着、居住、交通与通信及人均教育文化支出比例，汉族与少数民族家庭差异均不大。

表 3－22　城镇家庭人均消费支出结构（分民族）

单位：元,%，人

地区	民族	指标	家庭人均消费性支出	人均食品支出	人均衣着支出	人均居住支出	人均家庭设备用品及服务支出	人均医疗保健支出	人均交通和通信支出	人均教育文化及娱乐支出	其他	样本量
全国	汉族	平均值	10993.3	4283.7	1314.7	1235.5	895.4	843.7	1158.4	1071.6	190.4	5447
		所占比重	100	39.0	12.0	11.2	8.1	7.7	10.5	9.8	9.8	
	少数民族	平均值	9932.9	3951.9	1282.5	1126.5	850.1	650.2	1095.9	961.3	14.6	4400
		所占比重	100	39.8	12.9	11.3	8.6	6.6	11.0	9.7	0.2	
西北四省区	汉族	平均值	11553.3	4132.4	1583.9	1399.5	976.2	938.4	1293.7	1114.9	114.3	3353
		所占比重	100	35.8	13.7	12.1	8.5	8.1	11.2	9.7	1.0	
	回族	平均值	9480	3059.3	1303.3	1282.8	614.3	787	1450.3	898.3	84.7	946
		所占比重	100	32.3	13.8	13.5	6.5	8.3	15.3	9.5	99.1	
	维吾尔族	平均值	9029.1	3705	995	718.8	428.3	395	1419.3	384.1	983.5	497
		所占比重	100	41.0	11.0	8.0	4.7	4.4	15.7	4.3	10.9	
	藏族	平均值	9804.5	4058.1	1235.2	962	514.8	634.7	1429.1	950.1	20.6	125
		所占比重	100	41.4	12.6	9.8	5.3	6.5	14.6	9.7	0.2	
	蒙古族	平均值	11462.5	3457.4	1783.3	1497.8	1342.7	938.0	1150.7	1131.0	161.7	542
		所占比重	100	30.2	15.6	13.1	11.7	8.2	10.0	9.9	1.4	
	哈萨克族	平均值	10334.7	3890.2	1495.6	1340.5	1237.3	880.6	730	686.9	73.7	186
		所占比重	100	37.6	14.5	14.0	12.0	8.5	6.1	6.7	0.7	

续表

地区	民族	指标	家庭人均消费性支出	人均食品支出	人均衣着支出	人均居住支出	人均家庭设备用品及服务支出	人均医疗保健支出	人均交通和通信支出	人均教育文化及娱乐支出	其他	样本量
西南三省区	汉族	平均值	10123.9	4522.7	884.9	978.4	772.7	686.9	945.2	1005.7	327.4	2111
		所占比重	100	44.7	8.7	9.7	7.6	6.8	9.3	9.9	3.2	
	苗族	平均值	9762.6	3973.4	1127.3	904.1	811.1	633.1	970.9	1260.5	82.2	780
		所占比重	100	40.7	11.6	9.3	8.3	6.5	10.0	12.9	0.8	
	侗族	平均值	9181	3852.7	1119.7	915.4	673.9	438.8	911.9	1162.2	106.4	316
		所占比重	100	42.0	12.2	10.0	7.3	4.8	9.9	12.7	1.2	
	壮族	平均值	10229.9	4783.7	860.4	1124	734.3	403.4	1329.5	992.4	2.4	319
		所占比重	100	46.8	8.4	11.0	7.2	3.9	13.0	9.7	0.0	
	土家族	平均值	7590.4	3238.2	865.7	764.4	549.5	589.9	642.5	825.4	114.8	263
		所占比重	100	42.7	11.4	10.1	7.2	7.8	8.5	10.9	1.5	
	瑶族	平均值	11009.2	4409	1350.8	1417	837.2	635.4	1026.2	989.7	344.1	138
		所占比重	100	40.1	12.3	12.9	7.6	5.8	9.3	9.0	3.1	

在民族七省区各少数民族当中，人均食品占消费性支出比重最大的是壮族，达到了46.8%，维吾尔族、藏族、苗族、侗族、瑶族、土家族、瑶族家庭人均食品支出所占比例皆在40%以上，其中最低的蒙古族所占比重为30.2%。在人均衣着方面除西南三省区汉族、壮族以外，其他民族家庭人均衣着支出所占比重均在10%以上，其中蒙古族最高（15.6%）。人均居住支出最多的是哈萨克族，占家庭人均支出的14%，最低的是维吾尔族（8.0%）。人均家庭设备用品及服务方面只有蒙古族和哈萨克族所占比例在11%以上，其他民族家庭均不足10%。人均医疗保健方面所有的民族家庭的支出比例皆不足10%，壮族最低（3.9%），人均交通与通信支出方面，大部分民族家庭的支出比例均在10%左右，只有少数几个民族家庭不足10%，差异较小。在人均教育与文化方面，各民族之间的支出比例没有明显差异。

总体来看，人均食品支出依然是我国人均消费性支出的主要部分，民族七省区平均水平到达4117.8元，占家庭消费性支出的39.7%，即恩格尔系数为39.7%，比2011年全国平均水平高3.4个百分点。西南、西北之间的消费性支出结构差异不明显，不同民族之间的人均消费性支出结构差异也较小。

本章小结

通过对民族七省区家庭收入与支出的统计描述，我们可以得出一些初步的结论。

第一，通过均值、中位数及收入分层的方法统计描述家庭可支配收入，分民族看，民族七省区城镇家庭，蒙古族和瑶族家庭人均可支配收入高于汉族，且民族间的差异较大，家庭人均可支配收入中位数西北汉族最高；分地区看，家庭人均可支配收入西北四省区高于西南三省区，内蒙古最高、湖南最低，内蒙古家庭人均可支配收入中位数最高，民族与主体民族所在区域相互呼应。最高收入与最低收入差距最大的是回族和维吾尔族，各省之间是宁夏最高和最低差距最大。

第二，对家庭人均可支配收入的结构分析，得出各民族之间、各省之间人均工资性收入是家庭人均可支配收入的主要组成部分，其他收入组成部分所占比例较低，体现了西部民族七省区投资渠道较少，经济发展状况较落后，大众的收入主要来源靠工资。

第三，收入不平等系数。通过计算家庭人均可支配收入的几个不平等系数，看出民族七省区各民族内部的收入差距均处于相对合理范围之内。分地区来看，宁夏的省基尼系数最高（0.392），但仍小于0.4在合理范围之内。并且通过对人均可支配收入的基尼系数分解，验证了可支配收入的不平等主要来自于工资性收入的不平等。

第四，根据统计描述家庭人均支出，可见家庭人均可支配收入越高，相应的支出也会越高，其中汉族的家庭人均支出普遍比少数民族家庭人均支出高。

第五，通过统计和分析家庭人均支出的结构，得出人均消费性支出为家庭人均支出的重要组成部分，占家庭人均支出70.2%。并进一步分析人均消费性支出结构，得出民族七省区总体范围内恩格尔系数为39.2%，属于相对富裕水平，分民族看，民族七省区汉族与少数民族恩格尔系数分别为39.0%与39.8%；分地区，西南三省区恩格尔系数高于西北四省区。

第四章　西部民族地区城镇劳动力的就业

就业与老百姓的生活息息相关，老百姓只有有了工作才能维持生计，因此，就业问题不仅关系着人民的最根本利益，也关系着国家的长治久安。本章将通过整理问卷调查的数据资料，对我国民族七省区城镇劳动力就业情况进行描述性分析。从性别、地区、民族三个维度重点分析以下四个方面：一是描述民族七省区城镇劳动力的就业状况；二是分析民族七省区城镇劳动力就业的稳定性；三是分析城镇劳动力获得工作的途径；四是分析个体经营的资金来源。

第一节　就业状况

本节主要包括劳动者的就业状况、在职工作者的职业类型、在职工作者的行业类型、在职工作者的单位性质四个部分。其中，第一部分的描述对象是所调查的民族七省区城镇中所有家庭成员，其他部分的描述对象是民族七省区城镇所有的就业者。

一　就业状况

本部分所描述的对象是民族七省区城镇的所有家庭成员，以 2011 年最后一周为时间点，分为就业（农业/非农业自营、工资性收入）人员、全日制学生、有工作的非全日制学生、无工作的非全日制学生、学龄前儿童、在家做家务的人员、退休人员、失业或待业人员和其他不工作、不上学的人员九种状况。

（一）各地区就业与退休状况

1. 就业情况

如表 4－1 所示，民族七省区城镇就业人口占城镇总人口的比例为

52.3%。其中，西北四省区的该比例为51.6%，略低于民族七省区的平均水平；西南三省区的该比例为53.3%，略高于民族七省区的平均水平。

表4-1　各地区2011年就业/就学状况分布

单位:%，人

地区	性别	就业人员	全日学生	工作学生	不工作学生	学龄前儿童	在家做家务	退休人员	失业或待业	其他	样本量
民族七省区	全体	52.3	17.8	0.5	0.7	3.7	7.2	10.4	3.3	4.1	9600
	男性	57.6	18.7	0.5	0.6	3.9	1.0	10.6	3.7	3.5	4765
	女性	47.1	16.9	0.5	0.8	3.5	13.4	10.2	2.9	4.7	4822
西北四省区	全体	51.6	18.8	0.4	0.9	4.0	8.4	8.7	3.1	4.1	5592
	男性	57.6	19.3	0.5	0.8	4.2	0.9	9.7	3.2	3.7	2745
	女性	45.7	18.3	0.4	1.1	3.8	15.6	7.7	2.9	4.6	2835
内蒙古	全体	60.2	17.6	0.1	0.4	2.6	4.4	7.4	2.6	4.7	706
	男性	64.0	20.3	0.2	0.6	2.3	0.3	6.6	2.2	3.6	641
	女性	56.1	14.6	0.0	0.2	2.8	8.8	8.5	3.0	6.0	601
宁夏	全体	47.3	19.7	0.6	2.6	5.7	11.0	5.4	2.8	4.9	1441
	男性	60.2	17.6	0.1	0.4	2.6	4.4	7.4	2.6	4.7	706
	女性	39.6	19.0	0.5	3.3	5.3	20.3	4.5	2.6	4.9	735
青海	全体	45.2	17.5	0.2	0.6	2.9	11.4	14.4	3.1	4.7	1422
	男性	50.6	17.5	0.4	0.7	3.3	1.4	17.9	3.9	4.3	699
	女性	40.0	17.7	0.0	0.4	2.5	21.0	11.0	2.2	5.2	718
新疆	全体	54.5	20.2	0.9	0.2	4.5	6.3	7.4	3.6	2.4	1480
	男性	61.1	19.2	0.9	0.1	4.9	0.6	7.7	3.4	2.1	699
	女性	48.7	21.1	0.9	0.3	4.2	11.4	7.0	3.8	2.6	781
西南三省区	全体	53.3	16.4	0.6	0.3	3.3	5.6	12.8	3.6	4.0	4008
	男性	57.5	17.9	0.5	0.2	3.5	1.0	11.9	4.3	3.2	2020
	女性	49.1	14.9	0.8	0.4	3.1	10.4	13.7	2.9	4.8	1987
湖南	全体	50.3	16.8	1.4	0.4	3.0	7.8	11.3	3.8	5.4	1600
	男性	54.9	17.4	1.4	0.2	3.6	1.6	12.2	4.7	4.0	809
	女性	45.5	16.1	1.4	0.6	2.4	14.0	10.2	2.9	6.8	791
广西	全体	56.9	15.1	0.2	0.1	3.6	4.2	14.3	2.8	2.8	1525
	男性	59.6	19.1	0.0	0.1	3.9	0.8	11.2	3.3	2.1	779
	女性	54.0	11.0	0.4	0.1	3.4	7.8	17.6	2.3	3.5	746

续表

地区	性别	就业人员	全日学生	工作学生	不工作学生	学龄前儿童	在家做家务	退休人员	失业或待业	其他	样本量
贵州（黔东南）	全体	52.7	18.0	0.1	0.5	3.2	4.3	13.1	4.5	3.6	883
	男性	58.6	16.7	0.0	0.5	2.5	0.2	12.5	5.3	3.7	432
	女性	47.1	19.3	0.2	0.4	3.8	8.2	13.6	3.8	3.6	450

注：就业人员表示农业/非农业自营或有工资性收入的人员，其他表示不工作、不上学的人员，工作学生、不工作学生分别表示有工作的非全日制学生和没有工作的全日制学生。下同。

在西北四省区中，城镇就业人口占城镇总人口比例最高的是内蒙古自治区（60.2%），最低的是青海省（45.2%），前者比后者高15个百分点。在西南三省区中，城镇就业人口占城镇总人口比例最高的是广西壮族自治区（56.9%），最低的是湖南省（50.3%），前者比后者高6.6个百分点。城镇就业人口占城镇总人口比例最高的地区在西北四省区，最低的地区也在西北四省区（分别为内蒙古自治区和青海省），可见，西北四省区内部各省区之间的差距比西南三省区大。

在民族七省区中，男性就业人口占城镇男性总人口的比例为57.6%，比女性的该比例高10.5个百分点。在西北四省区，男性就业人口占城镇男性总人口的比例比女性的该比例高11.9个百分点；在西南三省区，男性就业人口占城镇男性总人口的比例比女性的该比例高8.4个百分点，说明西北四省区男女就业人口比例的差距比西南三省区大。在西北四省区中，男性就业人口占男性总城镇人口的比例都比女性的该比例高，后者与前者差距最大的是宁夏回族自治区，最小的是内蒙古自治区。在西南三省区中，男性就业人口占男性总城镇人口的比例都比女性的该比例高，后者与前者差距最大的是贵州（黔东南），最小的是广西壮族自治区。

2. 退休情况

如表4-1所示，城镇退休人员在城镇总人口中所占比例也存在着较为明显的差异。民族七省区城镇退休人员占城镇总人口的比例为10.4%。其中，西北四省区该比例为8.7%，西南三省区该比例为12.8%，西北四省区的该比例低于西南三省区的该比例。

就西北四省区内部来看，城镇退休人员占城镇总人口比例最大的是青海省，最小的是宁夏回族自治区，青海省该比例几乎是宁夏回族自治区该比例的 2.7 倍。就西南三省区内部来说，各省之间的差异不是很明显。

（二）各民族就业与退休状况

1. 就业情况

如表 4－2 所示，在民族七省区中，汉族城镇就业人口占汉族城镇总人口的比例为 54.2%，壮族和蒙古族的该比例均高于汉族；侗族和苗族的该比例略低于汉族；土家族、藏族、回族、维吾尔族的该比例远远低于汉族。其中，回族和维吾尔族是该比例最低的两个民族，分别比汉族的该比例低 10.7 个百分点和 11.5 个百分点，分别比该比例最高的壮族低 14.2 个百分点和 15 个百分点。

表 4－2　各民族 2011 年就业/就学状况分布

单位:%，人

民族		性别	就业人员	全日学生	工作学生	不工作学生	学龄前儿童	在家做家务	退休人员	在失业或待业	其他	样本量
	汉族	总体	54.2	15.1	0.3	0.5	3.1	7.0	13.0	3.0	3.8	5249
		男性	59.4	16.6	0.3	0.4	3.0	1.1	12.8	3.5	2.8	2646
		女性	48.8	13.4	0.4	0.6	3.2	13.0	13.2	2.5	4.9	2597
西北少数民族	回族	总体	43.5	21.7	0.9	2.7	5.1	12.1	5.2	3.3	5.5	889
		男性	52.0	19.9	1.2	2.3	6.9	1.2	6.7	3.7	6.2	433
		女性	35.3	23.6	0.7	3.1	3.3	22.5	3.8	2.9	4.9	453
	蒙古族	总体	56.1	22.0	0.4	0.6	3.5	3.9	7.4	2.4	3.7	540
		男性	58.3	25.2	0.4	0.8	2.3	0.4	6.4	1.9	4.5	266
		女性	53.8	19.0	0.4	0.4	4.8	7.3	8.4	2.9	2.9	273
	藏族	总体	47.4	20.7	0.0	0.9	4.3	8.6	7.8	5.2	5.2	116
		男性	59.5	11.9	0.0	0.0	4.8	0.0	14.3	7.1	2.4	46
		女性	41.1	26.0	0.0	1.4	4.1	13.7	4.1	2.7	6.8	70
	维吾尔族	总体	42.7	23.0	0.0	0.0	5.5	11.9	4.5	7.0	5.3	487
		男性	55.9	21.4	0.0	0.0	5.7	0.9	6.1	5.2	4.8	229
		女性	31.0	24.4	0.0	0.0	5.4	21.7	3.1	8.5	5.8	258
西南少数民族	壮族	总体	57.7	17.0	0.0	0.3	4.2	5.4	7.7	4.8	2.9	312
		男性	55.6	24.2	0.0	0.0	5.9	0.0	6.5	5.9	2.0	153
		女性	59.7	10.1	0.0	0.6	2.5	10.7	8.8	3.8	3.8	159

续表

民族		性别	就业人员	全日学生	工作学生	不工作学生	学龄前儿童	在家做家务	退休人员	在失业或待业	其他	样本量
西南少数民族	侗族	总体	52.6	20.8	0.6	0.0	2.2	6.4	11.1	3.0	3.3	361
		男性	53.1	22.3	0.0	0.0	2.3	0.6	13.1	4.0	4.6	175
		女性	52.2	19.4	1.1	0.0	2.2	11.8	9.1	2.2	2.2	186
	苗族	总体	50.3	20.9	1.3	0.3	4.0	6.2	7.8	3.9	5.4	747
		男性	56.8	19.5	1.4	0.3	4.1	0.5	8.1	5.1	4.3	370
		女性	44.0	22.3	1.3	0.3	4.0	11.7	7.4	2.7	6.4	377
	土家族	总体	48.3	21.7	0.0	1.5	4.2	6.1	10.3	4.6	3.4	263
		男性	49.2	23.5	0.0	0.8	6.1	0.8	11.4	4.5	3.8	132
		女性	47.3	19.8	0.0	2.3	2.3	11.5	9.2	4.6	3.1	131

在西南少数民族中，城镇就业人口占城镇总人口的比例最大的是壮族（57.7%），比例最小的是土家族（48.3%）；在西北少数民族中，城镇就业人口占城镇总人口的比例最大的是蒙古族（56.1%），比例最小的是维吾尔族（42.7%）。西北少数民族内部各民族城镇就业人口比例之间的差异比西南少数民族内部该比例之间的差异大。

在民族七省区中，汉族男性就业人口占城镇总人口的比例比女性该比例高10.6个百分点，而壮族男性就业人口占城镇总人口的比例比女性该比例低4.1个百分点。从表4-2可以看出，除壮族以外，其他少数民族和汉族的男性就业人口占城镇总人口的比例均高于女性的该比例。

2. 退休情况

根据表4-2，汉族退休人员占汉族城镇总人口的比例为13%。侗族和土家族的该比例略低于汉族的比例，其他少数民族的该比例比汉族的比例低得多。其中，维吾尔族退休人员占维吾尔族城镇总人口的比例最低，比汉族的该比例低8.5个百分点。

总的来看，首先，西北四省区各省区之间就业人口比例差异比西南三省区各省区之间就业人口比例差异大，西北各民族之间就业人口比例差异比西南各民族之间就业人口比例差异大。其次，西北四省区城镇就业人口所占比例相对比较低，城镇退休人口的比例也比较低，而西南三省区恰恰与之相反。最后，分地区来看，男性就业人口的比例都高于女性就业人口比例；分民族来看，除壮族以外，男性就业人口的比例都高于女性就业人口比例。除壮族以外，无论是分地区还是分民族，男性就业人口比例与女性就业人口比例的差异都比较大，其中，宁夏回族自治区的这种差异最大。这说明，可能是由于文化和习惯的因素，民族七省区中的女性还是更倾向于在家从事家务，而在宁夏回族自治区，这种传统的力量更强。

二　在职者的职业类型

本部分数据所描述的对象是城镇的所有就业者。就业者按职业类型主要分为国家机关党群组织、企事业单位负责人，专业技术人员，办事人员和有关人员，商人，农林牧渔水利生产人员，生产、运输设备操作人员及有关人员，军人和不便分类的其他从业人员八大类。

（一）各地区在职者的职业类型

根据表4－3，在民族七省区中，办事人员和有关人员占城镇总就业人口的比例最高（26.0%），军人占城镇总就业人口的比例最低（0.2%）。男性国家机关党群组织、企事业单位负责人占男性城镇总就业人口的比例，男性专业技术人员占男性城镇总就业人口的比例，农林牧渔水利生产人员占男性城镇总就业人口的比例，男性生产、运输设备操作人员及有关人员占男性城镇总就业人口的比例，男性军人占男性城镇总就业人口的比例高于女性从事这些职业的比例。西北四省区与西南三省区最明显的差异在于，西北四省区专业技术人员占城镇总就业人口的比例为23.5%，比西南三省区的该比例高5.2个百分点；西北四省区办事人员和有关人员占城镇总就业人口的比例为23.0%，比西南三省区该比例低7.0个百分点。

国家机关党群组织、企事业单位负责人占城镇总就业人口的比例最高的是贵州黔东南地区（13.1%），最低的是青海省（5.2%）；专业技术人员占城镇总就业人口比例最高的是青海省（29.6%），最低的是贵州黔东南地区（13.7%）；办事人员和有关人员占城镇总就业人口的比例最高的是贵州黔东南地区（36.3%），比例最低的是宁夏回族自治区（17.0%）；商人占城镇总就业人口的比例最高的是宁夏回族自治区（18.8%），最低的是青海省（13.8%）；农林牧渔水利生产人员占城镇总就业人口比例最高的是新疆维吾尔自治区（3.5%），最低的是内蒙古自治区（0.8%）；生产、运输设备操作人员及有关人员占城镇总就业人口比例最高的是青海省（17.2%），比例最低的是湖南省（6.2%）；军人所占比例在七个省区都比较低。

表 4－3 各地区在职者职业类型分布

单位：%，人

地区	性别	负责人	专业技术人员	办事人员	商人	生产人员	操作人员	军人	其他	样本量
民族七省区	总体	9.2	21.3	26.0	16.7	1.8	9.5	0.2	15.3	5203
	男性	12.0	22.4	23.4	12.5	2.0	12.8	0.3	14.5	2810
	女性	5.9	19.9	29.2	21.6	1.7	5.5	0.0	16.2	2385
西北四省区	总体	9.1	23.5	23.0	17.0	1.9	11.3	0.2	14.0	2972
	男性	11.3	25.1	19.7	12.6	2.1	15.2	0.4	13.6	1608
	女性	6.4	21.7	27.1	22.2	1.5	6.6	0.0	14.5	1356
内蒙古	总体	12.0	18.1	22.4	17.2	0.8	9.9	0.4	19.2	777
	男性	13.8	16.9	23.3	11.7	1.2	14.3	0.7	18.1	420
	女性	9.7	19.9	21.6	23.9	0.3	4.3	0.0	20.5	352
宁夏	总体	6.4	26.8	17.0	18.8	1.9	12.5	0.0	16.7	702
	男性	9.0	30.2	14.4	13.7	1.5	15.7	0.0	15.5	388
	女性	3.2	22.6	20.1	25.2	2.2	8.6	0.0	18.2	314
青海	总体	5.2	29.6	20.7	13.8	1.1	17.2	0.2	12.3	658
	男性	7.2	34.1	16.9	6.6	1.4	21.9	0.3	11.6	361
	女性	2.7	24.1	25.5	22.4	0.7	11.2	0.0	13.3	294
新疆	总体	11.6	20.8	30.7	17.8	3.5	6.9	0.4	8.3	835
	男性	14.1	21.0	23.2	17.5	4.1	10.0	0.7	9.3	439
	女性	8.8	20.7	38.9	18.2	2.8	3.5	0.0	7.1	396
西南三省区	总体	9.4	18.3	30.0	16.3	1.8	7.1	0.1	17.0	2231
	男性	13.1	18.9	28.4	12.4	1.7	9.7	0.2	15.7	1202
	女性	5.2	17.6	31.9	20.9	1.8	4.1	0.0	18.6	1029
湖南	总体	8.0	20.0	26.6	16.0	2.4	6.2	0.2	20.6	861
	男性	11.5	22.2	24.3	11.9	2.1	8.3	0.4	19.2	469
	女性	3.8	17.3	29.3	20.9	2.8	3.6	0.0	22.2	392
广西	总体	8.8	19.2	29.8	16.9	1.6	7.5	0.0	16.3	880
	男性	12.2	17.3	29.9	13.0	1.7	10.4	0.0	15.6	469
	女性	4.9	21.4	29.7	21.4	1.5	4.1	0.0	17.0	411

续表

地区	性别	负责人	专业技术人员	办事人员	商人	生产人员	操作人员	军人	其他	样本量
贵州（黔东南）	总体	13.1	13.7	36.3	15.7	1.0	8.0	0.0	12.2	490
	男性	17.4	15.9	33.0	12.1	1.1	10.6	0.0	9.8	264
	女性	8.0	11.1	40.3	19.9	0.9	4.9	0.0	15.0	226

注：负责人表示国家机关党群组织、企事业单位负责人，办事人员表示办事人员和有关人员，生产人员表示农林牧渔水利生产人员，操作人员表示生产、运输设备操作人员及有关人员，其他表示不便分类的其他从业人员。下同。

（二）各民族在职者的职业类型

根据表4－4，汉族在职者的职业类型分布中，办事人员和有关人员占汉族城镇总就业人口的比例最高（25.7%），农林牧渔水利生产人员占汉族总人口的比例和军人占汉族城镇总就业人口的比例比较低，分别为1.9%和0.1%。国家机关党群组织、企事业单位负责人占城镇总就业人口比例最高的是侗族（11.8%），最低的是壮族（6.2%）；专业技术人员占城镇总就业人口的比例最高的是藏族（44.1%），比例最低的是土家族（14.9%）；办事人员和有关人员占城镇总就业人口的比例最高的是苗族（37.2%），比例最低的是藏族（10.2%）；商人占城镇总就业人口比例最高的是维吾尔族（30.6%），比例最低的是藏族（8.5%）；农林牧渔水利生产人员占城镇总就业人口比例最高的是苗族（3.0%），比例最低的是藏族和侗族（0）；生产、运输设备操作人员及有关人员占城镇总就业人口比例最高的是藏族（15.3%），比例最低的是侗族（4.9%）。在西南少数民族中，差异比较明显的是专业技术人员占城镇总就业人口的比例和办事人员和有关人员占城镇总就业人口的比例。其中，专业技术人员占城镇总就业人口的比例最高的是壮族（25.0%），最低的是土家族（14.9%）；办事人员和有关人员占城镇总就业人口比例最高的是苗族（37.2%），最低的是侗族（25.5%）。可以看出，西北少数民族的主要职业分布的差异比西南少数民族的主要职业分布差异要大一些，突出表现在维吾尔族商人所占比例比较大，专业技术人员所占比例比较小，而藏族商人所占比例比较小，但专业技术人员所占比例比较大。

表 4－4　各民族在职者职业类型分布

单位：%，人

民族		性别	负责人	专业技术人员	办事人员	商人	生产人员	操作人员	军人	其他	样本量
汉族		总体	8.5	20.7	25.7	16.3	1.9	11.1	0.1	15.7	2939
		男性	11.2	21.6	23.1	11.8	2.2	14.9	0.2	15.0	1603
		女性	5.2	19.7	28.9	21.7	1.5	6.5	0.0	16.5	1334
西北少数民族	回族	总体	6.2	24.6	16.3	18.9	2.6	11.4	0.0	19.9	386
		男性	8.3	28.0	13.8	12.8	0.9	15.1	0.0	21.1	218
		女性	3.6	19.9	19.9	26.5	4.8	6.6	0.0	18.7	166
	蒙古族	总体	10.5	26.1	23.9	13.1	0.6	7.6	0.6	17.5	314
		男性	12.3	27.0	22.1	7.4	0.6	11.7	1.2	17.8	163
		女性	8.0	25.3	26.0	19.3	0.7	3.3	0.0	17.3	150
	藏族	总体	8.5	44.1	10.2	8.5	0.0	15.3	0.0	13.6	59
		男性	11.1	51.9	7.4	0.0	0.0	18.5	0.0	11.1	27
		女性	6.5	38.7	12.9	16.1	0.0	9.7	0.0	16.1	31
	维吾尔族	总体	11.4	19.2	23.3	30.6	0.9	7.8	0.5	6.4	219
		男性	12.3	13.8	17.7	36.2	1.5	10.0	0.8	7.7	130
		女性	10.1	27.0	31.5	22.5	0.0	4.5	0.0	4.5	89
西南少数民族	壮族	总体	5.4	25.0	31.0	17.4	1.6	7.6	0.0	12.0	184
		男性	9.2	27.6	34.5	8.0	2.3	9.2	0.0	9.2	87
		女性	2.1	22.7	27.8	25.8	1.0	6.2	0.0	14.4	97
	侗族	总体	11.8	21.6	25.5	17.6	0.0	4.9	0.0	18.6	204
		男性	19.6	26.8	19.6	10.3	0.0	9.3	0.0	14.4	97
		女性	4.7	16.8	30.8	24.3	0.0	0.9	0.0	22.4	107
	苗族	总体	8.7	16.1	37.2	16.9	3.0	6.2	0.2	11.7	403
		男性	13.0	19.3	36.3	13.0	2.2	5.8	0.4	9.9	223
		女性	3.3	12.2	38.3	21.7	3.9	6.7	0.0	13.9	180
	土家族	总体	10.4	14.9	30.6	20.1	1.5	6.7	0.7	14.9	134
		男性	15.9	17.4	24.6	15.9	1.4	11.6	1.4	11.6	69
		女性	4.6	12.3	36.9	24.6	1.5	1.5	0.0	18.5	65

三　在职工作者的行业类型

不同行业的从业人员比例能够大体上反映一个地方的产业结构。世界各国把各种产业划分为三大类：第一产业、第二产业和第三产业。根据《国民经济行业分类》（GB/T 4754－2002），第一产业包括农、林、牧、渔业；第二产业包括采矿业，制造业，电力、燃气及水的生产和供应业，建筑业；第三产业包括交通运输、仓储和邮政业，信息传输、计算机服务和软件业，批发和零售业，住宿和餐饮业，金融业，房地产业，租赁和商务服务业，科学研究、技术服务和地质勘查业，水利、环境和公共设施管理业，居民服务和其他服务业，教育，卫生、社会保障和社会福利业，文化、体育和娱乐业，公共管理和社会组织，国际组织。

（一）各地区在职者的行业类型分布

从表4－5可以看出，民族七省区中，在第一产业、第二产业、第三产业就业的劳动者比例分别为5.5%、13.2%和81.3%。其中，从事第一产业的男性、女性劳动者所占比例差不多，前者比后者高0.5个百分点。但是，男性从事第二产业的比例明显高于女性的该比例，前者比后者高8.3个百分点。女性从事第三产业的比例明显高于男性的该比例，前者比后者高8.9个百分点。

表4－5　各地区在职工作者的行业类型分布

单位：%

地　区	性　别	第一产业	第二产业	第三产业
民族七省区	总体	5.5	13.2	81.3
	男性	5.8	17.0	77.2
	女性	5.3	8.7	86.1
西北四省区	总体	5.8	15.1	79.1
	男性	6.3	19.6	74.2
	女性	5.2	9.9	84.9
内蒙古	总体	2.6	11.3	86.1
	男性	3.6	15.3	81.1
	女性	1.4	6.6	91.9
宁夏	总体	7.1	14.1	78.8
	男性	6.6	18.1	75.3
	女性	7.6	9.2	83.2

续表

地　区	性　别	第一产业	第二产业	第三产业
青海	总体	3.8	24.1	72.2
	男性	4.4	29.5	66.1
	女性	3.1	17.3	79.7
新疆	总体	9.1	12.5	78.4
	男性	10.0	16.6	73.3
	女性	8.1	7.8	84.1
西南三省区	总体	5.3	10.6	84.1
	男性	5.1	13.7	81.1
	女性	5.4	7.1	87.5
湖南	总体	4.9	12.0	83.1
	男性	4.9	15.2	80.0
	女性	5.1	8.1	86.9
广西	总体	5.3	9.4	85.2
	男性	5.1	12.4	82.5
	女性	5.6	6.1	88.3
贵州（黔东南）	总体	5.7	10.4	83.9
	男性	5.7	13.3	81.0
	女性	5.7	7.0	87.2

如表4－6所示，民族七省区中，从事采矿业的劳动者占城镇总就业人口的比例与从事科学研究、技术服务和地质勘查业的劳动者占城镇总就业人口的比例比较低（0.9%）；从事居民服务和其他服务业的劳动者占城镇总就业人口的比例较高（10.9%）。农林牧渔业，采矿业，制造业，电力、燃气及水的生产和供应业，建筑业，交通运输、仓储和邮政业，科学研究、技术服务和地质勘查业，水利、环境和公共设施管理业，公共管理和社会组织九个行业中男性劳动者的比例高于女性劳动者的比例；在剩下的批发和零售业，住宿和餐饮业，金融业，房地产业，租赁和商务服务业，居民服务和其他服务业，教育，卫生、社会保障和社会福利业，文化、体育和娱乐业九个行业中女性劳动者的比例高于男性劳动者的比例；在信息传输、计算机服务和软件业男性劳动者的比例与女性劳动者的比例一样大。

表 4-6　各地区在职工作者主要工作行业分布

单位:%，人

地区	性别	第一产业	第二产业				第三产业														样本量
		农林牧渔业	采矿业	制造业	供应业	建筑业	交通业	信息业	批发和零售业	住宿和餐饮业	金融业	房地产业	租赁和商务服务业	科研技术业	公共设施管理业	居民服务业	教育	社会福利业	娱乐业	社会组织	
民族七省区	总体	5.5	0.9	4.9	3.1	4.3	7.9	1.8	12.2	4.2	2.3	0.7	1.9	0.9	1.5	10.9	9.2	4.9	1.9	20.9	5208
	男性	5.8	1.3	5.7	3.8	6.2	11.6	1.8	8.7	3.5	2.2	0.6	1.4	1.1	1.6	9.1	7.3	3.6	1.8	22.9	2812
	女性	5.3	0.5	3.9	2.2	2.1	3.6	1.8	16.2	5.1	2.5	0.8	2.5	0.8	1.3	12.6	11.5	6.4	2.1	25.3	2388
西北四省区	总体	5.8	1.3	5.1	3.5	5.2	9.0	1.5	12.4	4.7	2.7	0.9	1.7	1.4	1.3	9.7	9.0	5.3	1.9	17.6	2966
	男性	6.3	1.7	6.0	4.5	7.3	13.3	1.6	8.8	4.3	2.3	1.0	1.0	1.7	1.4	7.8	6.8	3.5	1.8	18.8	1606
	女性	5.2	0.8	4.1	2.4	2.7	3.8	1.4	16.5	5.2	3.2	0.9	2.6	1.0	1.2	11.9	11.5	7.5	2.0	16.3	1353
内蒙古	总体	2.6	0.7	2.2	2.4	6.0	9.2	0.9	13.5	5.4	2.6	1.3	1.7	0.8	1.3	10.7	8.8	4.6	2.4	22.9	763
	男性	3.6	0.2	2.4	3.2	9.5	13.8	1.0	8.5	4.9	2.7	1.2	1.2	1.2	1.7	8.7	5.6	3.6	2.2	24.8	412
	女性	1.4	1.2	2.0	1.4	2.0	3.5	0.9	19.1	6.1	2.6	1.4	2.3	0.3	0.9	13.3	12.4	5.5	2.6	21.1	346
宁夏	总体	7.1	0.7	4.4	1.8	7.2	9.7	1.8	11.3	6.6	2.8	1.0	1.6	3.5	1.3	10.6	11.9	4.2	1.8	10.6	708
	男性	6.6	1.3	4.3	3.1	9.4	15.8	1.5	6.4	4.8	1.8	1.0	1.0	3.6	1.3	9.4	10.2	2.8	1.3	14.3	392
	女性	7.6	0.0	4.4	0.3	4.4	2.2	2.2	17.4	8.9	4.1	0.9	2.2	3.5	1.3	12.0	13.9	6.0	2.5	6.0	316
青海	总体	3.8	3.6	10.7	5.7	3.9	12.3	1.8	12.4	3.2	3.0	0.5	1.4	0.5	1.1	9.8	7.9	5.7	1.5	11.2	661
	男性	4.4	5.0	12.4	6.9	5.2	17.1	1.4	6.6	3.0	2.8	0.6	0.6	0.6	1.4	6.9	6.9	4.4	1.9	12.1	363
	女性	3.1	2.0	8.8	4.4	2.0	6.4	2.4	19.0	3.4	3.4	0.3	2.4	0.3	0.7	13.6	9.2	7.5	1.0	10.2	295

续表

地区	性别	第一产业	第二产业				第三产业														样本量
		农林牧渔业	采矿业	制造业	供应业	建筑业	交通业	信息业	批发和零售业	住宿和餐饮业	金融业	房地产业	租赁和商务服务业	科研技术业	公共设施管理业	居民服务业	教育	社会福利业	娱乐业	社会组织	
新疆	总体	9.1	0.5	3.8	4.3	3.8	5.5	1.6	12.3	3.7	2.4	1.0	2.2	0.8	1.6	7.8	7.5	6.6	1.8	23.7	835
	男性	10.0	0.7	5.5	5.2	5.2	7.3	2.5	13.0	4.3	2.1	1.1	1.1	1.4	1.4	6.4	5.0	3.2	1.8	22.8	439
	女性	8.1	0.3	2.0	3.3	2.3	3.5	0.5	11.6	3.0	2.8	0.8	3.3	0.3	1.8	9.3	10.4	10.4	1.8	24.7	396
西南三省区	总体	5.3	0.4	4.6	2.4	3.1	6.5	2.2	12.0	3.6	1.8	0.4	2.1	0.4	1.7	12.6	9.5	4.3	1.9	25.3	2242
	男性	5.1	0.7	5.4	2.8	4.7	9.4	2.1	8.7	2.5	2.0	0.2	1.9	0.3	1.8	10.9	7.8	3.6	1.7	28.3	1207
	女性	5.4	0.1	3.8	1.9	1.3	3.2	2.3	15.8	4.8	1.5	0.6	2.3	0.4	1.4	14.6	11.5	5.0	2.1	21.8	1035
湖南	总体	4.9	0.5	4.7	2.8	4.0	5.4	2.2	12.1	4.3	1.3	0.3	2.2	0.1	2.0	13.2	7.4	4.3	2.2	26.3	870
	男性	4.9	0.8	5.1	3.4	5.9	7.6	1.7	0.0	8.6	2.5	1.5	0.2	1.9	2.5	11.0	7.0	3.8	1.7	30.0	474
	女性	5.1	0.0	4.3	2.0	1.8	2.8	2.8	16.2	6.3	1.0	0.5	2.5	0.3	1.3	15.9	7.8	4.8	2.8	22.0	396
广西	总体	5.3	0.2	4.5	2.4	2.3	6.4	2.0	12.9	3.1	1.7	0.2	1.9	0.6	1.7	13.6	12.6	5.0	1.6	21.9	881
	男性	5.1	0.4	5.8	2.6	3.6	9.8	2.1	9.2	2.8	2.1	0.2	1.9	0.6	1.7	12.8	9.8	4.1	1.7	23.7	469
	女性	5.6	0.0	3.2	2.2	0.7	2.4	1.9	17.2	3.4	1.2	0.2	1.9	0.5	1.7	14.6	15.8	6.1	1.5	19.9	412
贵州（黔东南）	总体	5.7	0.8	4.7	1.8	3.1	8.8	2.4	10.2	3.3	2.9	0.6	2.2	0.4	1.0	9.6	7.8	3.1	2.0	29.6	490
	男性	5.7	1.1	5.3	2.3	4.6	11.8	2.7	8.0	1.9	2.7	1.9	0.0	0.4	0.8	7.2	5.7	2.7	1.9	33.5	263
	女性	5.7	0.4	4.0	1.3	1.3	5.3	2.2	12.8	4.8	3.1	1.3	2.6	0.4	1.3	12.3	10.1	3.5	2.2	25.1	227

注：供应业表示电力、燃气及水的生产和供应业；交通业表示交通运输、仓储和邮政业；信息业表示信息传输、计算机服务和软件业；科研技术业表示科学研究、技术服务和地质勘查业；公共设施管理业表示水利、环境和公共设施管理业；居民服务业表示居民服务和其他服务业；社会福利业表示卫生、社会保障和社会福利业；娱乐业表示文化、体育和娱乐业；社会组织表示公共管理和社会组织。下同。

从地域上看，西北四省区劳动者在第一产业、第二产业、第三产业的就业比例分别为5.8%、15.1%、79.1%；西南三省区劳动者在第一产业、第二产业、第三产业的就业比例分别为5.3%、10.6%、84.1%，西南三省区劳动者在第三产业的就业比例比西北四省区高5个百分点。其中，在居民服务和其他服务业、公共管理和社会组织中，西南三省区劳动者的比例比西北四省区劳动者的比例分别高2.9个和7.7个百分点。

在民族七省区中，第一产业就业人口占城镇总就业人口的比例最高的是新疆维吾尔自治区，最低的是内蒙古自治区；第二产业就业人口占城镇总就业人口的比例最高的是青海省，最低的是广西壮族自治区；第三产业就业人口占城镇总就业人口的比例最高的是内蒙古自治区，最低的是青海省。以下几个行业中，各省的劳动者就业情况具有明显的差距（差距在5个百分点以上）。从事农、林、牧、渔业的就业人口占城镇总就业人口比例最高的是新疆维吾尔自治区，比例最低的是内蒙古自治区；从事制造业的就业人口占城镇总就业人口比例最高的是青海省，最低的是内蒙古自治区；从事建筑业的就业人口占城镇总就业人口比例最高的是宁夏回族自治区，最低的是广西壮族自治区；从事交通运输、仓储和邮政业的就业人口占城镇总就业人口比例最高的是青海省，最低的是湖南省；从事居民服务和其他服务业的就业人口占城镇总就业人口比例最高的是广西壮族自治区，最低的是新疆维吾尔自治区；从事教育的就业人口占城镇总就业人口比例最高的是广西壮族自治区，最低的是湖南省；在公共管理和社会组织就业的人口占城镇总就业人口比例最高的是贵州黔东南地区，最低的是宁夏回族自治区。

（二）各民族在职者的行业类型分布

在民族七省区，汉族第一产业、第二产业、第三产业就业人口占汉族城镇总就业人口的比例分别为5.2%、15.1%、79.7%；回族第一产业就业人口占其城镇总就业人口的比例高于汉族，其他少数民族第一产业就业人口占其城镇总就业人口的比例都低于汉族；蒙古族、藏族第二产业就业人口占其城镇总就业人口的比例都高于汉族，其他少数民族第二产业就业人口占其城镇总就业人口的比例都低于汉族；回族、藏族第三产业就业人口占其城镇总就业人口的比例低于汉族，其他少数民族第三产业就业人口占其城镇总就业人口的比例都高于汉族（见表4－7）。

其中，各民族劳动者的就业在以下几个行业具有较为明显的差异（差异在5个百分点以上）。农林牧渔业就业人口占城镇总就业人口比例最高的是回族，最低的是土家族；建筑业就业人口占城镇总就业人口比例最高的是蒙古族，最低的是藏族；交通运输、仓储和邮政业就业人口占城镇总就业人口比例最高的是回族，最低的是维吾尔族；批发和零售业就业人口占城镇总就业人口比例最高的是维吾尔族，最低的是藏族；住宿和餐饮业就业人口占城镇总就业人口比例最高的是回族，最低的是侗族；居民服务和其他服务业就业人口占城镇总就业人口比例最高的是侗族，最低的是维吾尔族；教育行业就业人口占城镇总就业人口比例最高的是藏族，最低的是土家族；在公共管理和社会组织就业的人口占城镇总就业人口比例最高的是土家族，最低的是回族（见表4－8）。

表4－7　各民族在职工作者的行业类型分布

单位：%

民　族		性　别	第一产业	第二产业	第三产业
汉　族		总体	5.2	15.1	79.7
		男性	5.2	18.9	75.9
		女性	5.2	10.5	84.3
西北少数民族	回　族	总体	10.9	10.9	78.3
		男性	9.2	14.7	76.1
		女性	13.2	6.0	80.8
	蒙古族	总体	3.3	15.7	81.0
		男性	4.4	22.0	73.6
		女性	2.1	8.9	89.0
	藏　族	总体	5.1	20.3	74.6
		男性	7.4	25.9	66.7
		女性	3.2	12.9	83.9
	维吾尔族	总体	3.7	7.8	88.6
		男性	4.6	10.8	84.6
		女性	2.2	3.4	94.4

续表

民　族		性　别	第一产业	第二产业	第三产业
西南少数民族	壮　族	总体	4.9	7.6	87.5
		男性	7.0	9.3	83.7
		女性	3.1	6.1	90.8
	侗　族	总体	3.9	11.3	84.8
		男性	5.1	18.4	76.5
		女性	2.8	4.7	92.5
	苗　族	总体	4.9	10.2	84.7
		男性	4.9	14.2	80.4
		女性	4.8	5.4	89.8
	土家族	总体	2.2	11.2	86.6
		男性	1.4	13.0	85.5
		女性	3.1	9.2	87.7

根据表4-7，在西南三省区，第一产业就业人口占城镇总就业人口比例最高的是汉族，最低的是土家族；第二产业就业人口占城镇总就业人口比例最高的也是汉族，最低的是壮族；第三产业就业人口占城镇总就业人口比例最高的是壮族，最低的是汉族。其中，根据表4-8，汉族农林牧渔业就业人口占汉族城镇总就业人口比例比土家族的该比例高3个百分点；汉族制造业的就业人口占汉族城镇总就业人口比例比苗族的该比例高3.1个百分点；侗族批发和零售业就业人口占侗族城镇总就业人口的比例比土家族的该比例高4.3百分点；侗族居民服务和其他服务业就业人口占侗族城镇总就业人口比例比土家族的该比例高3.8个百分点；壮族教育行业就业人口占壮族城镇总就业人口比例比土家族的该比例高11.6个百分点；土家族在公共管理和社会组织就业的人口占土家族城镇总就业人口比例比汉族该比例高16.5个百分点。

根据表4-7，在西北四省区，第一产业就业人口占城镇总就业人口比例最高的是回族，最低的是蒙古族；第二产业就业人口占城镇总就业人口比例最高的是藏族，最低的是维吾尔族；第三产业就业人口占城镇总就业人口比例最高的是维吾尔族，最低的是藏族。其中，根据表4-8，回族农林牧渔业就业人口占回族城镇总就业人口的比例比蒙古族的该比例高7.6个百分点；蒙古族建筑业就业人口占蒙古族城镇总就业人口的比例比藏

表 4－8　分民族在职工作者的主要工作行业分布情况

单位：%，人

民族		性别	第一产业	第二产业				第三产业														样本量
			农林牧渔业	采矿业	制造业	供应业	建筑业	交通业	信息业	批发和零售业	住宿和餐饮业	金融业	房地产业	租赁和商务服务业	科研技术业	公共设施管理业	居民服务业	教育	社会福利业	娱乐业	社会组织	
	汉族	总体	5.2	1.3	5.8	3.6	4.3	8.9	1.7	12.8	4.1	2.5	0.7	1.9	0.7	1.5	11.1	8.7	4.7	1.7	18.6	2943
		男性	5.2	1.7	6.5	4.4	6.2	12.8	1.6	9.1	3.7	2.5	0.7	1.2	0.7	1.6	9.5	7.3	3.0	1.7	20.6	1606
		女性	5.2	0.8	4.9	2.6	2.1	4.2	1.8	17.3	4.7	2.6	0.7	2.7	0.7	1.4	13.0	10.3	6.7	1.8	16.3	1335
西北少数民族	回族	总体	10.9	0.3	2.8	1.8	5.9	12.1	1.8	10.3	8.3	1.8	0.8	2.3	4.9	0.8	9.6	7.2	4.1	2.8	11.4	387
		男性	9.2	0.5	3.2	3.2	7.8	19.3	1.4	3.7	7.3	1.8	0.5	1.8	5.5	1.4	9.6	5.5	3.2	1.8	13.3	218
		女性	13.2	0.0	2.4	0.0	3.6	3.0	2.4	18.0	9.6	1.8	1.2	3.0	4.2	0.0	9.6	9.6	5.4	4.2	9.0	167
	蒙古族	总体	3.3	0.7	3.6	3.6	7.8	6.9	0.7	9.2	2.6	1.6	2.0	1.3	0.7	0.7	11.8	11.1	5.2	2.3	25.2	306
		男性	4.4	0.6	4.4	5.0	11.9	10.1	0.6	5.0	0.6	3.1	1.9	0.6	1.3	0.0	10.7	5.7	4.4	3.1	26.4	159
		女性	2.1	0.7	2.7	2.1	3.4	3.4	0.7	13.7	4.8	0.0	2.1	2.1	0.0	1.4	13.0	16.4	6.2	1.4	24.0	146
	藏族	总体	5.1	1.7	5.1	3.4	10.2	8.5	1.7	5.1	3.4	1.7	1.7	1.7	0.0	0.0	8.5	16.9	6.8	3.4	15.3	59
		男性	7.4	3.7	7.4	0.0	14.8	14.8	3.7	0.0	0.0	0.0	3.7	0.0	0.0	0.0	0.0	7.4	11.1	3.7	22.2	27
		女性	3.2	0.0	3.2	6.5	3.2	3.2	0.0	9.7	6.5	3.2	0.0	3.2	0.0	0.0	16.1	25.8	3.2	3.2	9.7	31
	维吾尔族	总体	3.7	0.0	4.1	1.8	1.8	4.6	0.9	21.9	6.4	1.8	0.5	1.8	1.4	2.7	8.2	10.0	8.7	1.8	17.8	219
		男性	4.6	0.0	6.2	2.3	2.3	6.2	1.5	26.2	8.5	1.5	0.8	1.5	2.3	3.1	4.6	4.6	3.8	2.3	17.7	130
		女性	2.2	0.0	1.1	1.1	1.1	2.2	0.0	15.7	3.4	2.2	0.0	2.2	0.0	2.2	13.5	18.0	15.7	1.1	18.0	89

续表

民族		性别	第一产业	第二产业				第三产业														样本量
			农林牧渔业	采矿业	制造业	供应业	建筑业	交通业	信息业	批发和零售业	住宿和餐饮业	金融业	房地产业	租赁和商务服务业	科研技术业	公共设施管理业	居民服务业	教育	社会福利业	娱乐业	社会组织	
西南少数民族	壮族	总体	4.9	0.0	4.3	1.6	1.6	4.9	1.6	10.9	3.3	1.1	0.5	1.1	0.0	1.6	11.4	16.8	4.9	1.6	27.7	184
		男性	7.0	0.0	5.8	1.2	2.3	8.1	0.0	2.3	2.3	1.2	0.0	1.2	0.0	2.3	9.3	18.6	7.0	2.3	29.1	86
		女性	3.1	0.0	3.1	2.0	1.0	2.0	3.1	18.4	4.1	1.0	1.0	1.0	0.0	1.0	13.3	15.3	3.1	1.0	26.5	98
	侗族	总体	3.9	0.5	6.4	1.5	2.9	4.9	2.9	14.7	2.5	2.0	0.5	1.0	0.0	2.0	14.2	9.3	4.9	1.5	24.5	204
		男性	5.1	1.0	9.2	3.1	5.1	10.2	3.1	7.1	1.0	0.0	0.0	0.0	0.0	3.1	8.2	7.1	6.1	2.0	28.6	98
		女性	2.8	0.0	3.8	0.0	0.9	0.0	2.8	21.7	3.8	3.8	0.9	1.9	0.0	0.9	19.8	11.3	3.8	0.9	20.8	106
	苗族	总体	4.9	0.7	2.7	2.7	4.1	4.9	2.4	10.9	3.2	2.2	0.2	2.9	0.0	1.9	11.7	7.1	3.6	1.9	31.6	411
		男性	4.9	1.3	4.0	3.1	5.8	5.3	2.2	8.0	2.2	2.7	0.0	3.6	0.0	1.8	9.8	5.3	3.1	1.3	35.1	225
		女性	4.8	0.0	1.1	2.2	2.2	4.3	2.7	14.5	4.3	1.6	0.5	2.2	0.0	2.2	14.0	9.1	4.3	2.7	27.4	186
	土家族	总体	2.2	0.0	8.2	0.7	2.2	9.7	0.7	10.4	5.2	0.0	0.0	1.5	0.0	2.2	10.4	5.2	4.5	1.5	35.1	134
		男性	1.4	0.0	8.7	0.0	4.3	13.0	1.4	8.7	1.4	0.0	0.0	0.0	0.0	2.9	10.1	5.8	1.4	0.0	40.6	69
		女性	3.1	0.0	7.7	1.5	0.0	6.2	0.0	12.3	9.2	0.0	0.0	3.1	0.0	1.5	10.8	4.6	7.7	3.1	29.2	65

族的该比例高 7.6 个百分点；回族交通业就业人口占回族城镇总就业人口的比例比维吾尔族的该比例高 7.5 个百分点；维吾尔族批发和零售业就业人口占维吾尔族城镇总就业人口比例比藏族的该比例高 16.8 个百分点；回族住宿和餐饮业就业人口占回族城镇总就业人口比蒙古族的该比例高 5.7 个百分点；蒙古族居民服务和其他服务业就业人口占蒙古族城镇总就业人口比例比维吾尔族该比例高 3.6 个百分点；藏族教育行业就业人口占藏族城镇总就业人口比例比回族的该比例高 9.7 个百分点；蒙古族公共管理和社会组织就业人口占蒙古族城镇总就业人口比例比回族的该比例高 13.8 个百分点。

西北四省区第一产业的平均就业水平高于西南三省区；西北四省区第二产业的平均就业水平高于西南三省区；西北四省区第三产业的平均就业水平低于西南三省区。第一产业就业水平的差异主要表现在农林牧渔业；第二产业就业水平的差异主要表现在建筑业；第三产业就业水平的差异主要表现在交通业、居民服务和其他服务业、公共管理和社会组织。

四　在职工作者的单位性质

对劳动者而言，单位性质至关重要，单位性质不同，工作待遇及工作环境也会不同。这个部分在职者分为国有经济单位职工、城镇集体经济单位职工、其他经济类型单位职工、城镇个体或私营企业主、城镇个体或私营企业被雇佣者和其他就业者六种类型。

（一）各地区在职工作者的单位性质

从表 4－9 可以看出，民族七省区中，国有经济单位就业人口占城镇总就业人口比例为 46.7%，城镇集体经济单位就业人口占城镇总就业人口比例为 3.5%，其他经济类型单位就业人口占城镇总就业人口比例为 6.8%，城镇个体或者私营企业主占城镇总就业人口比例为 14.7%，城镇个体或者私营企业就业人口占城镇总就业人口比例为 15.5%。其中，国有经济单位就业人口占城镇总就业人口比例最高，城镇集体经济单位就业人口占城镇总就业人口比例最低，且国有和集体经济单位就业人口占城镇总就业人口比例为 50.2%，比个体或者私营企业就业人口占城镇总就业人口的比例

(30.2%) 高20个百分点。从性别的角度来看，民族七省区男性国有和集体经济就业人口占城镇总就业人口比例比女性的该比例高3.5个百分点；女性在个体和私营企业的就业比例更高一些，比男性该比例高3.1个百分点。

西南三省区的国有经济单位职工、集体经济单位职工和个体或私营业主占西南三省区城镇总就业人口的比例比西北四省区的该比例高，西南三省区的其他经济类型单位职工和个体或私营企业被雇者占西南三省区城镇总就业人口的比例比西北四省区该比例低。从经济部门来看，西南三省区的国有或集体经济单位的就业人口占西南三省区城镇总就业人口的比例和个体或私营企业的就业人口占西南三省区城镇总就业人口的比例分别为53.9%和28.7%；西北四省区国有或集体经济单位的就业人口占西北四省区城镇总就业人口的比例和个体或私营企业的就业人口占西北四省区城镇总就业人口的比例分别为47.5%和31.3%。这说明，在西南三省区国有经济和集体经济的主导地位比较强，西北四省区个体或私营经济则比较活跃。

西北四省区内部，国有经济单位就业人口占城镇总就业人口比例最高的是青海省；集体经济单位就业人口占城镇总就业人口比例最高的是内蒙古自治区；城镇个体或私营企业主占城镇总就业人口比例最高的是宁夏回族自治区；城镇个体或私营企业被雇者占城镇总就业人口比例最高的是内蒙古自治区。从经济部门来看，国有和集体经济部门就业人口占城镇总就业人口比例最高的是青海省，个体和私营经济部门就业人口占城镇总就业人口比例最高的是宁夏回族自治区。西南三省区内部，国有经济单位就业人口占城镇总就业人口比例最高的是贵州黔东南地区；集体经济单位就业人口占城镇总就业人口比例最高的是湖南省；城镇个体或私营企业主占城镇总就业人口比例最高的是广西壮族自治区；城镇个体或私营企业被雇者占城镇总就业人口比例最高的是湖南省。从经济部门来看，国有和集体经济部门就业人口占城镇总就业人口比例最高的是贵州黔东南地区，个体和私营经济部门就业人口占城镇总就业人口比例最高的是湖南省。

从以上分析中可以看出，国有或集体经济部门的就业与个体或私营经济部门就业的比例是此消彼长的关系。发展国有经济、鼓励私营经济不仅是经济发展的需要，也是增加就业的需要。

表 4－9 各地区在职工作者单位性质分布

单位:%，人

地 区	性 别	国有经济单位职工	城镇集体经济单位职工	其他经济类型单位职工	城镇个体或私营企业主	城镇个体或私营企业被雇者	其他就业者	样本量
民族七省区	总体	46.7	3.5	6.8	14.7	15.5	12.8	5276
	男性	48.5	3.4	6.8	14.2	14.5	12.7	2858
	女性	44.7	3.7	6.7	15.3	16.5	13.1	2410
西北四省区	全体	44.4	3.1	7.6	14.3	17.0	13.6	3044
	男性	45.6	3.1	7.2	14.6	15.8	13.7	1654
	女性	43.1	3.2	8.1	13.9	18.2	13.6	1382
内蒙古	全体	42.8	4.9	2.6	13.8	20.4	15.6	778
	男性	44.4	5.5	2.9	12.4	18.4	16.5	419
	女性	41.2	4.2	2.3	15.3	22.3	14.7	354
宁夏	全体	33.2	4.1	11.2	18.8	15.9	16.8	776
	男性	35.2	3.9	9.7	18.9	14.3	18.2	435
	女性	30.8	4.4	13.2	18.8	17.9	15.0	341
青海	全体	51.8	1.7	8.7	11.2	19.6	7.0	658
	男性	55.9	1.1	9.1	10.5	17.6	5.8	363
	女性	47.3	2.4	8.2	12.3	21.2	8.6	292
新疆	全体	50.4	1.7	8.1	12.9	12.9	14.2	832
	男性	48.7	1.6	7.3	15.8	13.3	13.3	437
	女性	52.2	1.8	8.9	9.6	12.4	15.2	395
西南三省区	全体	49.9	4.0	5.6	15.3	13.4	11.7	2232
	男性	52.3	3.7	6.3	13.7	12.7	11.2	1204
	女性	47.0	4.3	4.9	17.2	14.3	12.4	1028
湖南	全体	45.9	5.3	4.9	11.0	18.7	14.2	865
	男性	50.5	4.7	4.7	10.0	17.0	13.2	471
	女性	40.4	6.1	5.1	12.2	20.8	15.5	394
广西	全体	50.7	3.2	6.5	19.2	10.4	10.0	879
	男性	50.5	3.8	7.6	17.4	10.6	10.0	471
	女性	51.0	2.5	5.1	21.3	10.0	10.0	408
贵州（黔东南）	全体	55.3	3.1	5.5	16.0	9.6	10.5	488
	男性	58.8	1.9	6.9	13.7	8.8	9.9	262
	女性	51.3	4.4	4.0	18.6	10.6	11.1	266

（二）各民族在职工作者的单位性质

如表4－10所示，汉族国有经济单位就业人口占汉族总人口的比例为43.4%，城镇集体经济单位的该比例为4.1%，城镇个体或私营企业主的该比例为16.0%，城镇个体或私营企业职工的该比例为16.2%，国有或集体经济部门职工的该比例为47.5%，城镇个体或私营部门职工的该比例为32.2%。国有经济单位就业人口占城镇总就业人口的比例最高的是壮族，且只有回族的国有经济单位就业人口占回族城镇总就业人口的比例小于汉族的该比例。这说明我国的民族政策从总体来看落实得比较好。城镇集体经济单位就业人口占城镇总就业人口的比例比汉族高的有蒙古族和苗族，城镇个体或私营企业主占城镇总就业人口比例略高于汉族的有回族和维吾尔族，藏族的该比例最低，仅为1.7%。这说明，少数民族劳动者因为主观或客观的原因，经营个体经济的比较少。城镇个体或私营企业被雇佣人口占城镇总就业人口的比例低于汉族的有壮族、侗族、苗族。

从经济部门来看，国有或集体经济部门就业人口占城镇总就业人口的比例中，只有回族低于汉族。私营或个体经济部门就业人口占城镇总就业人口的比例，只有回族和维吾尔族高于汉族。这说明，作为市场经济中国有经济和集体经济的补充，私营和个体经济在民族地区尚待发展，私营和个体经济有待于吸纳更多少数民族劳动者的就业。

在西南少数民族中，国有经济单位就业人口占城镇总就业人口的比例最高的是壮族，最低的是侗族；城镇集体经济单位就业人口占城镇总就业人口比例最高的是苗族，最低的是侗族；城镇个体或私营企业主占城镇总就业人口比例最高的是壮族，最低的是土家族；城镇个体或私营企业被雇佣人口占城镇总就业人口比例最高的是土家族，最低的是壮族。国有或集体经济部门就业人口占城镇总就业人口比例最高的是壮族，最低的是侗族；个体或私营经济部门就业人口占城镇总就业人口比例最高的是土家族，最低的是壮族。总体而言，除土家族外，男性在国有或集体经济部门的就业人口占男性城镇总就业人口比例高于女性的该比例；相反，男性在个体或私营经济部门的就业人口占男性城镇总就业人口比例低于女性的该比例。

在西北少数民族中，国有经济单位就业人口占城镇总就业人口的比例最高的是藏族，最低的是回族；城镇集体经济单位就业人口占城镇总就业人口比例最高的是蒙古族，最低的是维吾尔族；但城镇个体或私营企业主占城镇总就业人口比例最高的是维吾尔族，最低的是藏族；城镇个体或私营企业被雇佣人口占城镇总就业人口比例最高的是回族，最低的是蒙古族。国有或集体经济部门就业人口占城镇总就业人口比例最高的是藏族，最低的是回族；个体或私营经济部门就业人口占城镇总就业人口比例最高的是回族，最低的是藏族。其中，蒙古族、回族的男性劳动者在国有或集体经济部门就业的占该民族男性城镇总就业人口的比例高于这些民族女性的该比例，而藏族和维吾尔族的女性在国有或集体经济部门就业的占该民族女性城镇总就业人口的比例高于这些民族男性的该比例。

表 4－10　各民族在职工作者单位性质分布

单位：%，人

民族		性别	国有经济单位职工	城镇集体经济单位职工	其他经济类型单位职工	城镇个体或私营企业主	城镇个体或私营企业被雇者	其他就业者	样本量
汉族		总体	43.4	4.1	7.5	16.0	16.2	12.9	2953
		男性	45.2	4.0	7.7	15.6	15.2	12.4	1614
		女性	41.3	4.2	7.3	16.5	17.2	13.6	1337
西北少数民族	回族	总体	34.9	1.8	10.7	16.8	20.0	15.9	441
		男性	38.2	1.6	8.7	16.5	18.5	16.5	254
		女性	30.8	2.2	13.5	17.3	21.1	15.1	185
	蒙古族	总体	52.1	4.4	4.7	9.8	16.4	12.6	317
		男性	53.0	6.1	3.7	8.5	14.6	14.0	164
		女性	50.7	2.6	5.9	11.2	18.4	11.2	152
	藏族	总体	62.7	1.7	6.8	1.7	16.9	10.2	59
		男性	63.0	0.0	7.4	0.0	18.5	11.1	27
		女性	64.5	3.2	6.5	3.2	12.9	9.7	31
	维吾尔族	总体	52.1	1.4	3.2	17.8	17.8	7.8	219
		男性	44.6	0.8	3.1	23.8	18.5	9.2	130
		女性	62.9	2.2	3.4	9.0	16.9	5.6	89
西南少数民族	壮族	总体	63.9	2.2	3.9	15.0	6.7	8.3	180
		男性	74.7	2.3	4.6	6.9	4.6	6.9	87
		女性	53.8	2.2	3.2	22.6	8.6	9.7	93

续表

<table>
<tr><th colspan="2">民　族</th><th>性　别</th><th>国有经济单位职工</th><th>城镇集体经济单位职工</th><th>其他经济类型单位职工</th><th>城镇个体或私营企业主</th><th>城镇个体或私营企业被雇者</th><th>其他就业者</th><th>样本量</th></tr>
<tr><td rowspan="9">西南少数民族</td><td rowspan="3">侗族</td><td>总体</td><td>50.0</td><td>1.5</td><td>4.9</td><td>12.3</td><td>13.7</td><td>17.6</td><td>204</td></tr>
<tr><td>男性</td><td>59.2</td><td>2.0</td><td>3.1</td><td>7.1</td><td>13.3</td><td>15.3</td><td>98</td></tr>
<tr><td>女性</td><td>41.5</td><td>0.9</td><td>6.6</td><td>17.0</td><td>14.2</td><td>19.8</td><td>106</td></tr>
<tr><td rowspan="3">苗族</td><td>总体</td><td>52.7</td><td>4.7</td><td>5.6</td><td>12.7</td><td>14.5</td><td>9.8</td><td>408</td></tr>
<tr><td>男性</td><td>57.2</td><td>4.1</td><td>7.7</td><td>11.3</td><td>10.8</td><td>9.0</td><td>222</td></tr>
<tr><td>女性</td><td>47.3</td><td>5.4</td><td>3.2</td><td>14.5</td><td>18.8</td><td>10.8</td><td>186</td></tr>
<tr><td rowspan="3">土家族</td><td>总体</td><td>51.5</td><td>3.7</td><td>5.1</td><td>10.3</td><td>17.6</td><td>11.8</td><td>136</td></tr>
<tr><td>男性</td><td>51.4</td><td>2.9</td><td>4.3</td><td>11.4</td><td>17.1</td><td>12.9</td><td>70</td></tr>
<tr><td>女性</td><td>51.5</td><td>4.5</td><td>6.1</td><td>9.1</td><td>18.2</td><td>10.6</td><td>66</td></tr>
</table>

第二节　就业的稳定性

劳动合同的性质、劳动者换工作的情况都影响着就业的稳定性。本节将从劳动合同的性质、就业者是否换过工作、换过工作的劳动者上一个工作的性质、换过工作的劳动者上一个工作的职业、换过工作的劳动者离开上一个工作的原因五个方面来分析就业的稳定性。

一　在职工作者的劳动合同性质

这一部分主要介绍具有工资性收入工作的就业者的劳动合同性质。在调查的民族七省区所有劳动者中，工资性收入的劳动者 4489 人，其中男性 2441 人，女性 2041 人。①

（一）各地区在职工作者的劳动合同性质分布

根据表 4 - 11，在民族七省区中，固定职工占城镇总就业人口的比例为 50.4%，约占一半左右，长期合同工占城镇总就业人口的比例为 16.1%，短期或临时合同工占城镇总就业人口的比例为 10.2%，没有合同

① 总样本中未剔除缺失值，故男女相加小于总样本量。

的员工占城镇总就业人口的比例为 11.1%，从事私营或个体经营人员占城镇总就业人口的比例为 6.4%。其中，男性固定职工占男性城镇总就业人口的比例高于女性该比例。

西南三省区与西北四省区主要差别体现在，西南三省区固定职工占西南三省区城镇总就业人口的比例和从事私营或个体经营人员占西南三省区城镇总就业人口的比例比西北四省区的该比例更高一些，而西北四省区长期合同工占西北四省区城镇总就业人口的比例比西南三省区的该比例更高一些。

在各省区中，固定职工占城镇总就业人口的比例达一半以上的有内蒙古自治区、新疆维吾尔自治区、广西壮族自治区、贵州黔东南地区；长期合同工占城镇总就业人口的比例高于 15% 的有宁夏回族自治区、青海省、新疆维吾尔自治区、贵州黔东南地区；短期或临时合同工占城镇总就业人口的比例高于 10% 的有宁夏回族自治区、青海省、湖南省；而没有合同的员工占城镇总就业人口的比例高于 10% 的也是宁夏回族自治区、青海省、湖南省。应该在这些无合同员工超过 10% 的地方积极宣传劳动法，减少没有合同的员工数量，保障劳动者的利益。

表 4－11　各地区在职工作者的主要劳动合同性质分布

单位：%，人

地　区	性别	固定职工	长期合同工	短期或临时合同工	没有合同的员工	私营人员	其他	样本量
民族七省区	总体	50.4	16.1	10.2	11.1	6.4	5.7	4489
	男性	53.3	15.3	9.1	10.2	6.1	6.1	2441
	女性	47.1	17.1	11.7	12.0	6.9	5.3	2041
西北四省区	总体	49.6	19.0	10.5	11.0	5.0	4.9	2522
	男性	51.7	18.4	9.3	10.3	4.9	5.5	1359
	女性	47.4	19.9	11.9	11.3	5.2	4.2	1156
内蒙古	总体	59.1	14.1	8.8	7.3	6.0	4.7	616
	男性	60.2	15.4	7.7	6.5	5.3	4.7	337
	女性	58.2	12.7	10.2	7.3	6.9	4.7	275
宁夏	总体	39.6	18.2	12.5	16.0	6.6	7.1	576
	男性	43.5	15.5	12.3	14.5	6.0	8.2	317
	女性	34.7	21.6	12.7	17.8	7.3	5.8	259

续表

地　区	性别	固定职工	长期合同工	短期或临时合同工	没有合同的员工	私营人员	其他	样本量
青海	总体	44.6	19.6	11.8	16.3	3.1	4.6	608
	男性	47.9	19.0	9.2	15.5	3.0	5.4	336
	女性	40.9	20.4	15.2	16.4	3.3	3.7	269
新疆	总体	53.7	23.4	9.1	5.7	4.4	3.6	722
	男性	54.2	23.0	8.1	5.4	5.1	4.1	369
	女性	53.3	23.8	10.2	5.9	3.7	3.1	353
西南三省区	总体	51.4	12.4	10.0	11.2	8.3	6.8	1967
	男性	55.3	11.4	8.9	10.0	7.7	6.8	1082
	女性	46.7	13.6	11.3	12.8	9.0	6.7	885
湖南	总体	47.9	10.0	10.8	16.8	7.9	6.5	780
	男性	53.8	9.2	8.5	15.2	7.4	6.0	435
	女性	40.6	11.0	13.6	18.8	8.7	7.2	345
广西	总体	54.1	12.2	9.8	7.5	8.1	8.2	743
	男性	54.3	11.9	10.4	6.4	8.1	8.9	405
	女性	53.8	12.7	9.2	8.9	8.0	7.4	338
贵州（黔东南）	总体	52.9	16.7	8.8	7.7	9.2	4.7	444
	男性	59.5	14.5	7.0	6.6	7.4	5.0	242
	女性	45.0	19.3	10.9	8.9	11.4	4.5	202

注：固定职工包括国家干部、公务员等；私营职工包括从事私营或个体经营人员。下同。

（二）各民族在职工作者的劳动合同性质分布

如表4-12所示，汉族的固定职工占汉族城镇总就业人口的比例为47.8%，长期合同工占汉族城镇总就业人口的比例为17.4%，短期或临时合同工占汉族城镇总就业人口的比例为11.2%，没有合同的员工占汉族城镇总就业人口的比例为11.4%，从事私营或个体经营人员占汉族城镇总就业人口的比例为6.7%。在民族七省区中，固定职工占城镇总就业人口的比例最高的是壮族，最低的是回族；长期合同工占城镇总就业人口的比例最高的是藏族，最低的是壮族；短期或临时合同工占城镇总就业人口的比例最高的是藏族，最低的是壮族；没有合同的员工占城镇总就业人口的比例最高的是回族，最低的是壮族；从事私营或个体经营人员占城镇总就业人口的比例最高的是土家族，最低的是藏族。

表4－12 各地区在职工作者的主要劳动合同性质分布

单位:%，人

民族		性别	固定职工	长期合同工	短期或临时合同工	没有合同的员工	私营人员	其他	样本量
汉族		总体	47.8	17.4	11.2	11.4	6.7	5.5	2508
		男性	50.4	16.5	10.6	10.1	6.5	5.8	1371
		女性	44.8	18.5	11.9	12.8	6.9	5.1	1135
西北少数民族	回族	总体	40.5	18.3	9.3	18.6	4.5	8.7	311
		男性	45.6	12.8	7.8	19.4	3.9	10.6	180
		女性	34.1	26.4	11.6	16.3	5.4	6.2	129
	蒙古族	总体	59.2	15.1	10.9	7.2	1.9	5.7	265
		男性	58.6	16.4	9.3	7.1	1.4	7.1	140
		女性	59.7	13.7	12.9	7.3	2.4	4.0	124
	藏族	总体	52.5	20.3	13.6	8.5	0.0	5.1	59
		男性	57.1	14.3	10.7	10.7	0.0	7.1	28
		女性	50.0	26.7	16.7	3.3	0.0	3.3	30
	维吾尔族	总体	52.5	17.1	11.0	9.4	6.6	3.3	181
		男性	47.5	20.8	8.9	8.9	9.9	4.0	101
		女性	58.8	12.5	13.8	10.0	2.5	2.5	80
西南少数民族	壮族	总体	68.5	9.3	4.9	6.8	6.2	4.3	162
		男性	79.0	8.6	3.7	3.7	2.5	2.5	81
		女性	58.0	9.9	6.2	9.9	9.9	6.2	81
	侗族	总体	46.2	17.6	9.3	13.2	5.5	8.2	182
		男性	49.5	20.4	7.5	9.7	5.4	7.5	93
		女性	42.7	14.6	11.2	16.9	5.6	9.0	89
	苗族	总体	55.4	10.6	9.2	10.6	9.5	4.7	359
		男性	62.9	9.9	5.4	9.4	7.4	5.0	202
		女性	45.9	11.5	14.0	12.1	12.1	4.5	157
	土家族	总体	43.1	11.4	9.8	17.1	10.6	8.1	123
		男性	50.0	6.3	6.3	15.6	10.9	10.9	64
		女性	35.6	16.9	13.6	18.6	10.2	5.1	59

在西南少数民族中，固定职工占城镇总就业人口的比例最高的是壮族，最低的是土家族，前者比后者高25.4个百分点；长期合同工占城镇总就业人口的比例最高的是侗族，最低的是壮族，前者比后者高8.3个百分点；短期或临时合同工占城镇总就业人口的比例最高的是土家族，最低的是壮族，前者比后者高4.9个百分点；没有合同的员工占城镇总就业人口的比例最高的是土家族，最低的是壮族，前者比后者高10.3个百分点；私营或个体经营人员占城镇总就业人口的比例最高的是土家族，最低的是侗族。

在西北少数民族中，固定职工占城镇总就业人口的比例最高的是蒙古族，最低的是回族，前者比后者高18.7个百分点；长期合同工占城镇总就业人口的比例最高的是藏族，最低的是蒙古族，前者比后者高5.2个百分点；短期或临时合同工占城镇总就业人口的比例最高的是藏族，最低的是回族，前者比后者高4.3个百分点；没有合同的员工占城镇总就业人口的比例最高的是回族，最低的是蒙古族，前者比后者高11.4个百分点；从事私营或个体经营人员占城镇总就业人口的比例最高的是维吾尔族，最低的是藏族，前者比后者高6.6个百分点。

可以看出，西北四省区各民族之间的差距比西南三省区各民族之间的差距小一些，无论在西南三省区还是在西北四省区都有一些民族的无合同员工比例超过10%，应该在这些地方多做普法宣传，利用各种方法维护劳动者的合法权利。

二　更换工作情况

（一）各地区在职工作者的更换工作情况

如表4-13所示，在民族七省区4743名就业者中，更换过工作的就业者占32.3%，在2573名男性就业者中更换过工作的就业者占32.8%；女性更换过工作的就业者占女性就业者的比例为31.7%，前者略高于后者。

在西北四省区，更换过工作的就业者占城镇总就业人口的比例为29.8%；在西南三省区该比例为35.4%，前者低于后者。具体来看，在西北四省区，更换过工作的就业者占城镇总就业人口的比例最高的是青海省，最低的是内蒙古自治区，为23.0%；在西南三省区，更换过工作的就业者占城镇总就业人口比例最高的是湖南省，最低的是广西壮族自治区；在整个民族七省区，更换过工作的就业者占城镇总就业人口比例最高的是湖南省，最低的是内蒙古自治区。

表 4 – 13 各地区在职工作者的更换工作情况

单位：%，人

地 区	性 别	是	否	样本量
民族七省区	总体	32.3	67.7	4743
	男性	32.8	67.2	2573
	女性	31.7	68.3	2164
西北四省区	全体	29.8	70.2	2655
	男性	29.9	70.1	1452
	女性	29.6	70.4	1197
内蒙古	全体	23.0	77.0	669
	男性	22.6	77.4	363
	女性	22.9	77.1	301
宁夏	全体	25.5	74.5	609
	男性	25.9	74.1	343
	女性	24.8	75.2	266
青海	全体	35.1	64.9	598
	男性	35.6	64.4	334
	女性	34.6	65.4	263
新疆	全体	34.9	65.1	779
	男性	35.0	65.0	412
	女性	34.9	65.1	367
西南三省区	全体	35.4	64.6	2088
	男性	36.5	63.5	1121
	女性	34.2	65.8	967
湖南	全体	39.1	60.9	803
	男性	38.6	61.4	433
	女性	39.7	60.3	370
广西	全体	31.5	68.5	829
	男性	33.2	66.8	440
	女性	29.6	70.4	389
贵州（黔东南）	全体	36.2	63.8	456
	男性	38.7	61.3	248
	女性	33.2	66.8	208

（二）各民族在职工作者的更换工作情况

在民族七省区，更换过工作的就业者占城镇就业总人口的比例最高的是侗族，最低的是维吾尔族。在西南少数民族中，更换过工作的就业者占城镇就业总人口的比例最高的是侗族，最低的是壮族；在西北少数民族中，更换过工作的就业者占城镇就业总人口的比例最高的是藏族，最低的是维吾尔族（见表4－14）。

表4－14　各民族在职工作者的换工作情况

单位:%，人

民族		性别	是	否	样本量
汉族		总体	33.5	66.5	2670
		男性	33.9	66.1	1464
		女性	33.1	66.9	1203
西北少数民族	回族	总体	29.8	70.2	336
		男性	32.7	67.3	199
		女性	25.5	74.5	137
	蒙古族	总体	23.9	76.1	280
		男性	25.2	74.8	147
		女性	22.7	77.3	132
	藏族	总体	34.0	66.0	47
		男性	29.2	70.8	24
		女性	39.1	60.9	23
	维吾尔族	总体	17.8	82.2	214
		男性	21.1	78.9	128
		女性	12.8	87.2	86
西南少数民族	壮族	总体	22.7	77.3	163
		男性	21.6	78.4	74
		女性	23.6	76.4	89
	侗族	总体	52.9	47.1	187
		男性	45.6	54.4	90
		女性	59.8	40.2	97
	苗族	总体	34.6	65.4	370
		男性	36.3	63.7	201
		女性	32.5	67.5	169

续表

民族		性别	是	否	样本量
西南少数民族	土家族	总体	44.0	56.0	125
		男性	47.6	52.4	63
		女性	40.3	59.7	62

三　换过工作的就业者上一个工作的性质

根据表4－15，从这一部分开始主要以换过工作的就业者为研究对象，分析就业者上一个工作的性质、职业和离开原因。

（一）各地区换过工作的就业者上一个工作性质

在民族七省区换过工作的就业者中，上一个工作为国有经济单位职工的比例最高，为其他经济类型单位职工的比例最低。在换过工作的男性就业者中，上一个工作是国有经济单位职工的比例为42.9%，女性的该比例为36.0%，前者比后者高6.9个百分点；在换过工作的男性就业者中，上一个工作是城镇集体经济单位职工的比例为9.6%，女性的该比例为10.6%，前者比后者低1.0个百分点；在换过工作的男性就业者中，上一个工作是其他经济类型单位职工的比例为5.9%，女性的该比例为6.0%，前者比后者低0.1个百分点；在换过工作的男性就业者中，上一个工作是城镇个体或私营企业主的比例为7.2%，女性的该比例为8.4%，前者比后者低1.2个百分点；在换过工作的男性就业者中，上一个工作是城镇个体或私营企业被雇者的比例为18.6%，女性的该比例为22.4%，前者比后者低3.8个百分点。由此可以看出，在换过工作的就业者中，除上一个工作为国有经济单位职工外，其他的比例女性都比男性高。

西北四省区换过工作的就业者中，上一个工作为国有经济单位职工的比例比西南三省区的该比例低9.2个百分点；上一个工作为城镇集体经济单位职工的比例比西南三省区的该比例低1.5个百分点；上一个工作为其他经济类型单位职工的比例比西南三省区的该比例高2.5个百分点；上一个工作为城镇个体或私营企业主的比例比西南三省区的该比例高0.5个百分点；上一个工作为城镇个体或私营企业被雇者的比例比西南三省区的该比例高7.9个百分点。从经济部门来看，西北四省区个体或私营经济部门所占比例比西南三省区的比例高一些，西南三省区国有或集体经济部门所占比例比西北四省区的比例高一些。

具体来看，在换过工作的就业者中，上一个工作为国有经济单位职工的比例最高的是贵州黔东南地区，最低的是宁夏回族自治区；上一个工作为城镇集体经济单位职工的比例最高的是内蒙古自治区，最低的是新疆维吾尔自治区；上一个工作为其他经济类型单位职工的比例最高的是内蒙古自治区和青海省，最低的是湖南省；上一个工作为城镇个体或私营企业主的比例最高的是青海省，最低的是内蒙古自治区；上一个工作为城镇个体或私营企业被雇者的比例最高的是宁夏回族自治区，最低的是贵州黔东南地区。

表 4－15　各地区换过工作的就业者上一个工作性质分布

单位：%，人

地　区	性别	国有经济单位职工	城镇集体经济单位职工	其他经济类型单位职工	城镇个体或私营企业主	城镇个体或私营企业被雇者	其他就业者	样本量
民族七省区	总体	39.8	10.2	5.9	7.7	20.3	16.1	1703
	男性	42.9	9.6	5.9	7.2	18.6	15.9	937
	女性	36.0	10.6	6.0	8.4	22.4	16.5	762
西北四省区	总体	35.1	9.4	7.2	7.9	24.3	16.0	843
	男性	36.9	9.3	6.0	8.2	23.5	16.0	463
	女性	33.0	9.0	8.8	7.7	25.3	16.2	376
内蒙古	总体	34.9	18.0	7.6	4.1	25.6	9.9	172
	男性	36.6	19.4	9.7	3.2	18.3	12.9	93
	女性	34.2	14.5	5.3	5.3	34.2	6.6	76
宁夏	总体	22.0	6.0	7.1	6.5	27.4	31.0	168
	男性	23.2	3.2	4.2	8.4	29.5	31.6	95
	女性	20.5	9.6	11.0	4.1	24.7	30.1	73
青海	总体	38.2	10.2	7.6	12.9	19.6	11.6	225
	男性	41.3	11.1	6.3	14.3	19.0	7.9	126
	女性	33.7	9.2	9.2	11.2	20.4	16.3	98
新疆	总体	40.6	5.4	6.8	7.2	25.5	14.4	278
	男性	42.3	5.4	4.7	6.0	26.8	14.8	149
	女性	38.8	5.4	9.3	8.5	24.0	14.0	129

续表

地　区	性别	国有经济单位职工	城镇集体经济单位职工	其他经济类型单位职工	城镇个体或私营企业主	城镇个体或私营企业被雇者	其他就业者	样本量
西南三省区	总体	44.3	10.9	4.7	7.4	16.4	16.3	860
	男性	48.7	9.9	5.7	6.1	13.7	15.8	474
	女性	38.9	12.2	3.4	9.1	19.7	16.8	386
湖南	总体	39.3	12.8	3.5	6.0	18.8	19.8	400
	男性	45.6	11.6	3.7	3.7	14.9	20.5	215
	女性	31.9	14.1	3.2	8.6	23.2	18.9	185
广西	总体	47.9	11.1	6.1	7.5	15.7	11.8	280
	男性	50.0	9.7	8.4	7.8	12.3	11.7	154
	女性	45.2	12.7	3.2	7.1	19.8	11.9	126
贵州（黔东南）	总体	50.0	6.7	5.0	10.6	12.2	15.6	180
	男性	53.3	6.7	5.7	8.6	13.3	12.4	105
	女性	45.3	6.7	4.0	13.3	10.7	20.0	75

（二）各民族换过工作的就业者上一个工作性质

根据表4－16，在换过工作的就业者中，上一个工作为国有经济单位职工的比例最高的是壮族，最低的是回族；上一个工作为城镇集体经济单位职工的比例最高的是藏族，最低的是回族；上一个工作为城镇个体或私营企业主的比例最高的是藏族，最低的是维吾尔族；上一个工作为城镇个体或私营企业被雇者的比例最高的是回族，最低的是藏族。从经济部门来看，上一个工作在国有或集体经济部门的比例最高的是壮族，最低的是回族；上一个工作在个体或私营经济部门的比例最高的是回族，最低的是藏族。

在西南少数民族换过工作的就业者中，上一个工作为国有经济单位职工的比例最高的是壮族，最低的是侗族，前者比后者高17.1个百分点；上一个工作为城镇集体经济单位职工的比例最高的是侗族，最低的是土家族，前者比后者高6.7个百分点；上一个工作为城镇个体或私营企业主的比例最高的是侗族，最低的是苗族，前者比后者高5.9个百分点；上一个工作为城镇个体或私营企业被雇者的比例最高的是苗族，最低的是侗族，前者比后者高5.7个百分点。上一个工作在国有或集体经济部门的比例最高的是壮族，最低的是侗族；上一个工作在个体或私营经济部门比例最高的是土家族，最低的是壮族。

在西北少数民族换过工作的就业者中，上一个工作为国有经济单位职工的比例最高的是蒙古族，最低的是回族，前者比后者高27.6个百分点；上一个工作为城镇集体经济单位职工的比例最高的是藏族，最低的是回族，前者比后者高21.2个百分点；上一个工作为城镇个体或私营企业主的比例最高的是藏族，最低的是维吾尔族，前者比后者高12.5个百分点；上一个工作为城镇个体或私营企业被雇者的比例最高的是回族，最低的是藏族，前者比后者高34.9个百分点。劳动者上一个工作在国有或集体经济部门的比例最高的是蒙古族，最低的是回族；劳动者上一个工作在个体或私营经济部门的比例最高的是回族，最低的是藏族。

表4-16 民族七省区分民族换过工作就业者上一个工作的性质分布

单位:%，人

民族		性别	国有经济单位职工	城镇集体经济单位职工	其他经济类型单位职工	城镇个体或私营企业主	城镇个体或私营企业被雇者	其他就业者	样本量
汉族		总体	38.8	10.6	6.1	8.5	21.3	14.6	984
		男性	41.5	10.6	6.8	8.2	19.6	13.3	547
		女性	35.6	10.6	5.3	8.9	23.4	16.3	436
西北少数民族	回族	总体	19.8	3.8	8.5	12.3	34.9	20.8	106
		男性	19.1	2.9	5.9	13.2	35.3	23.5	68
		女性	18.9	5.4	13.5	10.8	35.1	16.2	37
	蒙古族	总体	47.4	9.2	2.6	6.6	22.4	11.8	76
		男性	42.9	11.9	4.8	7.1	16.7	16.7	42
		女性	52.9	5.9	0.0	5.9	29.4	5.9	34
	藏族	总体	25.0	25.0	0.0	12.5	0.0	37.5	16
		男性	28.6	28.6	0.0	14.3	0.0	28.6	7
		女性	22.2	22.2	0.0	11.1	0.0	44.4	9
	维吾尔族	总体	36.8	15.8	10.5	0.0	18.4	18.4	38
		男性	37.0	18.5	3.7	0.0	18.5	22.2	27
		女性	36.4	9.1	27.3	0.0	18.2	9.1	11

续表

民族		性别	国有经济单位职工	城镇集体经济单位职工	其他经济类型单位职工	城镇个体或私营企业主	城镇个体或私营企业被雇者	其他就业者	样本量
西南少数民族	壮族	总体	52.6	10.5	0.0	2.6	15.8	18.4	38
		男性	68.8	6.3	0.0	6.3	18.8	0.0	16
		女性	40.9	13.6	0.0	0.0	27.3	18.2	22
	侗族	总体	35.5	14.5	8.2	8.2	10.9	22.7	110
		男性	40.0	15.6	4.4	2.2	8.9	28.9	45
		女性	32.3	13.8	10.8	12.3	12.3	18.5	65
	苗族	总体	42.2	11.2	6.8	2.5	16.8	20.5	161
		男性	54.9	6.6	6.6	1.1	13.2	17.6	91
		女性	25.7	17.1	7.1	4.3	21.4	24.3	70
	土家族	总体	48.4	7.8	1.6	7.8	14.1	20.3	64
		男性	50.0	8.3	2.8	2.8	11.1	25.0	36
		女性	46.4	7.1	0.0	14.3	17.9	14.3	28

四　换过工作的就业者上一个工作的职业

（一）各地区换过工作就业者上一个工作的职业

如表4－17所示，在民族七省区换过工作的就业者中，上一个工作是国家机关党群组织、企事业单位负责人的比例为7.3%；上一个工作是专业技术人员的比例为16.3%；上一个工作是办事人员和有关人员的比例为19.7%；上一个工作是从事商业的劳动者的比例为18.5%；上一个工作是农、林、牧、渔、水利生产人员的比例为4.5%；上一个工作是生产、运输设备操作人员及有关人员的比例为14.9%；上一个工作是军人的比例为1.3%；上一个工作是不便分类的其他从业人员的比例为17.6%。其中，上一个工作为办事人员和有关人员的比例最高，上一个工作为军人的比例最低。

在换过工作的就业者中，西南三省区与西北四省区差距最大的是上一个工作为办事人员和有关人员的比例，前者比后者低8.8个百分点；西南三省区与西北四省区差距最小的是上一个工作为军人的比例，前者仅比后者高0.2个百分点。

在民族七省区换过工作的就业者中，上一个工作是国家机关党群组织、企事业单位负责人的比例最高的是贵州黔东南地区，最低的是青海省；上一个工作是专业技术人员的比例最高的是新疆维吾尔自治区，最低的是广西壮族自治区；上一个工作是办事人员和有关人员的比例最高的是广西壮族自治区，最低的是宁夏回族自治区；上一个工作是从事商业的劳动者的比例最高的是内蒙古自治区，最低的是湖南省；上一个工作是农、林、牧、渔、水利生产人员的比例最高的是宁夏回族自治区，最低的是内蒙古自治区；上一个工作是生产、运输设备操作人员及有关人员的比例最高的是青海省，最低的是湖南省；上一个工作是军人的比例最高的是贵州黔东南地区，最低的是内蒙古自治区。

表 4－17　民族七省区分地区换过工作就业者上一个工作的职业分布

单位:%，人

地　区	性别	负责人	专业技术人员	办事人员	商业	生产人员	操作人员	军人	其他	样本量
民族七省区	总体	7.3	16.3	19.7	18.5	4.5	14.9	1.3	17.6	1695
	男性	9.4	18.3	18.6	13.8	4.3	17.7	2.3	15.7	930
	女性	4.7	13.9	21.2	24.2	4.7	11.3	0.1	19.8	761
西北四省区	总体	5.9	18.7	15.3	20.9	4.3	17.9	1.2	15.8	847
	男性	7.3	19.8	13.1	16.2	4.5	22.2	2.2	14.7	464
	女性	4.2	17.4	18.2	26.6	4.0	12.4	0.0	17.2	379
内蒙古	总体	9.9	16.4	10.5	24.6	1.2	16.4	0.0	21.1	171
	男性	10.9	18.5	10.9	15.2	2.2	25.0	0.0	17.4	92
	女性	9.2	14.5	10.5	35.5	0.0	5.3	0.0	25.0	76
宁夏	总体	5.3	12.9	8.8	16.5	11.2	17.6	0.6	27.1	170
	男性	7.3	15.6	7.3	11.5	10.4	17.7	1.0	29.2	96
	女性	2.7	9.5	10.8	23.0	12.2	17.6	0.0	24.3	74
青海	总体	1.3	20.8	13.7	19.0	3.1	25.2	1.8	15.0	226
	男性	0.8	21.4	12.7	14.3	3.2	32.5	3.2	11.9	126
	女性	2.0	20.2	15.2	25.3	3.0	15.2	0.0	19.2	99
新疆	总体	7.5	21.8	23.6	22.9	2.9	13.2	1.8	6.4	280
	男性	10.7	22.0	18.7	21.3	3.3	14.7	3.3	6.0	150
	女性	3.8	21.5	29.2	24.6	2.3	11.5	0.0	6.9	130

续表

地　区	性别	负责人	专业技术人员	办事人员	商业	生产人员	操作人员	军人	其他	样本量
西南三省区	总体	8.6	13.9	24.1	16.0	4.7	11.9	1.4	19.3	848
	男性	11.4	16.7	24.0	11.4	4.1	13.3	2.4	16.7	466
	女性	5.2	10.5	24.1	21.7	5.5	10.2	0.3	22.5	382
湖南	总体	7.9	17.3	21.9	14.3	5.9	10.5	1.0	21.2	392
	男性	12.4	22.0	20.1	8.6	4.3	10.0	1.9	20.6	209
	女性	2.7	12.0	24.0	20.8	7.7	10.9	0.0	21.9	183
广西	总体	8.3	9.4	28.6	18.5	2.5	11.6	1.4	19.6	276
	男性	9.2	9.2	28.9	15.1	3.3	15.8	2.6	15.8	152
	女性	7.3	9.7	28.2	22.6	1.6	6.5	0.0	24.2	124
贵州（黔东南）	总体	10.6	13.3	21.7	16.1	5.6	15.6	2.2	15.0	180
	男性	12.4	17.1	24.8	11.4	4.8	16.2	2.9	10.5	105
	女性	8.0	8.0	17.3	22.7	6.7	14.7	1.3	21.3	75

注：负责人表示国家机关党群组织、企事业单位负责人，办事人员表示办事人员和有关人员，商业表示从事商业的劳动者，生产人员表示农、林、牧、渔、水利生产人员，操作人员表示生产、运输设备操作人员及有关人员，其他表示不便分类的其他从业人员。下同。

（二）各民族换过工作的就业者上一个工作的职业

如表4－18所示，在西南三省区换过工作的就业者中，上一个工作是国家机关党群组织、企事业单位负责人的比例最高的是壮族，最低的是汉族；上一个工作是专业技术人员比例最高的是土家族，最低的是汉族；上一个工作是办事人员和有关人员的比例最高的是土家族，最低的是侗族；上一个工作是从事商业的劳动者的比例最高的是汉族，最低的是苗族；上一个工作是农、林、牧、渔、水利生产人员的比例最高的是侗族，最低的是壮族；上一个工作是生产、运输设备操作人员及有关人员的比例最高的是侗族，最低的是土家族；上一个工作是军人的比例最高的是侗族，最低的是汉族。

如表4－19所示，在西北四省区换过工作的就业者中，上一个工作是国家机关党群组织、企事业单位负责人的比例最高的是蒙古族，最低的是藏族；上一个工作是专业技术人员的比例最高的是蒙古族，最低的是维吾尔族；上一个工作是办事人员和有关人员的比例最高的是藏族，最低的是蒙古族；上一个工作是从事商业的劳动者的比例最高的是回族，最低的是藏族；上一个工作是农、林、牧、渔、水利生产人员的比例最高的是维吾尔族，最低的是藏族；上一个工作是生产、运输设备操作人员及有关人员的比例最高的是藏族，最低的是回族；上一个工作是军人的比例最高的是汉族，最低的是蒙古族、藏族、维吾尔族。

表 4－18　西南三省区各民族换过工作就业者上一个工作的职业分布

单位：%，人

民族	性别	负责人	专业技术人员	办事人员	商业	生产人员	操作人员	军人	其他	样本量
汉族	总体	6.3	12.1	20.6	19.9	4.1	13.8	1.0	22.3	413
	男性	8.9	13.1	22.4	14.8	3.4	16.0	1.7	19.8	237
	女性	2.8	10.8	18.2	26.7	5.1	10.8	0.0	25.6	176
苗族	总体	12.6	16.4	26.4	10.1	8.2	8.8	1.3	16.4	159
	男性	15.6	23.3	25.6	7.8	7.8	7.8	1.1	11.1	90
	女性	8.7	7.2	27.5	13.0	8.7	10.1	1.4	23.2	69
壮族	总体	16.7	13.9	16.7	16.7	0.0	11.1	2.8	22.2	36
	男性	18.8	18.8	18.8	12.5	0.0	12.5	6.3	12.5	16
	女性	15.0	10.0	15.0	20.0	0.0	10.0	0.0	30.0	20
侗族	总体	10.8	14.0	15.1	15.1	8.6	15.1	3.2	18.3	93
	男性	15.0	17.5	12.5	5.0	10.0	17.5	7.5	15.0	40
	女性	7.5	11.3	17.0	22.6	7.5	13.2	0.0	20.8	53
土家族	总体	7.2	20.3	29.0	11.6	1.4	8.7	2.9	18.8	69
	男性	10.5	23.7	26.3	7.9	5.3	5.3	0.0	21.1	38
	女性	3.2	16.1	32.3	16.1	3.2	12.9	0.0	16.1	31

表 4－19　西北四省区各民族换过工作就业者上一个工作的职业分布

单位：%，人

民族	性别	负责人	专业技术人员	办事人员	商业	生产人员	操作人员	军人	其他	样本量
汉族	总体	3.9	18.9	15.5	20.6	4.8	20.3	1.1	14.9	562
	男性	4.9	20.1	13.8	16.4	4.6	25.3	2.0	12.8	304
	女性	2.7	17.5	17.5	25.7	5.1	14.4	0.0	17.1	257
蒙古族	总体	16.7	22.7	10.6	13.6	3.0	12.1	0.0	21.2	66
	男性	14.3	25.7	11.4	8.6	2.9	17.1	0.0	20.0	35
	女性	19.4	19.4	9.7	19.4	3.2	6.5	0.0	22.6	31

续表

民族	性别	负责人	专业技术人员	办事人员	商业	生产人员	操作人员	军人	其他	样本量
回族	总体	6.5	17.8	12.1	26.2	1.9	11.2	0.9	23.4	107
	男性	7.4	17.6	11.8	19.1	2.9	13.2	1.5	26.5	68
	女性	5.3	18.4	13.2	39.5	0.0	5.3	0.0	18.4	38
藏族	总体	0.0	13.3	20.0	13.3	0.0	26.7	0.0	26.7	15
	男性	0.0	14.3	14.3	0.0	0.0	57.1	0.0	14.3	7
	女性	0.0	12.5	25.0	25.0	0.0	0.0	0.0	37.5	8
维吾尔族	总体	12.5	12.5	15.0	20.0	7.5	25.0	0.0	7.5	40
	男性	17.9	14.3	10.7	21.4	10.7	21.4	0.0	3.6	28
	女性	0.0	8.3	25.0	16.7	0.0	33.3	0.0	16.7	12

在调查的民族七省区少数民族换过工作的就业者中，上一个工作是国家机关党群组织、企事业单位负责人的比例最高的是壮族、蒙古族，最低的是藏族；上一个工作是专业技术人员的比例最高的是蒙古族，最低的是维吾尔族；上一个工作是办事人员和有关人员的比例最高的是土家族，最低的是蒙古族；上一个工作是从事商业的劳动者的比例最高的是回族，最低的是苗族；上一个工作是农、林、牧、渔、水利生产人员的比例最高的是侗族，最低的是藏族和壮族；上一个工作是生产、运输设备操作人员及有关人员的比例最高的是藏族，最低的是土家族；上一个工作是军人的比例最高的是侗族，最低的是蒙古族、藏族和维吾尔族。

五　换过工作的就业者离开上一个工作的原因

换过工作的就业者离开上个工作的原因主要分为就业者自己辞职或经营者自己停业、被解雇或下岗、合同期满、单位解散和其他五种情况。

（一）各地区换过工作的就业者离开上一个工作的原因

如表 4－20 所示，在民族七省区换过工作的就业者中，因自己辞职或停止营业而离开上一个工作的比例为 32.4%；因被解雇或下岗而离开上一个工作的比例为7.0%；因合同期满而离开上一个工作的比例为3.3%；因单位解散而离开上一个工作的比例为16.5%。在以上四个原因中，因自己辞职或停止营业而离开上一个工作的比例最高，因合同期满而离开上一个工作的比例最低。男性劳动者因自己辞职或停止营业、被解雇或下岗、合同期满、单位解散而离开自己工作的比例都小于女性的该比例。

在换过工作的就业者中，西北四省区与西南三省区差距最大的是因自己辞职或停止营业而离开上一个工作的比例，前者比后者高11.6个百分点；西北四省区与西南三省区差距最小的是因被解雇或下岗而离开上一个工作的比例，前者比后者低1.2个百分点。

在民族七省区换过工作的就业者中，因自己辞职或停止营业而离开上一个工作的比例最高的是新疆维吾尔自治区，最低的是湖南省；因被解雇或下岗而离开上一个工作的比例最高的是湖南省，最低的是宁夏回族自治区；因合同期满而离开上一个工作的比例最高的是青海省，最低的是内蒙古自治区和贵州黔东南地区；因单位解散而离开上一个工作的比例最高的是青海省，最低的是新疆维吾尔自治区。

表4-20　民族七省区各地区换过工作的就业者离开上一个工作的原因分布

单位:%，人

地　区	性别	自己辞职/停止营业	被解雇/下岗	合同期满	单位解散	其他	样本量
民族七省区	总体	32.4	7.0	3.3	16.5	40.8	1602
	男性	32.2	6.8	3.1	15.5	42.4	879
	女性	32.7	7.1	3.6	17.5	39.1	719
西北四省区	全体	38.0	6.4	4.0	15.5	36.1	826
	男性	38.5	5.8	4.0	14.9	36.7	449
	女性	37.5	7.0	4.0	15.8	35.7	373
内蒙古	全体	31.1	8.7	1.2	20.5	38.5	161
	男性	31.8	4.7	2.4	24.7	36.5	85
	女性	30.1	13.7	0.0	13.7	42.5	73

续表

地　区	性别	自己辞职/停止营业	被解雇/下岗	合同期满	单位解散	其他	样本量
宁夏	全体	43.2	3.0	2.4	10.1	41.4	169
	男性	44.7	2.1	3.2	8.5	41.5	94
	女性	41.3	4.0	1.3	12.0	41.3	75
青海	全体	32.0	7.3	6.8	24.7	29.2	219
	男性	32.8	8.2	4.9	22.1	32.0	122
	女性	31.3	5.2	9.4	28.1	26.0	96
新疆	全体	43.7	6.5	4.3	8.7	36.8	277
	男性	43.2	6.8	4.7	7.4	37.8	148
	女性	44.2	6.2	3.9	10.1	35.7	129
西南三省区	全体	26.4	7.6	2.6	17.5	45.9	776
	男性	25.6	7.9	2.1	16.0	48.4	430
	女性	27.5	7.2	3.2	19.4	42.8	346
湖南	全体	24.3	8.8	2.1	19.4	45.5	341
	男性	21.9	10.4	1.1	16.4	50.3	183
	女性	27.2	7.0	3.2	22.8	39.9	158
广西	全体	27.8	5.7	4.2	16.7	45.6	263
	男性	28.8	6.2	4.1	16.4	44.5	146
	女性	26.5	5.1	4.3	17.1	47.0	117
贵州（黔东南）	全体	28.5	8.1	1.2	15.1	47.1	172
	男性	27.7	5.9	1.0	14.9	50.5	101
	女性	29.6	11.3	1.4	15.5	42.3	71

（二）各民族换过工作的就业者离开上一个工作的原因

如图 4－1 所示，在西南三省区换过工作的就业者中，因自己辞职或停止营业而离开上一个工作的比例最高的是汉族，最低的是壮族，前者比后者高 9.9 个百分点；因被解雇或下岗而离开上一个工作的比例最高的是苗族，最低的是壮族，前者比后者高 3.2 个百分点；因合同期满而离开上一个工作的比例最高的是汉族，最低的是土家族，前者比后者高 3.1 个百分点；因单位解散而离开上一个工作的比例最高的是土家族，最低的是壮族，前者比后者高 8.7 个百分点。

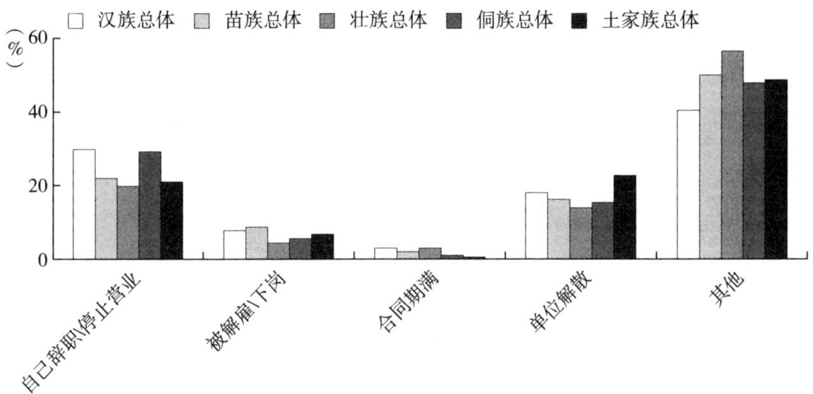

图 4－1　西南三省区各民族劳动者离开上一个工作的原因分布

如图 4－2 所示，在西北四省区换过工作的就业者中，因自己辞职或停止营业而离开上一个工作的比例最高的是回族，最低的是藏族，前者比后者高 21.0 个百分点；因被解雇或下岗而离开上一个工作的比例最高的是维吾尔族，最低的是回族，前者比后者高 9.7 个百分点；因合同期满而离开上一个工作的比例最高的是藏族，最低的是回族，前者比后者高 10.4 个百分点；因单位解散而离开上一个工作的比例最高的是藏族，最低的是蒙古族、回族，前者比后者高 18.8 个百分点。

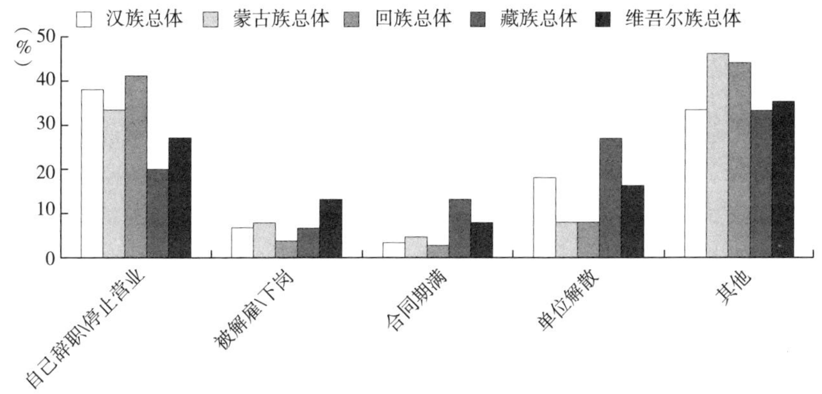

图 4－2　西北四省区各民族劳动者离开上一个工作的原因分布

在民族七省区中，因自己辞职或停止营业而离开上一个工作的比例最高的是回族，最低的是藏族；因被解雇或下岗而离开上一个工作的比例最高的是维吾尔族，最低的是回族；因合同期满而离开上一个工作的比例最高的是藏族，最低的是土家族；因单位解散而离开上一个工作的比例最高的是藏族，最低的是回族和蒙古族。

第三节　城镇劳动力获得工作的途径

这一部分主要介绍具有工资性收入工作的就业者获得工作的途径，可以体现劳动者获得工作的难易程度。

一　各地区在职者获得工作的途径

在民族七省区在职者中，通过政府/社会安排介绍获得工作的比例为39.2%；通过商业职介获得工作的比例为2.6%；通过招聘广告获得工作的比例为7.2%；通过职介申请获得工作的比例为18.4%，通过家人/亲戚介绍获得工作的比例为9.9%；通过朋友/熟人介绍获得工作的比例为15.7%。其中，通过政府/社会安排介绍获得工作的比例占首位，其次是通过职介申请获得工作，再次是通过朋友/熟人介绍获得工作。从性别来看，男性劳动者通过政府/社会安排介绍和通过朋友/熟人介绍获得工作的比例高于女性劳动者的该比例，而女性劳动者通过商业职介、招聘广告、职介申请、家人/亲戚介绍获得工作的比例高于男性劳动者的该比例。

西北四省区在职者中，通过政府/社会安排介绍获得工作的比例比西南三省区的该比例低9.9个百分点，而西北四省区在职者中，通过商业职介、招聘广告、职介申请、家人/亲戚介绍、朋友/熟人介绍获得工作的劳动者比例都高于西南三省区的该比例。

在民族七省区各省区中，毋庸置疑，政府/社会安排介绍、职介申请、朋友/熟人介绍这三种途径都排在前三位，而且政府/社会安排介绍的比例最大。不同的只是，在内蒙古自治区、青海省、湖南省通过朋友/熟人介绍获得工作的比例比通过职介申请获得工作的比例高，而在宁夏回族自治区、新疆维吾尔自治区、广西壮族自治区、贵州黔东南地区通过职介申请获得工作的比例比通过朋友/熟人介绍获得工作的比例高。

表 4-21　各地区在职者获得工作的途径分布

单位:%，人

地　区	性别	政府/社会安排介绍	商业职介（包括人才交流会）	招聘广告	职介申请（含考试）	家人/亲戚介绍	朋友/熟人介绍	其他	样本量
民族七省区	总体	39.2	2.6	7.2	18.4	9.9	15.7	6.9	4212
	男性	41.1	2.6	6.3	17.8	9.2	16.2	6.8	2292
	女性	37.1	2.7	8.3	19.2	10.6	15.0	7.1	1912
西北四省区	总体	35.0	3.1	8.0	20.8	10.7	16.8	5.5	2415
	男性	36.1	3.2	7.5	20.1	10.4	17.0	5.7	1303
	女性	34.0	3.0	8.7	21.7	11.1	16.1	5.4	1104
内蒙古	总体	42.4	1.8	4.8	16.4	13.0	20.1	1.5	608
	男性	43.5	2.1	4.6	17.0	12.8	18.8	1.2	329
	女性	41.6	1.5	5.1	16.1	12.8	21.2	1.8	274
宁夏	总体	23.6	4.2	9.2	22.9	12.5	20.9	6.7	554
	男性	26.1	4.5	6.8	23.5	11.0	21.0	7.1	310
	女性	20.5	3.7	12.3	22.1	14.3	20.9	6.1	244
青海	总体	32.7	1.8	10.7	16.2	9.6	18.5	10.5	542
	男性	36.0	1.7	10.7	14.3	8.3	19.0	10.0	300
	女性	28.9	2.1	10.9	18.8	11.3	16.7	11.3	239
新疆	总体	39.4	4.4	7.9	26.3	8.3	9.4	4.4	711
	男性	37.9	4.4	8.2	24.7	9.3	10.4	4.9	364
	女性	40.9	4.3	7.5	28.0	7.2	8.4	3.7	347
西南三省区	总体	44.9	2.0	6.1	15.2	8.8	14.4	8.7	1797
	男性	47.7	1.7	4.7	14.8	7.8	15.2	8.2	989
	女性	41.3	2.4	7.8	15.7	10.0	13.4	9.4	808
湖南	总体	43.3	1.9	7.1	12.2	9.6	14.9	11.0	772
	男性	46.9	1.9	5.8	13.0	8.1	14.8	9.5	431
	女性	38.7	2.1	8.8	11.1	11.4	15.0	12.9	341
广西	总体	42.5	2.3	5.1	19.8	8.5	17.3	4.5	602
	男性	45.0	1.5	4.3	17.6	7.9	18.8	4.9	321
	女性	39.6	3.3	6.2	22.3	9.2	15.4	4.0	273
贵州（黔东南）	总体	51.1	1.7	5.4	14.2	7.8	9.2	10.6	423
	男性	53.3	1.7	3.1	14.0	7.0	10.5	10.5	229
	女性	48.5	1.5	8.2	14.4	8.8	7.7	10.8	194

二　各民族在职者获得工作的途径

如表4－22所示，在民族七省区，汉族劳动者通过政府/社会安排介绍、职介申请、朋友/熟人介绍获得工作的比例分别为38.6%、17.9%和16.8%。回族劳动者主要通过朋友/熟人介绍、职介申请、政府/社会安排介绍获得工作，比例分别为24.0%、23.3%和22.0%。蒙古族劳动者主要通过政府/社会安排介绍、朋友/熟人介绍、职介申请获得工作，比例分别为47.7%、17.4%和13.2%。藏族劳动者主要通过其他渠道、朋友/熟人介绍、政府/社会安排介绍获得工作，比例分别为22.2%、22.2%和14.8%。维吾尔族劳动者主要是通过政府/社会安排介绍、职介申请、家人/亲戚介绍获得工作，比例分别为37.0%、22.7%和13.3%。壮族劳动者主要是通过政府或社会安排介绍、职介申请获得工作，比例分别为45.2%和31.3%。侗族劳动者主要是通过政府/社会安排介绍、职介申请、朋友/熟人介绍获得工作，比例分别为35.6%、20.9%和18.6%。苗族劳动者主要是通过政府和社会安排和职介介绍获得工作，比例分别为51.1%和12.9%。土家族劳动者主要是通过政府/社会安排介绍、职介申请、朋友/熟人介绍获得工作，比例分别为32.8%、15.6%和13.1%。综上所述，在民族七省区中，各民族基本上都是通过政府/社会安排介绍、职介申请和朋友/熟人介绍获得工作的，但是仔细观察却发现这三种途径比例不完全相同，比例高低排列顺序也不完全相同。

在西南少数民族中，通过政府/社会安排介绍获得工作的比例最高的是苗族，最低的是土家族；通过商业职介获得工作的比例最高的是侗族，最低的是苗族；通过招聘广告获得工作的比例最高的是苗族，最低的是壮族；通过职介申请获得工作的比例最高的是壮族，最低的苗族；通过家人/亲戚介绍获得工作的比例最高的是土家族，最低的是壮族；通过朋友/熟人介绍获得工作的比例最高的是侗族，最低的是苗族。在西南少数民族中，各民族通过政府/社会安排介绍获得工作的比例都是最高的。

在西北少数民族中，通过政府/社会安排介绍获得工作的比例最高的是蒙古族，最低的是藏族；通过商业职介获得工作的比例最大的是回族，最低的是藏族；通过招聘广告获得工作的比例最高的是回族，最低的是蒙古族；通过职介申请获得工作的比例最高的是回族，最低的是蒙古族；通过朋友/熟人介绍获得工作的比例最高的是回族，最低的是维吾尔族。可以发现，西南三省区各民族通过政府/社会安排获得工作的比例大于西北四省区，这说明西北四省区通过政府/社会安排介绍工作的途径有待加强，而西南三省区有待拓宽就业途径。

表 4 – 22　各民族在职者获得工作的途径分布

单位:%，人

民族		性别	政府/社会安排介绍	商业职介	招聘广告	职介申请（含考试）	家人/亲戚介绍	朋友/熟人介绍	其他	样本量
汉族		总体	38.6	2.8	7.5	17.9	10.6	16.8	5.9	2308
		男性	40.6	3.0	6.2	17.1	9.9	17.6	5.6	1261
		女性	36.3	2.5	9.1	18.8	11.4	15.7	6.3	1045
西北少数民族	回族	总体	22.0	3.2	9.9	23.3	10.2	24.0	7.3	313
		男性	25.7	2.7	9.3	21.3	9.3	24.0	7.7	183
		女性	17.2	3.9	10.9	26.6	11.7	22.7	7.0	128
	蒙古族	总体	47.7	1.6	5.4	13.2	12.4	17.4	2.3	258
		男性	47.1	0.0	5.9	16.2	13.2	15.4	2.2	136
		女性	47.9	3.3	5.0	9.9	11.6	19.8	2.5	121
	藏族	总体	14.8	0.0	9.3	22.2	9.3	22.2	22.2	54
		男性	18.5	0.0	14.8	22.2	7.4	18.5	18.5	27
		女性	11.5	0.0	3.8	23.1	11.5	23.1	26.9	26
	维吾尔族	总体	37.0	2.2	6.6	22.7	13.3	9.4	8.8	181
		男性	33.3	2.0	8.8	19.6	14.7	11.8	9.8	102
		女性	41.8	2.5	3.8	26.6	11.4	6.3	7.6	79
西南少数民族	壮族	总体	45.2	5.2	0.9	31.3	7.0	8.7	1.7	115
		男性	57.1	0.0	0.0	30.4	5.4	5.4	1.8	56
		女性	33.9	10.2	1.7	32.2	8.5	11.9	1.7	59
	侗族	总体	35.6	7.3	4.0	20.9	7.3	18.6	6.2	177
		男性	40.2	7.6	2.2	18.5	5.4	21.7	4.3	92
		女性	30.6	7.1	5.9	23.5	9.4	15.3	8.2	85

续表

民　族		性别	政府/社会安排介绍	商业职介	招聘广告	职介申请（含考试）	家人/亲戚介绍	朋友/熟人介绍	其他，请注明	样本量
西南少数民族	苗族	总体	51.1	0.6	7.2	12.9	7.5	8.6	12.1	348
		男性	56.2	0.5	5.2	12.9	5.2	7.7	12.4	149
		女性	44.8	0.6	9.7	13.0	10.4	9.7	11.7	154
	土家族	总体	32.8	1.6	4.9	15.6	11.5	13.1	20.5	122
		男性	31.7	3.2	3.2	17.5	9.5	12.7	22.2	63
		女性	33.9	0.0	6.8	13.6	13.6	13.6	18.6	59

第四节　个体经营的资金来源

这部分主要描述个体经营的资金来源。资金是创业不可缺少的条件，有了资金才可能创业，而创业不仅能帮助解决就业问题，还可以增加社会财富，使社会充满活力。本节将通过是否向亲友借贷资金、是否向银行借贷资金两个部分来介绍个体经营的资金来源。当然，本节的研究对象是个体经营者。

一　个体经营者向亲友借款情况

（一）各地区个体经营者向亲友借款情况

如表4－23所示，在民族七省区中，参与自营性工作的就业者为917人，其中男性劳动者为500人，女性劳动者为416人。[①] 在开业时向亲友借款的比例为45.6%，男性该比例为46.8%，女性该比例为44%，男性比女性更倾向于向亲友借款。

在西北四省区，开业时向亲友借款的比例为49%，在西南三省区，开业时向亲友借款的比例为41.4%，前者比后者高7.6个百分点，西北四省区比西南三省区更倾向于向亲友借款。

具体来看，开业时向亲友借款的比例最高的是宁夏回族自治区，最低的是贵州黔东南地区，该比例超过50%的有宁夏回族自治区和新疆维吾尔自治区。

① 本文的统计分析未删减部分缺失值，故总样本量可能会与汇总样本量存在误差，但这不影响整体分析。

表 4－23 分地区个体经营者是否向亲友借款情况

单位：%，人

地 区	性 别	是	否	样本量
民族七省区	总体	45.6	54.4	917
	男性	46.8	53.2	500
	女性	44.0	56.0	416
西北四省区	全体	49.0	51.0	504
	男性	48.3	51.7	294
	女性	49.8	50.2	209
内蒙古	全体	44.5	55.5	137
	男性	42.9	57.1	70
	女性	45.5	54.5	66
宁夏	全体	53.4	46.6	161
	男性	54.1	45.9	98
	女性	52.4	47.6	63
青海	全体	39.7	60.3	68
	男性	43.2	56.8	37
	女性	35.5	64.5	31
新疆	全体	52.9	47.1	138
	男性	48.3	51.7	89
	女性	61.2	38.8	49
西南三省区	全体	41.4	58.6	413
	男性	44.7	55.3	206
	女性	38.2	61.8	207
湖南	全体	48.6	51.4	146
	男性	48.6	51.4	74
	女性	48.6	51.4	72
广西	全体	40.1	59.9	192
	男性	45.8	54.2	96
	女性	34.4	65.6	96
贵州（黔东南）	全体	30.7	69.3	75
	男性	33.3	66.7	36
	女性	28.2	71.8	39

（二）各民族个体经营者向亲友借款情况

如表 4 – 24 所示，在民族七省区中，汉族在开业时向亲友借款的比例为 49.3%；回族在开业时向亲友借款的比例为 44.6%；蒙古族在开业时向亲友借款的比例为 40.0%；藏族在开业时向亲友借款的比例为 100%；维吾尔族在开业时向亲友借款的比例为 43.8%；壮族在开业时向亲友借款的比例为 28.1%；侗族在开业时向亲友借款的比例为 31.3%；苗族在开业时向亲友借款的比例为 32.5%；土家族在开业时向亲友借款的比例为 47.4%。藏族在开业时向亲友借款的比例最高，但是由于其样本量是 1 人，因此不具有统计意义。除藏族外，在开业时向亲友借款的比例最高的是汉族，最低的是壮族。

在西南少数民族中，开业时向亲友借钱的比例最高的是土家族，为 47.4%，最低的是壮族，为 28.1%；在西北少数民族中，开业时向亲友借钱的比例最高的是藏族，为 100%，最低的是蒙古族，为 40.0%。

表 4 – 24　各民族个体经营者是否向亲友借款情况

单位：%，人

民族		性别	是	否	样本量
汉族		总体	49.3	50.7	535
		男性	51.4	48.6	296
		女性	46.9	53.1	239
西北少数民族	回族	总体	44.6	55.4	83
		男性	49.0	51.0	49
		女性	38.2	61.8	34
	蒙古族	总体	40.0	60.0	30
		男性	28.6	71.4	14
		女性	50.0	50.0	16
	藏族	总体	100.0	0.0	1
		男性	0.0	0.0	0
		女性	100.0	0.0	1
	维吾尔族	总体	43.8	56.3	48
		男性	41.0	59.0	39
		女性	55.6	44.4	9

续表

民族		性别	是	否	样本量
西南少数民族	壮族	总体	28.1	71.9	32
		男性	25.0	75.0	8
		女性	29.2	70.8	24
	侗族	总体	31.3	68.8	32
		男性	36.4	63.6	11
		女性	28.6	71.4	21
	苗族	总体	32.5	67.5	77
		男性	30.8	69.2	39
		女性	34.2	65.8	38
	土家族	总体	47.4	52.6	19
		男性	40.0	60.0	10
		女性	55.6	44.4	9

二　个体经营者向银行贷款情况

（一）各地区个体经营者向银行贷款情况

根据表4-25，民族七省区在开业时向银行贷款的比例为19.0%，男性劳动者在开业时向银行贷款的比例为21.3%，女性劳动者在开业时向银行贷款的比例为16.1%，前者比后者高5.2个百分点。西北四省区在开业时向银行贷款的比例为17.0%，西南三省区在开业时向银行贷款的比例为21.4%，前者比后者低4.4个百分点。

内蒙古自治区在开业时向银行贷款的比例为17.2%；宁夏回族自治区在开业时向银行贷款的比例为22.0%；青海省在开业时向银行贷款的比例为11.6%；新疆维吾尔自治区在开业时向银行贷款的比例为13.8%；湖南省在开业时向银行贷款的比例为21.1%；广西壮族自治区在开业时向银行贷款的比例为21.8%；贵州黔东南地区在开业时向银行贷款的比例为20.8%。其中，宁夏回族自治区的比例最高，青海省的比例最低。

表 4－25　各地区个体经营者是否向银行贷款情况

单位：%，人

地　区	性　别	是	否	样本量
民族七省区	总体	19.0	81.0	923
	男性	21.3	78.7	506
	女性	16.1	83.9	416
西北四省区	总体	17.0	83.0	511
	男性	19.5	80.5	298
	女性	13.7	86.3	212
内蒙古	总体	17.2	82.8	145
	男性	17.6	82.4	74
	女性	17.1	82.9	70
宁夏	总体	22.0	78.0	159
	男性	26.8	73.2	97
	女性	14.5	85.5	62
青海	总体	11.6	88.4	69
	男性	15.8	84.2	38
	女性	6.5	93.5	31
新疆	总体	13.8	86.2	138
	男性	14.6	85.4	89
	女性	12.2	87.8	49
西南三省区	总体	21.4	78.6	412
	男性	24.0	76.0	208
	女性	18.6	81.4	204
湖南	总体	21.1	78.9	147
	男性	23.7	76.3	76
	女性	18.3	81.7	71
广西	总体	21.8	78.2	193
	男性	24.7	75.3	97
	女性	18.8	81.3	96
贵州（黔东南）	总体	20.8	79.2	72
	男性	22.9	77.1	35
	女性	18.9	81.1	37

（二）各民族个体经营者向银行贷款情况

在民族七省区中，汉族在开业时向银行贷款的比例为19.7%；回族在开业时向银行贷款的比例为16.7%；蒙古族在开业时向银行贷款的比例为19.4%；藏族在开业时向银行贷款的比例为0，但由于其样本量仅为1，不具有统计意义；维吾尔族在开业时向银行贷款的比例为0；壮族在开业时向银行贷款的比例为18.8%；侗族在开业时向银行贷款的比例为25.0%；苗族在开业时向银行贷款的比例为11.5%；土家族在开业时向银行贷款的比例为26.3%。在开业时向银行贷款的比例最高的是土家族，最低的是维吾尔族、藏族。

根据表4－26，在西南少数民族，开业时向银行贷款的比例最高的是土家族，最低的是苗族；在西北少数民族，开业时向银行贷款的比例最高的是汉族，最低的是维吾尔族。

表4－26　各民族个体经营者是否向银行贷款情况

单位:%，人

<table>
<tr><th colspan="2">民　族</th><th>性　别</th><th>是</th><th>否</th><th>样本量</th></tr>
<tr><td colspan="2" rowspan="3">民族七省区</td><td>总体</td><td>19.7</td><td>80.3</td><td>538</td></tr>
<tr><td>男性</td><td>24.2</td><td>75.8</td><td>298</td></tr>
<tr><td>女性</td><td>14.2</td><td>85.8</td><td>240</td></tr>
<tr><td rowspan="12">西北少数民族</td><td rowspan="3">回族</td><td>总体</td><td>16.7</td><td>83.3</td><td>78</td></tr>
<tr><td>男性</td><td>17.4</td><td>82.6</td><td>46</td></tr>
<tr><td>女性</td><td>15.6</td><td>84.4</td><td>32</td></tr>
<tr><td rowspan="3">蒙古族</td><td>总体</td><td>19.4</td><td>80.6</td><td>36</td></tr>
<tr><td>男性</td><td>17.6</td><td>82.4</td><td>17</td></tr>
<tr><td>女性</td><td>21.1</td><td>78.9</td><td>19</td></tr>
<tr><td rowspan="3">藏族</td><td>总体</td><td>0.0</td><td>100.0</td><td>1</td></tr>
<tr><td>男性</td><td>0.0</td><td>0.0</td><td>0</td></tr>
<tr><td>女性</td><td>0.0</td><td>100.0</td><td>1</td></tr>
<tr><td rowspan="3">维吾尔族</td><td>总体</td><td>0.0</td><td>100.0</td><td>48</td></tr>
<tr><td>男性</td><td>0.0</td><td>100.0</td><td>39</td></tr>
<tr><td>女性</td><td>0.0</td><td>100.0</td><td>9</td></tr>
<tr><td rowspan="3">西南少数民族</td><td rowspan="3">壮族</td><td>总体</td><td>18.8</td><td>81.3</td><td>32</td></tr>
<tr><td>男性</td><td>25.0</td><td>75.0</td><td>8</td></tr>
<tr><td>女性</td><td>16.7</td><td>83.3</td><td>24</td></tr>
</table>

续表

民族		性别	是	否	样本量
西南少数民族	侗族	总体	25.0	75.0	36
		男性	14.3	85.7	14
		女性	31.8	68.2	22
	苗族	总体	11.5	88.5	78
		男性	15.0	85.0	40
		女性	7.9	92.1	38
	土家族	总体	26.3	73.7	19
		男性	30.0	70.0	10
		女性	22.2	77.8	9

本章小结

民族七省区城镇就业人口占城镇总就业人口的比例为52.3%，其中，西北四省区的该比例略低于西南三省区的该比例；男性的该比例比女性该比例高10.5个百分点；该比例最高的是壮族，该比例最低的是维吾尔族。在职者中，办事人员和有关人员占城镇就业总人口的比例最高（26.0%），军人占城镇就业总人口的比例最低（0.2%）。西北四省区与西南三省区最明显的差异在于，西北四省区专业技术人员占城镇总就业人口的比例比西南三省区的该比例高5.2个百分点，而西北四省区办事人员和有关人员占城镇总就业人口的比例比西南三省区该比例低7.0个百分点。

在民族七省区中，固定职工占城镇总就业人口的比例为50.4%，约占一半左右；长期合同工占城镇总就业人口的比例为16.1%，短期或临时工占城镇总就业人口的比例为10.2%，没有合同的员工占城镇总就业人口的比例为11.1%，从事私营或个体经营人员占城镇总就业人口比例为6.4%。其中，男性固定职工占男性城镇总就业人口的比例高于女性该比例。西南三省区与西北四省区主要差别体现在，西南三省区固定职工占西南三省区城镇总就业人口的比例和从事私营或个体经营人员占西南三省区城镇总就业人口的比例比西北四省区的该比例更高一些，而西北四省区长期合同工占西北四省区城镇总就业人口的比例比西南三省区的该比例更高一些。固定职工占城镇总就业人口的比例最高的是壮族，最低的是回族；长期合同工占城镇总就业人口的比例最高的是藏族，最低的是壮族；短期或临时合同工占城镇总就业人口的比例最高的是藏族，最低的是壮族；没有合同的员工占城镇总就业人口的比例最高的是回族，最低的是壮族；私营或个体经营人员占城镇总就业人口的比例最高的是土家族，最低的是藏族。

通过政府/社会安排介绍获得工作的比例占首位，其次是通过职介申请获得工作，再次是通过朋友/熟人介绍获得工作。从性别来看，男性劳动者通过政府/社会安排介绍和通过朋友/熟人介绍获得工作的比例高于女性劳动者的该比例，而女性劳动者通过商业职介、招聘广告、职介申请、家人/亲戚介绍获得工作的比例高于男性劳动者的该比例。在民族七省区中，各民族基本上都是通过政府/社会安排介绍、职介申请和朋友/熟人介绍获得工作的，但是仔细观察却发现这三种途径比例不完全相同，比例高低排列顺序也不完全相同。

在民族七省区中，参与自营性工作的就业者为917人，其中男性就业者为500人，女性就业者为416人。在开业时向亲友借款的比例为45.6%，开业时向银行贷款的比例为19.0%，男性比女性更倾向于向亲友、银行借款。西北四省区比西南三省区更倾向于向亲友借款，西南三省区比西北四省区更倾向于向银行贷款。在开业时向亲友借款的比例最高的是汉族，最低的是壮族。在开业时向银行贷款的比例最高的是土家族，最低的是维吾尔族。

第五章　西部民族地区农村劳动力的就业

就业是民生之本，农村劳动力转移问题实质上是农民的就业问题。本章分为以下四个部分：第一，分析民族七省区农村被访者的就业情况；第二，以行政村为单位，分析调研地区劳动力从事各项工作的比例结构，包括外出就业、具体从事农林牧渔业、工业、建筑业的劳动力占本村人口的比例结构四个方面；第三，对被访就业者的工作时间分配进行描述；第四，对被访者2011年外出务工的主要渠道、头一次外出务工的主要渠道、头一次外出务工的主要工作地点、外出自营的资金来源和2012年外出务工的从业意愿进行描述。具体内容将从民族七省区总体、西南三省区与西北四省区和两大地区的主要民族及性别等不同维度，进行描述性统计分析。

第一节　就业状况

本节以2011年最后一周为时间节点，分析民族七省区被访者的就业状态。我们将就业状态分为工作、全日制学生、非全日制学生（有工作）、非全日制学生（不工作）、学龄前儿童、在家做家务、退休人员、在失业或待业和其他不工作也不上学等九种情况。本节从以下三个维度进行比较分析，一是民族七省区与西北四省区、西南三省区被访者总体情况三者间的比较分析；二是分别在西北四省区和西南三省区内，对各省区之间被访者的差异进行比较分析；三是分别在西北四省区和西南三省区内选取其主要民族，就区域内民族之间的差异进行比较分析。并且在每一个比较维度下，都会给出具体的性别分布情况，以便分析其性别差异。本章余下各节亦均按此逻辑比较分析各节主题，下文将不再赘述。

一　总体分析

本次调查涵盖了民族七省区，从表5－1可以看出，民族七省区被访农村居民中，有工作的比例是49.49%，17.82%为全日制学生，17.30%在家做家务。从性别划分来看，男性有工作的比例要远远高于女性，男性样本与女性样本的该比例分别是56.77%和41.58%，而在家做家务的女性的比例是26.45%，要高于男性8.91%的比例，这也与现实契合。

表5－1　2011年最后一周的就业/就学情况

单位：%，人

地区	性别	工作	全日制学生	非全日制学生（有工作）	非全日制学生（不工作）	学龄前儿童	在家做家务	退休人员	失业或待业	其他不工作、不上学的成员	样本量
民族七省区	全体	49.49	17.82	0.16	0.32	4.77	17.30	0.34	2.13	7.67	30481
	男性	56.77	17.54	0.19	0.29	5.13	8.91	0.41	2.98	7.78	15920
	女性	41.58	18.13	0.14	0.36	4.37	26.45	0.26	1.21	7.50	14561
西北四省区	全体	37.97	20.26	0.19	0.31	4.86	23.61	0.36	3.47	8.96	16186
	男性	47.16	19.79	0.19	0.23	4.87	12.48	0.35	5.09	9.82	8227
	女性	28.50	20.77	0.19	0.40	4.85	35.12	0.38	1.82	7.98	7959
西南三省区	全体	62.56	15.05	0.13	0.34	4.66	10.14	0.31	0.61	6.20	14295
	男性	67.03	15.13	0.18	0.35	5.41	5.10	0.48	0.73	5.59	7693
	女性	57.36	14.95	0.08	0.32	3.79	16.00	0.12	0.47	6.92	6602

西北四省区被访者就业情况总体分布与民族七省区总体情况类似，但与民族七省区总体相比，有工作人员占的比例比后者低了近12个百分点，只有37.97%，而其在家做家务的人员占的比例比总体水平要高近6个百分点，达23.61%。性别差异方面，西北四省区男性有工作占的比例比女性高，而在家做家务的比例，女性样本与男性样本的差异大于总体情况。

西南三省区的情况恰恰和西北四省区相反，被访农村居民有工作的比例高于民族七省区平均水平近13个百分点，达62.56%。而其在家做家务的成员占的比例较低，仅有10.14%，比民族七省区总体水平低近7个百分点。男性有工作的比例很高，其在家做家务的比例则只有5%左右，男女在此项相差10个百分点。值得注意的是，西南三省区男性失业或待业的比例仅有0.73%，而西北四省区男性这一项的比例为5.09%。

从上述比较中我们可以发现，西南三省区被访农村居民中有工作的成员比例高于西北四省区，西北四省区在家做家务人员的占比高于西南三省区。西北四省区被访者不工作也不学习成员的比例也比西南三省区要高。

二 省区间比较分析

如表5-2所示，在西北四省区内，内蒙古和新疆被访农村居民有工作的成员占比较高，分别为42.95%和43.84%。宁夏和青海该比例较低，其中青海被访农村居民有工作的比例仅为30.02%。新疆、内蒙古和宁夏男性有工作的比例都在50%左右，而青海只有37.31%。在家做家务的人员情况，内蒙古和青海占比都较高，达27%左右，而宁夏和新疆只有19%左右。可以看出，内蒙古农村受访者中工作人员的占比大，在家做家务的人员比例也不低。从失业或待业的情况来看，内蒙古所占的比例是最低的，青海和新疆也在3.4%左右，宁夏的这一比例达5.47%。从不工作、不上学成员的比例来看，青海被访者总体都要高于其他三地，特别是男性这一比例竟占到了近15%。这既有可能是受访者自身的原因；也有可能是因为青海农牧民的非农就业机会少，人均占有的农牧业资源有限。

表5-2 2011年最后一周的就业/就学情况分布（西北四省区）

单位：%，人

地区	性别	工作	全日制学生	非全日制学生（有工作）	非全日制学生（不工作）	学龄前儿童	在家做家务	退休人员	失业或待业	其他不工作、不上学的成员	样本量
西北四省区	全体	37.97	20.26	0.19	0.31	4.86	23.61	0.36	3.47	8.96	16186
	男性	47.16	19.79	0.19	0.23	4.87	12.48	0.35	5.09	9.82	8227
	女性	28.50	20.77	0.19	0.40	4.85	35.12	0.38	1.82	7.98	7959
内蒙古	全体	42.95	16.92	0.17	0.57	3.27	27.18	0.37	1.23	7.34	3488
	男性	51.96	16.92	0.23	0.46	2.70	17.84	0.46	1.50	7.94	1738
	女性	34.00	16.91	0.11	0.69	3.83	36.46	0.29	0.97	6.74	1750

续表

地区	性别	工作	全日制学生	非全日制学生（有工作）	非全日制学生（不工作）	学龄前儿童	在家做家务	退休人员	失业或待业	其他不工作、不上学的成员	样本量
宁夏	全体	37.47	23.75	0.19	0.22	6.10	19.77	0.29	5.47	6.73	4147
	男性	47.43	23.31	0.24	0.09	6.32	7.74	0.28	7.88	6.70	2119
	女性	27.07	24.21	0.15	0.35	5.87	32.35	0.30	2.96	6.76	2028
青海	全体	30.02	19.55	0.13	0.31	5.50	28.18	0.13	3.51	12.68	4718
	男性	37.31	19.35	0.12	0.29	5.49	17.02	0.16	5.41	14.84	2439
	女性	22.20	19.83	0.13	0.35	5.53	40.24	0.09	1.54	10.09	2279
新疆	全体	43.84	20.40	0.29	0.18	4.17	18.83	0.73	3.31	8.24	3833
	男性	55.00	19.06	0.21	0.10	4.45	7.15	0.57	4.87	8.60	1931
	女性	32.49	21.77	0.37	0.26	3.89	30.70	0.89	1.74	7.89	1902

如表5－3所示，在西南三省区内，从有工作的人员占的比例来看，湖南与广西这一比例相似，都在66%左右，而贵州黔东南地区只有56.49%。从三个地区被访者工作成员性别比例来看，男性样本与女性样本这一比例差距相似。从在家做家务的比例看，贵州黔东南的比例为14.01%，比其他两个地区7.8%左右的比值都高。在失业或待业人员所占比例方面，湖南省的比例要比其他两地高出四倍左右，说明湖南省少数民族聚居的农村地区农业生产资源紧张，非农就业机会少。

表5－3　2011年最后一周的就业/就学情况分布（西南三省区）

单位：%，人

地区	性别	工作	全日制学生	非全日制学生（有工作）	非全日制学生（不工作）	学龄前儿童	在家做家务	退休人员	失业或待业	其他不工作、不上学的成员	样本量
西南三省区	全体	62.56	15.05	0.13	0.34	4.66	10.14	0.31	0.61	6.20	14295
	男性	67.03	15.13	0.18	0.35	5.41	5.10	0.48	0.73	5.59	7693
	女性	57.36	14.95	0.08	0.32	3.79	16.00	0.12	0.47	6.92	6602
湖南	全体	66.60	12.57	0.19	0.37	4.61	7.94	0.21	1.26	6.26	4296
	男性	71.59	12.47	0.22	0.44	5.09	3.34	0.35	1.41	5.09	2277
	女性	60.97	12.68	0.15	0.30	4.06	13.13	0.05	1.09	7.58	2019

续表

地区	性别	工作	全日制学生	非全日制学生（有工作）	非全日制学生（不工作）	学龄前儿童	在家做家务	退休人员	失业或待业	其他不工作、不上学的成员	样本量
广西	全体	65.76	15.31	0.04	0.26	4.74	7.75	0.28	0.38	5.49	4683
	男性	69.30	15.35	0.08	0.24	5.45	3.65	0.36	0.52	5.05	2495
	女性	61.75	15.27	0.00	0.27	3.93	12.39	0.18	0.23	5.99	2188
贵州（黔东南）	全体	56.49	16.82	0.17	0.38	4.63	14.01	0.43	0.28	6.79	5316
	男性	61.55	17.01	0.24	0.38	5.61	7.70	0.68	0.38	6.44	2921
	女性	50.31	16.58	0.08	0.38	3.42	21.71	0.13	0.17	7.22	2395

三　西北四省区主体民族间比较分析

我们在西北四省区农村被访者中分别选取了所占样本数最多的七个民族进行了比较，它们分别是：汉族、回族、维吾尔族、藏族、蒙古族、撒拉族、哈萨克族。

如表 5－4 所示，就拥有工作的占比而言，最高的是蒙古族（52.02%），其次是维吾尔族（50.71%），比例最低的是撒拉族（26.03%），藏族比其多一些但也只有（28.03%）。男性样本与女性样本这一比例的差距最大的是撒拉族，男性的这一比例高出女性三倍多，这也

表 5－4　西北四省区 2011 年最后一周的就业/就学情况民族分布

单位：%，人

民族	性别	工作	全日制学生	非全日制学生（有工作）	非全日制学生（不工作）	学龄前儿童	在家做家务	退休人员	失业或待业	其他不工作、不上学的成员	样本量
汉族	全体	37.62	19.55	0.22	0.38	3.13	27.49	0.60	3.52	7.49	7599
	男性	45.91	19.12	0.23	0.26	3.11	17.93	0.59	4.93	7.91	3892
	女性	28.86	20.04	0.22	0.51	3.16	37.55	0.62	2.05	6.99	3707
回族	全体	30.97	21.99	0.17	0.17	8.66	25.54	0.00	4.94	7.48	2874
	男性	40.04	21.27	0.27	0.00	8.94	13.62	0.00	7.38	8.20	1476
	女性	21.39	22.75	0.07	0.21	8.37	38.13	0.00	2.36	6.72	1398

续表

民族	性别	工作	全日制学生	非全日制学生（有工作）	非全日制学生（不工作）	学龄前儿童	在家做家务	退休人员	失业或待业	其他不工作、不上学的成员	样本量
维吾尔族	全体	50.71	17.81	0.24	0.24	4.63	12.80	0.31	4.02	9.87	2057
	男性	61.51	16.70	0.19	0.19	4.53	0.57	0.28	6.13	9.91	1060
	女性	37.31	18.56	0.30	0.30	4.51	26.28	0.40	2.01	10.33	997
藏族	全体	28.03	23.00	0.14	0.48	4.68	23.48	0.00	3.17	16.67	1421
	男性	36.80	23.17	0.00	0.42	4.92	8.57	0.00	5.06	21.07	712
	女性	19.46	23.70	0.28	0.56	4.37	38.50	0.00	1.41	11.71	709
蒙古族	全体	52.02	21.54	0.12	0.12	4.28	13.59	0.49	0.49	7.34	817
	男性	62.11	22.11	0.26	0.00	3.42	5.53	0.26	0.79	5.53	380
	女性	43.25	21.05	0.00	0.23	5.03	20.59	1.00	0.23	8.92	437
撒拉族	全体	26.03	18.95	0.00	0.68	10.27	23.52	0.00	0.91	19.63	438
	男性	39.37	20.36	0.00	0.90	9.50	1.81	0.00	1.81	26.24	221
	女性	12.44	17.51	0.00	0.46	11.06	45.62	0.00	0.00	12.90	217
哈萨克族	全体	44.04	24.16	0.00	0.31	7.34	13.46	0.00	2.45	8.26	327
	男性	55.28	21.74	0.00	0.00	8.07	0.00	0.00	3.11	11.80	161
	女性	33.13	26.51	0.00	0.60	6.63	26.51	0.00	1.81	4.82	166

是撒拉族整体样本中有工作的人员比例低的原因。在家做家务的比例方面，汉族较高，达到了27.49%，而其他民族则分为两种情况，回族、藏族和撒拉族在家做家务人员所占的比例都在24%左右，而维吾尔族、蒙古族和哈萨克族这一项的比例仅有13%左右。在失业或待业方面，蒙古族的比例最低（0.49%）。值得注意的是，虽然维吾尔族的工作比例较高，但其失业或待业人员的比例也是较高的，达到了4.02%，而且不工作也不学习的维吾尔族人数比例占了9.87%。

四　西南三省区主体民族间的比较分析

我们在西南三省区农村被访者中也选取了样本人数最多的六个民族进行分析研究，它们分别是：汉族、苗族、侗族、壮族、土家族、瑶族。

如表5－5所示，在西南三省区，汉族被访农村居民拥有工作的比例高于其他少数民族，达67.06%，土家族和壮族也分别达66.58%和66.18%，最低的是苗族和瑶族，占了60%左右。从男性样本与女性样本这一比例间差异来看，各主体民族间的差异不大。在家做家务的比例总体相差不大，苗族和侗族的比例略大，分别为11.76%和11.28%。从失业或待业的情况来看，各族相差不大，瑶族的比值略高。而在不工作也不上学的成员方面，瑶族占的比例最高而且与其他各族的差距也较大，该项比例为9.71%，而其他民族只有5%左右。

表5-5 西南三省区2011年最后一周的就业/就学情况民族分布

单位：%，人

民族	性别	工作	全日制学生	非全日制学生（有工作）	非全日制学生（不工作）	学龄前儿童	在家做家务	退休人员	失业或待业	其他不工作、不上学的成员	样本量
汉族	全体	67.06	14.40	0.20	0.31	4.71	7.39	0.31	0.48	5.15	3570
	男性	70.85	14.52	0.26	0.31	5.27	2.84	0.41	0.52	5.01	1935
	女性	62.57	14.25	0.12	0.31	4.04	12.78	0.18	0.43	5.32	1635
苗族	全体	59.87	15.96	0.16	0.28	4.61	11.76	0.28	0.64	6.44	4361
	男性	64.29	15.78	0.25	0.25	5.54	6.80	0.46	0.71	5.92	2383
	女性	54.55	16.18	0.05	0.30	3.49	17.75	0.05	0.56	7.08	1978
侗族	全体	61.00	15.03	0.09	0.30	5.24	11.28	0.34	0.81	5.92	2349
	男性	65.50	15.97	0.08	0.39	6.07	5.30	0.62	1.01	5.06	1284
	女性	55.59	13.90	0.09	0.19	4.23	18.50	0.00	0.56	6.95	1065
壮族	全体	66.18	14.56	0.00	0.18	3.36	9.78	0.24	0.41	5.30	1696
	男性	71.36	14.32	0.00	0.23	4.28	4.85	0.34	0.56	4.06	887
	女性	60.57	14.83	0.00	0.12	2.35	15.08	0.12	0.25	6.67	809
土家族	全体	66.58	14.69	0.00	0.00	5.39	6.60	0.67	0.40	5.66	742
	男性	71.58	15.26	0.00	0.00	6.05	1.84	1.05	0.79	3.42	380
	女性	61.33	14.09	0.00	0.00	4.70	11.60	0.28	0.00	8.01	362
瑶族	全体	60.00	13.97	0.29	1.03	5.29	8.38	0.15	1.18	9.71	680
	男性	63.66	14.83	0.29	1.45	5.81	4.36	0.00	1.45	8.14	344
	女性	56.25	13.10	0.30	0.60	4.76	12.50	0.30	0.89	11.31	336

第二节　村级的劳动力结构

目前，国际上通行的划定劳动年龄人口的标准是15~64岁。根据中国的退休年龄，我们将劳动年龄划分为：男子 16 岁 ~60 周岁，女子 16 岁 ~ 55 周岁。同时，根据目前中国农村新型社会养老保险的规定，参加新型社会养老保险的，年满 60 周岁后可以按月领取养老金，故本文中将 16 ~60 岁人口规定为劳动年龄人口，将 60 岁以上人口规定为老年人口。

由于农村中没有固定的退休年龄（即使将可以领取新农保的养老金年龄 60 岁视作退休年龄，但因为养老金太少，远远不够老人的生活，他们仍要靠自己劳动经营或子女的赡养维持生活），很多 60 岁以上的老年人仍在从事农业经营，有些甚至仍在本地或外出打工。本章在计算劳动力流动或在本地从事非农劳动（务工、经商等）时，将 16 岁及以上、65 岁以下年龄的人口视为劳动力，并进行了统计描述。

在这一部分，我们将以行政村为单位对民族七省区劳动力结构进行比较分析。调查数据共包含了民族七省区 406 个村，其中内蒙古自治区有 53 个样本，宁夏回族自治区有 39 个样本，青海省有 103 个样本，新疆维吾尔自治区有 67 个样本，湖南省有 51 个样本，广西壮族自治区有 55 个样本，贵州黔东南地区有 38 个样本。下文将分为以下几个方面对这一问题进行比较分析：一是外出劳动力占本村劳动力总数的比例；二是把本村劳动力从事的行业分为农林牧渔业、工业、建筑业以及其他，对从事各行业的人员比例进行比较分析；三是主要从事农林牧渔业的劳动力占本村劳动力总数的比例；四是主要从事工业的劳动力占本村劳动力总数的比例；五是主要从事建筑业的劳动力所占本村劳动力总数的比例。

一 外出从业人员比例

（一）总体比较分析

将民族七省区分为西北四省区与西南三省区两个部分，就行政村外出从业人员总人数与本村劳动力总人数的比例进行比较，之后再对省区进行比较。

从总体来看，外出人员比例小于 1/4 的村落的比例是最高的。外出人员比例小于 1/2 的村子的比例占了近全部样本的 90%。而西南三省区外出从业的劳动力的比例小于 1/4 的村落的比例要比西北四省区少一些。新疆维吾尔自治区小于 1/4 的比例的村落占的比例已达 73.13%，其他地区基本上都与总体情况差异不大（见表5－6）。

表5－6 全村外出从业人员总人数与本村劳动力总人数比例

单位：%，人

地 区	0	0～25%	25%（含）～50%	50%（含）～75%	75%（含）～100%	总样本量
七省区	0.74	54.68	34.98	5.67	3.94	406
西北四省区	1.15	56.11	33.97	5.73	3.05	262
内蒙古	0.00	69.81	20.75	1.89	7.55	53
宁夏	0.00	38.46	48.72	7.69	5.13	39
青海	0.97	44.66	44.66	8.74	0.97	103
新疆	2.99	73.13	19.40	2.99	1.49	67
西南三省区	0.00	52.08	36.81	5.56	5.56	144
湖南	0.00	37.25	49.02	9.80	3.92	51
广西	0.00	58.18	29.09	1.82	10.91	55
贵州（黔东南）	0.00	63.16	31.58	5.26	0.00	38

（二）汉族村与少数民族村的分析比较

从总体来看，少数民族村与汉族村在本村外出从业的劳动力所占比例分布的情况差异不大。西北四省区与西南三省区基本上也呈现这样的情况（见表5－7）。

表5－7 全村外出从业人员总人数与本村劳动力总人数的比例

单位：%，人

地 区	汉族村						少数民族村					
	0	0～25%	25%（含）～50%	50%（含）～75%	75%（含）～100%	总样本量	0	0～25%	25%（含）～50%	50%（含）～75%	75%（含）～100%	总样本量
七省区	0.70	52.82	36.62	8.45	1.41	142	0.77	56.54	34.23	4.23	4.23	260
西北四省区	0.88	53.98	37.17	7.96	0.00	113	1.38	59.31	31.72	4.14	3.45	145
内蒙古	0.00	73.53	23.53	2.94	0.00	34	0.00	75.00	18.75	0.00	6.25	16
宁夏	0.00	36.36	50.00	13.64	0.00	22	0.00	43.75	43.75	0.00	12.50	16
青海	0.00	38.24	50.00	11.76	0.00	34	1.45	47.83	42.03	7.25	1.45	69
新疆	4.35	65.22	26.09	4.35	0.00	23	2.27	77.27	15.91	2.27	2.27	44

续表

地　区	汉族村						少数民族村					
	0	0～25%	25%（含）～50%	50%（含）～75%	75%（含）～100%	总样本量	0	0～25%	25%（含）～50%	50%（含）～75%	75%（含）～100%	总样本量
西南三省区	0.00	48.28	34.48	10.34	6.90	29	0.00	53.04	37.39	4.35	5.22	115
湖南	0.00	20.00	50.00	30.00	0.00	10	0.00	41.46	48.78	4.88	4.88	41
广西	0.00	68.75	18.75	0.00	12.50	16	0.00	53.85	33.33	2.56	10.26	39
贵州（黔东南）	0.00	33.33	66.66	0.00	0.00	3	0.00	65.71	28.57	5.71	0.00	35

二　从事各行业的劳动力比例

为了研究方便，本报告将本村工作人员从事的行业分为农林牧渔业、工业、建筑业及其他四类。根据表5－8的数据显示，民族七省区农村人员从事农林牧渔业的比例最高的是新疆，其被访农村地区工作人员从事农林牧渔业的比例为80.09%。而本地劳动力从事工业的比例最高的省份是湖南省，其比例为20.49%。从事建筑业的比例最高的是宁夏回族自治区，比例为25.92%。

表5－8　各地区从事各行业劳动力比例

单位：%

行　业	民族七省区	西北四省区	西南三省区	湖南	广西	贵州	宁夏	青海	新疆	内蒙古
农林牧渔业	66.88	70.20	60.82	51.63	65.87	66.10	59.87	62.06	80.09	71.39
工业	13.93	11.29	18.20	20.49	17.69	15.35	5.69	12.80	6.25	10.58
建筑业	15.57	18.46	11.03	12.85	10.46	9.35	25.92	21.60	7.58	16.66
其他	3.62	0.05	9.95	15.03	5.98	9.20	8.52	3.54	6.08	1.37
合　计	100	100	100	100	100	100	100	100	100	100

三　从事农林牧渔业的劳动力比例

（一）总体分析比较

与上述分析类似，将民族七省区分为西北四省区与西南三省区两个部分，就行政村主要从事农林牧渔业的劳动力所占比例进行比较，对每个部分下的省区间继续进行比较。

表 5－9　主要从事农林牧渔业的劳动力所占村劳动力总人数比例

单位：%，人

地　区	0～25%	25%（含）～50%	50%（含）～75%	75%（含）～100%	总样本量
七省区	4.28	22.18	32.68	40.86	406
西北四省区	3.44	20.23	26.72	49.62	262
内蒙古	1.89	13.21	32.08	52.83	53
宁夏	0.00	33.33	35.90	30.77	39
青海	6.80	27.18	28.16	37.86	103
新疆	1.49	7.46	14.93	76.12	67
西南三省区	6.25	21.53	40.28	31.94	144
湖南	9.80	35.29	39.22	15.69	51
广西	5.45	12.73	41.82	40.00	55
贵州（黔东南）	2.63	15.79	39.47	42.11	38

从总体来看，本村劳动力中主要从事农林牧渔业的劳动力占比在半数以上的行政村比例是73.54%，比例在3/4以上的行政村比例是40.86%。说明民族七省区农村中大部分劳动力都在从事农林牧渔业。在西北四省区和西南三省区的行政村中，西南三省区从事农林牧渔业的劳动力的比例在1/2～3/4范围内的行政村比例高于西北四省区。

在西北四省区，新疆维吾尔自治区的情况比较特殊，行政村里主要从事农林牧渔业的劳动力的占村人数3/4以上的村落占了新疆调研村的76.12%。说明与西北四省区甚至民族七省区其他地区相比，新疆的劳动力在本村主要从事农林牧渔业的比例都是最大的。

（二）汉族村和少数民族村的比较分析

我们将民族七省区调研所得到的行政村划分为汉族村与少数民族村，汉族行政村中主要从事农林牧渔业的劳动力多于少数民族行政村。西北四省区与民族七省区的情况一致，而西南三省区恰好相反（见表5－10）。

表 5-10　主要从事农林牧渔业的劳动力所占村总人数比例

单位：%，人

地　区	汉族村					少数民族村				
	0～25%	25%（含）～50%	50%（含）～75%	75%（含）～100%	总样本量	0～25%	25%（含）～75%	50%（含）～50%	75%（含）～100%	总样本量
七省区	4.93	18.31	30.99	45.77	142	4.23	21.92	32.31	41.54	260
西北四省区	3.54	17.70	27.43	51.33	113	3.54	22.07	26.90	47.59	145
内蒙古	0.00	17.65	41.18	41.18	34	6.25	6.25	18.75	68.75	16
宁夏	0.00	18.18	36.36	45.45	22	0.00	50.00	37.50	12.50	16
青海	8.82	29.41	23.53	38.24	34	5.80	26.09	30.43	37.68	69
新疆	0.00	11.36	20.45	68.18	23	0.00	17.65	41.18	41.18	44
西南三省区	10.34	20.69	44.83	24.14	29	5.22	21.74	39.13	33.91	115
湖南	0.00	20.00	50.00	30.00	10	12.20	39.02	36.59	12.20	41
广西	18.75	18.75	37.50	25.00	16	0.00	10.26	43.59	46.15	39
贵州（黔东南）	0.00	33.33	66.66	0.00	3	2.86	14.29	37.14	45.71	35

四　从事工业的劳动力比例

（一）总体比较分析

将民族七省区分为西北四省区与西南三省区两个部分，就行政村劳动力中主要从事工业的劳动力所占比例进行比较，对每个部分下的省区间继续进行比较。

总体来看，主要从事工业的劳动力比例低于 1/4 的行政村占比最高（57.14%），说明在本村主要从事工业的劳动力人数不是很多。西北四省区与西南三省区也都是类似的情况，但西南三省区中主要从事工业劳动力人数占比在1/4～1/2 的行政村比例要大于西北四省区（见表 5-11）。

表 5-11　主要从事工业的劳动力所占比例

单位：%，人

地　区	0	0～25%	25%（含）～50%	50%（含）75%	75%（含）100%	总样本量
七省区	5.17	57.14	9.61	3.20	24.88	406

续表

地　区	0	0～25%	25%（含）～50%	50%（含）75%	75%（含）100%	总样本量
西北四省区	6.11	59.54	2.67	3.44	28.24	262
内蒙古	3.77	60.38	3.77	1.89	30.19	53
宁夏	5.13	74.36	2.56	0.00	17.95	39
青海	3.88	63.11	1.94	7.77	23.30	103
新疆	11.94	44.78	2.99	0.00	40.30	67
西南三省区	3.47	52.78	22.22	2.78	18.75	144
湖南	5.88	56.86	25.49	7.84	3.92	51
广西	0.00	43.64	20.00	0.00	36.36	55
贵州（黔东南）	5.26	60.53	21.05	0.00	13.16	38

就七个省区的情况来看，新疆维吾尔自治区中在本村主要从事工业的劳动力的比例大于3/4的村落占到总数的40.30%，这是与别的省区或地区不同的。

（二）汉族村和少数民族村分析比较

从表5－12看到，调查的七个省区中少数民族村内主要从事工业的劳动力所占比例较高的行政村比例要高于汉族行政村，这说明在少数民族村主要从事工业的劳动力的比例要高于汉族村。西北四省区与西南三省区基本上也是呈现这样的情况。

五　从事建筑业的劳动力比例

（一）总体比较分析

在民族七省区中的西北四省区与西南三省区，就被访行政村主要从事建筑业的劳动力所占比例进行比较，对每个部分下的省区间继续进行比较。

总体上，在本村主要从事建筑业的劳动力比例小于1/4的行政村比例最高。这说明在行政村中从事建筑业的劳动力人员的比例并不是很高。而西南三省区从事建筑业的劳动力的比例小于1/4的行政村比例要比西北四省区略高一些。除了新疆维吾尔自治区从事建筑业的劳动力比例大于

表 5-12　主要从事工业的劳动力所占村总人数比例

单位：%，人

地　区	汉族村						少数民族村					
	0	0～25%	25%（含）～50%	50%（含）～75%	75%（含）～100%	总样本量	0	0～25%	25%（含）～50%	50%（含）～75%	75%（含）～100%	总样本量
七省区	3.52	74.65	6.34	2.11	13.38	142	6.15	48.08	11.54	3.85	30.38	260
西北四省区	3.54	76.99	3.54	2.65	13.27	113	8.28	46.90	2.07	4.14	38.62	145
内蒙古	5.88	76.47	5.88	0.00	11.76	34	0.00	37.5	0.00	6.25	56.25	16
宁夏	0.00	90.91	4.55	0.00	4.55	22	12.5	50.00	0.00	0.00	37.5	16
青海	2.94	82.35	2.94	8.82	2.94	34	4.35	53.62	1.45	7.25	33.33	69
新疆	4.35	56.52	0.00	0.00	39.13	23	15.91	38.64	4.55	0.00	40.91	44
西南三省区	3.45	65.52	17.24	0.00	13.79	29	3.48	49.57	23.48	3.48	20.00	115
湖南	10.00	60.00	30.00	0.00	0.00	10	4.88	56.10	24.39	9.76	4.88	41
广西	0.00	62.50	12.50	0.00	25.00	16	39.09	35.90	9.00	0.00	16.00	39
贵州（黔东南）	0.00	100.00	0.00	0.00	0.00	3	5.71	57.14	22.86	0.00	14.29	35

3/4 的行政村所占比例超过 30% 以外，其他地区基本上都与总体情况差异不大（见表 5－13）。

表 5－13　主要从事建筑业的劳动力所占比例

单位：%，人

地　区	0	0～25%	25%（含）～50%	50%（含）～75%	75%（含）～100%	总样本量
七省区	2.96	63.05	15.76	2.46	15.76	406
西北四省区	3.05	52.29	20.61	3.44	20.61	262
内蒙古	5.66	49.06	18.87	0.00	26.42	53
宁夏	2.56	48.72	23.08	20.51	5.13	39
青海	0.00	52.43	31.07	0.97	15.53	103
新疆	5.97	56.72	4.48	0.00	32.84	67
西南三省区	2.78	82.64	6.94	0.69	6.94	144
湖南	3.92	82.35	9.08	0.72	3.92	51
广西	0.00	81.82	3.64	1.82	12.73	55
贵州（黔东南）	5.26	84.21	7.89	0.00	2.63	38

（二）汉族村和少数民族村的比较分析

从总体来看，少数民族村与汉族村在本村主要从事建筑业的劳动力占的比例分布的情况差异不大。西北四省区与西南三省区基本上也是呈现这样的情况（见表 5－14）。

表 5－14　主要从事建筑业的劳动力所占村总人数比例

单位：%，人

地　区	汉族村						少数民族村					
	0	0～25%	25%（含）～50%	50%（含）～75%	75%（含）～100%	总样本量	0	0～25%	25%（含）～50%	50%（含）～75%	75%（含）～100%	总样本量
七省区	2.11	61.97	19.01	2.82	14.08	142	3.46	64.62	14.23	1.92	15.77	260
西北四省区	1.77	55.75	23.01	2.65	16.81	113	4.14	51.03	19.31	3.45	22.07	145
内蒙古	5.88	58.82	26.47	0.00	8.82	34	6.25	37.50	6.25	0.00	50.00	16
宁夏	0.00	72.23	18.18	9.09	0.00	22	6.25	18.75	31.25	31.25	12.50	16

续表

地　区	汉族村						少数民族村					
	0	0～25%	25%（含）～50%	50%（含）～75%	75%（含）～100%	总样本量	0	0～25%	25%（含）～50%	50%（含）～75%	75%（含）～100%	总样本量
青海	0.00	50.00	35.29	2.94	11.76	34	0.00	53.62	28.99	0.00	17.39	69
新疆	0.00	43.48	4.35	0.00	52.17	23	9.09	63.64	4.55	0.00	22.73	44
西南三省区	3.45	86.21	3.45	3.45	3.45	29	2.61	81.74	7.83	0.00	7.83	115
湖南	10.00	90.00	0.00	0.00	0.00	10	2.44	80.49	12.20	0.00	4.88	41
广西	0.00	81.25	6.25	6.25	6.25	16	0.00	82.05	2.56	0.00	15.38	39
贵州（黔东南）	0.00	100.00	0.00	0.00	0.00	3	5.71	82.86	8.57	0.00	2.86	35

第三节　工作时间的安排情况

就调研地劳动力工作时间的安排，我们将从以下几个方面来进行分析：外出从业情况、在本地从事农业生产情况、在本地从事非农务工的情况、在本地非自营情况、从事公共工程天数、向国家集体提供无偿劳务天数、给村里亲邻帮工天数。

一　对七省区总体工作时间安排情况分布分析

我们把七省区调研的数据按民族分成两个部分：汉族和少数民族，各民族下继续细分性别，然后进行比较分析。

表5－15　七省区工作时间安排情况分布

工作时间安排情况	汉　族			少数民族			总　体		
	全体	男性	女性	全体	男性	女性	全体	男性	女性
2011年，外出从业情况（p6）									
外出从业（%）	26.50	33.90	18.20	31.40	39.40	22.40	29.60	37.30	20.90
外出从业总时间（月）	7.68	7.48	8.15	7.59	7.47	7.86	7.61	7.47	7.92
外出从业平均每周工作时间（小时/周）	53.40	54.20	51.70	53.90	54.30	53.10	53.60	54.10	52.40
2011年，在本地从事农业生产情况（p6）									

续表

工作时间安排情况	汉族			少数民族			总体		
	全体	男性	女性	全体	男性	女性	全体	男性	女性
在本地从事过农业生产（%）	73.70	72.10	75.50	71.90	69.50	74.60	72.60	70.50	75.90
从事农业生产的时间（月）	6.13	6.17	6.46	6.31	5.97	6.31	6.24	6.10	6.40
从事农业生产最忙的季节的时间（月）	2.77	2.75	2.79	2.52	2.54	2.50	2.62	2.63	2.60
农忙季节平均每周生产时间（小时/周）	57.30	58.30	56.30	52.80	53.90	51.60	54.50	55.60	53.40
其他季节平均每周从事农业生产时间（小时/周）	28.90	29.30	28.40	27.60	28.00	27.20	28.10	28.50	27.70
2011 年，在本地从事非农务工情况（p6）									
在本地从事非农务工（%）	18.10	23.50	12.00	19.90	26.90	12.10	19.20	25.50	12.10
从事非农务工的时间（月）	4.05	4.09	3.98	3.43	3.27	3.32	3.68	3.69	3.66
非农务工平均每周工作时间（小时/周）	49.10	49.00	48.10	45.00	45.20	44.40	46.30	46.40	46.00
2011 年，在本地从事非农自营情况（p6）									
在本地从事非农自营（%）	6.83	8.70	4.75	6.77	8.92	4.39	6.86	8.88	4.61
从事非农自营的时间（月）	6.23	6.11	6.48	5.23	5.20	5.32	5.60	5.52	5.77
非农自营平均每周工作时间（小时/周）	46.30	46.30	46.40	42.70	42.00	44.30	43.90	43.60	44.70
2011 年从事公共工程天数（天）	4.44	6.53	2.06	3.04	3.81	2.18	3.54	4.82	2.10
2011 年向国家集体提供无偿劳务天数（天）	1.81	1.99	1.59	3.39	4.55	1.98	2.71	3.47	1.81
2011 年给村里亲邻帮工天数（天）	6.72	7.39	5.93	8.02	8.38	7.60	7.52	8.01	6.96

根据表 5－15，首先，外出从业情况。外出从业人员比例总体近三成，其中少数民族占的比例高于汉族，达 31.40%，汉族只有 26.50%。而少数民族的男性达 39.40%。数据显示，少数民族外出务工的情况要比汉族更为普遍，特别是少数民族中的男性有近四成都在外务工。不论是汉族还是少数民族的男性，外出务工的比例都要大于女性。外出从业的总时间，总体上平均有 7.61 个月，而女性的外出从业时间要比男性长些。特别是汉族的女性，外出从业的时间平均有 8.15 个月。外出从业平均每周工作时间不

论汉族还是少数民族，不论男女，基本上都在53小时/周左右，差距不大。

其次，在本地从事农业生产情况。汉族成员在本地从事过农业生产的比例为73.70%，少数民族也有71.90%，两者相差不大。从总体来看，行政村中不论是汉族还是少数民族大部分都在本地从事过农业生产活动，而且女性占的比例要比男性大。在本地从事农业生产的时间为6个月左右，而从事农业生产最忙的季节的时间也2.50个月左右。农忙季节平均每周生产时间，汉族是57.30个小时/周，少数民族是52.80个小时/周，其他季节平均每周从事农业生产时间，汉族是28.90个小时/周，少数民族是27.60个小时/周。女性从事农业生产的时间比男性少一些。从数据分析得出，不论在农忙季节还是农闲时，汉族成员从事农业生产的时间都比少数民族成员稍多一些。

再次，在本地从事非农务工情况。总体上，在本地从事非农务工的人员占了19.20%，其中男性的比例要远大于女性，男性为25.50%，女性为12.10%。汉族和少数民族在该项的差距不是很大。而在本地从事非农务工的时间方面，不论是月份还是平均每周工作时间，汉族成员都比少数民族成员要多一些。总体来看，在本地从事非农务工的平均时间为3.68个月。

最后，在本地从事非农自营情况。其结果表明，总体上行政村中从事非农自营工作的劳动力比例占6.86%，在从事该工作的时间方面，汉族成员也比少数民族成员略多，但是差距不大。而从事公共工程天数、向国家集体无偿提供劳务的天数和给村里亲邻帮工的天数之间彼此相差不大，分别为3.54天、2.71天和7.52天。

二　西北四省区工作时间安排情况分布分析

（一）我们同样把西北四省区调研的数据按民族分成了汉族和少数民族，各民族下继续细分性别，然后进行比较分析。

表5-16　西北四省区工作时间安排情况分布

工作时间安排情况	汉族			少数民族			总体		
	全体	男性	女性	全体	男性	女性	全体	男性	女性
2011年，外出从业情况（p6）									
外出从业（%）	24.6	34.00	14.20	27.20	37.70	15.80	26.00	35.80	15.20
外出从业总时间（月）	6.76	6.69	7.00	5.88	6.02	5.54	6.32	6.36	6.25

续表

工作时间安排情况	汉族			少数民族			总体		
	全体	男性	女性	全体	男性	女性	全体	男性	女性
外出从业平均每周工作时间（小时/周）	55.00	55.70	52.90	57.40	58.10	55.40	56.00	56.80	54.00
2011 年，在本地从事农业生产情况（p6）									
在本地从事过农业生产（%）	76.50	74.80	78.40	79.00	77.80	80.40	77.70	76.30	79.30
从事农业生产的时间（月）	5.66	5.49	5.85	5.81	5.82	5.81	5.74	5.66	5.82
从事农业生产最忙的季节的时间（月）	2.68	2.65	2.72	2.38	2.43	2.32	2.53	2.55	2.51
农忙季节平均每周生产时间（小时/周）	60.50	61.70	59.40	55.80	57.40	54.20	58.10	59.50	56.60
其他季节平均每周从事农业生产时间（小时/周）	28.90	29.40	28.50	29.40	30.10	28.80	29.20	29.80	28.70
2011 年，在本地从事非农务工情况（p6）									
在本地从事非农务工（%）	16.80	21.70	11.30	17.70	23.80	11.40	17.20	22.60	11.40
从事非农务工的时间（月）	3.98	4.03	3.90	3.74	3.71	3.79	3.90	3.87	3.97
非农务工平均每周工作时间（小时/周）	51.00	51.10	50.70	49.10	50.00	47.10	49.90	50.30	48.80
2011 年，在本地从事非农自营情况（p6）									
在本地从事非农自营（%）	6.60	8.62	4.42	6.76	9.35	4.06	6.74	9.00	4.35
从事非农自营的时间（月）	6.26	5.91	6.97	5.96	5.79	6.33	6.11	5.86	6.66
非农自营平均每周工作时间（小时/周）	45.50	45.80	44.80	48.00	46.90	50.50	46.40	46.30	46.70
2011 年从事公共工程天数（天）	3.21	5.03	1.19	1.51	2.30	0.68	2.41	3.77	0.95
2011 年向国家集体提供无偿劳务天数（天）	2.18	2.38	1.97	5.10	7.38	2.27	3.38	4.51	2.09
2011 年给村里亲邻帮工天数（天）	6.28	6.98	5.48	8.50	7.73	6.76	6.79	7.38	6.12

如表 5－16 所示，就西北四省区农村被访者外出从业情况而言，西北四省区外出从业人员占 26.00%，其中男性比女性高出 20.60 个百分点，达 35.80%。少数民族外出男性的比例要高于汉族的男性，占 37.70%。从这可以看到，西北四省区外出从业人员情况与总体调研情况类似，没有太大差异。外出从业总时间上，西北四省区的汉族比少数民族从业的时间稍

长，汉族为6.76个月，而少数民族只有5.88个月。外出从业平均每周工作时间，民族间与性别间都没有太大差异。

被访者在本地从事过农业生产的比例总体达77.70%，其中女性的比例要比男性高，少数民族的比例比汉族的比例高。通过与表5-15比较后发现，西北四省区从事过农业生产的比例较之总体均值要大。从事农业生产的时间平均为5.74个月，农忙的时间是2.53个月，农忙季节平均每周生产的时间为58.10个小时，其他季节平均每周从事农业生产时间为29.20个小时，各民族和性别间差异不大。

西北四省区农村被访者从事非农务工的情况，总体上有17.20%的受访者从事非农务工，其中男性比女性占的比例要高些，高出近10个百分点。汉族和少数民族间没有太大差异。从事非农务工的时间性别差异不大，总体上约4个月，但是汉族工作的时间要比少数民族的多些。而每周非农务工的小时数不论性别还是民族差异都不是很大，都在50个小时左右。

在本地从事非农自营情况，男性的比例要比女性高。男性是9.00%，女性是4.35%，总体是6.74%。民族之间差异不是很大。虽然女性从事非农自营的比例较低，但是其工作的时间却比男性多，平均有6.66个月，而男性只有5.86个月。汉族工作的时间要比少数民族的时间长些，每周的工作小时数却是少数民族的多些，而性别差异不大，平均每周有46.40个小时。

从事公共工程的天数，汉族比少数民族略多，而向国家集体提供无偿劳务的天数和给村里亲邻帮工的天数，少数民族成员要比汉族成员多些。

（二）在西北四省区我们继续选取样本量最大的七个民族，并对其工作时间安排情况进行对比，试图从这一比较中得出西北民族在从事工作比例及工作时间上的差异，并且继续细化性别进行更为具体的分析。

如表5-17所示，外出从业情况，从各民族所占的比例来看，最高的是撒拉族42.90%，其次是回族38.50%，最低的是蒙古族，只有6.55%。各民族基本上外出男性的比例都会大于女性的比例，差距最大的是撒拉族，男性比女性高出两倍。外出从业的总时间平均值男女之间差距不大，各民族差距则比较明显，大概可以分成三组：第一组是哈萨克族和蒙古族，都在8.5个月左右；第二组是撒拉族、汉族和回族，基本都在7个月

表 5－17　西北四省区工作时间安排情况民族分布

工作时间安排情况	汉族			蒙古族			回族		
	全体	男性	女性	全体	男性	女性	全体	男性	女性
2011 年，外出从业情况（p6）									
外出从业（%）	24.60	34.00	14.20	6.55	8.46	4.87	38.50	55.80	18.80
外出从业总时间（月）	6.76	6.69	7.00	8.46	8.56	8.28	6.40	6.39	6.46
外出从业平均每周工作时间（小时/周）	55.00	55.70	52.90	54.20	55.70	51.50	57.40	58.10	54.90
2011 年，在本地从事农业生产情况（p6）									
在本地从事过农业生产（%）	76.50	74.80	78.40	82.30	83.50	81.20	73.00	69.50	76.80
从事农业生产的时间（月）	5.66	5.49	5.85	7.17	7.37	6.98	4.33	3.98	4.67
从事农业生产最忙的季节的时间（月）	2.68	2.65	2.72	3.07	3.11	3.04	1.96	1.94	1.98
农忙季节平均每周生产时间（小时/周）	60.50	61.70	59.40	61.10	62.70	59.70	55.90	57.00	54.80
其他季节平均每周从事农业生产时间（小时/周）	28.90	29.40	28.50	34.80	36.50	33.30	29.80	30.10	29.50
2011 年，在本地从事非农务工情况（p6）									
在本地从事非农务工（%）	16.80	21.70	11.30	12.20	17.70	7.090	17.40	23.10	11.30
从事非农务工的时间（月）	3.98	4.03	3.90	4.68	3.93	6.38	2.85	3.11	2.26
非农务工平均每周工作时间（小时/周）	51.00	51.10	50.70	48.70	51.00	43.60	52.00	52.40	51.20
2011 年，在本地从事非农自营情况（p6）									
在本地从事非农自营（%）	6.60	8.62	4.42	2.63	2.93	2.35	7.00	9.46	4.35
从事非农自营的时间（月）	6.26	5.91	6.97	5.94	6.01	5.83	5.84	5.15	7.59
非农自营平均每周工作时间（小时/周）	45.50	45.80	44.80	38.40	36.50	410	45.00	44.80	45.70

续表

工作时间安排情况	汉　族			蒙古族			回　族		
	全　体	男　性	女　性	全　体	男　性	女　性	全　体	男　性	女　性
2011 年从事公共工程天数（天）	3.21	5.03	1.19	3.59	5.45	2.58	0.47	0.75	0.16
2011 年向国家集体提供无偿劳务天数（天）	2.18	2.38	1.97	0.42	0.49	0.35	2.08	2.20	1.94
2011 年给村里亲邻帮工天数（天）	6.28	6.98	5.48	8.78	10.5	7.10	5.00	5.25	4.73
工作时间安排情况	藏　族			维吾尔族			哈萨克族		
	全　体	男　性	女　性	全　体	男　性	女　性	全　体	男　性	女　性
2011 年，外出从业情况（p6）									
外出从业（%）	31.80	37.90	25.70	13.20	17.40	8.37	7.83	11.10	4.71
外出从业总时间（月）	3.22	3.65	2.53	5.40	5.19	5.82	8.55	8.00	10.00
外出从业平均每周工作时间（小时/周）	56.10	56.80	54.90	53.90	56.50	48.70	68.20	69.50	64.70
2011 年，在本地从事农业生产情况（p6）									
在本地从事过农业生产（%）	85.50	85.40	87.60	84.20	85.00	83.30	66.80	75.40	57.40
从事农业生产的时间（月）	5.66	5.57	5.81	7.39	7.59	7.17	7.50	7.42	7.62
从事农业生产最忙的季节的时间（月）	2.24	2.23	2.26	2.74	2.82	2.64	3.46	3.76	3.01
农忙季节平均每周生产时间（小时/周）	55.60	56.40	54.80	53.90	56.50	50.80	57.90	62.80	50.90
其他季节平均每周从事农业生产时间（小时/周）	31.90	32.40	31.80	26.40	27.40	25.20	34.10	36.80	30.00
2011 年，在本地从事非农务工情况（p6）									
在本地从事非农务工（%）	17.20	21.40	15.20	22.40	31.20	11.30	23.00	30.90	15.00

续表

工作时间安排情况	藏族			维吾尔族			哈萨克族		
	全体	男性	女性	全体	男性	女性	全体	男性	女性
从事非农务工的时间（月）	3.10	3.45	2.56	4.68	4.24	6.34	6.80	6.30	8.05
非农务工平均每周工作时间（小时/周）	51.00	52.50	48.50	43.00	44.60	38.00	48.00	49.50	44.00
2011 年，在本地从事非农自营情况（p6）									
在本地从事非农自营（%）	7.74	12.10	3.52	8.58	12.00	4.63	5.85	5.26	6.45
从事非农自营的时间（月）	6.94	7.43	5.35	5.45	5.52	5.26	6.56	6.30	6.88
非农自营平均每周工作时间（小时/周）	45.70	44.50	49.10	54.20	52.80	57.60	52.40	42.80	64.50
2011 年从事公共工程天数（天）	1.58	3.11	0.11	2.62	3.68	1.38	0.58	1.07	0.07
2011 年向国家集体提供无偿劳务天数（天）	3.47	2.88	4.36	17.50	22.80	4.18	2.41	3.72	0.78
2011 年给村里亲邻帮工天数（天）	10.00	10.60	9.78	8.06	8.29	7.74	9.58	11.90	7.17

工作时间安排情况	撒拉族		
	全体	男性	女性
2011 年，外出从业情况（p6）			
外出从业（%）	42.90	61.90	23.50
外出从业总时间（月）	7.16	7.20	7.03
外出从业平均每周工作时间（小时/周）	71.10	68.50	78.60
2011 年，在本地从事农业生产情况（p6）			
在本地从事过农业生产（%）	71.60	62.10	81.20
从事农业生产的时间（月）	2.11	1.89	2.29

续表

工作时间安排情况	撒拉族			
	全　体	男　性	女　性	
从事农业生产最忙的季节的时间（月）	0.91	0.84	0.97	
农忙季节平均每周生产时间（小时/周）	47.40	46.50	48.00	
其他季节平均每周从事农业生产时间（小时/周）	14.30	13.10	15.10	
2011年，在本地从事非农务工情况（p6）				
在本地从事非农务工（%）	12.00	15.00	9.02	
从事非农务工的时间（月）	2.57	2.26	3.09	
非农务工平均每周工作时间（小时/周）	46.70	47.20	46.00	
2011年，在本地从事非自农营情况（p6）				
在本地从事非农自营（%）	3.70	4.48	2.94	
从事非农自营的时间（月）	7.22	7.00	7.50	
非农自营平均每周工作时间（小时/周）	44.80	47.50	42.00	
2011年从事公共工程天数（天）	0.00	0.00	0.00	
2011年向国家集体提供无偿劳务天数（天）	0.33	0.36	0.30	
2011年给村里亲邻帮工天数（天）	3.60	2.08	4.91	

左右；第三组是维吾尔族和藏族，他们分别只有 5.40 个月和 3.22 个月。外出从业平均每周工作的时间各民族也可以分成两组：第一组是汉族、回族、蒙古族、藏族和维吾尔族，他们的时间都在 55 个小时左右；第二组是哈萨克族和撒拉族，他们的时间较长，分别有 68.20 个小时和 71.10 个小时。

西北四省区在本地从事过农业生产的民族中比例最大的是藏族，为 85.50%，其次是维吾尔族 84.20%，绝大多数都在本地从事过农业生产。最少的是哈萨克族（66.8%），但是也占了 2/3 的人数。值得注意的是，蒙古族、维吾尔族和哈萨克族在家从事农业生产的男性比例要大于女性比例。在从事农业生产时间上，性别间差异不是很大，但是民族间差异较为明显。时间较长的有蒙古族，为 7.17 个月，维吾尔族和哈萨克族也分别有 7.39 个月和 7.50 个月，但是撒拉族才只有 2.11 个月。其他民族都在 5 个月左右。从事农忙季节的时间也呈现这样的情况，而农忙季节平均每周从事农业生产时间除撒拉族外各民族均值在 57 个小时左右，而撒拉族只有 47.40 小时。其他季节平均每周从事农业生产活动的时间撒拉族也是最少的。这或许和各民族的生产生活习惯有关。

在本地从事非农务工的情况，所占比例最大的是维吾尔族和哈萨克族，分别有 22.40% 和 23.00%，其次是回族、藏族和汉族，分别占有 17.40%、17.20% 和 16.80%。男女比例在此项都呈现男性大于女性的特点，男性所占比例最高的是哈萨克族（30.90%）。从事非农务工的时间，哈萨克族平均值是最长的，有 6.80 个月，最短的是撒拉族，只有 2.57 个月，其他各族都在 3～4 个月。而且在这项上，蒙古族、维吾尔族、哈萨克族和撒拉族女性工作时长的均值都要大于男性。维吾尔族虽然从事此项工作的比例较大，但是平均每周工作的时间却是最短的，只有 43 个小时，而其他民族都在 50 小时左右。

在本地从事非农自营情况，维吾尔族从事本地非农自营的比例是 8.58%，高于其他各民族，藏族、回族、汉族、哈萨克族逐渐递减，撒拉族占的比例最低，只有 3.70%。各族也基本上呈现男性从事非农自营占的比例大于女性的情况。各民族从事非农自营的平均时间差距不大，但是撒拉族的时长较长，有 7.22 个月，其他民族都在 6 个月左右。从事该活动的每周平均时间维吾尔族比较长，有 54.20 个小时，其他民族只有 45 个小时左右。

向国家集体提供无偿劳务天数最多的是维吾尔族农村受访者，有17.50天，给村里亲邻帮工天数最少的是撒拉族，只有3.60天。

三 西南三省区工作时间安排情况分布分析

（一）同西北四省区的分析类似，我们将西南三省区被访者分为汉族和少数民族，并在每个民族下继续细分性别，然后对其工作时间安排情况进行分析。

表5－18 西南三省区工作时间安排情况分布

工作时间安排情况	汉族			少数民族			总体		
	全体	男性	女性	全体	男性	女性	全体	男性	女性
2011年，外出从业情况（p6）									
外出从业（%）	30.20	33.70	26.20	34.10	40.40	26.70	33.10	38.70	26.60
外出从业总时间（月）	9.20	9.05	9.43	8.43	8.27	8.73	8.58	8.43	8.86
外出从业平均每周工作时间（小时/周）	51.00	51.40	50.40	52.30	52.30	52.20	51.80	51.90	51.60
2011年，在本地从事农业生产情况（p6）									
在本地从事过农业生产（%）	67.90	66.80	69.10	67.10	63.90	70.30	67.10	64.60	70.00
从事农业生产的时间（月）	7.20	7.02	7.41	6.73	6.47	7.01	6.87	6.63	7.13
从事农业生产最忙的季节的时间（月）	2.96	2.95	2.96	2.64	2.63	2.64	2.72	2.72	2.73
农忙季节平均每周生产时间（小时/周）	49.90	50.80	48.80	50.20	51.00	49.50	50.10	50.90	49.30
其他季节平均每周从事农业生产时间（小时/周）	28.70	29.10	28.20	26.10	26.20	25.90	26.70	26.90	26.40
2011年，在本地从事非农务工情况（p6）									
在本地从事非农务工（%）	20.80	26.80	13.40	21.40	28.80	12.60	21.20	28.30	12.90
从事非农务工的时间（月）	4.18	4.19	4.14	3.27	3.35	3.01	3.50	3.55	3.35
非农务工平均每周工作时间（小时/周）	45.80	45.70	46.20	42.90	43.00	42.60	43.50	43.60	43.30
2011年，在本地从事非农自营情况（p6）									
在本地从事非农自营（%）	1.93	1.91	1.95	7.63	8.67	4.59	6.97	8.76	4.87

续表

工作时间安排情况	汉族			少数民族			总体		
	全体	男性	女性	全体	男性	女性	全体	男性	女性
从事非农自营的时间（月）	6.19	6.45	5.73	4.81	4.84	4.74	5.16	5.22	5.01
非农自营平均每周工作时间（小时/周）	47.70	47.20	48.60	39.70	39.20	40.80	41.80	41.20	43.00
2011 年从事公共工程天数（天）	6.49	8.93	3.56	3.85	4.56	3.02	4.50	5.67	3.10
2011 年向国家集体提供无偿劳务天数（天）	1.04	1.24	0.80	2.49	3.04	1.84	2.09	2.54	1.55
2011 年给村里亲邻帮工天数（天）	7.62	8.20	6.91	8.47	8.77	8.20	8.25	8.61	7.81

从表 5－18 我们可以看到，西南三省区被访者外出务工比例是 33.1%，近 1/3 的人员都有外出从业的经历。汉族成员的比例要比少数民族的少一些，是 30.2%，主要原因是少数民族男性占的比例比汉族的男性高出 7 个百分点。总体上看也是男性外出从业的比例要大于女性。外出从业的时间上看，总体均值是 8.58 个月，汉族受访者与少数民族受访者相比外出从业的时间要长，有 9.2 个月。外出从业平均每周工作时间，民族间性别间的差异不是很大，总体均值为 51.8 个小时。

西南三省区被访者在本地从事农业生产的比例，汉族与少数民族的差异不大，都在 67.5% 左右，但女性的比例要高于男性。与西北四省区相比，西南三省区留在当地从事农业生产的人员比例要小些。在从事农业生产的时间上，少数民族是 6.73 个月，而汉族有 7.20 个月。从事农忙季节的时间也是汉族比少数民族要多些。农忙季节平均每周生产时间汉族和少数民族间的差异不是很大，农闲时平均每周生产时间汉族也要比少数民族多些。

被访者在本地从事非农务工比例是 21.2%。汉族与少数民族的差距不大，但是性别的差距较大，男性的比例要比女性多出近 15 个百分点左右。从事非农劳务时间的总体均值是 3.5 个月，但是汉族的均值要比少数民族长些。每周工作的时间总体上是 43.5 个小时，汉族也要比少数民族工作的平均时间要多一些。

被访者从事非农自营的比例是 6.97%，民族之间呈现较大的差异。汉族的比例仅有1.93%，而少数民族的比例为7.63%，而且少数民族男性所占比例大于女性，达8.67%。从事非农自营的时间总体是5.16个月，汉族受访者的时间要比少数民族受访者的多一些。后三项总体上差异不大，详细情况见表5－18。

（二）在西南三省区，我们继续在被访者中选取样本量最大的6个民族对其工作时间安排情况来进行对比，试图从这一比较中得出西南三省区主体民族间在从事工作比例及工作时间上的差异，并且继续细化性别进行更为具体的分析。

表5－19　西南三省区工作时间安排情况民族分布

工作时间安排情况	汉族			苗族			壮族		
	全体	男性	女性	全体	男性	女性	全体	男性	女性
2011年，外出从业情况（p6）									
外出从业（%）	30.20	33.70	26.20	36.50	42.80	28.80	30.90	37.60	23.20
外出从业总时间（月）	9.20	9.05	9.43	8.56	8.41	8.84	7.99	7.65	8.62
外出从业平均每周工作时间（小时/周）	51.00	51.40	50.40	54.30	54.60	53.70	51.50	51.20	52.10
2011年，在本地从事农业生产情况（p6）									
在本地从事过农业生产（%）	67.90	66.80	69.10	67.50	64.20	71.40	69.50	64.50	75.20
从事农业生产的时间（月）	7.20	7.02	7.41	6.46	6.24	6.70	7.17	6.91	7.42
从事农业生产最忙的季节的时间（月）	2.96	2.95	2.96	2.63	2.59	2.66	2.80	2.78	2.81
农忙季节平均每周生产时间（小时/周）	49.90	50.80	48.80	52.70	53.20	52.10	45.90	46.10	45.70
其他季节平均每周从事农业生产时间（小时/周）	28.70	29.10	28.20	27.00	27.10	27.00	25.30	25.50	25.00
2011年，在本地从事非农务工情况（p6）									
在本地从事非农务工（%）	20.80	26.80	13.40	21.80	30.10	10.30	15.70	20.50	10.20
从事非农务工的时间（月）	4.18	4.19	4.14	2.85	2.94	2.52	3.89	4.26	2.98
非农务工平均每周工作时间（小时/周）	45.80	45.70	46.20	44.30	44.70	42.40	41.10	40.10	43.40
2011年，在本地从事非自营情况（p6）									
在本地从事非农自营（%）	1.93	1.91	1.95	1.94	1.92	1.95	1.95	1.92	1.96
从事非农自营的时间（月）	6.19	6.45	5.73	4.12	4.05	4.27	7.26	7.30	7.18

续表

工作时间安排情况	汉族			苗族			壮族		
	全体	男性	女性	全体	男性	女性	全体	男性	女性
非农自营平均每周工作时间（小时/周）	47.70	47.20	48.60	41.70	40.50	44.30	46.50	46.90	45.70
2011年从事公共工程天数（天）	6.49	8.93	3.56	4.17	4.13	4.21	0.25	0.36	0.13
2011年向国家集体提供无偿劳务天数（天）	1.04	1.24	0.80	3.55	4.33	2.55	0.57	0.66	0.47
2011年给村里亲邻帮工天数（天）	7.62	8.20	6.91	9.64	10.2	8.97	5.33	5.92	4.65
工作时间安排情况	侗族			瑶族			土家族		
	全体	男性	女性	全体	男性	女性	全体	男性	女性
2011年，外出从业情况（p6）									
外出从业（%）	30.60	36.70	23.20	36.40	41.30	31.20	37.30	42.40	31.80
外出从业总时间（月）	8.57	8.40	8.90	7.33	7.28	7.41	8.55	8.48	8.65
外出从业平均每周工作时间（小时/周）	50.00	49.40	51.20	49.10	48.30	50.30	49.80	50.10	49.30
2011年，在本地从事农业生产情况（p6）									
在本地从事过农业生产（%）	69.90	67.30	70.10	64.60	63.40	65.90	66.10	65.10	67.10
从事农业生产的时间（月）	6.82	6.55	7.13	6.98	6.85	7.10	6.51	6.12	6.90
从事农业生产最忙的季节的时间（月）	2.44	2.47	2.40	2.75	2.78	2.72	2.52	2.58	2.45
农忙季节平均每周生产时间（小时/周）	50.10	51.00	49.20	45.70	47.30	44.00	53.80	55.60	51.90
其他季节平均每周从事农业生产时间（小时/周）	24.00	24.30	23.80	25.60	26.40	24.90	30.10	30.50	29.70
2011年，在本地从事非农务工情况（p6）									
在本地从事非农务工（%）	26.10	33.80	16.90	24.80	29.00	20.30	17.80	25.10	10.00
从事非农务工的时间（月）	3.23	3.23	3.25	3.91	3.87	3.97	3.91	3.97	3.76
非农务工平均每周工作时间（小时/周）	42.40	42.10	43.30	41.60	42.30	40.50	43.60	43.30	44.70
2011年，在本地从事非自营情况（p6）									
在本地从事非农自营（%）	1.91	1.88	1.94	1.93	1.92	1.95	1.92	1.89	1.96
从事非农自营的时间（月）	4.12	4.28	3.78	6.40	6.06	7.00	5.79	5.91	5.44

续表

工作时间安排情况	汉族			苗族			壮族		
	全体	男性	女性	全体	男性	女性	全体	男性	女性
非农自营平均每周工作时间（小时/周）	35.00	43.90	35.40	34.20	32.70	36.90	47.50	48.40	45.60
2011年从事公共工程天数（天）	7.04	9.00	4.67	2.29	2.85	1.68	4.05	6.23	1.65
2011年向国家集体提供无偿劳务天数（天）	2.34	2.73	1.85	5.71	7.21	4.06	0.75	0.92	0.58
2011年给村里亲邻帮工天数（天）	8.05	7.93	8.21	8.99	8.67	9.33	13.20	13.30	13.00

从表5－19我们可以看到，从外出从业的情况来看，被访者中苗族、瑶族和土家族的成员外出务工的比例较大，有36%左右，而其他三个民族的外出务工的比例只有30%左右。而不论哪个民族男性外出的比例都大于女性，特别是苗族男性有将近43%的人员外出从业。在从业的时间上看，汉族外出的时间最长（9.20个月），最短的是瑶族（7.33个月），其他民族都在7个月至8个月，而且从数据显示的结构来看，女性外出从业的时长要比男性更长一些。外出从业平均每周工作时间大体上没有太大的差异，都在50个小时左右。

在本地从事农业生产的成员比例各民族之间没有太大差异，都在67%左右，其中侗族最多，将近70%，瑶族较少，只有64.6%。而且不论哪个民族，女性的比例比男性的比例要大些。从事农业生产的时间相差也不大，都在6个月至7个月，其中最长的是汉族，有7.20个月，最短的是苗族，为6.46个月。从事农忙季节的时间也都相似，大都在两个半月至三个月。农忙季节平均每周干活的时间瑶族和苗族要比其他四个民族的时间相对短一些，在45个小时左右，别的民族都在50个小时左右。其他时候侗族和壮族的成员干活的时间要比其他的民族短一些。

在本地从事非农务工的被访者中壮族和土家族所占的比例值低一些，为17%左右，而苗族、侗族和瑶族的占比较高，侗族的比值最高，有26.10%。不管是哪个民族，普遍的情况是男性占的比例都会高于女性。从受访者从事非农务工活动的时间上看，苗族和侗族只有3个月左右的时间，而其他四个民族成员工作的时间在4个月左右。从事非农务工平均每周工作时间总体上没有太大差异，都在 43 小时左右。

被访者在本地从事非农自营的比例，总体上看差异不大，都将近 2%，说明从事该项工作的人数不多。而从事该工作平均时间最长的是壮族，有 7 个多月的时间，最少的是苗族和侗族，只有 4 个月左右，而且除了瑶族外，男性从事该项工作的平均时间都会大于女性。每周工作的时间是汉族最多，其次是土家族，瑶族最少。

第四节　外出务工情况

这一部分将对民族七省区受访的农村劳动力外出从业的具体情况进行分析。分析从以下几个方面展开：一是 2011 年外出务工的最主要渠道分析；二是头一次外出从业的最主要的渠道；三是头一次外出的工作地点；四是若外出自营，开业时资金的来源情况；五是在 2012 年中，是否打算外出从业。

表 5－20　2011 年外出务工的最主要渠道情况分布

单位：%，人

地　区	性别	政府/社区安排介绍	商业职介（包括人才交流会）	招聘广告	直接申请（含考试）	家人/亲戚介绍	朋友/熟人介绍	其他（请注明）	样本量
民族七省区	全体	1.15	1.15	3.90	2.67	28.17	56.68	6.28	5655
	男性	1.05	1.05	3.41	2.65	27.09	58.16	6.60	3817
	女性	1.36	1.36	4.95	2.72	30.47	53.48	5.66	1838
西北四省区	全体	1.72	1.47	4.56	3.35	30.89	50.65	7.37	2379
	男性	1.21	1.21	3.73	3.10	29.75	53.42	7.58	1741
	女性	3.13	2.19	6.90	4.08	34.17	42.63	6.90	638
西南三省区	全体	0.73	0.92	3.42	2.17	26.19	61.08	5.49	3276
	男性	0.92	0.92	3.13	2.26	24.86	62.14	5.78	2076
	女性	0.42	0.92	3.92	2.00	28.50	59.25	5.00	1200

一　2011 年外出务工的主要渠道

我们将农村外出务工的主要渠道划分为以下七种情况：政府或社区安

排介绍、商业职介（包括人才交流会）、招聘广告、直接申请（含考试）、家人或亲戚介绍、朋友或熟人介绍及其他须注明的渠道。

（一）总体分析

从表5-20中我们不难看出，被访者外出从业最主要的渠道，从总体上来看，通过朋友或熟人介绍的情况最多（56.68%），其次是家人或者亲戚介绍（28.17%）。西北四省区与西南三省区相比较来看，西南三省区通过朋友或者熟人介绍的情况所占比例（61.08%）比西北四省区的比例（50.65%）要多出约10个百分点，西南三省区通过家人或者亲戚介绍的比例比西北四省区低了3个百分点。通过政府或社区安排工作或和商业职介这两个渠道西南三省区的比例都比西北四省区要低一些，其他渠道从总体上看相差不大。

在性别差异方面，被访男性通过朋友或熟人介绍的比例要大于女性，而女性通过家人或者亲戚介绍的比例则大于男性。此外，通过政府或社区安排介绍、通过商业职介和招聘广告的方式找到工作的女性比例也要比男性高些，特别是西北四省区被访女性通过政府或社区安排和通过招聘广告找到工作的比例比男性高出了近一倍，而在西南三省区却没有这种情况。

（二）省区间比较分析

1. 西北四省区内各省区比较

首先从总体上分析，被访者外出工作通过朋友或熟人介绍所占的比例最大。其中青海的比例在西北四省区是最高的（57.48%），宁夏回族自治区的比例最低（43.12%），其他两个省份接近地区的均值（50%左右）。通过家人或亲戚找到工作的比例排第二位，其中新疆和内蒙古的比例要比青海和宁夏低。通过招聘广告渠道找到工作的，内蒙古的比例是西北四省区里最高的（13.47%）。在通过政府或社区找到工作的比例中青海是最低的（0.75%），而新疆这一比例最高，可见其政府部门或社区在这方面做得比较好。

考虑性别划分的情况，被访男性通过朋友或熟人找到工作的比例要大于被访女性，其中新疆地区这一比例差距接近一倍。而通过家人或朋友介绍的渠道找到工作的女性比例高于男性。还有一个比较值得注意的情况是，女性与男性相比会更倾向于通过政府或社区、商业职介等比较值得信赖的渠道找到外出务工的机会。

表 5 - 21　2011 年西北四省区外出务工的最主要渠道情况分布

单位：%，人

地　区	性别	政府/社区安排介绍	商业职介（包括人才交流会）	招聘广告	直接申请（含考试）	家人/亲戚介绍	朋友/熟人介绍	其他（请注明）	样本量
西北四省区	全体	1.72	1.47	4.56	3.35	30.89	50.65	7.37	2379
	男性	1.21	1.21	3.73	3.10	29.75	53.42	7.58	1741
	女性	3.13	2.19	6.90	4.08	34.17	42.63	6.90	638
宁夏	全体	2.06	1.26	4.13	6.08	30.96	43.12	12.39	872
	男性	1.69	0.77	2.91	6.60	29.60	46.32	12.12	652
	女性	3.18	2.73	7.73	4.55	35.00	33.64	13.18	220
青海	全体	0.75	1.32	1.98	1.03	32.93	57.48	4.52	1053
	男性	0.52	1.18	2.09	0.92	31.50	58.82	4.97	765
	女性	1.39	1.74	1.74	1.39	37.15	53.13	3.47	288
新疆	全体	3.83	0.96	9.09	4.78	23.44	48.80	9.09	209
	男性	1.49	0.75	5.22	1.49	21.64	58.96	10.45	134
	女性	8.00	1.33	16.00	10.67	26.67	30.67	6.67	75
内蒙古	全体	2.86	3.27	13.47	2.45	28.16	49.39	0.41	245
	男性	2.11	3.16	12.11	1.05	28.95	52.11	0.53	190
	女性	5.45	3.64	18.18	7.27	25.45	40.00	0.00	55

2. 西南三省区内各省区间比较

通过表 5 - 22 我们可以看到，被访者经朋友或熟人介绍的渠道所占比例最大（61.08%），其次是通过家人或亲戚介绍的渠道。广西外出务工者通过招聘广告找到工作的比例要高于其他省份和地区。

考虑性别之间的差异，女性通过朋友或熟人找到工作的比例虽然比男性要低，而在贵州黔东南苗族侗族自治州的女性通过家人或亲戚介绍工作的比例与男性在这一比例上的差异要大于西南其他省区。还有一个比较值得注意的现象，西南三省区的女性外出务工者通过政府或社区安排介绍或者商业职介的方式找到工作的比例并没有显著地高于男性。

表 5－22 2011 年西南三省区外出务工的最主要渠道情况分布

单位：%，人

地　区	性别	政府/社区安排介绍	商业职介（包括人才交流会）	招聘广告	直接申请（含考试）	家人/亲戚介绍	朋友/熟人介绍	其他（请注明）	样本量
西南三省区	全体	0.73	0.92	3.42	2.17	26.19	61.08	5.49	3276
	男性	0.92	0.92	3.13	2.26	24.86	62.14	5.78	2076
	女性	0.42	0.92	3.92	2.00	28.50	59.25	5.00	1200
湖南	全体	0.6	1.20	3.70	3.30	24.12	63.26	3.80	999
	男性	0.68	1.18	3.72	3.21	22.30	65.20	3.72	592
	女性	0.49	1.23	3.69	3.44	26.78	60.44	3.93	407
广西	全体	0.85	0.94	6.20	3.00	22.63	63.38	3.00	1065
	男性	1.04	0.89	5.63	3.41	22.22	63.70	3.11	675
	女性	0.51	1.03	7.18	2.31	23.33	62.82	2.82	390
贵州（黔东南）	全体	0.74	0.66	0.74	0.50	31.02	57.26	9.08	1212
	男性	0.99	0.74	0.62	0.62	28.92	58.59	9.52	809
	女性	0.25	0.50	0.99	0.25	35.24	54.59	8.19	403

（三）七省区主体民族间比较分析

我们选取民族七省区中有效样本量超过 100 个的民族并分析其外出务工最主要的渠道。相应的 10 个民族包括：汉族、回族、藏族、维吾尔族、苗族、壮族、侗族、瑶族、土家族、撒拉族。

总体上，被访者中外出务工者通过朋友或熟人找到工作的回族比例最低（46.5%），该比例最大的是瑶族（71%）。通过家人或亲戚找到工作的回族比例最高（35.4%），该比例最低的是藏族（20%）。通过广告招聘的渠道找到工作的汉族比例最高（6%），明显高出其他少数民族。维吾尔族通过政府或社区安排介绍的比例高于其他九个民族。

其次从性别差异上看，不论哪个民族，男性通过朋友或熟人找到工作的比例都要大于女性，而通过家人或亲戚找到工作的女性比例都会大于男性。而且，汉族、回族、藏族和维吾尔族的外出务工者通过政府或社区找到工作的女性比例要大于男性，而苗族、壮族和侗族却没有类似的情况。

表 5－23　2011 年不同民族外出务工最主要的渠道情况

单位：%，人

七省区主体民族	性别	政府/社区安排介绍	商业职介（包括人才交流会）	招聘广告	直接申请（含考试）	家人/亲戚介绍	朋友/熟人介绍	其他（请注明）	样本量
汉族	全体	1.72	2.14	6	2.92	29.41	52.82	5.01	1914
	男性	1.45	1.9	5.1	2.51	29.07	55.25	4.72	1314
	女性	2.33	2.67	8	3.83	30.17	47.33	5.67	600
回族	全体	1.7	0.17	1.87	6.13	35.43	46.51	8.18	587
	男性	1.53	0	1.97	6.33	32.31	48.69	9.17	458
	女性	2.33	0.78	1.55	5.43	46.51	38.76	4.65	129
藏族	全体	0.00	0.00	1.67	0.84	20.08	70.71	6.69	233
	男性	0.00	0.00	1.39	0.69	18.06	71.53	8.33	144
	女性	0.00	0.00	2.25	1.12	23.60	68.54	4.49	89
维吾尔族	全体	2.68	0.67	3.36	2.01	28.86	54.36	8.05	149
	男性	0.94	0.00	1.89	1.89	22.64	65.09	7.55	106
	女性	6.98	2.33	6.98	2.33	44.19	27.91	9.30	43
苗族	全体	0.45	0.54	1.72	1.54	26.63	57.79	11.32	1104
	男性	0.56	0.28	1.40	1.40	26.01	58.74	11.61	715
	女性	0.26	1.03	2.31	1.80	27.76	56.04	10.80	389
壮族	全体	1.08	1.08	4.84	4.03	20.97	66.94	1.08	372
	男性	1.26	1.26	3.35	5.02	20.08	67.36	1.67	239
	女性	0.75	0.75	7.52	2.26	22.56	66.17	0.00	133
侗族	全体	0.41	1.02	2.64	1.22	26.63	64.84	3.25	492
	男性	0.62	0.93	2.79	1.24	23.84	66.87	3.72	323
	女性	1.18	0.00	2.37	1.18	31.95	60.95	2.37	169
瑶族	全体	0.00	0.69	3.45	2.07	18.62	71.03	4.14	145
	男性	0.00	1.15	5.75	1.15	18.39	68.97	4.60	87
	女性	0.00	0.00	0.00	3.45	18.97	74.14	3.45	58
土家族	全体	0.00	0.00	2.69	3.76	26.88	63.44	3.23	186
	男性	0.00	0.00	2.78	3.70	24.07	66.67	2.78	108
	女性	0.00	0.00	2.56	3.85	30.77	58.97	3.85	78

续表

七省区主体民族	性别	政府/社区安排介绍	商业职介（包括人才交流会）	招聘广告	直接申请（含考试）	家人/亲戚介绍	朋友/熟人介绍	其他（请注明）	样本量
撒拉族	全体	0.00	0.00	0.00	1.79	51.79	45.54	0.89	112
	男性	0.00	0.00	0.00	2.44	48.78	47.56	1.22	82
	女性	0.00	0.00	0.00	0.00	60.00	40.00	0.00	30

二　第一次外出从业的最主要渠道分析

在这一部分，我们将对民族七省区被访农村劳动力头一次外出从业最主要的渠道进行比较分析。对于外出渠道的划分与上文所述一致。

（一）总体分析

从表5－24可以看到，被访者头一次外出工作通过朋友或熟人介绍这一渠道的比例是最大的。而且西南三省区的比例要高于西北四省区，这与2011年外出工作渠道分布情况一致，但是与2011年相比，两个地区这一比例都要高一些，可见外出务工者通过一些比较正规的渠道找到工作的比例相对提高。被访者头一次外出工作西北四省区更倾向于通过朋友或熟人介绍来找工作。而不论是西北四省区还是西南三省区，被访者通过政府或社区介绍和商业职介的方式找工作的比例都比较低。

表5－24　第一次外出务工最主要的渠道分布

单位：%，人

地　区	性别	政府/社区安排介绍	商业职介（包括人才交流会）	招聘广告	直接申请（含考试）	家人/亲戚介绍	朋友/熟人介绍	其他（请注明）	样本量
七省区	全体	1.19	1.05	3.28	2.38	26.44	59.71	5.96	6300
	男性	1.29	0.85	3.03	2.00	25.99	60.29	6.30	4251
	女性	0.98	1.46	3.81	2.68	27.38	58.42	5.27	2049

续表

地　区	性别	政府/社区安排介绍	商业职介（包括人才交流会）	招聘广告	直接申请（含考试）	家人/亲戚介绍	朋友/熟人介绍	其他（请注明）	样本量
西北四省区	全体	1.51	1.47	3.30	2.82	30.75	52.98	7.16	2502
	男性	1.32	1.05	2.84	2.47	30.11	55.11	7.11	1900
	女性	2.16	2.82	4.82	3.99	32.89	45.85	7.48	602
西南三省区	全体	0.97	0.76	3.26	2.08	23.59	64.17	5.16	3798
	男性	1.28	0.68	3.19	2.04	22.67	64.48	5.66	2351
	女性	0.48	0.90	3.39	2.14	25.09	63.65	4.35	1447

对被访者性别间的差异进行比较，通过家人或亲戚介绍和通过朋友或熟人介绍的渠道找到工作的比例相差不大。西北四省区的女性比西南三省区的女性更倾向于通过政府或社区安排介绍和商业职介找到工作。通过招聘广告和直接申请的渠道找到工作的比例不论地区或性别间都差异不大。

（二）省区间比较分析

1. 西北四省区内的各省区比较分析

在青海省，被访者通过朋友或熟人介绍得到第一次外出务工机会的比例要高于其他三个省份，而且通过家人或亲戚介绍的比例也接近于最高值，两者相加已超过了90%，可见第一次外出工作时，青海省的外出从业者更倾向于通过自己身边人的介绍从而找到第一份工作。新疆地区的受访者中通过政府或社区找到工作的比例比其他省份都要高。出现这一情况的原因可能是新疆地区政府在帮助外出从业人员务工方面的工作做得比较到位，或是新疆地区的民众更接受这一方式来找到工作。

比较被访者性别间的差异，男性第一次外出务工通过朋友或熟人介绍的比例要比女性大。女性更倾向于更为可靠的方式来找到工作，表现为通过家人或亲戚介绍、通过政府或社区安排、通过商业职介的方式找到工作的比例要高于男性（见表5－25）。

表 5-25　西北四省区第一次外出务工最主要的渠道分布

单位：%，人

地　区	性别	政府/社区安排介绍	商业职介（包括人才交流会）	招聘广告	直接申请（含考试）	家人/亲戚介绍	朋友/熟人介绍	其他（请注明）	样本量
西北四省区	全体	1.51	1.47	3.30	2.82	30.75	52.98	7.16	2502
	男性	1.32	1.05	2.84	2.47	30.11	55.11	7.11	1900
	女性	2.16	2.82	4.82	3.99	32.89	45.85	7.48	602
宁夏	全体	1.80	1.38	2.44	4.87	31.89	46.08	11.55	944
	男性	1.78	0.96	1.78	4.94	31.96	47.46	11.11	729
	女性	1.86	2.79	4.65	4.65	31.63	41.40	13.02	215
青海	全体	0.87	1.13	1.30	0.78	32.52	59.76	3.64	1141
	男性	0.81	0.81	1.61	0.58	30.80	61.36	4.04	867
	女性	1.09	2.19	0.36	1.46	38.32	54.01	2.55	274
新疆	全体	3.85	0.00	6.59	6.04	24.18	44.51	14.84	182
	男性	3.42	0.00	4.27	3.42	23.93	50.43	14.53	117
	女性	4.62	0.00	10.77	10.77	24.62	33.85	15.38	65
内蒙古	全体	1.70	4.68	14.04	2.13	22.55	54.04	0.85	235
	男性	0.53	3.21	11.76	1.07	23.53	58.82	1.07	187
	女性	6.25	10.42	22.92	6.25	18.75	35.42	0.00	48

2. 西南三省区内的各省区比较分析

根据表 5-26，从被访者就第一次外出务工的渠道分布情况上看，西南各省区间差异不大。占比最大的依旧是通过朋友或熟人介绍工作，其中湖南的该项比例要高于其他两个地区。就此项的男女比例看，男生与女生比例差异在各省区之间较为相似。被访者通过家人或亲戚找到工作的比例在贵州黔东南地区最高，通过政府或社区安排工作和商业职介来找到工作的比例在西南三个省区都不是很高。

（三）西北四省区主体民族间的比较

西北四省区调研得到的数据可按民族划分为：汉族、蒙古族、回族、藏族、维吾尔族、撒拉族。

在西北四省区，被访者通过朋友或熟人介绍得到工作的比例，藏族最高

表 5 – 26　西南三省区第一次外出务工最主要的渠道分布

单位：%，人

地　区	性别	政府/社区安排介绍	商业职介（包括人才交流会）	招聘广告	直接申请（含考试）	家人/亲戚介绍	朋友/熟人介绍	其他（请注明）	样本量
西南三省区	全体	0.97	0.76	3.26	2.08	23.59	64.17	5.16	3798
	男性	1.28	0.68	3.19	2.04	22.67	64.48	5.66	2351
	女性	0.48	0.90	3.39	2.14	25.09	63.65	4.35	1447
湖南	全体	0.84	0.84	3.88	2.95	20.57	67.88	3.04	1186
	男性	1.16	0.44	3.34	2.90	19.74	69.09	3.34	689
	女性	0.40	1.41	4.63	3.02	21.73	66.20	2.62	497
广西	全体	0.44	1.31	5.87	3.07	21.56	63.45	4.29	1141
	男性	0.70	1.26	6.32	3.09	20.51	63.62	4.49	712
	女性	0.00	1.40	5.13	3.03	23.31	63.17	3.96	429
贵州	全体	1.50	0.27	0.75	0.61	27.60	61.73	7.55	1471
	男性	1.79	0.42	0.74	0.63	26.42	61.79	8.21	950
	女性	0.96	0.00	0.77	0.58	29.75	61.61	6.33	521

（64.79%），通过这一渠道找工作的比例，汉族、蒙古族和回族男性与女性的差异要小于维吾尔族和撒拉族。撒拉族通过家人或亲戚介绍得到第一次外出务工机会的比例最大，而且比通过朋友或熟人介绍这一渠道的比例还要高，这在以上的分析中是没有出现过的。此外，维吾尔族通过政府或社区介绍找到工作的比例比其他民族要高出不少（见表 5 – 27）。

表 5 – 27　西北四省区不同民族第一次外出务工最主要的渠道情况

单位：%，人

民　族	性别	政府/社区安排介绍	商业职介（包括人才交流会）	招聘广告	直接申请（含考试）	家人/亲戚介绍	朋友/熟人介绍	其他（请注明）	样本量
汉族	全体	1.84	2.24	5.11	2.64	25.56	55.35	7.27	1248
	男性	1.58	1.48	4.44	1.90	25.98	58.08	6.55	947
	女性	2.66	4.65	7.31	4.98	24.25	46.51	9.63	301

续表

民族	性别	政府/社区安排介绍	商业职介（包括人才交流会）	招聘广告	直接申请（含考试）	家人/亲戚介绍	朋友/熟人介绍	其他（请注明）	样本量
蒙古族	全体	2.86	8.57	8.57	0.00	22.86	57.14	0.00	35
	男性	0.00	9.52	0.00	0.00	28.57	61.90	0.00	21
	女性	7.14	7.14	21.43	0.00	14.29	50.00	0.00	14
回族	全体	1.07	0.46	1.38	5.05	37.77	46.94	7.34	654
	男性	1.14	0.57	1.33	5.13	36.12	47.91	7.79	526
	女性	0.78	0.00	1.56	4.69	44.53	42.97	5.47	128
藏族	全体	0.47	0.47	0.47	0.94	26.29	64.79	6.57	205
	男性	0.78	0.00	0.78	0.78	22.48	66.67	8.53	129
	女性	0.00	1.32	0.00	1.32	32.89	60.53	3.95	76
维吾尔族	全体	4.35	0.00	1.09	0.00	36.96	43.48	14.13	92
	男性	3.08	0.00	0.00	0.00	32.30	50.80	13.90	65
	女性	7.41	0.00	3.70	0.00	48.15	25.93	14.81	27
撒拉族	全体	0.00	0.00	0.00	0.00	50.36	48.91	0.73	137
	男性	0.00	0.00	0.00	0.00	44.25	54.87	0.88	113
	女性	0.00	0.00	0.00	0.00	79.17	20.83	0.00	24

（三）西南三省区主体民族间的比较

西南三省区按民族划分可分为：汉族、苗族、壮族、侗族、瑶族、土家族。

西南三省区的瑶族，其外出从业者通过朋友或熟人介绍获得第一次外出务工机会的比例高于其他民族，而且瑶族外出从业者通过招聘广告得到第一次工作的比例也比其他的民族高，而其通过家人或亲戚找到第一份工作的比例是西南几个主要民族中比例最低的。我们还可以看到，在西南三省区不论哪个民族，通过政府或社区找到工作的比例，还有通过商业职介找到工作的比例都比较低（见表5-28）。

表 5-28 西南三省区不同民族第一次外出务工最主要的渠道情况

单位：%，人

民族	性别	政府/社区安排介绍	商业职介（包括人才交流会）	招聘广告	直接申请（含考试）	家人/亲戚介绍	朋友/熟人介绍	其他（请注明）	样本量
汉族	全体	1.16	0.95	4.02	2.11	25.37	63.95	2.00	946
	男性	1.78	0.89	4.10	2.32	25.13	63.99	1.78	561
	女性	0.26	1.04	3.90	1.82	25.71	63.90	3.38	385
苗族	全体	1.15	0.49	1.31	1.56	25.12	60.10	10.26	1218
	男性	1.28	0.26	1.41	1.28	24.81	60.10	10.87	782
	女性	0.92	0.92	1.15	2.06	25.69	60.09	9.17	436
壮族	全体	0.54	1.36	4.61	3.79	20.33	67.48	1.90	369
	男性	0.86	1.72	4.29	3.43	17.60	69.53	2.58	233
	女性	0.00	0.74	5.15	4.41	25.00	63.97	0.74	136
侗族	全体	0.48	0.64	2.25	1.93	23.15	68.17	3.38	622
	男性	0.52	0.52	2.07	2.07	21.76	68.65	4.40	386
	女性	0.42	0.85	2.54	1.69	25.42	67.37	1.69	236
瑶族	全体	0.00	1.76	9.41	1.76	12.94	71.18	2.94	170
	男性	0.00	1.03	9.28	2.06	14.43	69.07	4.12	97
	女性	0.00	2.74	9.59	1.37	10.96	73.97	1.37	73
土家族	全体	2.35	0.00	1.41	3.76	27.23	61.97	3.29	213
	男性	3.28	0.00	0.82	4.10	23.77	63.93	4.10	122
	女性	1.10	0.00	2.20	3.30	31.87	59.34	2.20	91

三 第一次外出的工作地点

下面我们将对农村外出从业人员第一次外出的工作地点进行比较分析。将工作地点划分为：本乡镇外本县内、县外省内、省外、国外四种情况。

（一）总体分析

总体上，被访者第一次外出从业的工作地点多数在省外（54.21%），其次是县外省内，再次是本乡镇外本县内。但是，不同地区这一情况的分布有明显差异，在西北四省区，被访者第一次就去省外务工的比例较小（18.55%），而在西南三省区这一比例达到77.74%。而且西南三省区第一次外出务工在县外省内和本乡镇外本县内的比例只有10%左右。而在西北四省区，被访者第一次外出从业在县外省内的比例最高（52.57%），其次是本乡镇外本县内，再次才是省外。被访者第一次外出在国外占的比例，西南三省区比西北四省区要高。以上分析得出，西北四省区被访者第一次外出务工偏向于选择离家乡比较近的地方，这或许有地区经济发展情况差异的原因，或许也有不同地区人民生活习惯差异的原因（见表5-29）。

表5-29 第一次外出的工作地点情况分布

单位：%，人

地区	性别	本乡镇外本县内	县外省内	省外	国外	样本量
民族七省区	全体	17.19	28.21	54.21	0.40	6295
	男性	18.71	30.80	50.09	0.40	4244
	女性	14.09	22.67	62.85	0.39	2051
西北四省区	全体	28.84	52.57	18.55	0.04	2495
	男性	29.05	53.67	17.22	0.05	1893
	女性	28.57	49.00	22.43	0.00	602
西南三省区	全体	9.50	12.13	77.74	0.63	3800
	男性	10.38	12.38	76.56	0.68	2351
	女性	8.07	11.73	79.64	0.55	1449

（二）各省区的比较分析

1. 西北四省区内各省区的比较分析

从数据可以看到，新疆被访者第一次外出从业在本乡镇外本县内占比是各个民族中最高的（50.00%），其在县外省内的比例也达到了45%左右，在省外的比例只有3%左右。此外，新疆的受访者中有第一次工作地点在国外的人员，而这是其他三个省区所没有的。新疆地区的情况在西北四省区中比较特殊。别的地区在县外省内的居多，在本乡镇外本县内和省外占的比例平分秋色，而地点在国外的比例为零。从性别差异上看男性被访性和女性被访者第一次外出务工的地点分布没有太大的差别（见表 5 - 30）。

表 5 - 30　西北四省区第一次外出的工作地点情况

单位：%，人

地　区	性　别	本乡镇外本县内	县外省内	省　外	国　外	样本量
西北四省区	全　体	28.84	52.57	18.55	0.04	2495
	男　性	29.05	53.67	17.22	0.05	1893
	女　性	28.57	49.00	22.43	0.00	602
宁夏	全　体	33.12	50.43	16.45	0.00	924
	男　性	31.93	52.38	15.69	0.00	714
	女　性	37.14	43.81	19.05	0.00	210
青海	全　体	22.38	56.11	21.51	0.00	1141
	男　性	23.73	57.26	19.01	0.00	868
	女　性	18.68	52.38	28.94	0.00	273
新疆	全　体	50.00	45.70	3.76	0.54	186
	男　性	50.00	45.97	3.23	0.81	124
	女　性	50.00	45.16	4.84	0.00	62
内蒙古	全　体	27.05	49.18	23.77	0.00	244
	男　性	28.88	47.06	24.06	0.00	187
	女　性	21.05	56.14	22.81	0.00	57

2. 西南三省区内各省区间的比较分析

贵州被访者第一次外出从业在省外的比例是西南三省区中最高的（84.12%），而在省内工作的比例只有 15% 左右。各个地区在省外务工的女性比例比男性还要高。西南三省区在本乡镇外本县内工作的比例是 10% 左右，各地差距不大。而在国外工作的比例湖南（1.35%）要高于其他三个地区（见表 5 - 31）。

表 5 - 31　西南三省区头一次外出的工作地点情况分布

单位：%，人

地　区	性　别	本乡镇外本县内	县外省内	省　外	国　外	样本量
西南三省区	全　体	9.50	12.13	77.74	0.63	3800
	男　性	10.38	12.38	76.56	0.68	2351
	女　性	8.07	11.73	79.64	0.55	1449

续表

地　区	性　别	本乡镇外本县内	县外省内	省　外	国　外	样本量
湖南	全　体	9.99	10.25	78.41	1.35	1181
	男　性	10.64	10.20	77.70	1.46	686
	女　性	9.09	10.30	79.39	1.21	495
广西	全　体	9.38	21.27	68.92	0.43	1152
	男　性	9.75	21.59	68.11	0.56	718
	女　性	8.76	20.74	70.28	0.23	434
贵州	全　体	9.20	6.48	84.12	0.20	1467
	男　性	10.67	6.97	82.15	0.21	947
	女　性	6.54	5.58	87.69	0.19	520

（三）西北四省区主体民族间比较

在西北四省区内，被访者中维吾尔族第一次外出工作的地点分布情况与其他民族不太一样，其在本乡镇外本县内的比例比县外省内的比例要多，而且其在省外的比例与其他各民族相比都是最少的。除此之外撒拉族在本乡镇外本县内的比例是最小的，而藏族在省外的比例是最小的，这两个民族比例最大的都是在县外省内。蒙古族和回族在县外省内的比例最大。所列出的民族中没有第一次工作地点在国外的人员（见表5-32）。

表5-32　西北四省区头一次外出的工作地点情况民族分布

单位：%，人

民　族	性　别	本乡镇外本县内	县外省内	省　外	国　外	样本量
汉族	全　体	31.49	52.84	15.67	0.00	1247
	男　性	31.92	53.38	14.69	0.00	946
	女　性	30.23	51.50	18.27	0.00	301
蒙古族	全　体	17.07	51.22	31.71	0.00	41
	男　性	18.18	50.00	31.82	0.00	22
	女　性	15.79	52.63	31.58	0.00	19
回族	全　体	25.24	46.55	28.21	0.00	638
	男　性	25.88	48.25	25.88	0.00	514
	女　性	22.58	39.52	37.90	0.00	124

续表

民 族	性 别	本乡镇外本县内	县外省内	省 外	国 外	样本量
藏族	全 体	31.60	63.21	5.19	0.00	204
	男 性	33.33	61.24	5.43	0.00	129
	女 性	32.00	65.33	2.67	0.00	75
维吾尔族	全 体	52.00	44.00	4.00	0.00	100
	男 性	49.32	47.95	2.74	0.00	73
	女 性	59.26	33.33	7.41	0.00	27
撒拉族	全 体	2.92	64.96	32.12	0.00	137
	男 性	1.77	75.22	23.01	0.00	113
	女 性	8.33	16.67	75.00	0.00	24

（四）西南三省区主体民族间比较

西南各民族被访者第一次外出务工的地点在省外居多，其中壮族和土家族在县外省内的比例比其他四个民族略高，而且土家族和瑶族在本乡镇外本县内的比例较之其他四个民族要高。从男女差异来看，女性比男性在省外的比例要高一些。土家族在国外就业的比例是最高的（见表5－33）。

表5－33　西南三省区头一次外出的工作地点情况民族分布

单位：%，人

民 族	性 别	本乡镇外本县内	县外省内	省 外	国 外	样本量
汉 族	全 体	6.90	13.38	78.98	0.74	942
	男 性	8.23	14.49	76.92	0.36	559
	女 性	4.96	11.75	81.98	1.31	383
苗 族	全 体	8.31	9.13	82.07	0.49	1227
	男 性	9.13	9.13	81.12	0.63	789
	女 性	6.85	9.13	83.79	0.23	438
壮 族	全 体	9.21	24.39	66.12	0.27	369
	男 性	10.78	23.71	65.09	0.43	232
	女 性	6.57	25.55	67.88	0.00	137
侗 族	全 体	9.03	6.29	84.52	0.16	620
	男 性	9.11	7.03	83.59	0.26	384
	女 性	8.90	5.08	86.02	0.00	236

续表

民　族	性　别	本乡镇外本县内	县外省内	省　外	国　外	样本量
瑶　族	全　体	15.79	8.19	75.44	0.58	171
	男　性	14.29	8.16	76.53	1.02	98
	女　性	17.81	8.22	73.97	0.00	73
土家族	全　体	21.13	18.78	56.81	3.29	213
	男　性	24.59	18.03	52.46	4.92	122
	女　性	16.48	19.78	62.64	1.10	91

四　外出自营开业时资金的来源情况

民族七省区中，从事外出自营工作的人员数量占的比例不大。我们将对其自营开业时的资金来源进行比较分析，分为两种情况，一是开业时向亲友借款，二是开业时有来自银行或信用社的贷款。

（一）不同省区间比较

先看总体的情况，被访者开业时向亲友借款的比例要比贷款的比例高，而且男性借款或贷款的比例要比女性高。西北四省区与西南三省区比较，西北四省区被访者向亲友借款的比例比西南三省区高出近二十个百分点，在贷款方面两个地区差异不大。在西北四省区，宁夏回族自治区向亲友借款的比例是最高的（44.80%），内蒙古最低（5.56%）。新疆地区贷款的比例最高（22.20%）。在西南三省区，借款的比例相差较大，湖南借款的比例最高（17.80%），最低的广西只有1.92%。湖南的贷款比例也是最高的（见表5-34）。

表5-34　外出自营开业时资金来源情况分布

单位：%，人

地　区	性　别	开业时向亲友借款	样本量	开业时有来自银行或信用社的贷款	样本量
民族七省区	全　体	16.00	95	9.24	52
	男　性	17.30	67	10.60	39
	女　性	13.50	28	6.70	13

续表

地　区	性　别	开业时向亲友借款	样本量	开业时有来自银行或信用社的贷款	样本量
西北四省区	全　体	25.80	70	8.76	22
	男　性	27.20	49	10.60	18
	女　性	24.10	21	5.00	4
宁夏	全　体	44.80	13	16.70	4
	男　性	52.30	12	15.00	3
	女　性	16.70	1	25.00	1
青海	全　体	29.60	48	6.49	10
	男　性	30.60	30	9.57	9
	女　性	28.60	18	1.69	1
新疆	全　体	17.10	7	22.20	8
	男　性	18.80	6	20.70	6
	女　性	11.10	1	28.60	2
内蒙古	全　体	5.56	2	0.00	0
	男　性	3.70	1	0.00	0
	女　性	11.10	1	0.00	0
西南三省区	全　体	7.67	25	9.62	30
	男　性	8.70	18	10.60	21
	女　性	5.83	7	7.89	9
湖南	全　体	17.80	18	16.50	14
	男　性	20.80	11	19.10	9
	女　性	14.60	7	13.10	5
广西	全　体	1.92	3	4.52	7
	男　性	2.83	3	4.90	5
	女　性	0.00	0	3.77	2
贵州	全　体	5.71	4	12.50	9
	男　性	8.33	4	14.30	7
	女　性	0.00	0	8.70	2

（二）主体民族间比较

在民族七省区中选取主体民族，对资金来源情况进行比较分析。所选民族样本量均大于100个，它们分别为汉族、回族、藏族、维吾尔族、苗族、侗族。

从借款情况来看，被访者中回族借款的比例是各个民族中最大的（32.10%），最低的是苗族（3.28%）。其他各民族的这一比例都在10%左右。而从贷款的情况来看，侗族贷款的比例在西南三省区中是最高的（22.70%），最低的是回族（5.19%）。不论是借款还是贷款，总体上看，女性占的比例都比男性要低一些（见表5－35）。

表5－35　外出自营开业时资金来源情况分布

单位：%，人

七省民族	性　别	开业时向亲友借款	样本量	开业时有来自银行或信用社的贷款	样本量
汉族	全　体	14.00	31	9.05	19
	男　性	16.70	25	10.40	15
	女　性	8.45	6	6.06	4
回族	全　体	32.10	25	5.19	4
	男　性	28.60	14	8.16	4
	女　性	37.90	11	0.00	0
藏族	全　体	8.57	3	6.90	2
	男　性	10.00	2	5.88	1
	女　性	7.14	1	9.09	1
维吾尔族	全　体	11.80	4	14.70	5
	男　性	15.30	4	15.40	4
	女　性	0.00	0	12.50	1
苗族	全　体	3.28	2	7.69	4
	男　性	2.63	1	6.45	2
	女　性	4.35	1	9.52	2
侗族	全　体	14.63	6	22.70	10
	男　性	16.00	4	25.90	7
	女　性	12.50	2	17.70	3

五　在2012年中外出从业意愿分析

对于在2012年民族七省区农村劳动力外出从业的意愿，划分为以下四种情况：已外出、目前在本地打算外出、不打算外出、说不清。

（一）总体分析

被访者中已外出的人员在西南三省区的比例要多出西北四省区将近一倍，而目前在本地打算，外出的人员在西北四省区比西南三省区的比例要高。西南三省区有将近60%的人员在2012年不打算外出，西北四省区的这一比例为66.26%。其中不打算外出的女性的比例要大于男性，打算外出的男性的比例大于女性，而且西北四省区男女比例的差距近一倍。在已外出的人员中男性的比例是大于女性的（见表5－36）。

表5－36 在2012年中外出从业意愿分析

单位：%，人

地　区	性　别	已外出	目前在本地，打算外出	不打算外出	说不清	样本量
民族七省区	全　体	22.09	10.36	62.48	5.07	17782
	男　性	26.35	13.02	55.04	5.59	9608
	女　性	17.12	7.16	71.27	4.45	8174
西北四省区	全　体	14.07	14.45	66.26	5.22	8510
	男　性	18.52	19.47	55.94	6.07	4562
	女　性	8.97	8.49	78.32	4.23	3948
西南三省区	全　体	29.46	6.61	59.00	4.93	9272
	男　性	33.43	7.19	54.22	5.15	5046
	女　性	24.73	5.92	64.69	4.66	4226

（二）各省区间比较分析

1. 西北四省区内各省区间的比较

2011年，被访者中已外出打工的人员比例最高的是宁夏回族自治区（26.15%），最低的是内蒙古自治区（5.62%）。除了新疆地区，已外出的男性比例都要高于女性。目前在本地，打算外出的人员比例最高的是青海省（27.40%），最低的是内蒙古自治区（7.08%），男性的比例要比女性高出近一倍。在2012年中，不打算外出的人员比例最高的是内蒙古（83.18%），最低的是青海（51.01%）。不打算外出的人员中，女性的比例要高于男性（见表5－37）。

表 5-37　西北四省区在 2012 年中外出从业意愿分析

单位：%，人

地　区	性　别	已外出	目前在本地，打算外出	不打算外出	说不清	样本量
西北四省区	全　体	14.07	14.45	66.26	5.22	8510
	男　性	18.52	19.47	55.94	6.07	4562
	女　性	8.97	8.49	78.32	4.23	3948
宁夏	全　体	26.15	13.01	56.32	4.52	2145
	男　性	35.48	18.17	40.58	5.77	1178
	女　性	14.79	6.72	75.49	3.00	967
青海	全　体	17.12	27.40	51.01	4.47	2354
	男　性	22.44	35.93	37.32	4.32	1297
	女　性	10.79	16.56	68.02	4.64	1057
新疆	全　体	6.05	8.16	77.28	8.50	1752
	男　性	5.67	10.80	74.48	9.05	917
	女　性	6.47	5.27	80.36	7.90	835
内蒙古	全　体	5.62	7.08	83.18	4.12	2259
	男　性	7.18	9.32	77.52	5.98	1170
	女　性	3.95	4.68	89.26	2.11	1089

2. 西南三省区内各省区间的比较

2011 年，湖南省被访者中已外出打工的人员比例最高（31.81%），最低的是贵州黔东南地区（27.41%），但就这一比例来说西南三省区之间的差异不大。已外出的男性比例都要高于女性，但是湖南的这一差距相较而言不是很明显。目前在本地，打算外出的人员比例最高的是湖南省（8.27%），最低的是广西壮族自治区（5.37%），男性的这一比例与女性相比差距不大。在 2012 年中，不打算外出的人员比例最高的是广西壮族自治区，达到了 61.72%，湖南省与贵州省相差不大，都在 57% 左右。不打算外出的人员中，女性的比例要大于男性（见表 5-38）。

（三）西北四省区主要民族之间的比较

下面我们将对西北四省区中，样本数量在 100 个以上的不同民族的受访者在 2012 年中外出的意愿进行比较分析。所选取的民族有：汉族、蒙古

表 5－38　西南三省区在 2012 年中外出从业意愿分析

单位：%，人

地　区	性　别	已外出	目前在本地，打算外出	不打算外出	说不清	样本量
西南三省区	全　体	29.46	6.61	59.00	4.93	9272
	男　性	33.43	7.19	54.22	5.15	5046
	女　性	24.73	5.92	64.69	4.66	4226
湖南	全　体	31.81	8.27	57.70	2.22	2707
	男　性	34.15	9.12	54.56	2.18	1470
	女　性	29.02	7.28	61.44	2.26	1237
广西	全　体	29.62	5.37	61.72	3.29	3220
	男　性	34.13	6.15	56.07	3.66	1723
	女　性	24.45	4.48	68.20	2.87	1497
贵州	全　体	27.41	6.46	57.43	8.70	3345
	男　性	32.22	6.64	52.24	8.90	1853
	女　性	21.45	6.23	63.87	8.45	1492

族、回族、藏族、维吾尔族、哈萨克族、撒拉族。

在西北四省区，被访者中已外出人员占的比例差距较大，除了回族（27.36%）和撒拉族（28.69%）外，其他民族所占的比例都在 10% 以下，男性的比例都要比女性的比例大一些。目前在本地，2012 年外出从业意愿最大的是藏族（28.08%），其次是回族（17.40%），男性的比例要比女性明显高出很多。而对不打算外出的比例进行比较，蒙古族和哈萨克族是最高的，都大于 80%，最低的是回族（50.86%），其中女性该比例明显高于男性（见表 5－39）。

表 5－39　西南三省区按民族分在 2012 年中外出从业意愿分析

单位：%，人

民　族	性　别	已外出	目前在本地，打算外出	不打算外出	说不清	样本量
汉族	全　体	13.49	12.97	69.48	4.05	4581
	男　性	17.17	17.82	59.99	5.02	2452
	女　性	9.25	7.33	80.51	2.91	2129

续表

民　族	性　别	已外出	目前在本地，打算外出	不打算外出	说不清	样本量
蒙古族	全　体	6.07	2.93	87.24	3.77	478
	男　性	7.73	3.00	84.98	4.29	233
	女　性	4.49	2.86	89.39	3.27	245
回族	全　体	27.36	17.40	50.86	4.39	1345
	男　性	36.44	24.90	33.42	5.24	763
	女　性	15.46	7.56	73.71	3.26	582
藏族	全　体	3.90	28.08	59.58	8.44	604
	男　性	5.11	32.59	53.04	9.27	313
	女　性	2.75	21.99	67.35	7.90	291
维吾尔族	全　体	4.34	12.21	69.98	13.47	876
	男　性	4.85	15.61	65.40	14.14	474
	女　性	3.73	8.21	75.37	12.69	402
哈萨克族	全　体	9.18	4.08	85.71	1.02	98
	男　性	10.00	8.00	82.00	0.00	50
	女　性	8.33	0.00	89.58	2.08	48
撒拉族	全　体	28.69	15.98	52.87	2.46	244
	男　性	40.80	23.20	32.00	4.00	125
	女　性	15.97	8.40	74.79	0.84	119

（四）西南三省区主要民族之间的比较

下面我们将对西南三省区中，样本数量在100个以上的各民族受访者在2012年中外出的意愿进行比较分析。选取的民族为汉族、苗族、壮族、侗族、瑶族、土家族、仫佬族。

在西南三省区，农村被访者中已外出的成员占比例相对较多的民族是土家族和仫佬族，都在34%左右，占比例最少的是瑶族（27.59%）。男性外出的比例要大于女性，其中相差最大的是仫佬族。目前在本地并打算在2012年外出的人员占比最大的是瑶族，这可能也与他们已外出人员比例相对较少有关。除了土家族和苗族外，其他民族不打算外出的人员的比例都占到将近60%或60%以上，其中女性的比例要大于男性（见表5-40）。

表 5－40　西南三省区按民族分在 2012 年中外出从业意愿分析

单位：%，人

民　族	性　别	已外出	目前在本地，打算外出	不打算外出	说不清	样本量
汉族	全　体	25.64	6.26	64.68	3.41	2523
	男　性	27.54	7.27	60.90	4.29	1376
	女　性	23.37	5.06	69.22	2.35	1147
苗族	全　体	31.77	6.00	55.11	7.12	2751
	男　性	36.41	6.71	50.10	6.78	1519
	女　性	26.06	5.11	61.28	7.55	1232
壮族	全　体	29.61	5.28	61.36	3.76	1117
	男　性	35.08	5.59	55.42	3.90	590
	女　性	23.53	4.93	67.93	3.61	527
侗族	全　体	28.20	8.91	57.71	5.19	1369
	男　性	32.98	9.27	51.92	5.83	755
	女　性	22.31	8.47	64.82	4.40	614
瑶族	全　体	27.59	10.15	57.62	4.64	453
	男　性	30.87	10.87	53.04	5.22	230
	女　性	24.22	9.42	62.33	4.04	223
土家族	全　体	34.97	5.79	55.46	3.79	449
	男　性	37.55	6.00	54.01	2.53	237
	女　性	32.08	5.66	57.08	5.19	212
仫佬族	全　体	34.04	5.67	60.28	0.00	141
	男　性	41.46	3.66	54.88	0.00	82
	女　性	23.73	8.47	67.80	0.00	59

本章小结

一　失业或待业问题

本报告所涉及的七个省区，被访者在工作的人员占了近半数。失业或者待业的人员占 2.13%，但是西南三省区失业或者待业人员的比例只有 0.61%，西北四省区这一比例为 3.47%。由此可见，西北四省区被访者中失业或待业人员占的比例较高，而在西北四省区中宁夏回族自治区的比例最高，达到5.47%。在西北四省区的主要民族中，失业或待业人员比例较高的是回族、维吾尔族和藏族，其失业或待业人员的例分别为4.94%、4.13%和3.17%。在西南三省区的主要民族中，失业或待业比例较高的是瑶族，比例为1.18%。

理论上，将充分就业状态下的失业率视为自然失业率，一般认为自然失业率介于1.5%～2.5%。在西北四省区失业或待业人员的比例已经超过2.5%，这一点需要当地政府和相关部门予以足够的重视，给当地农村人员创造更多的就业机会，以减少当地失业或待业人员，这不仅有利于提升当地百姓的生活质量，也有利于维持当地的社会安定。

二 外出从业人员比例

以行政村作为研究主体。被访村外出从业人员占本村劳动力总人数的50%以内的村落几乎占了全部村落的90%，从显示的结果看出，湖南行政村外出从业人员的比例相较于其他地区大些，其外出从业人员占本村劳动力人数的比例在25%～50%的比重是民族七省区里最高的。

民族七省区总体被访者中外出从业人员的比例为29.6%，其中男性的37.3%、女性的20.9%在外从业。少数民族在外从业的比例要高于汉族。在西北四省区有26%的人员外出从业，其中男性的35.8%、女性的15.2%在外从业。西北四省区的少数民族外出从业的比例也大于汉族。西北的主要民族中，外出从业人员占比例最高的是撒拉族，达到了42.9%，其次是回族，这一比例为38.5%，最低的是蒙古族只有6.55%。在西南三省区有33.1%的人员在外从业，其中男性有38.7%、女性有26.6%在外从业。在该地区，少数民族的外出从业比例也高于汉族。西南三省区的主要民族中，苗族、瑶族和土家族外出务工的比例较大，有36%左右，而其他三个民族的外出务工的比例在30%左右。

三 外出从业情况

民族七省区被访者外出务工的主要渠道首先都是通过朋友或者熟人介绍，其次是通过家人或者亲戚介绍。在性别差异方面，男性通过朋友或熟人介绍的比例要大于女性，而女性通过家人或者亲戚介绍的比例则大于男性。此外，女性通过政府或社区安排介绍、通过商业职介和招聘广告的方式找到工作的比例也要比男性高些。在民族七省区主要民族里，外出务工者通过朋友或熟人找到工作的比例在各民族中，最大的是瑶族，比例为71%，回族的比例最低，比例为46.5%。

西南三省区被访者第一次外出从业的地点在省外的比例达到77.7%，而西北三省区只有18.6%。西北三省区第一次外出从业的地点为县外省内的比例较高，这一比例为52.6%。

被访者在外从业开业时向亲友借款的比例要比贷款的比例高，而且男性借款或贷款的比例要比女性高。通过西北四省区与西南三省区的比较，西北四省区向亲友借款的比例比西南三省区高出近二十个百分点，在贷款方面两个地区差异不大。

在本地打算外出的被访者比例在西北四省区较之西南三省区的比例要高。西南三省区有将近60%的人员在2012年不打算外出，西北四省区的这一比例为66.3%。其中不打算外出的女性比例要大于男性。民族七省区中，目前在本地并打算外出的比例最高的是青海省，这一比例为27.4%。在各主要民族中，目前在本地并打算外出比例最高的民族是藏族，这一比例为28.1%。

第六章　西部民族地区的教育

教育是关系国计民生的大事，关注偏远地区、少数民族地区的教育发展状况是促进教育发展的重要内容。教育的发展不但是实施全面小康建设战略的重要组成部分，也能为西部地区发展提供人力资本的支持，有利于实现社会公平。西部少数民族聚居地区因地处偏远、经济发展水平落后、民族成分复杂等因素，教育水平也呈现不同特点，本章通过对相关指标的分析，以期全面反映西部民族七省区不同民族的教育状况。

本章主要统计分析民族七省区城镇和农村的教育状况，从语言能力、受教育程度和语言教育情况三方面进行描述。在每节中，分别按城镇、农村以及城乡差异三方面进行相应指标的统计分析，并进行民族间和省区间的比较。由于我国民族分布具有地域性，本文在分析时，西北四省区统计分析的主要民族有汉族、蒙古族、回族、藏族、维吾尔族、哈萨克族、撒拉族，西南三省区统计分析的主要民族有汉族、苗族、侗族、瑶族、土家族、壮族。省区之间的比较主要是对西北四省区（新疆、内蒙古、青海、宁夏）和西南三省区（湖南、广西、贵州）之间进行对比。通过对相关指标不同角度的比较，综合反映民族七省区的教育状况。由于统计时的四舍五入，个别比例之和不等于100%。

第一节　语言能力

许多少数民族有自己本民族的语言，对本民族语言和文字的掌握能力是教育水平的重要指标。本节主要从城镇、农村以及城乡差异三个角度进行统计，统计的指标主要有对本民族语言和本民族文字（如果有的话）的掌握情况以及对汉语口语以及中文（汉字）的掌握情况。其中本民族语言、本民族文字和汉语口语只针对少数民族进行统计。在衡量对语言掌握情况方面，将语言掌握情况分为四个等级：较强、基本、简单和不会。为简便论述，本文将简单和不会两类合并。

一　城镇居民语言能力

城镇地区主要是将本民族语言、本民族文字、汉语口语和中文（汉字）的掌握情况分别进行民族间和省区间比较。虽然同属城镇居民，但是民族省区地域广阔，经济发展存在差异，教育资源分布不同，各地在语言能力方面可能存在差异。

（一）语言能力的民族差异

从表6－1、表6－2可以看出，西北四省区受访者中，维吾尔族对本民族语言和本民族文字的掌握情况最好，其对本民族的语言和文字的掌握能力较强的比例分别为91.2%和68.1%。对本民族语言和本民族文字掌握情况最差的是青海的藏族，其对本民族语言和文字掌握能力较强的比例分别为29.0%和13.0%。从对当地汉语口语（方言）和中文读写的掌握情况来看，撒拉族对二者掌握情况是以上几个民族中最好的，但是由于样本量过小，不具有统计学意义。蒙古族对当地汉语口语（方言）和中文读写

表6－1　各民族城镇少数民族语言能力状况分布（一）

单位：人，%

地区	民族	本民族语言的沟通能力				本民族文字的读写能力			
		较强	基本	简单或不会	样本量	较强	基本	简单或不会	样本量
西北四省区	蒙古族	48.7	7.1	44.3	452	34.6	11.7	53.7	454
	藏族	29.0	7.3	63.7	124	13.0	8.1	78.9	123
	维吾尔族	91.2	3.0	5.8	498	68.1	15.3	16.7	498
	哈萨克族	56.5	28.5	15.1	186	51.1	21.5	27.4	186
	撒拉族	25.0	25.0	50.0	4	—	—	—	0
西南三省区	苗族	18.8	18.9	62.3	729	7.9	9.5	82.7	611
	侗族	21.5	11.8	66.7	279	4.6	4.6	90.9	219
	瑶族	38.9	11.5	49.6	131	9.6	21.7	68.7	115
	土家族	6.3	5.8	87.9	240	3.6	6.7	89.7	193
	壮族	28.5	10.9	60.6	302	3.6	7.5	88.9	252

的掌握能力较强的比例分别为68.8%和61.1%，最差的则是维吾尔族，以上两种指标掌握能力较强的比例分别为29.3%和18.3%。通过对比可以发现，对当地汉语口语（方言）和中文读写的掌握情况除维吾尔族外的其他民族间差异较小，而对本民族语言和文字掌握情况存在很大差异。这与普通话在生活中的广泛应用、本民族语言的日常应用以及民族的文化传统比如宗教信仰等因素有关。

在西南三省区受访者中，瑶族对本民族语言和本民族文字掌握能力最好，对二者掌握能力较强的比例分别为38.9%和9.6%。土家族对本民族语言和本民族文字掌握情况最差，对本民族语言和本民族文字掌握能力较强的比例仅为6.3%和3.6%。虽然西南三省区各少数民族对本民族语言和本民族文字的掌握程度不高，但是对当地汉语口语（方言）和中文的掌握能力则较好，各民族对当地汉语口语（方言）掌握能力较强的比例基本都在50%以上（除壮族为49.0%），对中文读写掌握较好的比例也都在50%左右。

表6－2　各民族城镇少数民族语言能力状况分布（二）

单位：人，%

地　区	民　族	当地汉语口语（方言）的沟通能力				中文（汉字）的读写能力			
		较强	基本	简单或不会	样本量	较强	基本	简单或不会	样本量
西北四省区	汉　族	—	—	—	—	52.5	31.8	15.8	3294
	蒙古族	68.8	17.5	13.6	462	61.1	24.7	14.2	535
	回　族	56.3	27.8	15.9	911	41.2	32.4	26.5	930
	藏　族	62.8	17.4	19.8	121	42.7	25.0	32.3	124
	维吾尔族	29.3	21.1	49.6	498	18.3	19.9	61.9	498
	哈萨克族	40.3	40.3	19.4	186	31.7	35.5	32.8	186
	撒拉族	100.0	0.0	0.0	4	100.0	0.0	0.0	4
西南三省区	汉　族	—	—	—	—	43.6	38.6	17.8	2065
	苗　族	64.2	22.1	13.7	751	51.0	33.5	15.6	759
	侗　族	72.4	16.6	11.0	283	47.0	35.1	17.9	313
	瑶　族	55.6	28.6	15.8	133	55.9	30.3	13.8	145
	土家族	59.0	17.2	23.8	261	55.1	29.3	15.6	263
	壮　族	49.0	23.7	27.3	300	50.6	34.9	14.5	318

注：本民族语言、本民族文字、汉语口语仅针对少数民族，故汉族没有该指标，同时因回族没有本民族语言和文字，所以将其省略。

从西北四省区和西南三省区受访者语言能力对比情况来看：西北四省区对本民族语言文字掌握能力较强，而西南三省区的汉语口语（方言）和中文的掌握能力更强。西北四省区本民族语言掌握能力的民族间差异较大。

（二）语言能力的省际差异

整体而言，民族七省区受访者对本民族语言和本民族文字掌握能力较强的比例分别为 33.0% 和 21.2%，而对当地汉语口语（方言）和中文读写能力掌握较强的比例却达 56.9% 和 47.7%。可见对当地汉语口语（方言）和中文读写能力的掌握情况要好于对本民族语言和本民族文字的掌握情况。

分区域看，西北四省区受访者对本民族语言和本民族文字的掌握情况要强于西南三省区受访者，但是对当地汉语口语（方言）的掌握情况要弱于西南三省区。

分省区看，新疆受访者对本民族语言和本民族文字掌握情况最好，对二者掌握能力较强的比例分别高达 79.7% 和 60.4%。对当地汉语口语（方言）的掌握情况，贵州（黔东南）受访者表现最好，对当地汉语口语（方言）掌握能力较强的比例达 77.4%。最差的省份是新疆，其受访者对当地汉语口语（方言）的掌握能力较强的比例仅为 37.5%。在中文读写能力方面，内蒙古受访者对汉字掌握能力较强的比例为 60.8%，远高于民族七省区受访者的总体水平。宁夏受访者对中文读写能力掌握情况最差，能力较强的比例仅为 39.3%。就语言能力总体而言，内蒙古受访者各方面表现都比较好，表明民族七省区中内蒙古受访者的语言能力较高。

表 6－3 各地区城镇语言能力状况分布（一）

单位：人，%

地 区	本民族语言的沟通能力				本民族文字的读写能力			
	较强	基本	简单或不会	样本量	较强	基本	简单或不会	样本量
民族七省区	33.0	10.6	56.5	3725	21.2	9.4	69.4	3393
西北四省区	44.8	7.8	47.4	1905	33.3	9.7	57.1	1898
内蒙古	49.2	6.3	44.6	431	35.3	11.0	53.7	436
青海	23.4	7.3	69.4	261	11.9	6.2	82.0	244
新疆	79.7	10.7	9.6	728	60.4	15.7	23.9	738

续表

地　区	本民族语言的沟通能力				本民族文字的读写能力			
	较强	基本	简单或不会	样本量	较强	基本	简单或不会	样本量
西南三省区	20.6	13.5	66.0	1820	5.9	9.1	85.0	1495
广西	32.1	9.7	58.2	443	6.8	13.3	80.0	385
贵州（黔东南）	15.3	11.6	73.1	536	0.8	1.0	98.2	508
湖南	17.8	16.7	65.5	841	9.6	13.3	77.1	602

注：因宁夏回族没有本民族的语言文字，所以在上表中省略。

表 6－4　各地区城镇语言能力状况分布（二）

单位：人，%

地　区	当地汉语口语（方言）的沟通能力				中文（汉字）的读写能力			
	较强	基本	简单或不会	样本量	较强	基本	简单或不会	样本量
民族七省区	56.9	22.7	20.5	4154	47.7	32.3	20.0	9851
西北四省区	52.6	24.1	23.4	2278	47.8	30.0	22.2	5799
内蒙古	72.1	17.0	10.9	448	60.8	26.0	13.2	1302
宁夏	51.3	30.2	18.5	696	39.3	38.2	22.5	1518
青海	64.1	16.8	19.1	345	46.9	31.4	21.7	1473
新疆	37.5	25.9	36.6	789	46.2	23.8	30.1	1506
西南三省区	62.1	21.0	17.0	1876	47.6	35.6	16.8	4052
广西	49.3	27.0	23.7	434	46.3	37.0	16.8	1545
贵州（黔东南）	77.4	11.4	11.2	544	50.9	32.0	17.1	890
湖南	59.0	23.8	17.2	898	47.1	36.2	16.8	1617

二　农村居民语言能力

农村地区是将本民族语言、本民族文字、当地汉语口语（方言）和中文（汉字）的掌握情况四个指标分民族和省区进行比较。农村地区由于面积较大，交通不便，经济发展水平较差以及学校、师资等教育资源缺乏等因素，对语言和文字的掌握情况差异明显。

（一）语言能力的民族差异

西北四省区各民族受访者中，对本民族语言掌握情况较强的民族有维吾尔族、哈萨克族和撒拉族，以上三个民族对本民族语言掌握能力较强的比例均在76%～79%。另外，维吾尔族和哈萨克族对本民族文字的掌握情况也较好，对本民族文字掌握能力较强的比例分别达45.5%和52.1%。但是维吾尔族对当地汉语口语（方言）和汉字的掌握情况则不太理想，掌握能力较强的比例分别为2.2%和1.6%。蒙古族是西北四省区除回族外对当地汉语口语（方言）和汉字掌握情况都比较好的民族，对方言和汉字掌握能力较强的比例为34.1%和15.3%（见表6－5、表6－6）。

西南三省区各民族受访者中，壮族对本民族语言掌握情况最好，掌握能力较强的比例为74.4%，而土家族对本民族语言掌握情况最差，掌握能力较强的比例为19.7%。土家族对本民族文字掌握能力最好，但对本民族文字掌握能力较强的比例也仅为3.9%。可见，西南三省区各民族对本民族文字的掌握能力均较差。就当地汉语口语（方言）而言，土家族对当地汉语口语（方言）的掌握能力最好，掌握能力较强的比例高达73.9%，远高于西南其他民族。从中文（汉字）掌握情况来看，掌握情况最好的为土家族，最差的为苗族，二者相差11.0个百分点。

总体而言，西北四省区民族间语言能力差异较西南三省区更大，不同民族的语言能力差异很明显。但有一个共同的特点，是对本民族语言的掌握情况要好于对本民族文字的掌握情况，这也是农村地区教育水平低的表现。

表6－5　各民族农村少数民族语言能力状况分布（一）

单位：人，%

地区	民族	本民族语言的沟通能力				本民族文字的读写能力			
		较强	基本	简单或不会	样本量	较强	基本	简单或不会	样本量
西北四省区	蒙古族	65.3	13.9	20.8	819	23.3	34.3	42.4	816
	藏族	65.4	7.4	27.3	1464	15.9	17.5	66.6	1453
	维吾尔族	78.2	13.1	8.8	2243	45.5	28.7	25.8	2228
	哈萨克族	76.8	12.2	11.0	336	52.1	23.4	24.6	334
	撒拉族	76.4	9.8	13.8	441	14.3	85.7	0.0	7
西南三省区	苗族	55.5	18.8	25.7	4209	2.3	5.0	92.7	2508
	侗族	48.3	13.7	37.9	2198	2.5	3.9	93.6	1573
	瑶族	36.0	22.4	41.6	558	1.5	8.3	90.2	204
	土家族	19.7	9.5	70.8	645	3.9	3.9	92.1	127
	壮族	74.4	15.8	9.8	1728	0.5	0.8	98.7	1234

表 6-6　各民族农村少数民族语言能力状况分布（二）

单位：人，%

地　区	民　族	当地汉语口语（方言）的沟通能力				中文（汉字）的读写能力			
		较强	基本	简单或不会	样本量	较强	基本	简单或不会	样本量
西北四省区	汉　族	—	—	—	—	28.1	37.2	34.7	7531
	蒙古族	34.1	37.4	28.6	819	15.3	33.7	51.1	793
	回　族	51.7	37.0	11.3	2822	14.5	27.2	58.3	2417
	藏　族	19.4	17.1	63.5	1464	11.8	14.9	73.2	1031
	维吾尔族	2.2	2.9	94.9	2183	1.6	2.6	95.9	1159
	哈萨克族	17.7	32.6	49.7	334	6.6	14.4	79.0	333
	撒拉族	23.8	40.8	35.4	446	6.1	17.5	76.4	445
西南三省区	汉　族	—	—	—	—	13.0	42.1	44.9	3326
	苗　族	41.2	39.8	19.1	4411	11.8	43.7	44.6	4418
	侗　族	42.0	38.3	19.7	2355	14.6	42.9	42.5	2369
	瑶　族	35.9	48.0	16.2	675	20.2	41.7	38.1	693
	土家族	73.9	17.3	8.8	716	22.8	34.8	42.4	762
	壮　族	35.4	44.1	20.6	1716	18.4	39.5	42.1	1727

注：本民族语言、本民族文字、汉语口语仅针对少数民族，故汉族没有该指标，同时因回族没有本民族语言和文字，所以将其省略。

（二）语言能力的省际差异

从民族七省区受访者的数据来看，对本民族语言和当地汉语口语（方言）掌握能力较强的比例分别为55.4%和37.3%，要远高于本民族文字和中文掌握能力较强的14.6%和17.5%，对中文（汉字）的掌握情况要好于对本民族文字的掌握情况。

就区域而言，西南三省区受访者对本民族语言和本民族文字的掌握能力要弱于西北四省区，这在对本民族文字掌握方面表现更明显。从表6-7的数据可以看出，两个地区受访者掌握本民族语言能力较强的比例相差5.7个百分点，而本民族文字掌握能力较强方面则相差23.3个百分点。对汉语口语的掌握情况则相反，西南三省区受访者掌握能力较强的比例为43.6%，要高于西北四省区的29.4%。但是对中文（汉字）的掌握情况，西北四省区受访者的掌握情况则要好于西南三省区受访者，这可能与地区间地理环境、民族之间的差异和教育设施诸多因素有关。

就省区而言，新疆是对本民族语言和本民族文字掌握情况最好的省份，新疆受访者对二者掌握能力较强的比例分别为77.6%和47.7%。但是对当地汉语口语（方言）掌握情况方面，新疆受访者相应的比例仅为6.8%。通过以上数据可以看到，省区之间存在明显差异。内蒙古受访者对中文（汉字）的掌握情况最好，对其掌握能力较强的比例为36.4%，贵州（黔东南）的情况则较差，相应的比例为10.4%。

总的来看，各省区之间依然存在这种现象：对本民族语言的掌握情况要好于对本民族文字的掌握情况，对本民族语言掌握情况要好于对当地汉语口语（方言）的掌握情况（除广西和湖南外）。

表6-7　各地区农村语言能力状况分布（一）

单位：人，%

地　区	本民族语言的沟通能力				本民族文字的读写能力			
	较强	基本	简单或不会	样本量	较强	基本	简单或不会	样本量
民族七省区	55.4	13.8	30.8	17038	14.6	11.9	73.5	12878
西北四省区	58.8	9.4	31.8	6873	25.6	19.0	55.4	6803
内蒙古	64.7	13.8	21.5	828	22.7	34.3	43.1	829
青海	58.9	7.4	33.7	2294	12.1	13.0	75.0	2083
新疆	77.6	12.6	9.8	2777	47.7	26.7	25.6	2726
西南三省区	53.1	16.7	30.2	10165	2.3	4.0	93.7	6075
广西	72.1	15.3	12.7	3002	1.5	2.9	95.6	1752
贵州（黔东南）	55.7	19.0	25.3	4323	2.0	4.1	93.9	3337
湖南	29.2	14.8	56.0	2840	4.8	5.4	89.9	986

注：因宁夏回族没有本民族的语言文字，所以在上表中省略。

表6-8　各地区农村语言能力状况分布（二）

单位：人，%

地　区	当地汉语口语（方言）的沟通能力				中文（汉字）的读写能力			
	较强	基本	简单或不会	样本量	较强	基本	简单或不会	样本量
民族七省区	37.3	31.7	31.0	19297	17.5	35.4	47.2	28537
西北四省区	29.4	23.6	47.1	8588	20.2	29.3	50.4	14359
内蒙古	35.0	36.8	28.2	837	36.4	33.6	30.1	3456
宁夏	55.5	34.2	10.3	1961	17.9	39.1	43.0	3707
青海	31.8	26.4	41.8	2989	11.6	22.8	65.6	4287

续表

地　区	当地汉语口语（方言）的沟通能力				中文（汉字）的读写能力			
	较强	基本	简单或不会	样本量	较强	基本	简单或不会	样本量
新疆	6.8	9.1	84.1	2801	16.7	21.5	61.8	2909
西南三省区	43.6	38.3	18.1	10709	14.7	41.5	43.8	14178
广西	39.2	40.8	20.0	3112	16.2	40.8	43.0	4552
贵州（黔东南）	42.7	38.6	18.7	4430	10.4	39.6	50.1	5368
湖南	49.2	35.4	15.4	3167	18.4	44.7	36.9	4258

三　城乡之间差异

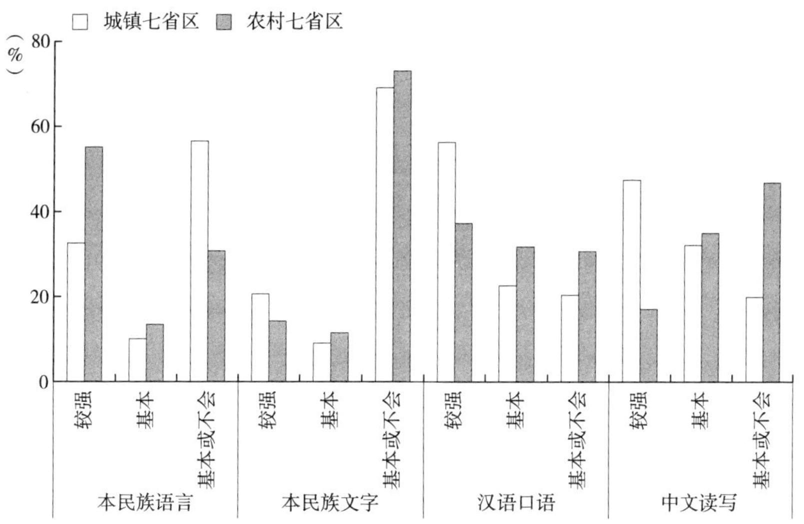

图 6－1　语言能力城乡差异

由图 6－1 可知，农村地区受访者对本民族语言的掌握情况要好于城镇地区受访者，但是在本民族文字、当地汉语口语（方言）和中文读写能力方面都要弱于城镇地区受访者，这说明农村地区教育发展比较落后，识字率较低。

就各项指标而言，从对本民族语言的掌握情况来看，农村地区受访者掌握能力较强的比例要高于城镇受访者相应比例约 20 个百分点，但是农村地区受访者对本民族文字、当地汉语口语（方言）和中文（汉字）掌握能力较强的比例均低于城镇地区相应的比例。总之，就语言能力方面，农村地区和城镇地区之间存在较大的差距。

第二节 受教育程度

受教育程度是衡量教育水平的重要指标。本节分城镇、农村以及城乡差异三部分进行统计分析。其中采用的指标主要有两个：人均受教育年限和最高受教育程度。"人均受教育年限是指某一特定年龄段人群接受学历教育（包括普通教育和成人学历教育，不包括各种非学历培训）的年限总和的平均数。普通教育包括：普通小学、初中、高中、职业初中、职业高中、中等专业学校、技工学校、大学专科、大学本科、硕士、博士。该指标是反映一个国家或地区劳动力教育程度或国民素质的重要指标之一。人均受教育年限 =（某一特定年龄段人群中每个人的受教育年限之和/该年龄段人群总数）×100%"[①]（这里取值范围为 0 ~ 24 年）。而最高受教育程度是指所接受的最高正规教育程度，该指标能够反映该地区人才的层次。每部分中，每项指标均分民族和省区进行统计。而最高受教育程度分为小学及以下、初中、高中、职高/技校/中专/大专、本科、研究生六类，划分依据参照北京大学中国社会科学调查中心发布的《中国报告：2010 民生》[②]。

一 城镇地区受教育程度

城镇地区受访者的受教育程度统计指标分为人均受教育年限和最高受教育程度，然后将这两个指标分别就不同民族和不同省区进行统计，最后再将该指标分别进行民族间和省际比较。

（一）受教育程度的民族差异

1. 人均受教育年限

从表 6 - 9 数据来看，撒拉族受访者的人均受教育年限最高，达 12.3 年，但是由于撒拉族的样本量只有 4 人，没有统计意义。其次，哈萨克族人均受教育年限也较长，达 11.7 年，人均受教育年限最低的是藏族，为 9.2 年，二

① 来源：上海统计局网站，http://www.stats - sh.gov.cn/tjzx/201103/86153.html。

② 北京大学中国社会科学调查中心编《中国报告：2010 民生》，北京大学出版社，2010，第 122 页。

者相差 2.5 年。西南三省区受访者中，壮族的人均受教育年限最高，其受教育年限为 10.2 年，瑶族的最低，为 9.5 年，二者相差 0.7 年。

总体上，西北四省区受访者人均受教育年限在不同民族间差异较大，呈现两极分化特点，而西南三省区受访者人均受教育年限的民族间差异较小。

表 6 - 9　各民族城镇地区人均受教育年限分布

单位：年，人

地　区	民　族	人均受教育年限	样本量
西北四省区	汉　族	10.1	2581
	蒙古族	10.2	379
	回　族	9.3	676
	藏　族	9.2	103
	维吾尔族	9.7	435
	哈萨克族	11.7	156
	撒拉族	12.3	4
西南三省区	汉　族	10.0	1620
	苗　族	10.1	588
	侗　族	10.1	266
	瑶　族	9.5	109
	土家族	9.9	184
	壮　族	10.2	218

2. 最高受教育程度

不同民族受教育程度的分布情况可以反映该民族的人才结构。受过高层次教育的比例越高，说明该民族的整体教育水平越高，高层次人才越多。反之，则说明该民族平均教育水平较低。为了更方便地说明，将初中及以下统称为基础教育，而本科及以上则作为高层次教育。

就西北四省区受访者而言，表 6 - 10 的数据显示，回族有 59.8% 的人只接受过基础教育，而哈萨克族的基础教育占比最低，为 34.9%。从高层次教育占比情况来看，比例最高的为哈萨克族，有 29.0% 的受访者接受过高层次教育。而维吾尔族只有 11.4% 的人接受过高层次教育。二者对比可知，哈萨克族总体教育水平高，高层次人才比例高，而回族大部分人只接受过基础教育，教育水平在初中及以下。

西南三省区受访者中，土家族、苗族和汉族中接受基础教育的比例较多，其比例分别为45.5%、45.4%和45.2%，但是和其他民族差异不大。在高层次教育水平的分布中，占比最高的为侗族，有14.4%的人接受过高层次教育，而少数民族中瑶族仅有9.7%的人接受过高层次教育，在西南三省区主体民族中比例最低。

不同民族人才层次结构差异较大，这与地理位置、教育资源以及本民族情况紧密相关。

表6-10　各民族城镇地区最高受教育程度分布

单位：人，%

地　区	民　族	小学及以下	初中	高中	职高/技校/中专/大专	本科	研究生	样本量
西北四省区	汉　族	22.3	23.4	17.7	22.8	13.7	0.2	3353
	蒙古族	22.1	16.1	18.5	26.9	15.7	0.7	542
	回　族	39.3	20.5	12.4	15.4	11.8	0.5	946
	藏　族	38.4	15.2	10.4	22.4	12.0	1.6	125
	维吾尔族	33.5	20.0	14.0	21.0	11.4	0.0	499
	哈萨克族	27.4	7.5	4.3	31.7	29.0	0.0	186
	撒拉族	25.0	75.0	0.0	0.0	0.0	0.0	4
西南三省区	汉　族	22.1	23.1	18.8	26.9	9.0	0.1	2125
	苗　族	28.7	16.7	16.1	25.2	13.0	0.4	791
	侗　族	23.4	20.0	18.1	24.1	14.1	0.3	320
	瑶　族	13.8	15.9	17.9	42.8	9.7	0.0	145
	土家族	24.1	21.4	15.4	27.1	11.6	0.4	266
	壮　族	21.3	17.9	16.6	30.4	13.2	0.6	319

（二）受教育程度的省际差异

本部分主要是将城镇地区人均受教育年限和最高受教育程度进行省区之间的对比，以上两个指标的比较主要从民族七省区总体水平、西南三省区、西北四省区和各省区四个层面进行。

1. 人均受教育年限

人均受教育年限是衡量该地区教育水平的综合指标。从表6-11可以看到，就地区而言，西北四省区、西南三省区、民族七省区三者人均受教育年限均为10.0年。

就人均受教育年限而言，虽然西北四省区受访者的人均受教育年限等于西南三省区受访者的人均受教育年限，但是西北四省各省区情况差异较大。其中新疆人均受教育年限最高，达10.7年，青海这一指标最低，仅为9.5年，二者人均受教育年限相差1.2年。西南三省区中人均受教育年限最高的贵州（黔东南）与最低的湖南相差只有0.3年。可见，西南三省区教育水平分布比西北四省区更平均。

表6-11　各省区城镇地区人均受教育年限分布

单位：年，人

地　区	人均受教育年限	样本量
民族七省区	10.0	7629
西北四省区	10.0	4494
内蒙古	10.1	876
宁夏	9.8	1042
青海	9.5	1245
新疆	10.7	1331
西南三省区	10.0	3135
广西	10.0	1189
贵州（黔东南）	10.2	844
湖南	9.9	1102

2. 最高受教育程度

从表6-12可以看出，民族七省区受访者只接受过基础教育的比例为46.2%，而接受过高层次教育的比例为13.0%，说明民族七省区总体教育水平较低。

西北四省区受访者最高受教育程度为初中及以下的有47.8%，大部分人受教育程度不高，西南三省区相应的比例为44.1%，要好于西北四省区的情况。至于高层次教育的情况，西北四省区受访者接受过高层次教育的比例为14.3%，西南三省区相应比例为11.1%。比较而言，西北四省区人才分布较分散，高层次人才和低层次人才都较多，而西南三省区人才结构较集中。

就省区而言，宁夏受访者只接受过基础教育的比例最高，达57.1%，说明该省大部分人仅受过基础教育，内蒙古受访者的这一指标为37.1%，是七省区中最低的，二者相差20个百分点。至于接受过高层次教育的比例，新疆的最高，为19.9%，湖南的最低，为8.9%，二者相差11个百分点。可见，各省区人才结构存在较大差异。

表6-12 各省区城镇地区最高受教育程度分布

单位：人，%

地　区	小学以下	初中	高中	职高/技校/中专/大专	本科	研究生	样本量
民族七省区	25.3	20.9	16.6	24.1	12.6	0.4	10062
西北四省区	26.7	21.1	15.9	22.0	13.9	0.4	5892
内蒙古	19.1	18.0	22.9	25.1	14.5	0.5	1320
宁夏	34.0	23.1	12.0	18.6	11.8	0.5	1562
青海	27.8	26.1	16.5	19.1	10.1	0.3	1494
新疆	24.7	16.6	13.1	25.6	19.4	0.5	1516
西南三省区	23.4	20.7	17.6	27.2	10.8	0.3	4170
广西	19.1	20.6	19.4	29.9	10.9	0.2	1561
贵州（黔东南）	25.1	19.2	14.1	26.5	14.7	0.3	923
湖南	26.4	21.8	17.9	25.0	8.6	0.3	1686

二　农村地区受教育程度

农村地区经济发展、基础设施建设等较落后，可以推断其教育水平也要低于城镇地区。并且农村地域广泛，不同民族和地区之间存在很大差异。

（一）受教育程度的民族差异

1. 人均受教育年限

总体而言，西北四省区农村民族间教育水平差异较大，西南三省区教育水平农村民族间差异较小。而汉族作为唯一两个地区都统计的民族，以汉族作为标准来比较，则西北四省区农村汉族的人均受教育年限要高于西南三省区。

从表6-13数据可以看到，西北四省区各民族间差异较大，哈萨克族人均受教育年限最高，其人均受教育年限达7.7年，撒拉族人均受教育年限最低，仅为5.2年，二者相差2.5年。西北四省区汉族的人均受教育年限为7.3年。由于汉族人口较多，分布范围较广，也更接近于平均水平。

壮族是西南三省区人均受教育年限最高的民族，其人均受教育年限为7.5年，苗族的人均受教育年限最低，为6.9年，二者之间的差异为0.6年，远远小于西北四省区民族间的差异。

表6－13　各民族农村地区人均受教育年限分布

单位：年，人

地　区	民　　族	人均受教育年限	样本量
西北四省区	汉　　族	7.3	6206
	蒙 古 族	7.6	642
	回　　族	5.9	1795
	藏　　族	6.3	732
	维吾尔族	6.9	1618
	哈萨克族	7.7	188
	撒 拉 族	5.2	224
西南三省区	汉　　族	7.1	2511
	苗　　族	6.9	3596
	侗　　族	7.2	1993
	瑶　　族	7.0	458
	土 家 族	7.0	539
	壮　　族	7.5	1510

2. 最高受教育程度

从表6－14来看，西北各民族受访者中，绝大部分撒拉族人只接受过基础教育，该部分比例高达96.8%，而接受过高层次教育的比例仅为0.5%。蒙古族只接受过基础教育的比例为77.2%，虽然是西北四省区中最低的，但是也近80%，由此可见西北四省区农村地区教育水平较低。另外，蒙古族接受过高层次教育的比例最高，要高于其他民族，但也仅为4.5%。就蒙古族本身而言，整体教育水平依然很低。

西南主体民族受访者中，苗族最高受教育程度中基础教育的比例最高，为90.5%，但是和其他民族相差也都在8个百分点以内。至于接受过高层次教育的比例，侗族这一指标最高，但也仅为1.5%。可见整个西南三省区人才层次较低，并且民族间的最高受教育程度差异不大。

表 6－14 各民族农村地区最高受教育程度分布

单位：人，%

地 区	民 族	小学及以下	初中	高中	职高/技校/中专/大专	本科	研究生	样本量
西北四省区	汉 族	45.1	37.6	9.7	5.6	2.0	0.0	7832
	蒙古族	37.8	39.4	12.5	5.9	4.5	0.0	851
	回 族	69.8	22.1	4.9	2.4	0.9	0.0	2915
	藏 族	74.3	14.0	6.5	2.8	2.2	0.2	1482
	维吾尔族	52.0	37.6	7.1	2.9	0.4	0.0	2263
	哈萨克族	41.6	37.5	12.1	7.1	1.8	0.0	339
	撒拉族	89.7	7.1	1.3	1.3	0.5	0.0	448
西南三省区	汉 族	46.7	39.8	8.2	4.5	0.9	0.0	3642
	苗 族	55.3	35.2	6.2	2.7	0.6	0.0	4533
	侗 族	45.9	44.0	6.5	2.2	1.5	0.0	2408
	瑶 族	57.7	31.9	6.3	3.3	0.8	0.0	718
	土家族	48.5	34.8	10.5	5.4	0.8	0.0	771
	壮 族	43.0	42.6	7.6	5.6	1.1	0.1	1741

（二）受教育程度的省际差异

1. 人均受教育年限

民族七省区受访者人均受教育年限为7.0年，西北四省区也为7.0年，而西南三省区为7.1年。总体而言，西南三省区教育水平略高于西北四省区，同时也高于民族七省区平均水平。

具体到省区，内蒙古是西北四省区受访者中人均受教育年限最高的省区，达7.6年。而人均受教育年限最低的省份是青海，其人均受教育年限仅为6.0年，二者相差1.6年。西南三省区受访者中人均受教育年限最高的是广西，其人均受教育年限为7.2年，贵州（黔东南）的人均受教育年限最低，为7.0年。西南地区最高和最低相差0.2年。可见，西北四省区不但人均受教育水平较低，而且各省之间差异也较大。

2. 最高受教育程度

民族七省区农村受访者中各省区只接受过基础教育的比例较高，各省区该项比例都在80%以上，接受过高层次教育的比例很少，最高也只有2.5%。这表明农村地区各省区教育水平普遍较低，高学历人才较少。

表 6－15　各省区农村地区人均受教育年限分布

单位：年，人

地　　区	人均受教育年限	样本量
民族七省区	7.0	23156
西北四省区	7.0	11834
内蒙古	7.6	2852
宁夏	6.7	2880
青海	6.0	3096
新疆	7.5	3006
西南三省区	7.1	11322
广西	7.2	3586
贵州（黔东南）	7.0	4615
湖南	7.1	3121

就地区而言，西北四省区受访者的情况要稍好于西南三省区受访者情况。西北四省区只接受过基础教育的比例为 85.7%，西南三省区该比例为 88.3%，二者差别不大，也与民族七省区 86.9% 的平均水平很接近。就高层次教育而言，西北四省区的 1.7% 和西南三省区的 0.9%，和民族七省区平均值的 1.3% 相差不大。

具体到省区，贵州（黔东南）受访者中只接受过基础教育的比例最高，为 91.3%，内蒙古相应的比例最低，但是也达 80.5%，这说明农村地区受教育程度普遍不高，绝大部分人受教育程度不超过初中。内蒙古是各省份中接受过高层次教育比例最高的，但是也仅为 2.5%，这反映出农村地区教育水平低。

表 6－16　各省区农村地区最高受教育程度分布

单位：人，%

地　区	小学以下	初中	高中	职高/技校/中专/大专/	本科	研究生	样本量
民族七省区	52.0	34.9	7.7	4.0	1.3	0.0	31671
西北四省区	53.9	31.8	8.3	4.3	1.7	0.0	16862
内蒙古	40.0	40.5	12.5	4.5	2.5	0.0	3653
宁夏	57.5	29.4	7.6	3.9	1.6	0.0	4224
青海	69.0	21.2	5.3	3.0	1.4	0.1	4867
新疆	44.8	39.0	8.6	6.2	1.4	0.0	4118

续表

地　区	小学以下	初中	高中	职高/技校/中专/大专/	本科	研究生	样本量
西南三省区	49.9	38.4	7.2	3.6	0.9	0.0	14809
广西	46.6	39.8	7.4	5.1	1.0	0.1	4806
贵州（黔东南）	55.4	35.9	5.8	1.8	1.1	0.0	5487
湖南	46.7	40.0	8.5	4.2	0.6	0.0	4516

三　城乡之间差异

城乡之间主要是把人均受教育年限和最高受教育程度这两个指标进行比较。从结果来看，城乡之间人均受教育年限和最高受教育程度差异较大。

（一）人均受教育年限差异

综合城镇和农村各省区人均受教育年限可以得到城乡人均受教育年限柱状图（见图6－2）。

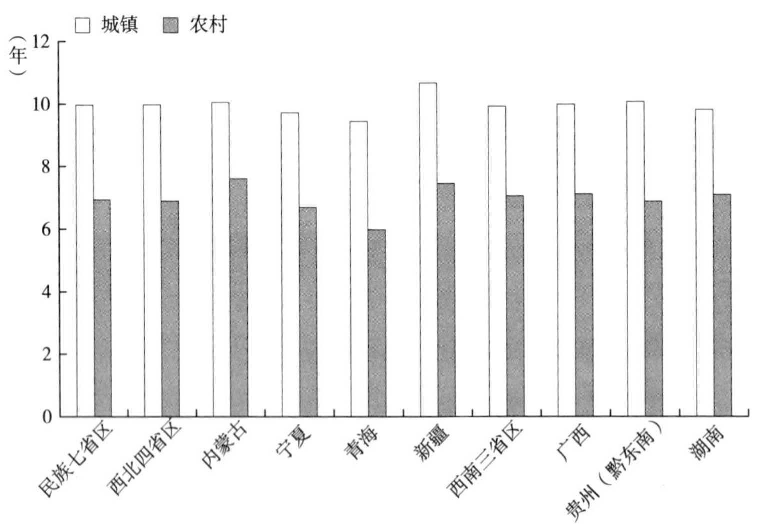

图6－2　人均受教育年限城乡差异

就平均水平而言，城镇受访者的受教育年限要比农村高3年左右。但是无论城镇地区还是农村地区，人均受教育年限各省区之间都有一定的差异。

如图6-2所示，西北四省区和西南三省区的城镇平均受教育年限均为10.0年。西北四省区农村受访者的平均受教育年限为7.0年，要低于西南三省区受访者0.1年。表明城镇地区不但平均受教育年限要高于农村地区，并且地区间差异要小，教育水平更平均。

具体到省区，城镇地区受访者中，新疆的人均受教育年限最高，达10.7年，青海最低，为9.5年，二者相差1.2年。农村地区受访者中，内蒙古的人均受教育年限最高，达7.6年，青海最低，为6.0年，二者相差1.6年。可见，农村地区省区之间受教育年限差异要大于城镇地区。

（二）最高受教育程度差异

根据农村和城镇总体最高受教育程度的分布情况，可将二者各阶段情况反映在下面的折线图中。

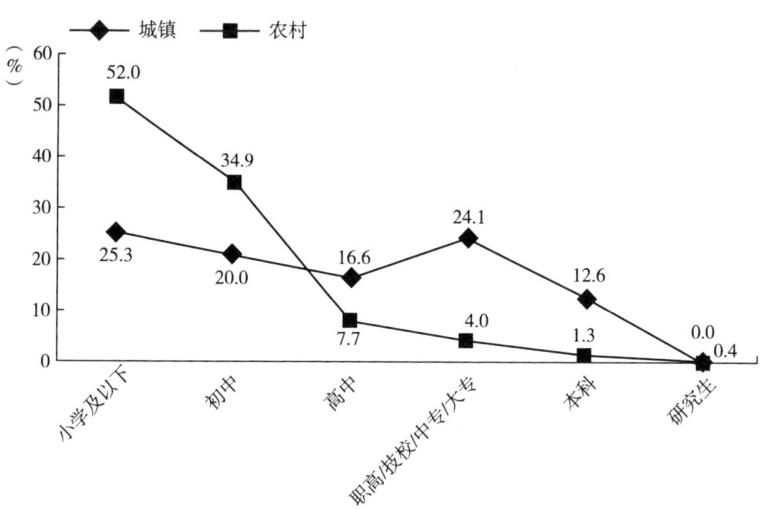

图6-3　最高受教育程度城乡差异

农村地区受访者的受教育程度较低，其中只受过小学及以下教育的比例高达52.0%，受过高中教育的比例也仅为7.7%，此后各阶段的比例更低，都在5.0%以下。比较而言，城市受访者中只受过小学及以下教育的比例约为农村的一半，为25.3%，而且小学、初中、高中和职高/技校/中专/大专的比例相差不大。只在此后才随教育程度层次的提高，相应比例开始下降。

可以看出，城乡之间最高受教育程度的主要特点有：城镇地区受访者从小学到职高/技校/中专/大专的分布比例大致相同，各阶段的比例均在20%左右。而农村受访者最高受教育程度则集中在小学，其比例达52.0%，说明农村地区教育水平很低，过半人群仅上过小学。另外，从趋势来看，城镇地区最高受教育程度曲线比较平缓，随着受教育程度提高有稍微下降的趋势，而农村地区从小学到高中的趋势是急剧下降，并且随后一直维持在较低比例，说明随着受教育程度提高，很少有人继续更高层次的教育。农村和城镇在最高受教育程度的分布上差异较大。

第三节　语言教育情况

语言教育主要统计的是民族七省区的学校语言教育供给状况，统计时主要采用两个指标，一个是在校生情况，另外一个是小学、初中以及高中/职高/技校/中专的语言教授情况。而本章的统计也是针对未成年人即年龄在18周岁及以下的家庭成员，语言教授情况统计的是少数民族的语言教育状况。统计在校生情况能反映适龄人群的入学率。而语言教授情况一方面能影响少数民族对自己本民族语言及文字的掌握情况，另一方面也能够反映该地区教育条件供给情况。两个指标分为城镇、农村以及城乡比较三个部分，每部分从民族差异和省际差异两个维度进行。

一　城镇地区语言教育情况

城镇地区统计的指标有在校生比例（针对18周岁及以下的受访者）和不同教育阶段的授课语言，并将这两个指标分别进行民族间和省区间的比较。

（一）语言教育的民族差异

1. 在校生情况

就西北四省区受访者而言，在校生比例较高的民族是藏族和蒙古族，其比例分别达72.5%和71.4%，最低的是汉族，在校生比例为60.8%，和在校生比例最高的民族相差约10个百分点（撒拉族因样本量少，不具有统计意义，下同）。

瑶族的在校生比例是西南三省区受访者中最高的，达90.0%。但是其样本量仅有30人，可能与实际比例存在一定偏差。汉族的在校生比例最低，在校生比例为69.9%，但是要高于西北四省区的汉族。在校生比例最高和最低相差约20个百分点。西南三省区其他少数民族在校生比例均高于70%。

从表6－17的数据来看，西南三省区受访者在校生比例要高于西北四省区受访者，但是西南三省区民族间差异要大于西北四省区民族间差异。

表6－17　不同民族城镇地区在校生情况分布

单位：人，%

地　　区	民　　族	在校生	非在校生	样本量
西北四省区	汉　　族	60.8	39.2	648
	蒙 古 族	71.4	28.6	126
	回　　族	67.7	32.3	269
	藏　　族	72.5	27.5	40
	维吾尔族	65.4	34.6	133
	哈萨克族	67.2	32.8	58
	撒 拉 族	0.0	100.0	2
西南三省区	汉　　族	69.9	30.1	299
	苗　　族	70.8	29.2	185
	侗　　族	76.1	23.9	67
	瑶　　族	90.0	10.0	30
	土 家 族	80.3	19.7	66
	壮　　族	77.6	22.4	67

注：本表统计对象为18周岁及以下受访者。

2. 学校语言教育情况

就西北四省区受访者而言，由表6－18可知，维吾尔族开设本民族语言授课（包括双语和少语）的比例最高，小学阶段该比例高达73.2%，并且有18.3%的学校只用少数民族语言授课；初中阶段有少语授课的比例则减少到65.4%，高中等阶段为68.8%。总的来看，维吾尔族授课语言的情况是：小学阶段最高，初中阶段较小学阶段降低了7.8个百分点，但到高中等阶段又回升至68.8%。西北四省区开设少语授课比例最低的民族是蒙古族（除撒拉族外），其比例在小学阶段仅为12.3%。值得注意的是该统计的样本量较小，会存在一定偏差，但是民族间的差异是显而易见的。

表 6－18　各民族城镇地区学校语言教育情况分布

单位：人，%

地　区	民　族	小　学				初　中				高中/职高/技校/中专			
		汉语	少语	双语	样本量	汉语	少语	双语	样本量	汉语	少语	双语	样本量
西北四省区	蒙古族	87.7	9.2	3.1	65	80.7	12.9	6.5	31	85.7	10.7	3.6	28
	藏　族	80.0	20.0	0.0	20	66.7	33.3	0.0	9	100.0	0.0	0.0	2
	维吾尔族	26.8	18.3	54.9	71	34.6	26.9	38.5	26	31.3	25.0	43.8	16
	哈萨克族	84.4	3.1	12.5	32	71.4	14.3	14.3	7	75.0	25.0	0.0	4
	撒拉族	100.0	0.0	0.0	2	100.0	0.0	0.0	2	100.0	0.0	0.0	1
西南三省区	苗　族	99.0	1.0	0.0	101	100.0	0.0	0.0	48	100.0	0.0	0.0	35
	侗　族	95.5	2.3	2.3	44	90.5	9.5	0.0	21	88.9	11.1	0.0	18
	瑶　族	100.0	0.0	0.0	28	100.0	0.0	0.0	24	100.0	0.0	0.0	17
	土家族	100.0	0.0	0.0	62	100.0	0.0	0.0	47	100.0	0.0	0.0	30
	壮　族	97.7	2.3	0.0	44	100.0	0.0	0.0	33	100.0	0.0	0.0	19

注：统计对象为年龄在18周岁及以下受访者，由于回族没有本民族语言，故此处略去。少语指少数民族语言。下同。

西南三省区受访者中，有少数民族语言授课的比例整体较低。侗族是有少语教育比例最高的民族，小学阶段有少数民族语言授课的比例为4.6%，初中阶段增长到9.5%，到高中等阶段则达最高的11.1%。虽然侗族是西南三省区有少数民族语言授课中比例最高的，但是其比例却远低于西北四省区该比例最高的维吾尔族。除了壮族和苗族在小学阶段有很小的比例外，其他民族均没有开设少数民族语言授课。

总体而言，城镇地区各阶段学校开设少语授课的比例都比较低，但是西北四省区该比例要稍高于西南三省区的比例，同时不同民族之间开设少数民族语言授课的情况存在较大差异。

（二）语言教育的省际差异

1. 在校生情况

总体而言，民族七省区18周岁及以下受访者的在校生平均比例为67.3%，高于西北四省区受访者3.2个百分点，低于西南三省区受访者5.8个百分点。比较而言，西南三省区受访者的情况要好于西北四省区受访者，并且省区之间差异明显。

从表6－19数据可知，新疆是西北四省区受访者中在校生比例最高的省份，但该比例也仅为70.5%，同西南三省区受访者中比例最低的湖南省相同。而西北四省区受访者在校生比例最低的青海省，该比例为54.8%，与新疆相差15.7个百分点，与西南三省区在校生比例最高的贵州（黔东南）相差21.2个百分点。就该指标而言，西南地区受访者各省区比例都要高于西北地区受访者。

表6－19　各省区城镇地区在校生情况分布

单位：人，%

地　区	在校生	非在校生	样本量
民族七省区	67.3	32.7	2078
西北四省区	64.1	35.9	1327
内蒙古	68.9	31.1	235
宁夏	63.1	36.9	417
青海	54.8	45.2	323

续表

地　　区	在校生	非在校生	样本量
新疆	70.5	29.5	352
西南三省区	73.1	26.9	751
广西	74.3	25.7	269
贵州（黔东南）	76.0	24.0	167
湖南	70.5	29.5	315

注：统计对象为年龄在18周岁及以下受访者。

2. 学校语言教育情况

小学阶段，民族七省区少数民族受访者开设少数民族语言授课的学校比例较低，仅有12.1%。就地区而言，西北四省区少数民族受访者开设少语授课的比例达20.5%，较民族七省区总体情况高8.4个百分点，而西南三省区受访者开设少数民族语言授课的比例仅为1.5%。低于西北四省区19个百分点。具体到各省区，大部分省区开设少数民族语言授课的比例都在6%以下，但是新疆和内蒙古分别有44.9%和15.3%的学校开设少数民族语言授课，远高于其他省区相应的比例。

初中阶段，民族七省区少数民族受访者平均开设少语授课的比例为9.7%，较小学阶段低。西北四省区少数民族受访者用少数民族语言授课的比例为18.7%，高于七省区的平均水平。西南三省区少数民族受访者开设少数民族语言授课的比例仅为1.8%，较西北四省区低16.9个百分点。具体到省区，由表6-20可知，在初中阶段，大部分省区少语授课的比例都在10%以下。其中少语授课比例较高的省区为新疆和内蒙古，其比例分别为44.2%和16.7%，最低的为广西，少语授课比例为零，但由于样本量较小，不具有统计意义。但是可以确定的是省区之间差异明显。

高中等阶段，民族七省区少数民族受访者开设少数民族语言授课的比例为8.5%，与小学和初中阶段的总体比例相差不多。就地区而言，西北四省区少数民族受访者开设少数民族语言授课的比例为15.9%，稍低于小学阶段和初中阶段的比例。西南三省区少数民族受访者开设少数民族语言授课的学校比例仅为1.7%。具体到省区，很多省区在该阶段开设少数民族语言授课的比例要低于初中阶段的比例，这与样本量有一定关系。就省区间的比较而言，新疆开设少数民族语言授课的比例依然是最高的，为40.0%，远高于其他省区。但是由于样本量很小，不具有统计意义。

从表6－20数据可知，从小学到高中开设少语授课的学校比例都比较低。西北四省区少数民族受访者中开设少语授课的比例要高于西南三省区受访者，同时也高于民族七省区总体情况。至于各省区的情况，除新疆和内蒙古开设少语授课的比例较高外，其他省区开设少语授课的比例都很低。

表6－20　各省区城镇地区学校语言教育情况分布

单位：人，%

地区	小学				初中				高中/职高/技校/中专			
	汉语	少语	双语	样本量	汉语	少语	双语	样本量	汉语	少语	双语	样本量
民族七省区	87.9	3.8	8.3	636	90.3	3.8	5.9	320	91.5	3.6	4.9	223
西北四省区	79.4	5.9	14.6	355	81.3	8.0	10.7	150	84.1	7.5	8.4	107
内蒙古	84.7	11.9	3.4	59	83.3	10.0	6.7	30	87.5	8.3	4.2	24
青海	94.1	5.9	0.0	68	90.3	9.7	0.0	31	100.0	0.0	0.0	20
新疆	55.1	11.0	33.9	127	55.8	18.6	25.6	43	60.0	13.3	26.7	30
西南三省区	98.6	1.1	0.4	281	98.2	1.8	0.0	170	98.3	1.7	0.0	116
广西	98.7	1.3	0.0	77	100.0	0.0	0.0	59	100.0	0.0	0.0	37
贵州（黔东南）	98.5	1.5	0.0	67	96.7	3.3	0.0	30	100.0	0.0	0.0	30
湖南	98.5	1.5	0.0	137	97.5	2.5	0.0	81	95.9	4.1	0.0	49

注：因宁夏回族没有本民族的语言和文字，因而没有进行统计描述。本表统计对象为年龄在18周岁及以下的少数民族受访者。

二　农村地区语言教育情况

农村地区也是主要将在校生情况和学校语言教育情况进行民族间和省区间的比较。农村由于地处偏远，收入水平低，其入学率可能要低于城镇地区，但是由于是少数民族聚居区，其少语授课的比例可能要高于城镇地区。

（一）语言教育的民族差异

1. 在校生情况

总体上，农村地区受访者（18 周岁及以下）在校生比例要低于城镇地区受访者在校生比例。

西北四省区各民族受访者中，蒙古族的在校生比例为 67.3%，在各民族中比例最高，而维吾尔族的在校生比例最低，为 49.3%，二者相差 18 个百分点。壮族是西南三省区各民族受访者中在校生比例最高的，该比例高达 60.1%，汉族的最低，为 51.2%，二者相差 8.9 个百分点。对比可以发现，西北四省区民族间的差异要大于西南三省区民族间差异。

表 6－21　各民族农村地区在校生情况分布

单位：人，%

地　区	民　族	在校生	非在校生	样本量
西北四省区	汉　族	66.8	33.2	1701
	蒙古族	67.3	32.7	202
	回　族	53.0	47.0	1020
	藏　族	61.0	39.0	421
	维吾尔族	49.3	50.7	734
	哈萨克族	51.5	48.5	132
	撒拉族	50.3	49.7	159
西南三省区	汉　族	51.2	48.8	769
	苗　族	58.7	41.3	1132
	侗　族	58.9	41.1	533
	瑶　族	56.6	43.4	173
	土家族	51.8	48.2	191
	壮　族	60.1	39.9	351

注：本表统计对象为 18 周岁及以下受访者。

2. 学校语言教育情况

由表 6－22 数据可知，西北各民族受访者中，开设少数民族语言授课比例最高的民族是维吾尔族，小学阶段该比例高达 97.7%，初中阶段和高中等阶段也分别达 94.8% 和 67.5%，可以看到该比例随着教育层次的提高而有所降低。撒拉族的少数民族语言授课比例最低，三个阶段的比例都为0，但是由于初中阶段撒拉族的样本量仅为11人，高中等阶段样本量也只有2人，不具有统计意义。从表6－22可以看到，西北四省区有少数民族语言授课的比例在民族间存在很大差异。

西南三省区各民族受访者中，小学阶段，壮族开设少数民族语言授课的比例最高，为26.3%，土家族最低，为7.4%，二者相差18.9个百分点；初中阶段，苗族开设少数民族语言授课的比例最高，该比例为5.7%，壮族的最低，仅为1.2%，二者相差4.5个百分点，民族间差异较小学阶段有所缩小；高中等阶段，土家族是开设少数民族语言授课比例最高的，为9.1%，壮族该比例最低，可见民族间差异明显。

总体而言，农村地区提供少数民族语言授课的比例随着教育层次的提高而下降。西北四省区提供少语授课的比例要高于西南三省区的相应比例，并且民族间差异较大。

表6－22　各民族农村地区语言教育情况分布

单位：人，%

地区	民族	小学				初中				高中/职高/技校/中专			
		汉语	少语	双语	样本量	汉语	少语	双语	样本量	汉语	少语	双语	样本量
西北四省区	蒙古族	55.2	18.8	26.0	96	48.9	23.4	27.7	47	47.1	29.4	23.5	34
	藏族	19.1	16.2	64.7	167	19.7	7.9	72.4	76	25.6	74.4	0.0	43
	维吾尔族	2.3	23.1	74.6	264	5.2	27.7	67.1	155	32.4	24.3	43.2	37
	哈萨克族	40.0	27.7	32.3	65	38.2	38.2	23.5	34	35.7	28.6	35.7	14
	撒拉族	100.0	0.0	0.0	75	100.0	0.0	0.0	11	100.0	0.0	0.0	2
西南三省区	苗族	89.9	0.6	9.5	556	94.3	2.3	3.4	266	97.4	2.6	0.0	77
	侗族	88.8	11.2	0.0	258	97.9	0.7	1.4	145	94.1	2.0	3.9	51
	瑶族	76.8	23.2	0.0	95	98.0	2.0	0.0	51	100.0	0.0	0.0	26
	土家族	92.6	3.7	3.7	81	97.7	2.3	0.0	44	90.9	9.1	0.0	22
	壮族	73.7	0.6	25.7	175	98.8	1.2	0.0	82	100.0	0.0	0.0	37

注：统计对象为年龄在18周岁及以下受访者，由于回族没有本民族语言，故此处略去。

（二）语言教育的省际差异

1. 在校生情况

民族七省区受访者（18周岁及以下）平均在校生比例为57.6%，西北四省区受访者平均比例为58.6%，西南三省区受访者平均比例为56.1%，二者相差不大，而且各省区间相差也不大。

西北四省区受访者中，内蒙古在校生比例最高，为65.2%，青海的在校生比例最低，为55.7%，二者相差不到10个百分点。西南三省区受访者中，贵州（黔东南）的在校生比例最高，其比例为59.1%，广西的比例最低，为53.6%，二者相差5.5个百分点。

表6-23 各省区农村地区在校生情况分布

单位：人，%

地　区	在校生	非在校生	样本量
民族七省区	57.6	42.4	7977
西北四省区	58.6	41.4	4567
内蒙古	65.2	34.8	678
宁夏	60.7	39.3	1322
青海	55.7	44.3	1342
新疆	55.9	44.1	1225
西南三省区	56.1	43.9	3410
广西	53.6	46.4	1064
贵州（黔东南）	59.1	40.9	1410
湖南	54.5	45.5	936

注：统计对象为年龄在18周岁及以下受访者。

2. 学校语言教育情况

小学阶段，民族七省区少数民族受访者的回答中只提供汉语授课的比例达74.2%，有少数民族语言授课的仅占25.8%。就地区而言，西北四省区少数民族受访者有少语授课的比例达38.3%，较七省区整体高12.5个百分点。而西南三省区少数民族开设少数民族语言授课的比例仅为13.3%，远低于七省区整体的比例。具体到各省区，新疆受访者中开设少数民族语言授课的比例达81.0%，在七省区中比例最高。

初中阶段，民族七省区少数民族受访者的情况和小学阶段基本相似，只有汉语授课的比例达76.2%。西北四省区受访者初中阶段有少数民族语言授课的比例达46.1%，比民族七省区总体高22.4个百分点，比小学阶段相应比例高7.8个百分点。而西南三省区受访者有少数民族语言授课的比例却很低，仅有4.1%的学校设有少数民族语言授课，远远低于民族七省区总体情况和西南三省区小学阶段该比例。具体到省区，新疆的少数民族语言授课比例为84.4%，是各省区比例最高的。

高中等阶段，西北四省区受访者有少数民族语言授课的比例为44.6%，位于其小学阶段比例和初中阶段比例之间。西南三省区受访者有少数民族语言授课的比例依然很低，仅为3.6%。就省区而言，新疆有少数民族语言授课的比例为57.7%，是各省区中比例最高的。但是要比其小学阶段低23.3个百分点，比初中阶段低26.7个百分点。有少数民族语言授课比例最低的省区为广西，为1.4%。省区之间的比例差异较小学阶段有所缩小。

总体而言，开设少数民族语言授课的比例较低，不同教育阶段该比例存在较大差异，西北四省区开设少语授课的比例要高于西南三省区该比例。各省区也有一定差异，这可能与各省的民族分布情况、地理经济特征有关，此外，随着教育层次的提高，开设少语授课的比例略有下降的趋势。

表6-24　各省区农村地区学校语言教育情况分布

单位：人，%

地区	小学				初中				高中/职高/技校/中专			
	汉语	少语	双语	样本量	汉语	少语	双语	样本量	汉语	少语	双语	样本量
民族七省区	74.2	5.4	20.4	2576	76.2	7.2	16.5	1233	77.3	7.4	15.4	462
西北四省区	61.6	10.2	28.1	1279	53.9	14.2	31.9	577	55.3	14.4	30.2	215
内蒙古	56.6	18.2	25.3	99	51.1	23.4	25.5	47	45.5	30.3	24.2	33
青海	63.9	7.2	28.9	391	58.6	5.1	36.3	157	50.0	1.5	48.5	68
新疆	19.0	22.4	58.6	379	15.6	29.9	54.5	211	42.3	23.9	33.8	71
西南三省区	86.7	0.6	12.7	1297	95.9	1.1	3.0	656	96.4	1.2	2.4	247

续表

地　区	小　学				初　中				高中/职高/技校/中专			
	汉语	少语	双语	样本量	汉语	少语	双语	样本量	汉语	少语	双语	样本量
广西	74.1	0.6	25.3	328	98.2	0.6	1.2	169	98.6	1.4	0.0	72
贵州（黔东南）	92.2	7.8	0.0	593	95.2	0.7	4.1	292	96.4	3.6	0.0	83
湖南	88.8	1.6	9.6	376	94.9	2.1	3.1	195	94.6	3.3	2.2	92

注：因宁夏回族没有本民族的语言和文字，因而没有进行统计描述。本表统计对象为年龄在18周岁及以下的少数民族受访者。

三　城乡之间差异

综合以上城镇和农村各阶段语言教学供给情况，可以得出以下城乡语言教育情况柱状图。

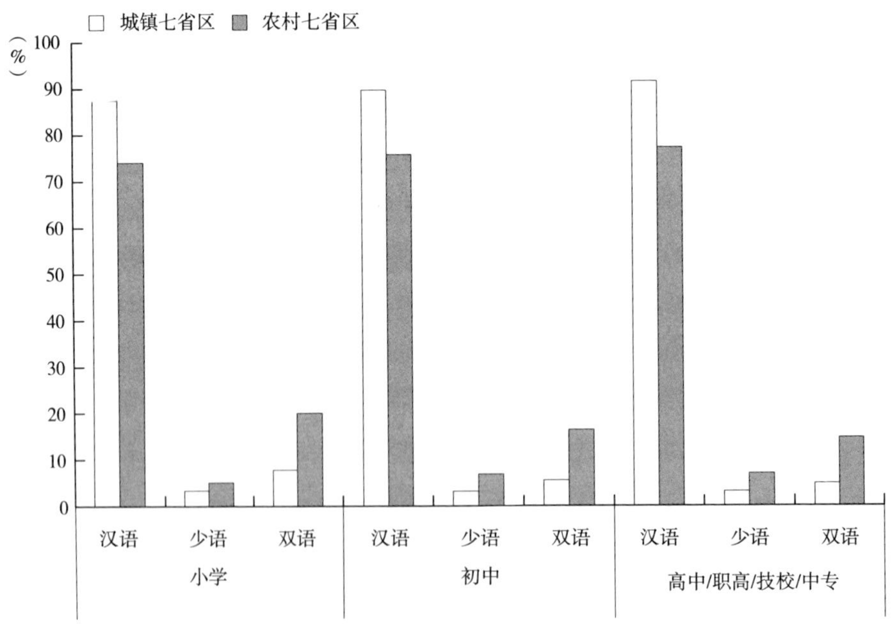

图6－4　语言教育情况城乡差异

由上图可以看出，无论是城镇少数民族受访者还是农村少数民族受访者，各教育阶段只提供汉语授课的占绝对高比例，其中城镇地区受访者各阶段比例均接近90%，农村受访者各阶段比例均在70%以上。农村地区提供少语或双语授课的比例要高于城镇地区。从提供少语和双语比例来看，农村地区三阶段的比例之和均在20%以上，要高于城镇地区的10%左右。

本章小结

本章主要从语言能力、受教育程度和语言教育情况三部分来统计分析民族七省区教育状况，并在民族间、省际以及城乡之间进行相应指标的比较。

语言能力情况：农村地区和城镇地区对本民族语言、本民族文字、当地汉语口语（方言）及中文（汉字）的掌握情况不同，并且省区、民族之间存在很大差异。

农村地区受访者对本民族语言掌握情况要好于城镇地区受访者，但是在文字的读写以及汉语口语和普通话方面不如城镇地区。各省区之间存在较大差距。就民族而言，对本民族语言掌握较好的有维吾尔族、哈萨克族，但是其对汉语的掌握能力则较差，城镇和农村情况都是如此。其他民族对本民族语言、文字和当地汉语口语（方言）及中文（汉字）的掌握情况则存在较大差异，这与地理位置、宗教或本民族文化等有关。

受教育程度：城镇地区在受教育年限和结构分布上好于农村地区，各省之间差距明显，但同地区不同民族间差距不大。

城镇受访者人均受教育年限为10.0年，高于农村受访者的7.0年，说明农村的教育水平还处于较低的水平。就各省情况而言，差异比较大，其中受教育程度较高的广西，城镇和农村人均教育年限分别为10.0年和7.2年，而较低的青海，其两项指标分别为9.5年和6.0年，可见省区之间的差距明显。就民族而言，无论是城镇还是农村，西北地区民族间人均受教育年限最大差异均为2.5年，而西南地区，城镇和农村民族间人均受教育年限最大差异分别为0.3年和0.6年，可见民族间人均受教育年限差异与地域有关。

最高受教育程度，农村地区受访者多达52.0%的最高受教育程度都在小学以下，本科以上的比例极低。城镇地区受访者的前几个教育阶段分布比较平均，本科及以上也有一定比例，说明城乡之间存在巨大差距。因同地区不同民族的差异不是太大，可知影响最高受教育程度的因素主要是地区而不是民族。

语言教育情况：城镇地区在校生比例稍高于农村，但提供少数民族语言授课的比例低于农村地区。

18周岁及以下城镇地区受访者在校生比例要高于农村地区受访者在校生比例，表明城镇地区的入学率较高，教育条件更好。省区之间比较的话，城镇地区受访者中，西北四省区在校生比例为64.1%，要略低于西南三省区的73.1%，农村地区18周岁及以下受访者中，西北四省区的在校生比例为58.6%，要高于西南三省区的56.1%。但是民族间的差异不大。关于语言教育情况，各阶段农村地区少数民族受访者接受少语的比例要高于同阶段城镇地区少数民族受访者，相反用汉语授课的比例要低。但这并不能说明农村地区比较重视本民族语言，也可能与教育资源缺乏、师资力量不足有关。

第七章　西部民族地区的公共服务

本章主要针对民族七省区公共服务情况进行分析描述。公共服务包括教育、卫生、文化、就业和再就业服务、社会保障、生态环境、公共基础设施、社会治安等方面。公共服务建设构成了巩固民族团结进步事业的物质基础、文化基础和心理基础。[①]由于公共服务涉及面太广，本章主要根据国家统计局农调队对农村公共服务五个方面的调查内容对民族七省区的公共服务状况进行描述分析，这五个方面包括：基础设施项目覆盖情况、经济服务和支农服务、村级基础教育、村级留守儿童临时监护机构及农村卫生工作等。

本章涉及的样本是民族七省区被调查的行政村。为便于从民族视角分析民族七省区农村的公共服务情况，本章采用课题组成员丁赛对少数民族村、汉族村做出的界定：在行政村总人口中，少数民族人口占30%及以上的村，无论其是否在民族自治地方，都认定为少数民族村，否则，即为汉族村。[②]

第一节　基础设施项目覆盖情况

本节主要是对民族七省区的基础设施项目覆盖情况进行分析描述。世界银行对基础设施的解释是：公共设施，包括电力、电信、自来水、卫生设施与排污、固体废弃物的处理及管道煤气；公共工程，包括公路、大坝和灌溉及排水用的渠道工程；其他交通部门，包括城市和城市之间的铁路、城市交通、港口和水路以及机场。[③]

---

① 黄伟、高玉：《少数民族地区公共服务建设的难点及对策》，《新视野》2010年第5期。

② 丁赛：《农村汉族和少数民族劳动力转移的比较》，《民族研究》2006年第5期。

③ 世界银行：《1994年世界发展报告：为发展提供基础设施》，中国财政经济出版社，1994。

完善的基础设施建设是农村长远稳定发展的基本保证。由于自然、历史、社会等原因，民族地区经济、社会发展相对落后，尤其是其薄弱的基础设施建设已经成为制约民族地区经济、社会发展的“瓶颈”。因此，对于民族地区而言，加大基础设施建设尤为重要。由于基础设施的范围很广，本节主要选取六方面工程指标来分析民族七省区农村基础设施项目在 2007 ~ 2011 年的覆盖情况，该六项指标分别为修路工程、水利排灌工程、小学及小学设施、其他教育事业、乡村医疗点及设施和人畜饮水工程。

本节主要采用三个分析维度，首先，从西南三省区、西北四省区来看各项目的覆盖情况；其次，从省区来看各项目的覆盖情况；最后，将行政村划分为汉族村与少数民族村，具体分析各项目在汉族村与少数民族村的覆盖情况及差异。

一　修路工程覆盖情况

（一）行政村修路工程覆盖情况

表 7－1、图 7－1 表示的是 2007 ~ 2011 年民族七省区行政村的修路工程覆盖情况。总体来看，民族七省区行政村修路工程的覆盖比例逐年提高。2007 ~ 2011 年，修路工程的覆盖比例从 32.08% 上升到 54.20%，提高了 22.12 个百分点。而且，无论是西北四省区还是西南三省区，都和民族七省区总体趋势一致，行政村修路工程的覆盖比例是逐年提高的。分地区看，行政村修路工程的覆盖比例，2007 年西南三省区比西北四省区高 10.25 个百分点，2011 年西南三省区比西北四省区高 25.48 个百分点，比 2007 年的差距拉大了 15.23 个百分点。这说明西南三省区的行政村修路工程覆盖比例明显比西北四省区高，而且差距有逐年拉大的趋势。分省区来看，西北四省区中，除了青海之外，其余三省在五年间行政村修路工程的覆盖比例均为逐年提高，其中内蒙古提高了 16.22 个百分点，宁夏提高将近 31 个百分点，新疆提高约 24 个百分点；西南三省区行政村修路工程的覆盖比例也都呈现逐年提高的趋势，湖南提高约 16 个百分点，广西提高幅度最大，近 44 个百分点，贵州提高 31.09 个百分点。因此，可以说，2007 ~ 2011 年，民族七省区行政村的修路工程情况有了很大的改善，尤其

是西南三省区，其行政村的修路工程改善程度更高。

表 7－1　2007～2011 年行政村修路工程覆盖情况（分地区）

单位：%

年份	民族七省区	西北四省区					西南三省区			
		总体	内蒙古	宁夏	青海	新疆	总体	湖南	广西	贵州（黔东南）
2007	32.08	27.45	38.71	20.25	31.18	20.83	37.70	45.12	38.81	31.07
2008	33.63	27.74	46.87	20.51	21.28	27.03	40.70	44.58	51.39	30.10
2009	39.52	32.91	49.23	35.37	23.91	27.03	47.21	47.73	54.67	41.51
2010	43.03	35.76	50.00	38.75	26.09	32.86	51.32	47.06	63.29	45.54
2011	54.20	42.24	54.93	51.14	21.59	44.00	67.72	61.11	82.14	62.16

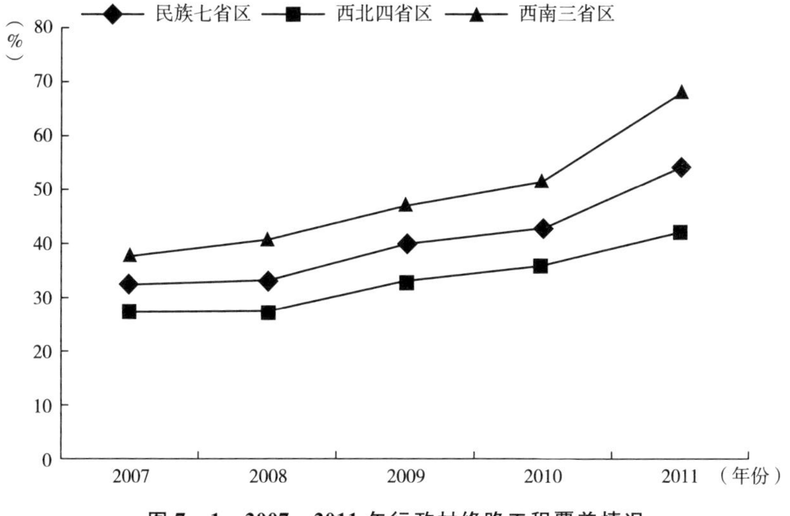

图 7－1　2007～2011 年行政村修路工程覆盖情况

（二）汉族村与少数民族村修路工程覆盖情况

将行政村样本分为汉族村与少数民族村，进一步分析民族七省区汉族村与少数民族村的修路工程覆盖情况及其差异，具体结果见表 7－2。

从表 7－2 可以看出，汉族村与少数民族村之间的差异是很明显的。分年度来看，2007 年，民族七省区汉族村的修路工程覆盖比例要高于少数民族村的覆盖比例。西北四省区与民族七省区总体趋势一致，汉族村的修路

表 7－2 2007～2011 年行政村修路工程覆盖情况（分民族）

单位：%

地区	年份	2007	2008	2009	2010	2011
民族七省区	汉族村	32.79	38.38	40.96	44.81	50.99
	少数民族村	31.99	31.58	38.36	42.41	56.22
西北四省区	汉族村	32.86	35.71	39.29	39.71	47.37
	少数民族村	23.31	21.56	26.47	32.93	38.32
内蒙古	汉族村	34.04	43.75	51.06	46.81	54.39
	少数民族村	53.33	56.25	44.44	61.54	57.14
宁夏	汉族村	29.55	27.91	41.30	50.00	59.18
	少数民族村	9.37	12.50	21.21	26.47	44.44
青海	汉族村	34.48	24.14	15.38	12.00	16.67
	少数民族村	29.69	20.00	27.27	31.34	23.44
新疆	汉族村	35.00	50.00	38.10	35.00	36.36
	少数民族村	15.38	18.52	22.64	32.00	47.17
西南三省区	汉族村	32.56	46.67	45.83	59.57	62.00
	少数民族村	38.76	39.44	47.51	49.54	68.94
湖南	汉族村	33.33	33.33	33.33	53.33	40.00
	少数民族村	47.76	47.06	50.68	45.71	65.33
广西	汉族村	35.29	63.16	57.14	55.00	78.26
	少数民族村	40.00	47.17	53.70	66.10	83.61
贵州（黔东南）	汉族村	27.27	36.36	41.67	75.00	58.33
	少数民族村	31.52	29.35	41.49	41.57	62.63

工程覆盖比例高于少数民族村的覆盖比例，而西南三省区则与民族七省区总体情况不同，少数民族村修路工程的覆盖比例比汉族村的覆盖比例高6.20个百分点。2008年，民族七省区总体情况是，汉族村的修路工程覆盖比例要高于少数民族村的覆盖比例，西北四省区、西南三省区均和民族七省区趋势一致。2009年，民族七省区总体是汉族村的覆盖比例要高于少数民族村的覆盖比例；西北四省区和民族七省区趋势一致，均为汉族村的覆盖比例高于少数民族村的覆盖比例；西南三省区则是少数民族村的覆盖比例比汉族村高约2个百分点。2010年，民族七省区总体是汉族村的覆盖比例要高于少数民族村的覆盖比例，西北四省区、西南三省区均和民族七省

区趋势一致。2011年，民族七省区总体是少数民族村的覆盖比例要高于汉族村的覆盖比例，西南三省区和民族七省区趋势一致，而西北四省区则是汉族村的覆盖比例比少数民族村的覆盖比例高约9个百分点。

概言之，民族七省区行政村修路工程覆盖比例逐年提高，相对于西北四省区，西南三省区的行政村修路工程覆盖比例更高。

二　水利排灌工程覆盖情况

（一）行政村水利排灌工程覆盖情况

表7-3、图7-2表示的是2007～2011年民族七省区行政村的水利排灌工程覆盖情况。总体来看，无论是民族七省区总体，还是西北四省区和西南三省区，行政村水利排灌工程的覆盖比例均呈逐年提高态势，且均提高约20个百分点。分地区看，西南三省区和西北四省区行政村的水利排灌工程覆盖比例差异不大。分省区来看，西北四省区行政村中，除了青海在2010年出现约7个百分点的下降外，其余三个省区在五年间水利排灌工程的覆盖比例均为逐年提高，其中内蒙古提高16.15个百分点，宁夏提高将近20个百分点，新疆提高幅度最大，约26个百分点。西南三省区水利排灌工程的覆盖比例也都基本呈现逐年提高的趋势，湖南提高约23个百分点，广西提高幅度超过19个百分点，贵州提高约17个百分点。

表7-3　2007～2011年行政村水利排灌工程覆盖情况（分地区）

单位：%

年份	民族七省区	西北四省区					西南三省区			
		总体	内蒙古	宁夏	青海	新疆	总体	湖南	广西	贵州（黔东南）
2007	23.91	24.34	43.55	16.46	10.47	32.47	23.36	19.23	29.23	22.77
2008	29.55	31.09	49.21	18.99	17.98	43.21	27.57	26.92	33.33	24.24
2009	34.52	33.87	50.82	26.25	17.24	45.88	35.34	34.15	42.42	31.68
2010	36.81	34.29	53.03	30.38	10.59	47.06	40.00	37.66	50.72	34.62
2011	44.83	46.44	59.70	36.25	34.44	58.14	42.80	42.17	48.57	39.42

（二）汉族村与少数民族村水利排灌工程覆盖情况

将行政村样本分为汉族村与少数民族村，进一步分析汉族村与少数民

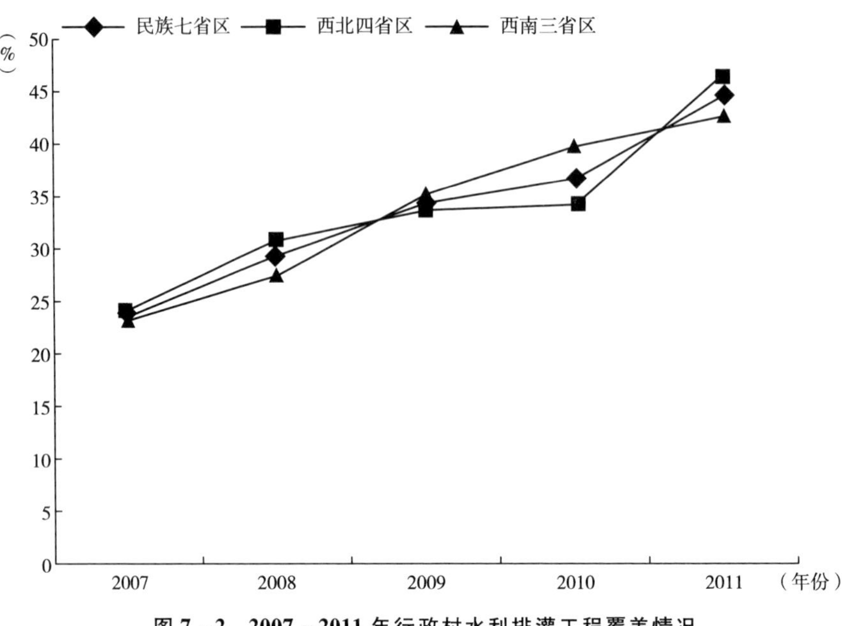

图 7-2　2007～2011 年行政村水利排灌工程覆盖情况

族村的水利排灌工程覆盖情况及其差异，具体分析结果见表 7-4。

从表 7-4 中可以看出，汉族村与少数民族村之间的差异很明显。2007～2011 年，分地区看，不论是民族七省区总体，还是西北四省区、西南三省区，汉族村的水利排灌供给基本要优于少数民族村。分年度来看，除了在 2009 年西南三省区少数民族村的水利排灌工程覆盖比例高于汉族村 1.43 个百分点外，在其他年份，民族七省区总体、西北四省区和西南三省区的情况均为汉族村的水利排灌工程覆盖比例要高于少数民族村。

表 7-4　2007～2011 年行政村水利排灌工程覆盖情况（分民族）

单位：%

地区 \ 年份		2007	2008	2009	2010	2011
民族七省区	汉族村	32.79	37.97	40.22	43.39	48.99
	少数民族村	19.61	25.48	31.73	33.78	42.48
西北四省区	汉族村	32.86	39.73	41.96	43.15	49.02
	少数民族村	17.39	23.93	26.95	27.11	43.71
内蒙古	汉族村	44.90	52.94	52.08	52.94	60.38
	少数民族村	38.46	33.33	46.15	53.33	57.14

续表

地区	年份	2007	2008	2009	2010	2011
宁夏	汉族村	25.58	29.55	36.36	41.86	40.91
	少数民族村	6.06	6.25	12.12	18.18	27.27
青海	汉族村	8.00	14.81	12.00	11.54	28.57
	少数民族村	11.48	19.35	19.35	10.17	37.10
新疆	汉族村	47.83	58.33	61.54	57.69	60.71
	少数民族村	25.93	36.84	38.98	42.37	56.90
西南三省区	汉族村	32.56	31.71	34.15	44.19	48.89
	少数民族村	21.39	26.73	35.58	39.13	41.51
湖南	汉族村	26.67	33.33	46.67	46.67	50.00
	少数民族村	17.46	25.40	31.34	35.48	40.30
广西	汉族村	38.89	25.00	18.75	44.44	47.37
	少数民族村	25.53	36.00	50.00	52.94	49.02
贵州（黔东南）	汉族村	30.00	40.00	40.00	40.00	50.00
	少数民族村	21.98	22.47	30.77	34.04	38.30

概言之，2007～2011年，民族七省区、西北四省区（除青海）、西南三省区行政村的水利排灌工程覆盖比例逐年提高，西北四省区和西南三省区行政村覆盖比例差异不大，但民族七省区汉族村的水利排灌供给基本优于少数民族村。

三　小学及小学设施覆盖情况

（一）行政村小学及小学设施覆盖情况

表7－5、图7－3表示的是2007～2011年民族七省区行政村小学及小学设施的覆盖情况。总体而言，2007～2011年，民族七省区行政村小学及小学设施的覆盖比例除了2009年有一个小幅度的下降外，基本呈现逐年递增趋势，西北四省区和民族七省区总体趋势一致，西南三省区的覆盖比例则呈现逐年提高趋势。民族七省区行政村在小学及其设施供给上表现出较大的不足，覆盖比例最高为44.29%，最低则不到10%。分地区来看，西南三省区行政村的小学及小学设施覆盖比例在这五年间明显比西北四省区的覆盖比例要高，2011年西南三省区行政村小学及小学设施的覆盖比例达

29.41%，比西北四省区高13个百分点左右；分省区来看，西北四省区中，新疆覆盖比例增幅最为明显，增幅达14.16个百分点，西南三省区中广西覆盖比例逐年提高，五年增幅达24.89个百分点。

表7-5 2007~2011年行政村小学及小学设施覆盖情况（分地区）

单位：%

年份	民族七省区	西北四省区					西南三省区			
		总体	内蒙古	宁夏	青海	新疆	总体	湖南	广西	贵州（黔东南）
2007	15.01	12.11	12.50	10.39	16.09	8.70	18.44	21.05	19.40	15.84
2008	16.45	14.43	7.27	25.58	6.98	15.49	18.93	18.42	23.88	16.00
2009	15.90	12.93	5.56	15.48	15.12	12.86	19.43	15.79	27.94	16.50
2010	17.26	13.19	13.56	8.86	13.25	17.91	22.04	20.27	34.29	14.85
2011	22.63	16.72	12.07	16.05	15.48	22.86	29.41	22.08	44.29	25.00

图7-3表示的是2007~2011年民族七省区行政村小学及小学设施覆盖比例变化情况。首先，从图中可以看出，民族七省区在小学及小学设施的供给方面情况不容乐观，覆盖比例为10%~30%。其次，对比来看，西南三省区行政村的小学及小学设施供给情况最好，其次是七省区总体，最后是西北四省区行政村。并且西南三省区的曲线呈现清晰的逐步上升趋

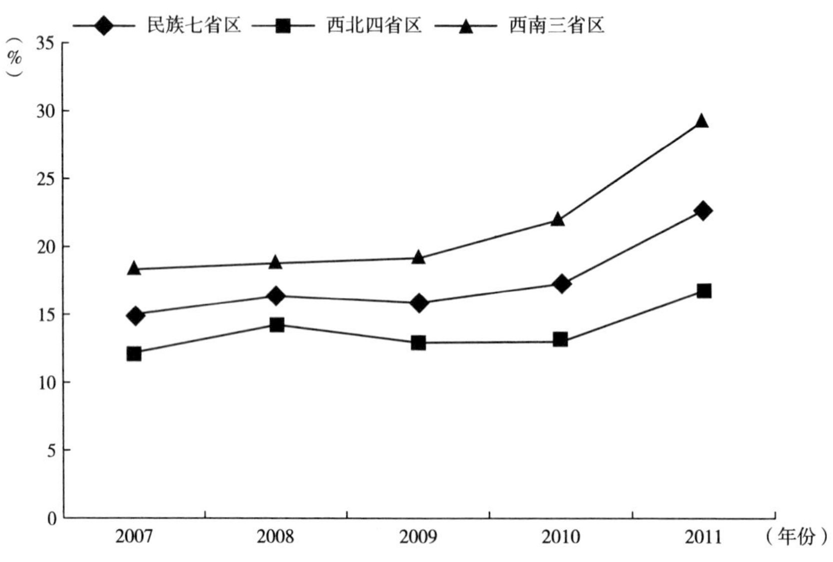

图7-3 2007~2011年行政村小学及小学设施覆盖情况

势，七省区总体和西北四省区曲线虽然有小的波动，但整体在五年间也大致呈上升趋势，表明该项设施的逐步完善。

概言之，虽然民族七省区行政村小学及小学设施供给不足（覆盖比例为10%～30%），但覆盖比例逐年提高，西南三省区行政村覆盖比例比西北四省区要高。

（二）汉族村与少数民族村小学及小学设施覆盖情况

将行政村样本分为汉族村与少数民族村，进一步分析汉族村与少数民族村的小学及小学设施覆盖情况及其差异，具体分析结果见表7－6。

表7－6　2007～2011年行政村小学及小学设施覆盖情况（分民族）

单位：%

地区＼年份		2007	2008	2009	2010	2011
民族七省区	汉族村	13.95	13.29	15.61	20.00	21.35
	少数民族村	15.64	18.08	15.89	16.06	23.43
西北四省区	汉族村	13.18	12.21	12.98	12.31	12.88
	少数民族村	11.46	16.46	12.50	14.19	20.25
内蒙古	汉族村	13.95	9.30	7.14	15.22	15.22
	少数民族村	7.69	0.00	0.00	7.69	0.00
宁夏	汉族村	11.63	20.00	15.22	13.95	13.33
	少数民族村	9.68	34.21	14.29	3.03	21.21
青海	汉族村	23.08	11.54	23.08	4.17	8.33
	少数民族村	13.11	5.00	11.67	16.95	18.33
新疆	汉族村	0.00	0.00	5.88	11.76	11.76
	少数民族村	11.54	20.37	15.09	20.00	26.42
西南三省区	汉族村	16.28	16.67	23.81	42.22	45.65
	少数民族村	18.91	19.40	18.54	17.50	25.84
湖南	汉族村	26.67	26.67	26.67	46.67	50.00
	少数民族村	19.67	16.39	13.11	13.56	14.75
广西	汉族村	5.88	12.50	18.75	52.63	52.63
	少数民族村	24.00	27.45	30.77	27.45	41.18
贵州（黔东南）	汉族村	18.18	9.09	27.27	18.18	27.27
	少数民族村	15.56	16.85	15.22	14.44	24.74

从表7－6中可以看出，分地区来看，2007年，民族七省区汉族村的覆盖比例要比少数民族村的覆盖比例低；西南三省区和民族七省区的趋势一致，也是少数民族村的覆盖比例高；而西北四省区则是汉族村的覆盖比例比少数民族村的覆盖比例高1.72个百分点。2008年，民族七省区总体和西北四省区、西南三省区均是汉族村的覆盖比例要比少数民族村的覆盖比例低。2009年，除了西南三省区汉族村比少数民族村的覆盖比例高5.27个百分点，民族七省区和西北四省区行政村的小学及小学设施覆盖比例基本差不多。2010年，民族七省区汉族村的覆盖比例要比少数民族村的覆盖比例高；西南三省区和民族七省区的趋势一致，汉族村的覆盖比例要比少数民族村的覆盖比例高；西北四省区则是少数民族村的覆盖比例比汉族村的高1.88个百分点。2011年，民族七省区少数民族村的覆盖比例要高于汉族村的覆盖比例；西北四省区和民族七省区的趋势一致，少数民族村的覆盖比例要高；西南三省区汉族村与少数民族村的差距是比较大的，汉族村比少数民族村的覆盖比例高约20个百分点。

四　其他教育事业覆盖情况①

（一）行政村其他教育事业覆盖情况

表7－7、图7－4表示的是2007～2011年民族七省区行政村其他教育事业的覆盖情况。从表中可以看出，被调查各民族省区农村其他教育事业的覆盖比例非常低，大多数省区的该比例集中在10%以下，最高也只有20.29%。总体来看，民族七省区总体和西北四省区，其他教育事业的覆盖比例基本属于逐年提高，西南三省区除了2009年有一定波动外整体也呈现上升趋势。分地区看，2007～2011年西南三省区行政村的其他教育事业覆盖比例比西北四省区高，到2011年西南三省区的该比例差不多是西北四省区的两倍；分省区来看，西北四省区行政村中，内蒙古行政村的其他教育事业供给情况相对较好，西南三省区行政村中，湖南行政村的其他教育事业供给情况最好。

① 此处的“其他教育事业”是指问卷中被调查村受益的历年公共服务中除了“小学及小学设施”之外的其他教育事业。

表 7－7　2007～2011 年行政村其他教育事业覆盖情况（分地区）

单位：%

年份	民族七省区	西北四省区					西南三省区			
		总体	内蒙古	宁夏	青海	新疆	总体	湖南	广西	贵州（黔东南）
2007	6.20	3.56	7.27	5.19	2.38	0.00	9.36	14.67	9.68	5.10
2008	6.77	4.59	9.09	6.33	1.19	3.08	9.40	12.00	9.68	7.22
2009	6.72	4.93	9.09	8.86	1.19	1.52	8.86	14.47	6.45	6.06
2010	8.27	4.96	12.07	6.33	1.22	1.59	12.18	12.50	20.29	6.19
2011	10.00	6.90	10.17	8.75	4.65	4.62	13.75	17.11	15.38	10.10

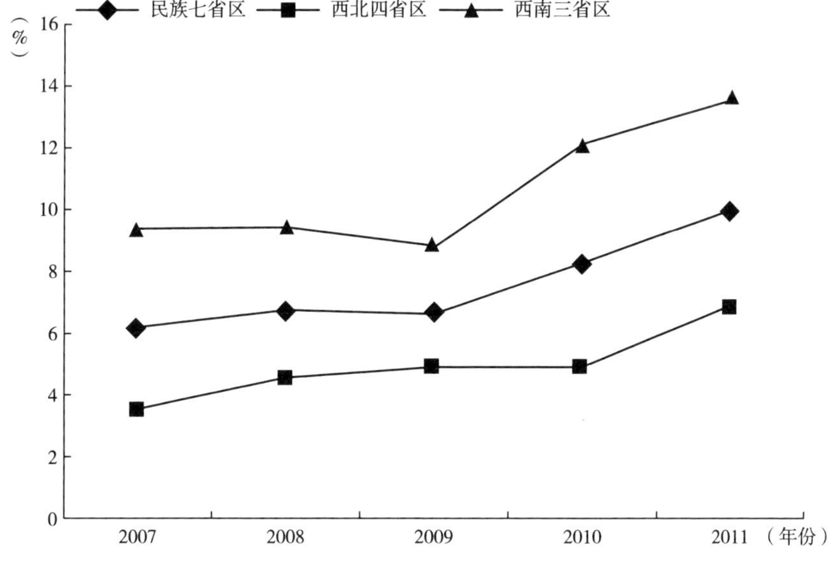

图 7－4　2007～2011 年行政村其他教育事业覆盖情况

（二）汉族村与少数民族村其他教育事业覆盖情况

将行政村样本分为汉族村与少数民族村，进一步分析汉族村与少数民族村的其他教育事业覆盖情况及其差异，具体分析结果如表 7－8 所示。

从表 7－8 可以看出，汉族村与少数民族村之间的差异很明显。分地区来看，2007 ~2011 年，民族七省区总体和西北四省区、西南三省区均是汉族村的其他教育事业覆盖比例比少数民族村高。分省区来看，在西北四省区中，宁夏汉族村其他教育事业覆盖比例相比少数民族村，优势较为明显；在西南三省区中，湖南汉族村其他教育事业覆盖比例相比少数民族村，优势最为明显。

表 7－8　2007 ~2011 年行政村其他教育事业覆盖情况（分民族）

单位：%

地区 \ 年份		2007	2008	2009	2010	2011
民族七省区	汉族村	10.18	8.88	8.98	10.00	13.79
	少数民族村	4.34	5.80	5.41	7.49	8.22
西北四省区	汉族村	7.14	5.47	7.94	7.03	9.16
	少数民族村	0.66	3.95	1.94	3.31	5.13
内蒙古	汉族村	6.98	6.98	7.14	9.09	10.87
	少数民族村	8.33	16.67	15.38	21.43	7.69
宁夏	汉族村	9.52	9.09	13.95	11.63	15.91
	少数民族村	0.00	3.12	0.00	0.00	0.00
青海	汉族村	8.33	0.00	4.17	0.00	0.00
	少数民族村	0.00	1.67	0.00	1.72	6.45
新疆	汉族村	0.00	0.00	0.00	0.00	0.00
	少数民族村	0.00	4.17	2.04	2.17	6.25
西南三省区	汉族村	19.51	19.51	12.20	19.05	27.91
	少数民族村	7.22	7.25	8.16	10.71	10.66
湖南	汉族村	40.00	33.33	26.67	33.33	46.67
	少数民族村	8.33	6.67	11.48	7.02	9.84
广西	汉族村	6.25	12.50	6.25	17.65	16.67
	少数民族村	10.87	8.70	6.52	21.15	14.89
贵州（黔东南）	汉族村	10.00	10.00	0.00	0.00	20.00
	少数民族村	4.55	6.90	6.74	6.90	8.99

概言之，民族七省区其他教育事业覆盖比例非常低，民族七省区和西北四省区，覆盖比例基本属于逐年提高，西南三省区除了 2009 年有一定波动外，整体也呈现上升趋势，西南三省区覆盖比例比西北四省区要高。

五　乡村医疗点及设施覆盖情况

（一）行政村乡村医疗点及设施覆盖情况

民族七省区行政村的乡村医疗点及设施覆盖情况见表7-9。分地区来看，在总体趋势上，民族七省区总体和西南三省区行政村的乡村医疗点及设施覆盖比例逐年提高的趋势比较明显，西北四省区行政村乡村医疗点及设施的覆盖比例基本呈逐年提高趋势，但在2010年有一定的下降，下降3.80个百分点。比较而言，2007~2009年，西北四省区行政村的乡村医疗点及设施供给情况比西南三省区好，而在2010年、2011年则是西南三省区的乡村医疗点及设施覆盖比例更高；分省区来看，西北四省区中，内蒙古的供给情况相对更好，且在五年间覆盖比例逐年提高，西南三省区整体都呈现覆盖比例逐年提高的趋势，贵州的乡村医疗点及设施供给情况相对更好。

表7-9　2007~2011年行政村乡村医疗点及设施覆盖情况（分地区）

单位：%

年份	民族七省区	西北四省区					西南三省区			
		总体	内蒙古	宁夏	青海	新疆	总体	湖南	广西	贵州（黔东南）
2007	14.58	17.23	18.18	10.13	28.72	8.82	11.30	10.67	9.37	13.00
2008	18.63	20.86	18.18	27.06	25.00	10.00	15.83	12.00	13.64	20.20
2009	20.26	20.76	20.75	23.75	24.14	13.04	19.68	12.82	14.71	28.16
2010	20.30	16.96	29.82	17.72	9.30	14.93	24.28	25.00	16.92	28.43
2011	30.02	22.88	33.33	21.95	13.19	27.40	38.52	20.00	32.43	32.04

图7-5表示的是2007~2011年民族七省区行政村乡村医疗点及设施覆盖比例变化情况。从图中可以清楚看出，民族七省区在乡村医疗点及设施方面的覆盖比例分布在10%~40%。就整体趋势而言，民族七省区和西南三省区乡村医疗点及设施的覆盖比例在五年间呈明显上升趋势，西北四省区总体增幅不大，曲线整体上升，只在2009~2010年出现一定的下跌。

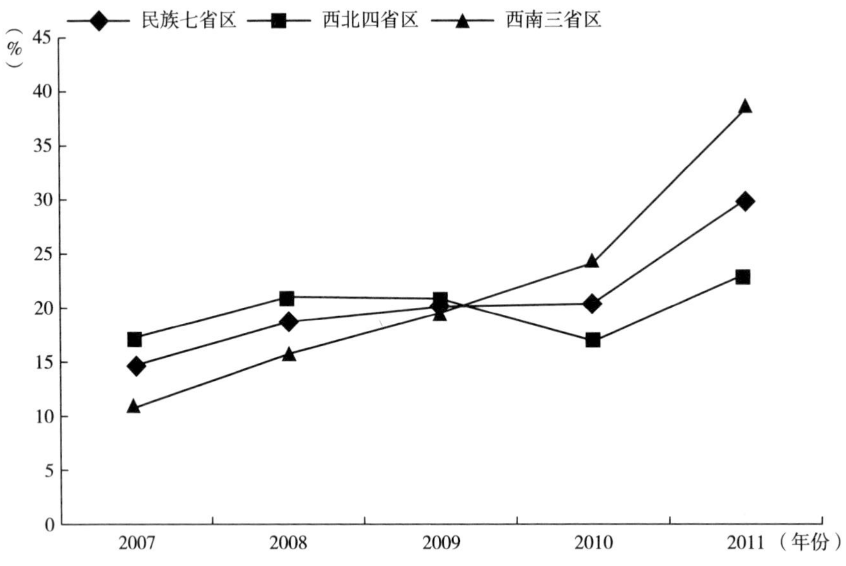

图 7－5　2007～2011 年民族七省区行政村乡村医疗点及设施覆盖情况

（二）汉族村与少数民族村乡村医疗点及设施覆盖情况

将行政村样本分为汉族村与少数民族村，进一步分析汉族村与少数民族村的乡村医疗点及设施覆盖情况及其差异，具体分析结果见表 7－10。

从表 7－10 可以看出，汉族村与少数民族村之间的差异还是很明显的。分地区来看，2007 年、2008 年和 2010 年，民族七省区汉族村的乡村医疗点及设施的覆盖比例要比少数民族村的覆盖比例高；西北四省区和西南三省区呈现的趋势与民族七省区一致，均是汉族村的覆盖比例要比少数民族村的覆盖比例高。2009 年，民族七省区汉族村的乡村医疗点及设施的覆盖比例要比少数民族村的覆盖比例高；西北四省区的趋势与民族七省区一致，汉族村的覆盖比例要比少数民族村的覆盖比例高；而西南三省区则是少数民族村的覆盖比例更高。2011 年，民族七省区少数民族村的乡村医疗点及设施的覆盖比例要比汉族村的覆盖比例高；西南三省区同样是少数民族村的覆盖比例要比汉族村的覆盖比例高；而西北四省区则是汉族村的覆盖比例更高。

概言之，民族七省区总体、西南三省区和西北四省区行政村的乡村医疗点及设施覆盖比例基本呈现逐年提高趋势。

表 7-10　2007~2011 年乡村医疗点及设施覆盖情况（分民族）

单位：%

地区		2007	2008	2009	2010	2011
民族七省区	汉族村	20.23	22.47	22.09	25.00	29.95
	少数民族村	11.98	16.62	19.28	18.13	30.29
西北四省区	汉族村	22.14	23.53	24.03	21.97	27.86
	少数民族村	13.58	18.40	17.83	12.99	19.02
内蒙古	汉族村	23.26	23.26	24.39	34.88	39.58
	少数民族村	0.00	0.00	8.33	14.29	8.33
宁夏	汉族村	9.09	17.78	22.73	16.28	23.91
	少数民族村	12.50	37.84	24.24	21.21	21.21
青海	汉族村	38.46	37.93	24.00	11.11	15.38
	少数民族村	25.00	19.05	24.19	8.47	12.31
新疆	汉族村	27.78	15.79	26.32	21.05	25.00
	少数民族村	2.00	7.84	8.00	12.50	28.30
西南三省区	汉族村	14.29	19.05	16.28	34.09	36.17
	少数民族村	10.66	15.15	20.39	22.11	39.05
湖南	汉族村	20.00	20.00	20.00	26.67	31.25
	少数民族村	8.33	10.00	11.11	24.59	17.19
广西	汉族村	11.76	17.65	11.11	29.41	50.00
	少数民族村	8.51	12.24	16.00	12.50	74.07
贵州（黔东南）	汉族村	10.00	20.00	20.00	50.00	18.18
	少数民族村	13.33	20.22	29.03	25.56	33.70

六　人畜饮水工程覆盖情况

（一）行政村人畜饮水工程覆盖情况

表 7-11 报告了 2007~2011 年五年间民族七省区行政村的人畜饮水工程的覆盖情况。在总体趋势上，民族七省区行政村人畜饮水工程的覆盖比例基本呈逐年提高趋势。分地区看，2011 年西南三省区行政村人畜饮水工程的覆盖比例比西北四省区相应比例高 14.30 个百分点，比 2007 年西南三省区高于西北四省区的相应比例（1.38 个百分点）拉大了将近 13 个百分

点。说明西南三省区的行政村人畜饮水工程覆盖比例明显比西北四省区高，而且差距有逐年拉大的趋势。分省区来看，西北四省区中，内蒙古行政村的人畜饮水工程覆盖比例最高，在2009年和2010年覆盖比例超过半数，青海的覆盖比例最低。西南三省区行政村人畜饮水工程的覆盖比例均呈现逐年提高的趋势，湖南提高约13个百分点，广西提高幅度最大，约30个百分点，贵州提高14.11个百分点。

表7-11　2007~2011年行政村人畜饮水工程覆盖情况（分地区）

单位：%

年份	民族七省区	西北四省区					西南三省区			
		总体	内蒙古	宁夏	青海	新疆	总体	湖南	广西	贵州（黔东南）
2007	24.95	24.32	46.87	21.79	10.59	23.19	25.70	25.64	26.09	25.49
2008	26.16	25.32	44.26	21.18	19.10	21.92	27.20	25.97	30.14	26.00
2009	31.33	26.56	52.38	28.92	4.82	26.32	36.92	36.25	41.33	34.29
2010	31.61	26.42	53.85	22.22	9.64	25.71	37.55	38.27	38.96	35.92
2011	36.99	30.35	46.77	31.40	17.39	31.51	44.65	38.82	56.47	39.60

图7-6表示的是2007~2011年民族七省区行政村人畜饮水工程覆盖比例变化情况。从图中可以清楚看出，民族七省区行政村的人畜饮水工程

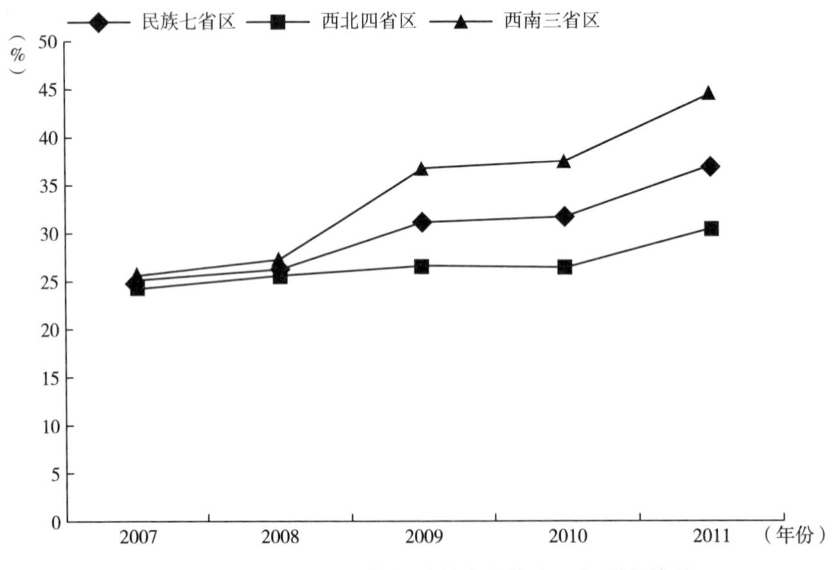

图7-6　2007~2011年行政村人畜饮水工程覆盖情况

覆盖比例分布在24%～45%，西北四省区和西南三省区相比，西南三省区的供给情况更好。就整体趋势而言，七省区、西北四省区和西南三省区人畜饮水工程覆盖比例在五年间呈明显上升趋势，西南三省区增幅最大，西北四省区总体增幅最小。

（二）汉族村与少数民族村人畜饮水工程覆盖情况

将行政村样本分为汉族村与少数民族村，进一步分析汉族村与少数民族村的人畜饮水工程覆盖情况及其差异，具体数据见表7－12。

从表7－12可以看出，五年间，民族七省区汉族村的人畜饮水工程覆盖比例要比少数民族村的覆盖比例高；西北四省区趋势和民族七省区呈现的趋势一致，汉族村的人畜饮水工程覆盖比例要比少数民族村的覆盖比例高；而西南三省区则是少数民族村的覆盖比例更高。分省区来看，西北四省区中，内蒙古汉族村的人畜饮水工程供给情况最好，青海少数民族村供给情况最差；西南三省区中，广西的少数民族村人畜饮水工程供给情况最好，2011年覆盖比例达60.32%，而其汉族村的供给情况最差。

概言之，民族七省区、西北四省区和西南三省区行政村的人畜饮水工程覆盖比例逐年提高；与西北四省区相比，西南三省区行政村的人畜饮水工程覆盖比例更高，而且差距逐年拉大。

表7－12　2007～2011年行政村人畜饮水工程覆盖情况（分民族）

单位：%

地区 \ 年份		2007	2008	2009	2010	2011
民族七省区	汉族村	29.61	29.35	36.07	34.78	40.61
	少数民族村	22.59	24.80	29.02	29.76	35.42
西北四省区	汉族村	30.88	31.69	37.14	39.01	39.86
	少数民族村	18.47	20.25	17.28	14.19	22.22
内蒙古	汉族村	51.02	47.92	56.25	56.86	48.98
	少数民族村	33.33	30.77	40.00	42.86	38.46
宁夏	汉族村	20.93	23.91	32.61	31.82	44.90
	少数民族村	21.87	19.44	23.53	5.88	14.71
青海	汉族村	12.50	18.52	8.70	15.38	17.24
	少数民族村	9.84	19.35	3.33	7.02	17.46

续表

地区	年份	2007	2008	2009	2010	2011
新疆	汉族村	25.00	28.57	34.78	40.00	38.10
	少数民族村	22.45	19.23	22.64	20.00	28.85
西南三省区	汉族村	25.58	21.43	32.56	20.93	42.86
	少数民族村	25.73	28.37	37.79	40.83	45.05
湖南	汉族村	31.25	26.67	46.67	26.67	37.50
	少数民族村	24.19	25.81	33.85	40.91	39.13
广西	汉族村	17.65	11.76	27.78	11.11	45.45
	少数民族村	28.85	35.71	45.61	47.46	60.32
贵州（黔东南）	汉族村	30.00	30.00	20.00	30.00	45.45
	少数民族村	25.00	25.56	35.79	36.56	38.89

第二节　经济服务和支农服务

本节主要是针对民族七省区农村的经济服务和支农服务情况进行描述分析，其中对于经济服务的分析描述主要是考察民族七省区行政村中是否具有专业性的合作经济组织和招商引资项目；支农服务包括的指标主要有三个方面：统一灌溉排水、机耕服务和统一防治病虫害。

一　经济服务覆盖情况

根据调查问卷，农村经济服务主要包括两方面的指标：村内是否有专业性的合作经济组织和是否有招商引资项目。

表7－13报告的是民族七省区行政村专业性合作经济组织拥有情况。从表7－13可以看出，民族七省区行政村中拥有专业性合作经济组织的村样本比例较低，最高的为55.67%。分地区来看，西北四省区行政村拥有专业性合作经济组织的比例是40.78%，明显高于西南三省区相应比例，高约23个百分点。分省区来看，西北四省区行政村中，拥有专业性合作经济组织的比例最高的是宁夏，其次是内蒙古，比例均达半数以上，然后是新疆、青海，这两省区行政村的比例比较接近；西南三省区行政村中，拥有专业性合作经济组织的比例最高的是广西，但比例只有23.30%，其次

分别是贵州（黔东南）和湖南，但这两省之间的差距并不大。

表7－13　行政村专业性合作经济组织拥有情况（分地区）

单位：个，%

地　区	没有专业性合作经济组织的村样本	占总样本的比例	有专业性合作经济组织的村样本	占总样本的比例
民族七省区	509	69.44	224	30.56
西北四省区	244	59.22	168	40.78
内蒙古	47	47.47	52	52.53
宁夏	43	44.33	54	55.67
青海	88	71.54	35	28.46
新疆	66	70.97	27	29.03
西南三省区	265	82.55	56	17.45
湖南	86	86.00	14	14.00
广西	79	76.70	24	23.30
贵州（黔东南）	100	84.75	18	15.25

如表7－14所示，将行政村分为汉族村与少数民族村，分别进行分析。分地区来看，汉族村的专业性合作经济组织的拥有比例明显要比少数民族村的高，尤其是西北四省区，汉族村的拥有比例比少数民族村拥有比例的两倍还高；分省区来看，在民族七省区中，除广西拥有专业性合作经济组织的比例是汉族村低于少数民族村外，其余各省区均为汉族村的专业性合作经济组织的拥有比例高于少数民族村。

表7－14　行政村专业性合作经济组织拥有情况（分民族）

单位：个，%

地　区	类　别	没有专业性合作经济组织的村样本	占总样本的比例	有专业性合作经济组织的村样本	占总样本的比例
民族七省区	汉族村	128	51.41	121	48.59
	少数民族村	379	78.79	102	21.21
西北四省区	汉族村	87	44.39	109	55.61
	少数民族村	155	72.77	58	27.23

续表

地　区	类　别	没有专业性合作经济组织的村样本	占总样本的比例	有专业性合作经济组织的村样本	占总样本的比例
内蒙古	汉族村	29	39.73	44	60.27
	少数民族村	18	69.23	8	30.77
宁夏	汉族村	19	35.85	34	64.15
	少数民族村	22	53.66	19	46.34
青海	汉族村	26	66.67	13	33.33
	少数民族村	62	73.81	22	26.19
新疆	汉族村	13	41.94	18	58.06
	少数民族村	53	85.48	9	14.52
西南三省区	汉族村	41	77.36	12	22.64
	少数民族村	224	83.58	44	16.42
湖南	汉族村	11	73.33	4	26.67
	少数民族村	75	88.24	10	11.76
广西	汉族村	21	80.77	5	19.23
	少数民族村	58	75.32	19	24.68
贵州（黔东南）	汉族村	9	75.00	3	25.00
	少数民族村	91	85.85	15	14.15

表7－15和表7－16主要是对招商引资情况进行数据分析，如表7－15所示，民族七省区中拥有招商引资项目的村样本比例较低，为10%～30%。分地区来看，西北四省区和西南三省区在拥有招商引资项目的比例上差距不大，而且不同种类的招商引资项目不同地区间差异较小；分省区来看，西北四省区中，拥有比例最大的是内蒙古，其次是宁夏，最后分别是新疆和青海，西南三省区各省区的比例基本差异不大。

表7－16是将行政村分为汉族村与少数民族村后进行的数据分析。分地区来看，民族七省区总体，汉族村招商引资项目的拥有比例要高于少数民族村；西北四省区呈现和民族七省区相同的趋势，即汉族村招商引资项目的拥有比例要高于少数民族村；而西南三省区，该比例相差不大。

概言之，西北四省区行政村拥有招商引资项目的比例比西南三省区高，西北四省区和西南三省区行政村在拥有招商引资项目的比例上差距不大。

表 7－15　行政村招商引资项目拥有情况（分地区）

单位：个，%

地　区	没有招商引资项目的村样本	占总样本的比例	有本村村民引资项目的村样本	占总样本的比例	有本村干部引资项目的村样本	占总样本的比例	有乡镇级以上干部引资项目的村样本	占总样本的比例	有其他人引资项目的村样本	占总样本的比例
民族七省区	487	74.46	38	5.81	43	6.57	63	9.63	23	3.52
西北四省区	275	74.93	23	6.27	25	6.81	34	9.26	10	2.72
内蒙古	56	60.87	9	9.78	12	13.04	11	11.96	4	4.35
宁夏	61	70.11	6	6.90	3	3.45	14	16.09	3	3.45
青海	102	85.00	6	5.00	7	5.83	3	2.50	2	1.67
新疆	56	82.35	2	2.94	3	4.41	6	8.82	1	1.47
西南三省区	212	73.87	15	5.23	18	6.27	29	10.10	13	4.53
湖南	62	70.45	7	7.95	6	6.82	7	7.95	6	6.82
广西	65	74.71	5	5.75	6	6.90	9	10.34	2	2.30
贵州（黔东南）	85	75.89	3	2.68	6	5.36	13	11.61	5	4.46

表 7－16　行政村招商引资项目拥有情况（分民族）

单位：个，%

地　区	类　别	没有招商引资项目的村样本	占总样本的比例	有本村村民引资项目的村样本	占总样本的比例	有本村干部引资项目的村样本	占总样本的比例	有乡镇级以上干部引资项目的村样本	占总样本的比例	有其他人引资项目的村样本	占总样本的比例
民族七省区	汉族村	155	68.28	13	5.73	17	7.49	35	15.42	7	3.08
	少数民族村	329	77.59	25	5.90	26	6.13	28	6.60	16	3.77
西北四省区	汉族村	120	66.67	11	6.11	16	8.89	29	16.11	4	2.22
	少数民族村	152	82.61	12	6.52	9	4.89	5	2.72	6	3.26
内蒙古	汉族村	42	63.64	4	6.06	8	12.12	11	16.67	1	1.52
	少数民族村	14	53.85	5	19.23	4	15.38	0	0.00	3	11.54

续表

地 区	类 别	没有招商引资项目的村样本	占总样本的比例	有本村村民引资项目的村样本	占总样本的比例	有本村干部引资项目的村样本	占总样本的比例	有乡镇级以上干部引资项目的村样本	占总样本的比例	有其他人引资项目的村样本	占总样本的比例
宁夏	汉族村	25	53.19	4	8.51	2	4.26	14	29.79	2	4.25
	少数民族村	33	89.19	2	5.41	1	2.70	0	0.00	1	2.70
青海	汉族村	32	82.05	2	5.13	3	7.69	1	2.56	1	2.56
	少数民族村	70	86.42	4	4.94	4	4.94	2	2.47	1	1.23
新疆	汉族村	21	75.00	1	3.58	3	10.71	3	10.71	0	0.00
	少数民族村	35	87.50	1	2.50	0	0.00	3	7.50	1	2.50
西南三省区	汉族村	35	74.47	2	4.26	1	2.13	6	12.77	3	6.38
	少数民族村	177	73.75	13	5.42	17	7.08	23	9.58	10	4.17
湖南	汉族村	11	84.62	0	0.00	0	0.00	2	15.38	0	0.00
	少数民族村	51	68.00	7	9.33	6	8.00	5	6.67	6	8.00
广西	汉族村	17	77.27	2	9.09	1	4.55	1	4.55	1	4.55
	少数民族村	48	73.85	3	4.62	5	7.69	8	12.31	1	1.54
贵州（黔东南）	汉族村	7	58.33	0	0.00	0	0.00	3	25.00	2	16.67
	少数民族村	78	78.00	3	3.00	6	6.00	10	10.00	3	3.00

二 支农服务覆盖情况

根据调查问卷内容，在分析民族七省区行政村支农服务情况时，主要选取的指标是 2007 年和 2011 年该行政村在统一灌溉排水、机耕服务和统一防治病虫害三个方面的具体情况，具体数据见表 7 - 17 和表 7 - 18。

如表 7 - 17 所示，表中数据是 2007 年和 2011 年民族七省区行政村支农服务覆盖情况。从总体趋势来看，2007 年和 2011 年，不论是民族七省区总体，还是西南三省区、西北四省区，三项指标均有不同程度的增长：其中机耕服务的覆盖比例在调查的三项指标中最低，统一灌溉排水的覆盖比例最高。分地区来看，西北四省区行政村的支农服务整体情况要比西南三省区好。分省区来看，不管是 2007 年还是 2011 年，西北四省区的行政村中，新疆的支农服务状况都是最好的，统一灌溉排水覆盖比例两年均达

90%以上，西北四省区在机耕服务上的覆盖比例都最低；西南三省区支农服务中覆盖比例最低的仍是机耕服务。

表7-17　2007年和2011年行政村支农服务覆盖情况（分地区）

单位：%

地　区	2007年			2011年		
	统一灌溉排水	机耕服务	统一防治病虫害	统一灌溉排水	机耕服务	统一防治病虫害
民族七省区	29.03	5.01	22.77	32.55	7.02	24.03
西北四省区	44.23	7.37	35.06	47.43	8.80	36.61
内蒙古	16.33	5.10	25.77	20.41	8.16	34.02
宁夏	32.63	4.21	27.37	42.55	5.32	27.66
青海	39.50	3.36	32.77	39.34	4.92	31.97
新疆	90.53	17.89	55.32	90.53	17.89	54.26
西南三省区	9.27	1.92	6.75	13.48	4.72	7.89
湖南	8.33	4.21	5.26	10.10	7.14	6.12
广西	11.11	0.00	4.08	13.86	2.97	6.00
贵州（黔东南）	8.47	1.69	10.17	15.97	4.20	10.92

2007年和2011年民族七省区汉族村和少数民族村支农服务覆盖情况如表7-18所示。分地区来看，不论是2007年还是2011年，西北四省区汉族村的支农服务覆盖比例明显要比少数民族村低，而正好相反的是，西南三省区则是少数民族村的支农服务覆盖比例比汉族村低。具体到西北四省区和西南三省区各省区，汉族村与少数民族村的支农服务覆盖情况也有比

表7-18　2007年和2011年行政村支农服务覆盖情况（分民族）

单位：%

地　区		2007年			2011年		
		统一灌溉排水	机耕服务	统一防治病虫害	统一灌溉排水	机耕服务	统一防治病虫害
民族七省区	汉族村	32.11	5.28	24.90	34.68	6.05	25.51
	少数民族村	27.60	4.89	21.15	31.66	7.56	22.78
西北四省区	汉族村	36.08	5.15	28.50	39.69	5.67	29.53
	少数民族村	52.38	9.52	40.19	55.19	11.79	42.18

续表

地区		2007年			2011年		
		统一灌溉排水	机耕服务	统一防治病虫害	统一灌溉排水	机耕服务	统一防治病虫害
内蒙古	汉族村	17.81	5.48	27.78	20.83	5.56	36.62
	少数民族村	12.00	4.00	20.00	19.23	15.38	26.92
宁夏	汉族村	42.31	7.69	34.62	50.00	9.62	32.69
	少数民族村	22.50	0.00	12.50	35.90	0.00	15.38
青海	汉族村	26.32	0.00	31.58	28.21	0.00	23.08
	少数民族村	45.68	4.94	33.33	44.58	7.23	36.14
新疆	汉族村	80.65	6.45	16.13	80.65	6.45	16.13
	少数民族村	95.31	23.44	74.60	95.31	23.44	73.02
西南三省区	汉族村	17.31	5.77	11.54	16.67	7.41	11.11
	少数民族村	7.66	1.15	5.79	12.83	4.17	7.22
湖南	汉族村	13.33	13.33	13.33	18.75	12.50	12.50
	少数民族村	7.41	2.50	3.75	8.43	6.10	4.88
广西	汉族村	20.00	0.00	4.00	15.38	3.85	3.85
	少数民族村	8.11	0.00	4.11	13.33	2.67	6.76
贵州（黔东南）	汉族村	16.67	8.33	25.00	16.67	8.33	25.00
	少数民族村	7.55	0.94	8.49	15.89	3.74	9.35

较大的差异，其中新疆汉族村与少数民族村之间的差异最为明显，其少数民族村覆盖情况明显优于汉族村，在提供统一灌溉排水一项上达95%以上，统一防治病虫害也达70%以上。

概言之，不论是民族七省区总体，还是西南三省区、西北四省区，三项指标均有不同程度的增长；西北四省区行政村的支农服务整体情况要比西南三省区好。

第三节　村级基础教育

农民收入的增长、农业经济的发展依赖于农民文化素质的提高，而农民基础教育则是提高农民文化素质的重要渠道。因此，农村基础教育的发展质量，在相当大的程度上影响着国家的发展前景。本节主要是以

2011 年的调查数据为基础，对民族七省区农村基础教育现状进行描述性分析。首先对所有行政村内小学的基本情况进行统计调查，以各行政村最主要的一所完小为代表，对其采用两类分析指标来进行描述性统计。分析指标分为硬件设施和软件设施，其中，硬件设施包括教学楼建筑质量、基本教学条件及辅助教学条件；软件设施包括政府基础教育补贴政策、师资状况。

一　村级小学的基本情况

村级小学的具体形式有完小、村小及教学点。完小即完全小学，指具备小学一至五年或六年级完整小学阶段的学校；初小是低年级小学，仅有一至三年级阶段；教学点是指学校规模极小，所有的学生都集中在一个课堂，且办学地点非常偏僻的一种办学方式。

（一）村级小学的设置情况

分地区统计的民族七省区内村级小学的设置情况如表 7－19 所示。从完小的设置来看，整体而言，民族七省区设置完小的行政村平均比例为 47.6%。其中，西北四省区和西南三省区的比例都在 50% 左右，表明西北四省区与西南三省区的基本办学能力不存在太大差异。具体到区域内部，内蒙古行政村中设置完小比例为 24.7%，在西北四省区中的提供能力较低。相应的，湖南的提供能力在西南三省区中偏低。相比完小而言，无论是民族七省区的总体情况，还是各省区的具体情况，初小的设置比例都显著低于完小。民族七省区行政村中设置初小的村样本比例为 7.9%。具体到各省区，除宁夏和湖南的这一比例相比其他省区略大以外，其他省区的比例与平均水平基本一致。从教学点的设置来看，民族七省区的总体设置比例为 6.9%，其中西南三省区村样本比例相比西北四省区略大。从曾经设置或从未设置小学或教学点的情况来看，在曾经设置小学或教学点方面，差异主要集中在各省区内部：内蒙古、湖南的设置比例高出民族七省区平均水平；广西的设置比例则低于平均水平约 20 个百分点。在从未设置小学或教学点方面，民族七省区的平均水平为 6.7%，西南三省区的样本比例低于平均水平 5.4 个百分点。具体到各省区内部，这一比例的差异较大。

表 7－19　村级小学设置情况（分地区）

单位：%，个

地　区	完　小	初　小	教学点	曾经设置小学或教学点	从未设置小学或教学点	村样本总量
民族七省区	47.6	7.9	6.9	30.9	6.7	735
西北四省区	49.9	6.8	4.6	30.0	8.7	414
内蒙古	24.7	6.5	3.2	57.0	8.6	101
宁夏	62.1	12.6	2.3	20.7	2.3	97
青海	55.8	5.8	8.3	19.2	10.8	123
新疆	58.2	1.5	3.0	23.9	13.4	93
西南三省区	51.7	9.7	8.1	29.2	1.3	321
湖南	21.3	17.0	8.5	44.7	8.5	99
广西	77.4	6.5	4.3	9.7	2.2	102
贵州（黔东南）	55.9	6.3	10.8	23.4	3.6	120

表 7－20 将民族七省区汉族村与少数民族村小学的统计情况分别列出。在完小的设置方面，民族七省区汉族村设置完小的村样本比例为 39.4%，少数民族村为 52.0%。可见，少数民族村完小的设置数目要高于汉族村，尤其在西北四省区中，少数民族村的这一设置比例高出汉族村近 30 个百分点。具体到各省区：内蒙古内汉族村与少数民族村的样本比例都低于 30%，差异不大；而新疆汉族村与少数民族村的统计数据则有明显差异，汉族村的比例为 13.0%，而少数民族村的比例高达 81.8%。西南三省区中的湖南则呈现和内蒙古相似的状况。

表 7－20　村级小学的设置情况（分民族）

单位：%，个

地　区	类　别	完　小	初　小	教学点	曾经设置小学或教学点	从未设置小学或教学点	村样本总量
民族七省区	汉族村	39.4	9.2	6.0	40.2	5.2	251
	少数民族村	52.0	7.3	7.3	26.0	7.5	481
西北四省区	汉族村	36.6	7.6	7.0	42.4	6.4	196
	少数民族村	62.0	6.3	2.1	18.8	10.9	214
内蒙古	汉族村	22.7	9.1	4.6	59.1	4.6	74
	少数民族村	29.6	22.2	0.0	29.6	18.5	27

续表

地　区	类　别	完　小	初　小	教学点	曾经设置小学或教学点	从未设置小学或教学点	村样本总量
宁夏	汉族村	58.7	10.9	2.2	28.3	0.0	53
	少数民族村	68.4	15.8	0.0	10.5	5.3	40
青海	汉族村	48.7	5.4	18.9	24.3	2.7	39
	少数民族村	59.0	6.0	3.6	16.9	14.5	84
新疆	汉族村	13.0	4.4	34.8	17.4	30.4	31
	少数民族村	81.8	2.3	2.3	9.1	4.6	62
西南三省区	汉族村	59.2	16.3	6.1	18.4	0.0	54
	少数民族村	50.2	8.4	8.4	31.3	1.6	267
湖南	汉族村	23.1	15.4	7.7	53.9	0.0	16
	少数民族村	21.0	17.3	8.6	43.2	9.9	83
广西	汉族村	75.0	16.7	4.2	4.2	0.0	26
	少数民族村	78.3	2.9	4.4	14.5	0.0	76
贵州（黔东南）	汉族村	66.7	16.7	8.3	0.0	8.3	12
	少数民族村	54.6	5.1	11.1	25.3	4.0	108

汉族村与少数民族村间的差异最明显的主要是在本村曾经设置小学或教学点方面。从民族七省区的总体情况来看，汉族村的设置比例高出少数民族村约 14 个百分点。其中，西北四省区汉族村的设置比例高出少数民族村约 20 个百分点，西南三省区汉族村的设置比例则低于少数民族村约 13 个百分点。

（二）最近的完小离被调查村的距离情况

最近的完小离被调查村的距离远近是一个村的基础教育设施提供是否完善的衡量指标之一。如果完小离村的距离较近，意味着该村适龄儿童的教育成本较低，对一些经济条件较为困难的家庭来讲，送子女上学的概率会相应提高。

距离远近的定义参考正常的行走速度，以每小时 5 公里计算。在 2 公里以内的距离视为较近，2 至 5 公里的距离视为正常，5 至 10 公里视为较远，10 公里以上的距离则视为偏远。为了更好地展现统计结果，将数据分段为 0～2km、2～5km、5～10km、＞10km。

分地区统计的民族七省区最近的完小离所调查村的距离情况如表 7-21 所示。从数据可以看出，无论是在西北四省区还是西南三省区，最近的完小离所调查村距离的村样本大都集中在 0~2km。同时，样本中 2~5km 行政村数目、5~10km 行政村数目以及 10km 以上的行政村数目呈递减趋势。具体到省区内部可以发现，西北四省区中的宁夏和青海、西南三省区中的广西和贵州（黔东南）的行政村样本比例集中在 0~2km 这一范围内。

表 7-21　完小离本村距离统计情况（分地区）

单位：%，个

地　区	0~2km	2~5km	5~10km	>10km	村样本总量
民族七省区	66.6	17.2	9.7	6.6	670
西北四省区	64.8	16.8	8.7	9.8	369
内蒙古	44.1	18.3	12.9	24.7	93
宁夏	78.2	5.8	8.1	8.1	87
青海	75.0	17.5	3.3	4.2	120
新疆	58.0	27.5	13.0	1.5	69
西南三省区	68.8	17.6	11.0	2.7	301
湖南	38.5	33.3	22.9	5.2	96
广西	91.5	5.3	1.1	2.1	94
贵州（黔东南）	75.7	14.4	9.0	0.9	111

民族七省区汉族村与少数民族村最近的完小离被调查村距离的统计情况如表 7-22 所示。从数据可以看出，汉族村与少数民族村最近的完小与所在村距离在 0~2km 的总体比例分别为 66.6% 和 64.8%，二者差异较小。其中，西北四省区汉族村中最近的完小距本村距离在 0~2km 的村

表 7-22　完小距本村距离统计情况（分民族）

单位：%，个

地　区	类　别	0~2km	2~5km	5~10km	>10km	村样本总量
民族七省区	汉族村	66.6	17.2	9.7	6.6	221
	少数民族村	64.8	16.8	8.7	9.8	446
西北四省区	汉族村	44.1	18.3	12.9	24.7	172
	少数民族村	78.2	5.8	8.1	8.1	194

续表

地　区	类　别	0～2km	2～5km	5～10km	>10km	村样本总量
内蒙古	汉族村	75.0	17.5	3.3	4.2	66
	少数民族村	58.0	27.5	13.0	1.5	27
宁夏	汉族村	68.8	17.6	11.0	2.7	46
	少数民族村	38.5	33.3	22.9	5.2	38
青海	汉族村	91.5	5.3	1.1	2.1	37
	少数民族村	75.7	14.4	9.0	0.9	83
新疆	汉族村	66.6	17.2	9.7	6.6	23
	少数民族村	64.8	16.8	8.7	9.8	46
西南三省区	汉族村	44.1	18.3	12.9	24.7	49
	少数民族村	78.2	5.8	8.1	8.1	252
湖南	汉族村	75.0	17.5	3.3	4.2	13
	少数民族村	58.0	27.5	13.0	1.5	83
广西	汉族村	68.8	17.6	11.0	2.7	24
	少数民族村	38.5	33.3	22.9	5.2	70
贵州（黔东南）	汉族村	91.5	5.3	1.1	2.1	12
	少数民族村	75.7	14.4	9.0	0.9	99

样本比例为44.1%，少数民族村的这一比例为78.2%。而西南三省区少数民族村最近的完小离本村距离为0～2km的村样本量比例同样高于汉族村。最近的完小离本村距离在2～5km、5～10km及10km以上的村样本比例以一种递减的趋势下降。

二　村内完小寄宿情况

行政村内寄宿情况主要是针对完小，并从两个方面来进行考察。一方面，考察本村适龄儿童在上学过程中是否需要寄宿；另一方面则考察该完小是否提供寄宿学生的宿舍。

分地区统计的民族七省区行政村完小的寄宿情况如表7－23所示。在本村适龄儿童上学期间是否需要寄宿这一方面，民族七省区总样本中，本村儿童上完小需要寄宿的行政村占所有行政村的比例为32.0%，其中西北四省区和西南三省区的相应比例为27.7%和37.2%。具体到各省区内部，内蒙古、湖南完小需要寄宿的村样本比例比其他五个省区高。在考察各完小是否有寄宿宿舍方面，民族七省区行政村总体样本中，完小有寄宿宿舍的村样本比例为40.6%。其中，西北四省区和西南三省区的这一比例为33.3%和49.4%。具体到各省区内部可以发现，同样是内蒙古及湖南的这一村样本比例高于其他五个省区。

表7－23　完小寄宿情况（分地区）

单位：%，个

指标＼地区		民族七省区	西北四省区	内蒙古	宁夏	青海	新疆	西南三省区	湖南	广西	贵州（黔东南）
完小需要寄宿	比　例	32.0	27.7	52.1	25.0	17.9	15.3	37.2	52.6	29.2	31.0
	村样本	688	379	96	88	123	72	309	97	96	116
完小有寄宿宿舍	比　例	40.6	33.3	65.6	20.0	22.0	25.4	49.4	69.8	34.4	44.8
	村样本	683	375	96	85	123	71	308	96	96	116

民族七省区汉族村与少数民族村的完小寄宿情况如表7－24所示。在本村适龄儿童上学期间是否需要寄宿方面，民族七省区汉族村中，本村孩子上学期间需要寄宿的村样本所占比例为30.7%，少数民族村的这一比例为31.7%。具体到各省区内部，内蒙古与湖南无论是汉族村，还是少数民族村的完小需要寄宿的村样本比例都在50%以上。值得一提的是，广西内的少数民族村这一比例高出汉族村近30个百分点。在考察各完小是否有寄宿宿舍方面，民族七省区汉族村中，完小有寄宿宿舍的村样本所占比例为36.1%，少数民族村的这一比例为41.1%。具体到各省区内部，内蒙古汉族村与少数民族村的完小有寄宿宿舍的村样本所占比例都在65%左右。而广西汉族村与少数民族村的这一比例差异较大。

表7－24　完小寄宿情况（分民族）

单位：%，个

地　区	类　别	完小需要寄宿		完小有寄宿宿舍	
		比　例	村样本总量	比　例	村样本总量
民族七省区	汉族村	30.7	221	36.1	220
	少数民族村	31.7	445	41.1	441

续表

地　区	类　别	完小需要寄宿		完小有寄宿宿舍	
		比　例	村样本总量	比　例	村样本总量
西北四省区	汉族村	32.4	172	39.9	171
	少数民族村	23.4	194	27.3	191
内蒙古	汉族村	52.2	66	65.2	66
	少数民族村	51.9	27	66.7	27
宁夏	汉族村	23.4	46	21.7	45
	少数民族村	26.3	38	16.7	36
青海	汉族村	15.4	37	20.5	37
	少数民族村	19.1	83	22.6	83
新疆	汉族村	20.8	23	33.3	23
	少数民族村	12.5	46	21.3	45
西南三省区	汉族村	26.9	49	30.8	49
	少数民族村	39.3	251	53.1	250
湖南	汉族村	50.0	13	57.1	13
	少数民族村	53.0	83	72.0	82
广西	汉族村	7.7	24	3.9	24
	少数民族村	37.1	70	45.7	70
贵州（黔东南）	汉族村	41.7	12	58.3	12
	少数民族村	29.8	98	43.3	98

三　村内完小的基础教育设施提供状况

本小节主要是对民族七省区被调查的行政村内最主要的一所完小的硬件设施和软件设施是否完备进行统计描述。硬件设施包括完小的建筑质量、生活及教学设施；软件设施包括师资状况、政府对贫困家庭的基础教育补贴政策。

（一）完小内的硬件设施

本部分涉及的完小的硬件设施包括两方面内容：该完小的建筑质量、生活及教学设施。

1. 完小的建筑质量

完小的建筑质量主要考虑的是各行政村内最主要的一所完小是否存在危房问题，这是一个重要检验指标，同时也是一项最基本的要求，关系到完小师生的人身安全问题。

分地区统计的民族七省区完小的危房问题如表 7－25 所示。统计数据显示，民族七省区行政村完小存在危房问题的比例为 18.0%。其中，西南三省区行政村的危房问题较西北四省区严重：西北四省区行政村完小中存在危房问题的比例为 13.9%，而西南三省区的比例为 22.6%。从各省区的具体情况来看，湖南的危房比例在所有省区中最高。

表 7－25　完小危房问题（分地区）

单位：%，个

指标＼地区	民族七省区	西北四省区	内蒙古	宁夏	青海	新疆	西南三省区	湖南	广西	贵州（黔东南）
危房问题	18.0	13.9	6.5	18.4	16.7	13.2	22.6	23.9	22.3	21.8
村样本	683	378	96	88	123	71	305	93	96	116

民族七省区汉族村与少数民族村关于完小危房问题的对比情况可从表 7－26 的数据看出。民族七省区汉族村完小存在危房问题的比例为 13.9%，而少数民族村为 18.9%。其中，西北四省区的内蒙古、青海的汉族村完小存在危房的比例高于少数民族村，宁夏呈现相反的状况，少数民族村完小存在危房问题的比例略高于汉族村。在西南三省区，无论是汉族村还是少数民族村，完小存在危房问题的比例均较高，特别是广西的汉族村中，完小存在危房问题的比例为 30.8%。

表 7－26　完小危房问题（分民族）

单位：%，个

地　区	类　别	存在危房问题	村样本总量
民族七省区	汉族村	13.9	230
	少数民族村	18.9	450
西北四省区	汉族村	13.5	178
	少数民族村	15.2	197

续表

地　区	类　别	存在危房问题	村样本总量
内蒙古	汉族村	11. 1	69
	少数民族村	0. 7	27
宁夏	汉族村	14. 9	47
	少数民族村	23. 7	38
青海	汉族村	25. 6	39
	少数民族村	13. 1	84
新疆	汉族村	13. 0	23
	少数民族村	14. 6	48
西南三省区	汉族村	26. 9	52
	少数民族村	21. 7	253
湖南	汉族村	28. 6	14
	少数民族村	22. 8	79
广西	汉族村	30. 8	26
	少数民族村	18. 6	70
贵州（黔东南）	汉族村	16. 7	12
	少数民族村	23. 1	104

2. 村内完小生活及教学设施

完小的生活设施水平主要是用完小是否拥有暖气、自来水、厨房及澡堂等设施进行衡量；而完小的教学设施主要是用完小能否配备足够的桌椅、图书馆、电脑及互联网等进行衡量。

（1）完小的生活设施

从地区分布来看，暖气的提供情况，西南三省区的学校几乎是不提供暖气的，这与南方的气候有关。表 7 – 27 的数据显示，仅有湖南和贵州（黔东南）内少量行政村的完小提供暖气。对于需要提供暖气的西北四省区而言，完小的暖气供给情况并不理想。除内蒙古及新疆基本保证了一半以上的村完小能提供暖气外，宁夏和青海能保证暖气的行政村所占比例不到总行政村样本的 30%。自来水的提供情况，从民族七省区总体情况来看，能提供自来水的行政村比例占 80. 6%，西北四省区和西南三省区的提供情况大体一致，数值维持在 80% 左右，未能提供自来水的行政村完小样本量较低。厨房（食堂）的提供情况，这个统计指标主要是考察学生在饮食方面是否便利。从民族七省区总体来看，能提供厨房的行政村比例占总样本的70.3%，其中西北四省区的数值相比西南三省区而言偏低。澡堂的提供情况，从民族七省区总体情况来看，提供澡堂的行政村比例为19.1%。其中西北四省区行政村的提供比例为7.2%，西南三省区的数值为33.6%。具体到各省区内部，湖南和广西约有一半的行政村完小设有澡堂。而在宁夏和青海的样本里，没有一个样本村的完小建有澡堂。

表 7－27　生活设施覆盖比例（分地区）

单位：%，个

地　区	暖　气	自来水	厨　房	澡　堂	村样本总量
民族七省区	25.4	80.6	70.3	19.1	686
西北四省区	44.0	79.3	62.2	7.2	376
内蒙古	74.7	79.0	76.8	20.0	95
宁夏	26.4	69.0	74.7	0.0	87
青海	28.5	78.9	43.1	0.0	123
新疆	51.4	93.1	60.6	11.3	71
西南三省区	2.3	82.3	80.0	33.6	310
湖南	6.3	86.5	88.7	51.6	97
广西	0.0	78.4	73.2	46.9	96
贵州（黔东南）	0.9	82.1	78.5	7.7	117

民族七省区内汉族村与少数民族村的完小生活设施的一个对比情况如表7－28所示。由于地区气候的特殊性，西北地区冬天气候较为严寒，西北四省区行政村完小的暖气供给是必要的。民族七省区中完小提供暖气的汉族村比例为45.7%，少数民族村为15.1%。能保证完小供暖的汉族村在整体上高出少数民族村约30个百分点。西北四省区中，有58.7%的汉族村完小能提供暖气，而少数民族村仅为31.3%。其中新疆汉族村与少数民族村的对比情况尤其明显：汉族村的数值为100.0%，少数民族村仅为27.1%。自来水的情况，在民族七省区的汉族村样本中，能提供自来水的比例是79.7%，少数民族村的数值为81.2%。具体到地区的数据结果，西北四省区汉族村的自来水供给能力稍强于少数民族村，西南三省区的则相反。厨房的情况，在集中办学的情况下，对

于返家路程较远的学生而言，厨房的提供是必要的。从民族七省区总体情况来看，汉族村与少数民族村总样本中，完小提供厨房的村样本比例在 70% 左右。西北四省区汉族村的提供比例高于少数民族村，尤其是青海省。而西南三省区少数民族村与汉族村完小拥有厨房设施的比例基本相同。最后考察的是澡堂的情况，民族七省区的总体情况是，完小有澡堂的汉族村样本比例为 11.7%，少数民族村为 23.0%。其中，西北四省区中宁夏及青海的汉族村与少数民族村的完小都不提供澡堂，西南三省区的提供能力则略强。

表 7－28　生活设施覆盖比例（分民族）

单位：%，个

地　区	类　别	暖　气	自来水	厨　房	澡　堂	村样本总量
民族七省区	汉族村	45.7	79.7	70.4	11.7	230
	少数民族村	15.1	81.2	70.2	23.0	449
西北四省区	汉族村	58.7	82.7	68.0	7.9	179
	少数民族村	31.3	76.4	56.9	6.7	195
内蒙古	汉族村	75.4	82.6	76.8	15.9	69
	少数民族村	73.1	69.2	76.9	30.8	26
宁夏	汉族村	29.8	78.7	70.2	0.0	47
	少数民族村	24.3	56.8	81.1	0.0	37
青海	汉族村	38.5	79.5	53.9	0.0	39
	少数民族村	23.8	78.6	38.1	0.0	84
新疆	汉族村	100.0	95.8	60.9	13.0	24
	少数民族村	27.1	91.7	60.4	10.4	48
西南三省区	汉族村	0.0	69.2	78.9	25.0	51
	少数民族村	2.8	84.9	80.2	35.3	254
湖南	汉族村	0.0	78.6	78.6	42.9	13
	少数民族村	7.3	87.8	90.4	53.0	82
广西	汉族村	0.0	53.9	73.1	26.9	26
	少数民族村	0.0	87.3	73.2	54.3	69
贵州（黔东南）	汉族村	0.0	91.7	91.7	0.0	12
	少数民族村	1.0	81.0	76.9	8.6	103

（2）完小的教学设施

表7－29展现的是分地区统计的民族七省区行政村完小教学设施的情况。首先考察的是完小是否有足够的学生桌椅这一最基本的教学设施。从民族七省区总体情况来看，能供给足够桌椅的行政村比例为94.2%，说明这项基本设施，民族地区行政村完小基本能得到满足。其次是完小是否提供图书馆的情况，在民族七省区总体样本中，完小能提供图书馆的村样本比例为75.7%。其中，西北四省区的这一供给比例与西南三省区大体一致，数值在70%以上。具体到各省区可以发现，在西北四省区中除青海的这一比例为61.0%外，其余省区的比例都在85%左右。说明青海行政村的完小在图书馆的提供能力上有所欠缺。西南三省区各个省份的行政村完小在图书馆这一教学设施的提供情况比较一致，覆盖比例都在70%左右。再次是完小是否能配备学生专用电脑的情况，在民族七省区总体样本中，完小能够提供学生专用电脑的村样本比例为52.9%，与前两项教学设施相比，电脑的覆盖比例相对较低。其中，西北四省区的这一比例比西南三省区多出约30个百分点。最后是互联网的情况，这一比例和之前的学生专用电脑的情况大体一致。

表7－29　教学设施覆盖比例（分地区）

单位：%，个

地　区	足够的桌椅	图书馆	电　脑	互联网	村样本总量
民族七省区	94.2	75.7	52.9	45.7	686
西北四省区	96.3	79.6	68.3	52.8	376
内蒙古	97.9	83.2	72.6	74.2	95
宁夏	98.9	88.6	68.2	60.2	87
青海	91.9	61.0	59.4	29.5	123
新疆	98.6	95.8	77.8	55.6	71
西南三省区	91.6	71.0	34.1	36.8	310
湖南	92.8	70.8	48.9	36.2	97
广西	88.7	66.0	16.5	21.9	96
贵州（黔东南）	93.2	75.2	36.8	50.0	117

民族七省区内汉族村与少数民族村最主要的一所完小的教学设施的对比情况如表7－30所示。首先考察该完小是否能提供足够的桌椅，民族七

省区汉族村与少数民族村完小能提供足够的桌椅的比例都在94%左右。具体到西北四省区和西南三省区，从表7－30的数据可以了解到，西南三省区的汉族村与少数民族村完小桌椅的供给情况存在着细微的差异，少数民族村的供给状况更为良好。其次是图书馆的情况，在民族七省区汉族村总体样本中，完小能提供图书馆的村样本量所占比例为82.7%，而少数民族村的这一比例是72.3%，差异并不大。但具体到各省区内部，情况则不尽相同：青海的汉族村完小能提供图书馆的比例高于少数民族村。同样，在西南三省区中，贵州（黔东南）和广西的汉族村这一提供情况较少数民族村好，湖南则相反。最后考察的是学生用的电脑和互联网的提供情况，电脑与互联网实际上是一对互补关系，因此可以放在一起考察。从数据可以看出，民族七省区的汉族村完小中能提供学生用的电脑的比例为66.4%。具体从西北四省区和西南三省区来看，西北四省区汉族村的这一提供比例为77.5%，少数民族村仅为60.4%。在西南三省区内，不论是汉族村还是少数民族村的这一供给情况都明显比西北四省区差，西南三省区汉族村的这一比例仅为27.5%，少数民族村为35.4%。而西北四省区与西南三省区的这种差异同样也体现在完小是否开通互联网的情况上。并且，不论是从七省区整体还是各省区内部来看，各完小对互联网的提供能力都明显弱于对电脑的提供能力。

表7－30　教学设施覆盖比例（分民族）

单位：%，个

地　区	类　别	足够的桌椅	图书馆	电　脑	互联网	村样本总量
民族七省区	汉族村	93.5	82.7	66.4	57.1	230
	少数民族村	94.5	72.3	46.3	40.0	449
西北四省区	汉族村	96.1	86.0	77.5	65.9	179
	少数民族村	96.5	74.0	60.4	41.3	195
内蒙古	汉族村	98.6	82.6	72.1	71.2	69
	少数民族村	96.3	84.6	74.1	81.5	26
宁夏	汉族村	97.9	89.4	80.9	70.2	47
	少数民族村	100.0	89.5	55.3	50.0	37
青海	汉族村	87.2	79.5	69.2	41.0	39
	少数民族村	94.1	52.4	54.8	24.1	84

续表

地　区	类　别	足够的桌椅	图书馆	电　脑	互联网	村样本总量
新疆	汉族村	100.0	100.0	100.0	83.3	24
	少数民族村	97.9	93.8	66.7	41.7	48
西南三省区	汉族村	84.6	71.2	27.5	26.0	51
	少数民族村	93.1	70.9	35.4	39.0	254
湖南	汉族村	85.7	57.1	46.2	15.4	13
	少数民族村	94.0	73.2	49.4	39.5	82
广西	汉族村	84.6	73.1	15.4	20.0	26
	少数民族村	90.1	63.4	16.9	22.5	69
贵州（黔东南）	汉族村	83.3	83.3	33.3	50.0	12
	少数民族村	94.3	52.4	37.1	50.0	103

（二）完小的软件设施

完小的软件设施包括两方面的内容，分别是师资状况和政府基础教育补贴政策。

1. 师资状况

师资状况主要用三项指标进行考察，分别为完小内是否有编外民办或代课老师、是否有少数民族教师、是否有汉族老师。

从地区分布来看，在民族七省区中，完小内有编外民办或代课老师情况的村样本所占比例为33.5%，其中西北四省区的这一比例稍高于西南三省区，尤其是宁夏的行政村完小中存在编外民办或代课老师的现象比较普遍，在村样本中占比50%以上。另外两个指标，即完小内是否有少数民族老师或汉族老师，需要放在汉族村与少数民族村间的对比中来看，这里就不赘言了（见表7－31）。

表7－31　师资状况（分地区）

单位：%，个

地　区	有编外民办或代课老师	有少数民族的老师	有汉族老师	村样本总量
民族七省区	33.5	81.4	81.9	686
西北四省区	38.6	76.0	83.0	378
内蒙古	41.1	65.6	94.8	95

续表

地 区	有编外民办或代课老师	有少数民族的老师	有汉族老师	村样本总量
宁夏	51.1	67.1	85.2	88
青海	29.3	82.1	81.2	123
新疆	36.1	90.3	67.1	72
西南三省区	27.3	88.0	80.6	308
湖南	27.4	88.5	88.7	95
广西	32.3	77.1	68.8	96
贵州（黔东南）	23.1	96.6	83.6	117

表 7－32 展现的是民族七省区汉族村与少数民族村完小内师资情况。在完小是否有编外民办或代课老师这一项里，民族七省区汉族村样本和少数民族村的这一比例均维持在 33% 以上。西北四省区中，汉族村完小存在编外民办或代课老师的比例为 34.1%，少数民族村为 43.4%，其中宁夏回族自治区少数民族村的这一比例达 71.1%。西南三省区中，广西壮族自治区汉族村完小有编外民办或代课教师的比例高于少数民族村，而在其余两个省区，少数民族村的这一比例都高于汉族村，这一现象间接地说明了少数民族村的完小师资状况不容乐观。在完小是否有少数民族的老师这一项里，从数据可以看出，少数民族村存在少数民族老师的比例相对较高，基本都维持在 90% 左右，特别是西北四省区的宁夏和新疆的少数民族村，比例达 100.0%。而在完小是否有汉族老师这一项里，汉族村存在汉族老师的比例大部分维持在 95% 以上，除西北四省区的宁夏和新疆及西南三省区的广西在少数民族村中有汉族老师的比例较低外，其余省区的比例都在 70% 以上。

表 7－32 师资状况（分民族）

单位：%，个

地 区	类 别	有编外民办或代课老师	有少数民族的老师	有汉族老师	村样本总量
民族七省区	汉族村	33.3	52.0	98.7	231
	少数民族村	33.9	96.7	73.2	451
西北四省区	汉族村	34.1	54.2	99.4	179
	少数民族村	43.4	96.5	67.5	194

续表

地　区	类　别	有编外民办或代课老师	有少数民族的老师	有汉族老师	村样本总量
内蒙古	汉族村	39.1	58.0	100.0	69
	少数民族村	46.2	85.2	81.5	27
宁夏	汉族村	38.3	42.6	97.9	47
	少数民族村	71.1	100.0	68.4	38
青海	汉族村	10.3	51.3	100.0	39
	少数民族村	38.1	96.4	72.3	83
新疆	汉族村	50.0	70.8	100.0	24
	少数民族村	29.2	100.0	50.0	46
西南三省区	汉族村	30.8	44.2	96.2	52
	少数民族村	26.6	96.9	77.4	257
湖南	汉族村	14.3	50.0	92.9	14
	少数民族村	29.6	95.1	88.0	83
广西	汉族村	50.0	23.1	96.2	26
	少数民族村	25.7	97.1	58.6	70
贵州（黔东南）	汉族村	8.3	83.3	100.0	12
	少数民族村	24.8	98.1	81.7	104

（2）基础教育补贴政策

政府的基础教育补贴政策主要用两个指标进行考察，一个是针对贫困家庭学生的“两免一补”政策（免杂费、免书本费、逐步补助寄宿生生活费），另一个是在校小学生营养补贴。

从地区的数据分布可以看出，民族七省区“两免一补”的覆盖率是比较高的，其中西北四省区与西南三省区无论从整体还是所包含的省区来看，覆盖情况都比较一致。而对于在校小学生的营养补贴，其覆盖率仅占50%左右（除青海和贵州黔东南地区相差较多外）。同时，从各省区情况来看，西北四省区的青海覆盖率较低，比例为35.0%，而西南三省区的贵州（黔东南）的营养补贴贯彻情况是七省区中最理想的，比例达84.5%（见表7－33）。

从民族七省区内汉族村与少数民族村的对比来看，在“两免一补”政策的覆盖比例上，民族七省区总体的汉族村与少数民族村的覆盖比例差异不大，维持在96%左右。具体到各省区内部的情况来看：西北四省区的

表 7－33　基础教育补贴政策覆盖比例（分地区）

单位：%，个

补贴政策＼地区	民族七省区	西北四省区	内蒙古	宁夏	青海	新疆	西南三省区	湖南	广西	贵州（黔东南）
"两免一补"政策	96.6	98.4	96.8	98.9	99.2	98.6	94.5	92.6	93.7	96.6
在校小学生营养补贴	58.0	56.3	64.9	68.2	35.0	67.1	60.1	44.6	45.3	84.5
村样本总量	678	375	94	88	123	70	303	92	95	116

汉族村与少数民族村的差异比较小，而西南三省区的少数民族村的覆盖比例高于汉族村。关于在校小学生营养补贴政策的覆盖比例，西南三省区中的贵州（黔东南）、西北四省区中的新疆、青海及内蒙古的少数民族村和汉族村的覆盖比例相差不大，特别是贵州（黔东南），少数民族村和汉族村的覆盖比例都达80%以上，而西北四省区中青海的少数民族村和汉族村的比例仅在35%左右。除上述的四个省区外，其余三个省区的汉族村与少数民族村的覆盖比例相差较大，尤其是湖南和广西，汉族村的覆盖比例明显低于少数民族村（见表7－34）。

表 7－34　基础教育补贴政策覆盖比例（分民族）

单位：%，个

地　区	类　别	"两免一补"政策	在校小学生营养补贴	村样本总量
民族七省区	汉族村	95.2	52.2	230
	少数民族村	97.3	60.7	445
西北四省区	汉族村	97.8	57.0	179
	少数民族村	99.0	54.9	193
内蒙古	汉族村	97.1	63.8	69
	少数民族村	96.0	68.0	25
宁夏	汉族村	97.9	59.6	47
	少数民族村	100.0	76.3	38
青海	汉族村	100.0	38.5	39
	少数民族村	98.8	33.3	84
新疆	汉族村	95.8	62.5	24
	少数民族村	100.0	69.6	46

续表

地　区	类　别	“两免一补”政策	在校小学生营养补贴	村样本总量
西南三省区	汉族村	86.3	35.3	51
	少数民族村	96.1	65.1	252
湖南	汉族村	92.9	15.4	13
	少数民族村	92.6	49.4	79
广西	汉族村	80.0	23.1	26
	少数民族村	98.6	53.6	69
贵州（黔东南）	汉族村	91.7	83.3	12
	少数民族村	97.1	84.6	104

第四节　村级留守儿童临时监护机构

随着中国社会经济的快速发展，越来越多的农村青壮年开始走入城市，广大农村地区也随之产生了一个特殊的未成年群体——农村留守儿童。这类群体亟须社会特殊的关怀与照顾。本节主要是对留守儿童临时监护机构的现状进行描述性分析。

一　本村是否有留守儿童临时监护机构

从地区分布来看被调查村是否设有留守儿童临时监护机构，民族七省区总体设有这类机构的行政村比例仅为2.5%，无论是西北四省区还是西南三省区，只有很少的行政村设置了儿童临时监护机构（见表7－35）。

表7－35　留守儿童临时监护机构（分地区）

单位：%，个

指标＼地区	民族七省区	西北四省区	内蒙古	宁夏	青海	新疆	西南三省区	湖南	广西	贵州（黔东南）
设有临时监护机构的比例	2.5	2.5	3.2	2.1	0.0	5.5	2.5	1.0	2.0	4.3
村样本总量	721	403	95	94	123	91	318	99	102	117

具体到汉族村与少数民族村的对比情况，汉族村和少数民族村无论是

总体，还是各省区内部，都极少设置留守儿童的临时监护机构，在一定程度上表明地方政府对于留守儿童的关注度不够（见表7－36）。

表7－36　留守儿童临时监护机构（分民族）

单位：%，个

地　区	类　别	设有临时监护机构的比例	村总样本量
民族七省区	汉族村	2.9	244
	少数民族村	2.3	474
西北四省区	汉族村	3.1	191
	少数民族村	1.9	209
内蒙古	汉族村	2.9	68
	少数民族村	3.7	27
宁夏	汉族村	3.8	53
	少数民族村	0.0	38
青海	汉族村	0.0	39
	少数民族村	0.0	84
新疆	汉族村	6.5	31
	少数民族村	5.0	60
西南三省区	汉族村	1.9	53
	少数民族村	2.6	265
湖南	汉族村	0.0	16
	少数民族村	1.2	83
广西	汉族村	4.0	25
	少数民族村	1.3	77
贵州（黔东南）	汉族村	0.0	12
	少数民族村	4.8	105

二　留守儿童临时监护机构人数

从地区分布情况来看，民族七省区的所有行政村中，儿童人数在0～50人这一规模的留守儿童临时监护机构占所有留守儿童监护机构的比例为77.8%。其中西北四省区的内蒙古、青海及新疆所有的留守儿童临时监护机构都在0～50人这一规模。值得注意的是，儿童人数大于100人规模的留守儿童监护机构的地区主要集中在西北四省区的宁夏和西南三省区的广西和贵州（黔东南）（见表 7－37）。

表 7－37　留守儿童临时监护机构的人数（分地区）

单位：%，个

地　区	0～50 人	比　例	50～100 人	比例	>100 人	比　例
民族七省区	28	77.8	3	8.3	5	13.9
西北四省区	18	94.7	0	0.0	1	5.3
内蒙古	4	100.0	0	0.0	0	0.0
宁夏	1	50.0	0	0.0	1	50.0
青海	2	100.0	0	0.0	0	0.0
新疆	11	100.0	0	0.0	0	0.0
西南三省区	10	58.8	3	17.7	4	23.5
湖南	4	66.7	2	33.3	0	0.0
广西	1	25.0	0	0.0	2	75.0
贵州（黔东南）	5	62.5	1	12.5	2	25.0

从汉族村与少数民族村的对比情况来看，留守儿童临时监护机构监护的人数集中在 0～50 人的主要是西北四省区中的汉族村和西南三省区中的少数民族村；村内留守儿童临时监护机构监护的人数在 100 人以上的行政村主要是西南三省区的少数民族村，尤其是贵州（黔东南）（见表 7－38）。

表 7－38　留守儿童临时监护机构的人数（分民族）

单位：%，个

地　区	类　别	0～50 人	比　例	50～100 人	比　例	>100 人	比　例
民族七省区	汉族村	12	80.0	1	6.7	2	13.3
	少数民族村	16	76.2	2	9.5	3	14.3
西北四省区	汉族村	12	92.3	0	0.0	1	7.7
	少数民族村	6	100.0	0	0.0	0	0.0
内蒙古	汉族村	2	100.0	0	0.0	0	0.0
	少数民族村	2	100.0	0	0.0	0	0.0
宁夏	汉族村	1	50.0	0	0.0	1	50.0
	少数民族村	0	0.0	0	0.0	0	0.0
青海	汉族村	1	100.0	0	0.0	0	0.0
	少数民族村	1	100.0	0	0.0	0	0.0
新疆	汉族村	8	100.0	0	0.0	0	0.0
	少数民族村	3	100.0	0	0.0	0	0.0

续表

地　区	类　别	0～50人	比　例	50～100人	比　例	>100人	比　例
西南三省区	汉族村	0	0.0	1	50.0	1	50.0
	少数民族村	10	66.7	2	13.3	3	20.0
湖南	汉族村	0	0.0	2	100.0	0	0.0
	少数民族村	4	80.0	1	20.0	0	0.0
广西	汉族村	0	0.0	0	0.0	1	100.0
	少数民族村	1	50.0	0	0.0	1	50.0
贵州（黔东南）	汉族村	0	0.0	0	0.0	0	0.0
	少数民族村	5	62.5	1	12.5	2	25.0

第五节　农村卫生工作

农村卫生工作关系到保护农村生产力、振兴农村经济、维护农村社会和谐稳定发展的大局，是我国卫生工作的重点。本节以2011年的数据为基础，对民族七省区农村医疗点及新型农村合作医疗保险的实施状况进行描述性分析。

一　村级就医点的设置情况

从地区分布来看，表7－39统计的是民族七省区农村地区集体医疗点（卫生站）和私人诊所的设置情况。从民族七省区的总体情况来看，被调查村设置集体医疗点的比例为65.0%，说明在大多村庄这类基础性医疗设施基本存在。而具体到各省区内部可以看出，西北四省区的内蒙古及西南三省区的广西这一比例仅在50%左右，说明在这两个省集体医疗点的设置并没有达到平均水平。关于私人诊所的设置情况，民族七省区中被调查村设有私人诊所的比例为55.9%。其中，西北四省区的青海、新疆及西南三省区的贵州（黔东南）低于平均水平。

表7－39　村级就医点覆盖情况（分地区）

单位：%，个

地　区	集体医疗点	私人诊所	村样本总量
民族七省区	65.0	55.9	732
西北四省区	67.0	56.6	409

续表

地　区	集体医疗点	私人诊所	村样本总量
内蒙古	47.5	76.0	99
宁夏	70.2	68.8	94
青海	85.4	45.1	123
新疆	60.2	37.8	93
西南三省区	62.5	55.0	323
湖南	60.0	68.0	100
广西	50.5	65.4	103
贵州（黔东南）	75.0	35.3	120

具体到汉族村与少数民族村的对比情况，从表 7－40 的数据可以了解到，总体而言，汉族村与少数民族村集体医疗点的覆盖比例几乎是一致的，都在 65% 左右。西北四省区的各省区中，汉族村集体医疗点的覆盖比例高于少数民族村，尤其是青海，汉族村的这一覆盖比例为 97.4%，而少数民族村仅为 79.8%。另外，值得注意的是，内蒙古汉族村与少数民族村集体医疗点的覆盖比例都维持在一个比较低的水平。西南三省区中除广西以外的其余两个省区，汉族村的集体医疗点的这一覆盖比例低于少数民族村。而对于私人诊所而言，民族七省区汉族村总体的覆盖比例为 71.0%，少数民族村为 48.1%。具体到各省区，除宁夏外汉族村的这一覆盖比例都高于少数民族村。

表 7－40　村级就医点覆盖情况（分民族）

单位：%，个

地　区	类　别	集体医疗点	私人诊所	村样本总量
民族七省区	汉族村	65.3	71.0	248
	少数民族村	64.7	48.1	481
西北四省区	汉族村	67.5	71.2	194
	少数民族村	66.0	43.5	212
内蒙古	汉族村	50.0	86.3	72
	少数民族村	40.7	48.2	27
宁夏	汉族村	71.7	62.3	53
	少数民族村	65.8	77.5	38

续表

地　区	类　别	集体医疗点	私人诊所	村样本总量
青海	汉族村	97.4	63.2	39
	少数民族村	79.8	36.9	84
新疆	汉族村	63.3	59.3	30
	少数民族村	58.7	28.6	63
西南三省区	汉族村	57.4	70.4	54
	少数民族村	63.6	51.9	269
湖南	汉族村	50.0	75.0	16
	少数民族村	61.9	66.7	84
广西	汉族村	57.7	80.8	26
	少数民族村	48.1	60.0	77
贵州（黔东南）	汉族村	66.7	41.7	12
	少数民族村	75.9	34.6	108

二　新型农村合作医疗实施情况

新型农村合作医疗，简称"新农合"，是指由政府组织、引导、支持，农民自愿参加，个人、集体和政府多方筹资，以大病统筹为主的农民医疗互助共济制度。采取个人缴费、集体扶持和政府资助的方式筹集资金。在我国农业人口占全国总人口63.9%的情况下，大力推动农村医疗保险，可以使广大农民享受到经济发展带来的成果。

为了更好地展现数据，将2003～2011年分割为两段，分别是2003～2007年与2008～2011年进行对比分析。从地区分布来看，民族七省区的总体情况是，2003～2007年实施新农合的行政村样本占总样本的比例为76.9%，并且在2008～2011年基本实现整体覆盖。同时，西北四省区在2003～2007年新农合的覆盖比例高于西南三省区（见表7－41）。

表7－41　新型农村合作医疗保险实施年份（分地区）

单位：%，个

地　区	2003～2007年	比　例	2008～2011年	比　例
民族七省区	522	76.9	157	23.1
西北四省区	328	85.0	58	15.0

续表

地　区	2003～2007 年	比　例	2008～2011 年	比　例
内蒙古	77	87.5	11	12.5
宁夏	77	81.9	17	18.1
青海	114	96.6	4	3.4
新疆	60	69.8	26	30.2
西南三省区	194	66.2	99	33.8
湖南	51	56.7	39	43.3
广西	64	69.6	28	30.4
贵州（黔东南）	79	71.2	32	28.8

具体到汉族村与少数民族村的对比情况，2003～2007 年的这段时间里，民族七省区汉族村新农合的整体覆盖比例要高于少数民族村，说明汉族村更早地实现了新农合的普及。具体到各省区来看，西北四省区内青海的汉族村与少数民族村及内蒙古的少数民族村的覆盖比例是相对较高的。而在西南三省区中，湖南汉族村在 2003～2007 年内实施新农合的比例仅为 46.7%，少数民族村为 58.7%（见表 7－42）。

表 7－42　新型农村合作医疗实施年份（分民族）

单位：%，个

地　区	类　别	2003～2007 年	比　例	2008～2011 年	比　例
民族七省区	汉族村	193	83.9	37	16.1
	少数民族村	326	73.1	120	26.9
西北四省区	汉族村	163	88.6	21	11.4
	少数民族村	162	81.4	37	18.6
内蒙古	汉族村	54	85.7	9	14.3
	少数民族村	23	92.0	2	8.0
宁夏	汉族村	46	86.8	7	13.2
	少数民族村	28	73.7	10	26.3
青海	汉族村	38	100.0	0	0.0
	少数民族村	76	95.0	4	5.0
新疆	汉族村	25	83.3	5	16.7
	少数民族村	35	62.5	21	37.5

续表

地　区	类　别	2003～2007 年	比　例	2008～2011 年	比　例
西南三省区	汉族村	30	65.2	16	34.8
	少数民族村	164	66.4	83	33.6
湖南	汉族村	7	46.7	8	53.3
	少数民族村	44	58.7	31	41.3
广西	汉族村	15	75.0	5	25.0
	少数民族村	49	68.1	23	31.9
贵州（黔东南）	汉族村	8	72.7	3	27.3
	少数民族村	71	71.0	29	29.0

三　被调查村是否属于地方病病区的情况

地方病是指具有严格的地方性区域特点的一类疾病，主要发生于广大农村、山区、牧区的一些偏僻地区，种类不同，有的地区可多达五六种。

从地区分布来看，民族七省区中属于地方病病区的行政村样本量约 21 个，占样本总量的 3.0%，表明有 21 个村庄受到地方病的威胁。从各省区的具体情况来看，西北四省区的内蒙古、西南三省区的湖南属于地方病病区的村落比例略大于其他省区（见表 7－43）。

表 7－43　农村地方病病区（分地区）

单位：%，个

省区 指标	民族七省区	西北四省区	内蒙古	宁夏	青海	新疆	西南三省区	湖南	广西	贵州（黔东南）
地方病病区的覆盖比例	3.0	3.3	7.4	3.2	0.8	2.2	2.5	6.3	1.0	0.8
村样本总量	712	397	95	93	119	90	315	96	100	119

具体到汉族村与少数民族村地方病病区的情况，民族七省区中汉族村与少数民族村属于地方病病区的比例差异较小，分别为 4.2% 和 2.4%。西北四省区的汉族村属于地方病病区的比例要高于少数民族村，主要表现在内蒙古与宁夏。西南三省区的汉族村属于地方病病区的比例要低于少数民族村。其中，广西和贵州（黔东南）的汉族村无一位于地方病病区（见表 7－44）。

表7－44 地方病病区情况（分民族）

单位：%，个

地 区	类 别	地方病病区的覆盖比例	村样本总量
民族七省区	汉族村	4.2	240
	少数民族村	2.4	469
西北四省区	汉族村	4.8	189
	少数民族村	2.0	205
内蒙古	汉族村	8.7	69
	少数民族村	3.9	26
宁夏	汉族村	5.9	51
	少数民族村	0.0	39
青海	汉族村	0.0	38
	少数民族村	1.2	81
新疆	汉族村	0.0	31
	少数民族村	3.4	59
西南三省区	汉族村	2.0	51
	少数民族村	2.7	264
湖南	汉族村	7.1	14
	少数民族村	6.1	82
广西	汉族村	0.0	25
	少数民族村	1.3	75
贵州（黔东南）	汉族村	0.0	12
	少数民族村	0.9	107

本章小结

本章主要对民族七省区（西北四省区和西南三省区）行政村的公共服务情况进行描述和分析，由于公共服务涉及教育、卫生、文化、社会保障等方面，涉及面比较广，本章主要选取基础设施项目覆盖情况、经济服务和支农服务、村级基础教育、村级留守儿童临时监护机构和农村卫生工作五个方面进行具体阐述。

第一节主要选取六项具体指标来分析民族七省区行政村在2007～2011年五年间的基础设施覆盖情况。关于修路工程，民族七省区、西北四省区、西南三省区行政村 2007 ~ 2011 年覆盖比例逐年提高；与西北四省区相比，西南三省区行政村覆盖比例更高。关于水利排灌工程，民族七省区、西北四省区（除青海）、西南三省区行政村 2007 ~ 2011 年覆盖比例逐年提高；西北四省区和西南三省区行政村覆盖比例差异不大；五年间民族七省区总体、西北四省区、西南三省区汉族村的水利排灌的供给基本上优于少数民族村。关于小学及小学设施，虽然整体供给不足（覆盖比例为 10% ~ 30%）但覆盖比例呈现逐年提高趋势；西南三省区行政村覆盖比例比西北四省区高。关于其他教育事业，整体覆盖比例非常低，民族七省区总体和西北四省区的覆盖比例基本属于逐年提高，西南三省区除了 2009 年有一定波动，整体也呈现上升趋势；西南三省区覆盖比例比西北四省区高。关于乡村医疗点及设施，民族七省区总体、西南三省区和西北四省区行政村的乡村医疗点及设施覆盖比例基本呈现逐年提高的趋势。关于人畜饮水工程，民族七省区、西北四省区和西南三省区行政村人畜饮水工程的覆盖比例逐年提高；与西北四省区相比，西南三省区行政村人畜饮水工程的覆盖比例更高，而且差距逐年扩大。

第二节主要是对民族七省区行政村的经济服务和支农服务情况进行描述分析。经过数据分析得出民族七省区行政村的经济服务情况，西北四省区行政村拥有专业性合作经济组织的比例明显比西南三省区高；西北四省区和西南三省区行政村在拥有招商引资项目的比例上差距不大。关于支农服务，民族七省区总体和西南三省区、西北四省区，三项指标均有不同程度的增长；西北四省区行政村的支农服务整体情况要比西南三省区好。

第三节主要是对民族七省区农村基础教育现状进行描述性分析。首先对所有行政村内小学的基本情况进行统计调查，以各行政村最主要的一所完小为代表，对其硬件设施和软件设施进行描述性分析。分析得出：民族七省区内的村小办学形式主要以完小为主，并且省区内少数民族村中以完小形式存在的比例较汉族村高；被调查村最近的完小离调查村的距离大都集中在 0 ~ 2km；民族七省区内行政村完小中存在危房问题的地区主要是在西南三省区，无论是少数民族村还是汉族村，西南三省区完小的危房比例都比较高，特别是湖南；民族七省区行政村完小关于自来水这项生活实施的提供情况比暖气、食堂、澡堂的提供情况好，而足够的桌椅这项最基本的教学设施的提供情况，也是比图书馆、电脑、互联网的提供情况好；民族七省区行政村完小对于政府的“两免一补”政策的实施情况，无论是在各省区内，还是省区内的汉族村与少数民族村中，都执行得比较理想。而在校小学生营养补贴政策的覆盖比例在民族七省区的总体样本中仅实现了一半，同时，在各省区及省区内的汉族村与少数民族村中，这类覆盖比例存在差异。

第四节主要是对留守儿童临时监护机构的现状进行描述性分析。分析结果是，民族七省区设有留守儿童临时监护机构的行政村所占比例仅为2.5%，尤其是西北四省区中的青海省，没有任何一个行政村设有留守儿童临时监护机构。另外，民族七省区中一半以上的留守儿童监护机构的规模集中在0~50人，而规模大于100人的留守儿童监护机构集中在西北四省区的宁夏和西南三省区的广西和贵州（黔东南），并且大多位于少数民族村内。

第五节主要是对民族七省区农村医疗点及新型农村合作医疗的实施状况进行描述性统计分析。分析得出：从就医点的设置情况来看，各地区差异很大，西北四省区的青海设置集体医疗点的比例最高，而私人诊所的设置比例偏低，内蒙古设置集体医疗点的比例最低，而私人诊所的设置比例最高。同时，各省区内汉族村与少数民族村的差异也很大。从新型农村合作医疗实施情况来看，民族七省区在2011年基本实现全面覆盖。从被调查村是否属于地方病病区的情况来看，西北四省区的内蒙古拥有属于地方病病区的比例在民族七省区中最多，西北四省区属于地方病病区的汉族村比例要高于少数民族村。

第八章　西部民族地区的主观意愿分析

本章主要统计分析民族七省区被访者对有关主观性问题的回答，包括农村和城镇被访者两部分。问题设计主要包括被访者对于收入满意度和收入差距的看法、对于民族交往及民族政策的看法及对于子女受教育程度的期望等。可以说问题设计涵盖了农村、城镇各族人民关于家庭经济生活、社会文化以及子女教育方面的主观态度的方方面面，对于进一步了解民族七省区经济社会问题有重要借鉴意义。

第一节　农村地区主观意愿分析

本节主要统计分析民族七省区农村地区被访者对有关主观性问题的回答结果，一共分为三部分，包括家庭经济生活、社会文化和子女受教育程度等方面内容，各方面内容分别从民族七省区总体状况、各地区差异和民族间差异三个维度展开分析，内容涵盖了农村地区居民关于经济、生活方方面面的主观看法，为全面了解民族地区农村社会面貌提供了可靠的数据支撑。

一　家庭经济生活方面

（一）家庭收入状况

1. 家庭收入水平

对于“您家收入在村里所处水平”的问题，被访者的回答情况如表8－1、表8－2所示。

表 8－1　家庭收入水平状况（分地区）

单位：%

地　区	大大高于平均水平	高于平均水平	平均水平	低于平均水平	大大低于平均水平	不知道
民族七省区	1.3	14.2	56.5	24.6	2.2	1.2
西北四省区	1.8	15.0	56.3	23.4	2.5	1.0
内蒙古	1.3	11.5	59.9	23.6	2.2	1.5
宁夏	2.2	16.5	50.6	25.1	3.7	1.9
青海	1.7	15.4	53.7	25.9	0.6	2.7
新疆	1.7	16.0	62.3	18.3	1.4	0.3
西南三省区	0.7	13.3	56.7	26.0	1.9	1.4
湖南	0.9	13.7	58.0	22.9	2.1	2.4
广西	0.5	12.2	53.0	30.3	2.4	1.6
贵州（黔东南）	1.7	13.9	57.8	24.7	1.4	0.5

表 8－2　家庭收入水平状况（分民族）

单位：%

地　区	大大高于平均水平	高于平均水平	平均水平	低于平均水平	大大低于平均水平	不知道
汉　族	1.0	15.1	59.5	21.6	0.0	2.8
回　族	3.0	13.8	48.0	28.6	3.9	2.7
蒙古族	2.4	13.9	51.5	25.5	4.4	2.3
藏　族	2.3	11.3	54.9	27.5	1.3	2.7
维吾尔族	1.6	17.5	62.2	17.8	0.8	0.1
哈萨克族	1.2	11.2	57.5	28.0	0.9	1.2
撒拉族	0.0	22.3	51.6	23.4	2.7	0.0
苗　族	0.4	15.2	53.3	27.2	1.9	2.0
侗　族	1.1	11.9	63.9	21.1	1.3	0.7
瑶　族	2.1	12.5	58.6	25.5	0.9	0.4
土家族	0.0	9.6	55.1	30.1	3.9	1.3
壮　族	0.4	11.1	49.0	34.4	2.6	2.5

总体上，民族七省区的被访者中，有56.5%认为自家的收入在村里处于平均水平，15.5%认为自家收入高于或大大高于平均水平，26.8%认为

自家收入低于或大大低于平均水平，比认为自家高于或大大高于平均水平的比例高 11.3 个百分点。

分地区看，西北四省区的被访者中，认为自家收入在村里处于平均水平的比例，和民族七省区总体、西南三省区的相应比例无明显差异，但认为自家收入高于或大大高于平均水平的比例分别比民族七省区总体和西南三省区的相应比例高 1.3 个、2.8 个百分点，认为自家收入低于或大大低于平均水平的比例分别比民族七省区总体和西南三省区的相应比例低 0.9 个、2.0 个百分点。分省区看，新疆被访者认为自家收入处于平均水平的比例（62.3%）最高，比最低的宁夏被访者的相应比例（50.6%）高 11.7 个百分点；宁夏被访者认为自家收入高于或大大高于平均水平的比例（18.7%）最高，比最低的广西被访者的相应比例（12.7%）高 6.0 个百分点；广西被访者认为自家收入低于或大大低于平均水平的比例（32.7%）最高，比最低的新疆被访者的相应比例（19.7%）高 13.0 个百分点。

分民族看，认为家庭收入处于平均水平的家庭占比最高，基本超过 50%（除回族和壮族），其中认为自家收入处于平均水平的侗族占比最高，为 63.9%，回族最低，为 48.0%，各民族间无明显差异。

2. 家庭收入状况满意度

对于“您对目前的家庭收入满意吗”的问题，被访者的回答情况如表 8－3、表 8－4 所示。

表 8－3　家庭收入满意度（分地区）

单位：%

地　区	很满意	比较满意	一　般	不太满意	不满意	说不清
民族七省区	3.7	20.5	35.4	24.2	14.6	1.6
西北四省区	4.6	25.3	30.5	24.1	14.8	0.7
内蒙古	3.0	18.8	34.7	24.4	18.3	0.8
宁夏	3.7	26.8	32.2	21.6	14.6	1.1
青海	6.5	29.3	25.7	23.8	14.3	0.5
新疆	4.7	24.5	31.0	27.0	12.7	0.2
西南三省区	2.7	15.0	40.9	24.3	14.4	2.8
湖南	1.8	17.0	43.0	23.4	10.8	4.0
广西	4.4	14.0	31.4	29.4	18.6	2.1
贵州（黔东南）	1.8	14.3	47.5	20.5	13.6	2.4

表 8－4　家庭收入满意度（分民族）

单位：%

民　　族	很满意	比较满意	一般	不太满意	不满意	说不清
汉　　族	3.0	21.2	36.8	22.1	15.4	1.5
回　　族	5.4	29.0	29.8	21.3	13.4	1.2
蒙 古 族	4.2	23.8	25.8	27.6	17.0	1.7
藏　　族	5.5	24.1	22.8	30.5	16.2	1.0
维吾尔族	5.4	21.7	32.9	33.6	6.2	0.3
哈萨克族	1.1	21.0	16.2	28.1	33.7	0.0
撒 拉 族	22.5	31.3	1.6	18.8	6.3	19.6
苗　　族	1.4	14.5	42.3	24.5	3.2	14.2
侗　　族	1.6	16.0	48.5	21.4	1.4	11.1
瑶　　族	5.4	13.6	1.3	19.8	18.1	42.0
土 家 族	3.2	34.8	19.4	14.2	28.4	0.0
壮　　族	5.3	13.2	24.6	32.7	2.3	21.8

总体上，民族七省区的被访者中，有 20.5% 的受访家庭对自家的收入状况比较满意，3.7% 的受访家庭对自家的收入状况很满意，35.4% 的受访者对自家收入状况感到一般。

分地区看，西北四省区的被访者中对自家收入状况比较满意的人口比例为 25.3%，而西南三省区这一比例仅为 15.0 %，远低于西北四省区。从各省区具体来看，青海省被访者对自家收入比较满意的人口占比最高，为 29.3%，而广西的这一比例仅为 14.0%，比最高的青海省相应比例低 15.3 个百分点。

分民族看，农村各民族在几个选项中的人口比例基本呈正态分布。对家庭收入状况感到一般的人口占比较高，大部分维持在 20% ~40%。其中对自家收入状况比较满意的占比最高的是土家族，为 34.8%，壮族最低，为 13.2%，各民族间存在一定差异。

（二）幸福度调查

1. 幸福度状况

对于“您幸福吗”的问题，被访者的回答情况如表 8－5、表 8－6 所示。

表 8-5　幸福度（分地区）

单位：%

地　区	非常幸福	比较幸福	不好也不坏	不太幸福	很不幸福	不知道
民族七省区	9.8	38.2	37.1	12.6	1.0	1.3
西北四省区	11.7	43.3	31.9	11.4	1.2	0.5
内蒙古	7.9	38.6	36.3	15.3	0.9	1.1
宁夏	8.9	45.0	32.6	11.6	1.5	0.5
青海	9.0	50.1	28.7	10.2	1.5	0.7
新疆	21.1	37.5	31.0	9.5	0.9	0.0
西南三省区	7.7	32.5	43.0	14.0	1.3	1.5
湖南	3.7	34.8	46.1	13.4	1.3	0.7
广西	16.3	27.2	38.9	14.8	2.4	0.4
贵州（黔东南）	3.4	35.4	44.1	13.7	3.1	0.4

表 8-6　幸福度（分民族）

单位：%

民　族	非常幸福	比较幸福	不好也不坏	不太幸福	很不幸福	不知道
汉　族	8.2	40.4	36.3	13.0	1.3	0.8
回　族	12.1	44.3	30.6	11.3	1.1	0.6
蒙古族	9.1	46.7	35.4	6.7	1.0	1.2
藏　族	7.6	50.6	28.7	10.2	1.3	1.6
维吾尔族	17.2	32.5	38.6	11.2	0.7	0.0
哈萨克族	32.9	32.3	18.1	15.9	0.9	0.0
撒拉族	19.2	42.2	31.0	7.1	0.5	0.0
苗　族	3.5	36.6	43.6	14.1	0.8	1.4
侗　族	4.9	36.0	48.6	8.0	0.1	2.3
瑶　族	8.6	39.1	35.0	17.1	0.1	0.0
土家族	0.6	46.2	32.1	14.1	3.9	3.1

总体上，民族七省区的被访者中，38.2%的受访者认为自己比较幸福，9.8%的受访者认为自己非常幸福，37.1%的受访者认为自己状况不好也不坏，12.6%的受访者认为自己不太幸福，认为自己很不幸福的占比为1.0%。

分地区看，西北四省区受访者认为自己比较幸福的比例为43.3%，而西南三省区这一比例仅为 32.5 %，远低于西北四省区。从各省区具体来看，青海省被访者认为自己比较幸福的人口占比最高，为 50.1%，而广西的这一比例仅为 27.2%，比最高的青海省相应比例低 22.9 个百分点。

分民族看，农村各民族在几个选项中的人口比例基本呈正态分布。认为自己比较幸福的人口占比最高，大部分超过 30.0%，其中对自家收入状况比较满意的藏族占比最高，为 50.6%，哈萨克族最低，为 32.3%，各民族存在一定差异，西北地区少数民族幸福感高于西南地区的少数民族。

2. **产生幸福度差异的原因**

对于“幸福与否的主要原因是什么”的问题，被访者的回答情况如表 8－7、表 8－8 所示。

表 8－7 幸福感影响因素（分地区）

单位：%

地　区	收入状况	将来生活的安定状况	身体状况	家庭矛盾	个人问题	其他问题
民族七省区	65.8	7.5	10.6	1.2	2.2	12.8
西北四省区	71.5	7.8	11.3	0.9	1.7	6.8
内蒙古	69.1	7.7	10.0	0.0	1.8	11.3
宁夏	67.0	7.5	13.5	0.7	3.0	8.2
青海	69.6	3.7	14.8	3.4	2.7	5.9
新疆	78.8	10.4	7.6	0.5	2.8	0.0
西南三省区	61.3	7.2	10.1	1.4	2.6	17.4
湖南	61.4	7.6	10.9	1.7	2.1	16.3
广西	66.7	3.4	8.1	1.8	2.3	17.7
贵州（黔东南）	56.6	10.3	11.1	0.7	3.2	18.2

表 8－8 幸福感影响因素（分民族）

单位：%

民　族	收入状况	将来生活的安定状况	身体状况	家庭矛盾	个人问题	其他问题
汉　族	64.6	5.5	13.7	0.6	3.1	12.5
回　族	63.2	9.4	12.6	1.1	1.9	11.8

续表

民　族	收入状况	将来生活的安定状况	身体状况	家庭矛盾	个人问题	其他问题
蒙古族	75.0	7.5	9.9	0.0	0.4	7.1
藏　族	77.2	3.7	8.2	5.9	0.0	5.0
维吾尔族	74.6	21.4	1.8	0.0	0.0	2.3
哈萨克族	88.8	0.0	8.2	0.0	0.0	3.1
撒拉族	71.2	0.0	6.1	9.1	0.0	13.6
苗　族	67.2	9.6	12.1	0.9	2.1	8.1
侗　族	41.7	10.3	9.0	0.7	2.8	35.6
瑶　族	82.7	0.0	6.7	3.5	1.6	5.5
土家族	89.3	0.0	10.7	0.0	0.0	0.0

总体上，民族七省区的被访者中，65.8%的受访者认为收入状况是影响幸福感的主要因素，7.5%的受访者认为将来生活的安定状况是影响幸福感的主要因素，10.6%的受访者认为身体状况是影响幸福感的主要因素。

分地区看，西北四省区的被访者中认为收入状况是影响幸福感的主要因素的人口比例为71.5%，而西南三省区这一比例仅为61.3 %，远低于西北四省区。从各省区来看，新疆受访者认为收入状况是影响幸福感的主要因素的人口占比最高，为78.8%，而贵州（黔东南）的这一比例仅为56.6%。

分民族看，农村各民族在几个选项中的人口比例基本呈正态分布。认为收入状况是影响幸福感的重要因素的人口占比最高，基本超过60.0%（除侗族），其中认为收入状况是影响幸福感的重要因素的土家族占比最高，为89.3%，侗族最低，为41.7%，各民族存在一定差异。

二　社会文化方面

（一）民族问题

1. 好友的民族分布

对于“最好的三个朋友有几个同民族”的问题，被访者的回答情况如表8－9、表8－10所示。

表 8 - 9　好友的民族分布（分地区）

单位：%

分　类	民族七省区	西北四省区	内蒙古	宁夏	青海	新疆	西南三省区	湖南	广西	贵州（黔东南）
三个都是	71.8	80.0	74.4	83.3	79.7	82.0	62.4	62.7	77.2	49.3
只有两个	17.2	11.6	15.5	9.2	13.3	8.6	23.5	24.0	14.3	31.1
只有一个	7.9	6.3	7.3	4.5	4.9	8.9	9.7	7.7	5.8	14.6
一个都不是	3.2	2.1	2.8	3.0	2.1	0.6	4.4	5.6	2.7	5.0

表 8 - 10　好友的民族分布（分民族）

单位：%

分　类	汉族	回族	蒙古族	藏族	维吾尔族	哈萨克族	撒拉族	苗族	侗族	瑶族	土家族	壮族
三个都是	75.6	80.1	59.5	78.9	86.5	60.9	77.4	63.7	64.2	59.4	66.7	74.4
只有两个	14.0	11.0	25.7	12.8	4.7	30.2	15.8	24.8	24.8	25.5	22.4	20.1
只有一个	6.5	6.8	12.1	5.9	8.3	8.9	4.3	8.9	8.0	11.7	9.6	4.1
一个都不是	3.9	2.1	2.7	2.4	0.5	0.0	2.5	2.6	3.1	3.5	1.3	1.5

总体上，民族七省区的被访者中，71.8%的受访者表示三个最好的朋友均是同族，17.2%的受访者表示三个最好的朋友有两个是同族，7.9%的受访者表示有一个是同族，一个都不是的占比为3.2%。

分地区看，西北四省区的被访者中表示三个最好朋友都是同族的比例为80.0%，而西南三省区这一比例仅为62.4 %，远低于西北四省区。从各省区来看，宁夏受访者中表示三个最好朋友都是同族的占比最高，为83.3%，而贵州（黔东南）的这一比例仅为49.3%。

分民族看，农村各民族在几个选项中的人口比例基本呈逐渐降低趋势。表示三个最好朋友都是同族的人口占比最高，基本超过60.0%（除蒙古族和瑶族），其中表示三个最好朋友都是同族的维吾尔族占比最高，为86.5%，瑶族最低，为59.4%，各民族存在一定差异。

2. 民族间通婚

对于“是否同意孩子和其他民族通婚”的问题，被访者的回答情况如表8-11、表8-12所示。

总体上，民族七省区的被访者中，39.2%的受访者表示赞同子女与外族通婚，28.6%的受访者表示无所谓，24.4%的受访者表示不赞同子女与外族通婚，说不清的占比为7.9%。

表8－11　民族通婚状况（分地区）

单位：%

分　类	民族七省区	西北四省区	内蒙古	宁夏	青海	新疆	西南三省区	湖南	广西	贵州（黔东南）
赞　同	39.2	23.0	34.5	12.6	33.3	11.7	57.4	62.1	56.3	54.7
无所谓	28.6	22.2	44.4	15.9	21.3	10.6	35.8	35.3	33.2	38.3
不赞同	24.4	43.9	14.3	59.5	39.1	59.4	2.2	1.0	2.1	3.4
说不清	7.9	10.9	6.8	12.1	6.4	18.4	4.6	1.6	8.4	3.6

表8－12　民族通婚状况（分民族）

单位：%

分　类	汉族	回族	蒙古族	藏族	维吾尔族	哈萨克族	撒拉族	苗族	侗族	瑶族	土家族	壮族
赞　同	34.3	13.0	34.3	34.1	9.0	22.4	16.5	56.2	64.2	65.5	35.3	63.3
无所谓	35.4	13.3	35.4	20.0	3.8	5.4	7.1	38.5	30.5	27.4	37.2	28.0
不赞同	20.8	68.6	20.8	39.1	62.3	62.6	71.7	2.4	2.6	2.8	18.6	1.0
说不清	9.4	5.1	9.4	6.8	24.9	9.6	4.7	2.9	2.7	4.2	9.0	7.7

分地区看，西北四省区的被访者中赞同子女与外族通婚的比例为23.0%，而西南三省区这一比例为57.4%，远高于西北四省区。从各省区来看，湖南受访者表示赞同子女与外族通婚的占比最高，为62.1%，而新疆的这一比例最低，仅为11.7%。

分民族看，农村各民族在几个选项中的人口比例差异较明显。各民族表示赞同子女与外族通婚的状况差异较大，其中瑶族赞同子女与外族通婚的占比最高，为65.5%，维吾尔族最低，为9.0%。

3. **对少数民族政策的看法**

对于“对少数民族政策的看法”的问题，被访者的回答情况如表8－13、表8－14所示。

总体上，民族七省区的被访者中，68.3%的受访者表示赞同民族政策，14.8%的受访者表示无所谓，6.7%的受访者表示不太赞同民族政策，表示说不清的占比为10.3%。

表8-13 对民族政策看法（分地区）

单位：%

分 类	民族七省区	西北四省区	内蒙古	宁夏	青海	新疆	西南三省区	湖南	广西	贵州（黔东南）
赞 同	68.3	62.1	48.2	51.7	73.5	71.6	75.1	77.4	64.5	82.6
无所谓	14.8	15.7	26.5	15.4	12.0	11.1	13.6	15.9	15.9	9.9
不太赞同	6.7	10.8	16.2	7.9	7.0	13.7	2.1	2.8	1.7	2.0
说不清	10.3	11.3	9.1	25.0	7.5	3.6	9.1	4.0	18.0	5.5

表8-14 对民族政策看法（分民族）

单位：%

分 类	汉族	回族	蒙古族	藏族	维吾尔族	哈萨克族	撒拉族	苗族	侗族	瑶族	土家族	壮族
赞 同	48.5	74.0	73.1	78.2	82.8	87.8	91.1	84.1	87.3	73.7	70.5	60.6
无所谓	25.0	7.6	8.0	13.4	6.8	1.1	3.6	8.8	7.0	5.7	7.1	14.5
不太赞同	13.8	2.5	2.7	3.1	9.1	2.6	2.7	1.2	0.9	1.6	2.6	0.8
说不清	12.6	16.0	16.3	5.3	1.3	8.5	2.7	5.9	4.8	19.1	19.9	24.1

分地区看，西北四省区的被访者中表示赞同民族政策的比例为62.1%，而西南三省区这一比例为75.1%，远高于西北四省区。从各省区来看，贵州（黔东南）受访者赞同民族政策的占比最高，为82.6%，而内蒙古的这一比例仅为48.2%。

分民族看，农村各民族在几个选项中的人口比例差异明显。表示赞同民族政策的人口占比最高，基本超过60.0%（除汉族），其中表示赞同民族政策的撒拉族占比最高，为91.1%，汉族最低，为48.5%，各民族存在一定差异。

（二）其他社会文化问题

1. 参与宗教活动状况

对于“去宗教场所次数（次/月）”的问题，被访者的回答情况如表8-15、表8-16所示。

表 8-15　去宗教场所次数（分地区）

单位：%

次数	民族七省区	西北四省区	内蒙古	宁夏	青海	新疆	西南三省区	湖南	广西	贵州（黔东南）
0	64.6	43.7	89.4	45.1	34.6	35.4	91.4	93.8	90.2	90.5
0~10	22.6	33.5	10.6	41.2	41.0	27.3	8.5	6.0	9.8	9.5
>10	12.8	22.8	0.0	13.7	24.4	37.4	0.0	0.2	0.0	0.0

注：0~10 次包括 10 次。下同。

表 8-16　去宗教场所次数（分民族）

单位：%

次　数	汉族	回族	蒙古族	藏族	维吾尔族	哈萨克族	撒拉族	苗族	侗族	瑶族	土家族	壮族
0	87.7	11.5	72.8	8.7	10.6	46.9	16.7	96.8	86.9	96.1	98.0	94.4
0~10	11.9	50.5	27.2	84.8	31.4	53.1	3.5	3.1	13.1	3.9	2.0	5.6
>10	0.3	38.0	0.0	6.5	58.0	0.0	79.9	0.1	0.0	0.0	0.0	0.0

总体上，民族七省区的被访者中，64.6%的受访者表示去宗教场所的次数为0次/月，22.6%的受访者表示去宗教场所的次数为0~10次/月，12.8%的受访者表示去宗教场所的次数大于10次/月。

分地区看，西北四省区的被访者中表示去宗教场所的次数为0次/月的比例为43.7%，而西南三省区这一比例为91.4%，远高于西北四省区。从各省区来看，湖南受访者去宗教场所的次数为0次/月的占比最高，为93.8%，而青海的这一比例仅为34.6%。

分民族看，农村各民族在几个选项中的人口比例相差较大。表示去宗教场所的次数为0次/月的人口占比相对较高，其中表示去宗教场所的次数为0次/月的土家族占比最高，为98.0%，藏族最低，为8.7%，各民族存在一定差异，这与藏族多信奉藏传佛教，回族、维吾尔族、撒拉族等多信奉伊斯兰教，而部分民族无统一的民族宗教信仰有关。

2. 收入差距与公平

“对于收入差距的看法”问题，被访者的回答情况如表 8-17、表 8-18 所示。

总体上，民族七省区的被访者中，8.2%的受访者表示不同意存在收入差距是不公平，14.0%的受访者表示不太同意存在收入差距是不公平，

46.7%的受访者表示基本同意存在收入差距是不公平的，25.2%的受访者表示非常同意这一说法，表示说不清的占比为6.0%。

表8－17　对收入差距的看法（分地区）

单位：%

看　法	民族七省区	西北四省区	内蒙古	宁夏	青海	新疆	西南三省区	湖南	广西	贵州（黔东南）
不同意	8.2	8.2	7.1	4.6	5.0	16.5	8.2	10.7	8.5	6.0
不太同意	14.0	13.8	11.3	10.6	13.8	19.2	14.2	7.7	10.5	22.7
基本同意	46.7	46.8	44.1	46.4	55.8	39.0	46.5	56.5	38.8	45.1
非常同意	25.2	26.8	35.1	32.9	19.9	21.4	23.4	20.0	32.4	18.5
说不清	6.0	4.5	2.5	5.5	5.5	4.0	7.6	5.2	9.9	7.7

表8－18　对收入差距的看法（分民族）

单位：%

看　法	汉族	回族	蒙古族	藏族	维吾尔族	哈萨克族	撒拉族	苗族	侗族	瑶族	土家族	壮族
不同意	7.2	5.4	7.7	3.4	21.5	9.4	19.6	4.8	7.4	18.2	3.9	6.4
不太同意	11.2	16.0	10.0	5.9	25.7	9.4	33.9	17.6	19.9	10.1	2.6	7.6
基本同意	47.6	47.2	33.4	62.4	34.7	56.9	25.9	51.5	50.6	44.2	62.3	26.9
非常同意	29.1	23.5	45.0	24.7	15.1	12.9	13.4	19.3	16.7	18.3	22.7	47.7
说不清	5.0	7.9	4.0	3.6	3.1	11.4	7.1	6.9	5.4	9.2	8.4	11.4

分地区看，西北四省区的被访者中表示基本同意存在收入差距是不公平的比例为46.8%，而西南三省区这一比例为46.5%，无明显差异。从各省区来看，湖南受访者基本同意存在收入差距是不公平的占比最高，为56.5%，而广西的这一比例最低，仅为38.8%。

分民族看，农村各民族在几个选项中的人口比例基本呈正态分布。表示基本同意存在收入差距是不公平的人口占比最高，基本超过40.0%（除蒙古族、维吾尔族、撒拉族和壮族），其中表示基本同意存在收入差距是不公平的藏族占比最高，为62.4%，撒拉族最低，为25.9%。

三　子女受教育程度

（一）子女的受教育程度

对于“子女的受教育程度”的问题，其中“第一个孩子的受教育程度”问题，被访者的回答情况如表8－19、表8－20所示，对于“第二个孩子的受教育程度”问题，被访者的回答情况如表8－21、表8－22所示。从调查结果来看，西北四省区对孩子的受教育程度要求略高于西南三省区，以第一个孩子的受教育程度意向为例，西北四省区希望孩子接受研究生教育的比例大都维持在10%以上（除青海），而西南三省区都在10%以下，其中内蒙古最高（39.4%），广西最低，仅为4.1%。

表8－19　第一个孩子受教育程度（分地区）

单位：%

受教育程度	民族七省区	西北四省区	内蒙古	宁夏	青海	新疆	西南三省区	湖南	广西	贵州（黔东南）
初中毕业	6.3	5.6	2.6	2.9	7.2	8.8	7.1	9.4	5.2	7.2
高中毕业	3.8	2.5	1.9	1.1	4.0	2.4	5.5	6.2	4.5	5.8
职高、技校	1.9	1.6	2.8	0.7	1.4	1.7	2.4	3.7	2.6	1.3
中专毕业	2.9	1.6	0.9	1.1	1.3	3.0	4.5	2.4	9.6	1.9
大专毕业	10.8	10.2	7.5	5.6	6.3	22.3	11.4	12.1	14.7	8.5
本科毕业	52.8	54.2	39.3	64.0	64.1	42.4	51.0	42.2	51.2	56.7
研究生	12.2	18.0	39.4	18.5	7.5	14.8	5.0	7.2	4.1	4.3
说不清	9.3	6.3	5.4	6.0	8.1	4.7	13.0	17.0	8.2	14.3

表8－20　第一个孩子受教育程度（分民族）

单位：%

受教育程度	汉族	回族	蒙古族	藏族	维吾尔族	哈萨克族	撒拉族	苗族	侗族	瑶族	土家族	壮族
初中毕业	3.7	8.4	2.3	4.5	15.1	4.1	12.7	6.3	7.4	17.3	10.8	1.5
高中毕业	3.0	4.0	2.2	1.4	3.1	1.4	1.0	5.7	2.8	7.9	0.0	4.8
职高、技校	2.4	1.4	0.0	0.7	2.1	2.8	0.0	1.3	1.8	7.9	0.0	1.6
中专毕业	1.9	0.5	0.0	2.1	2.8	1.7	3.3	3.9	0.6	1.9	0.0	16.4
大专毕业	8.7	6.3	5.1	6.1	32.7	2.1	10.3	9.6	9.1	13.1	2.7	21.6
本科毕业	53.7	62.2	38.5	72.1	37.7	41.9	40.6	53.1	60.0	39.0	63.1	44.2
研究生	19.0	9.5	44.3	9.7	2.6	41.9	2.6	3.9	4.6	3.5	13.5	3.1
说不清	7.7	7.8	7.7	3.4	4.0	4.1	29.6	16.4	13.8	9.4	9.9	6.9

表 8－21　第二个孩子受教育程度（分地区）

单位：%

受教育程度	民族七省区	西北四省区	内蒙古	宁夏	青海	新疆	西南三省区	湖南	广西	贵州（黔东南）
初中毕业	4.9	4.3	0.7	1.1	6.9	6.8	5.7	8.7	4.8	4.7
高中毕业	4.3	3.3	2.1	1.7	5.1	3.7	5.4	6.7	4.5	5.2
职高、技校	2.0	1.4	2.4	0.3	1.7	1.9	2.7	3.4	2.8	2.2
中专毕业	2.8	2.0	0.9	1.4	1.2	4.5	3.7	1.5	8.1	1.7
大专毕业	10.9	9.4	7.5	4.0	6.5	22.4	12.7	14.8	14.7	10.0
本科毕业	55.6	58.3	42.0	66.2	65.8	44.2	52.3	40.5	52.0	59.8
研究生	10.6	15.4	36.8	17.7	6.6	13.7	4.8	7.8	4.5	3.2
说不清	9.0	6.0	7.6	7.6	6.2	2.7	12.6	16.6	8.7	13.2

表 8－22　第二个孩子受教育程度（分民族）

单位：%

受教育程度	汉族	回族	蒙古族	藏族	维吾尔族	哈萨克族	撒拉族	苗族	侗族	瑶族	土家族	壮族
初中毕业	2.0	5.1	0.0	6.9	10.6	3.6	10.0	5.3	4.4	21.2	8.1	1.1
高中毕业	3.3	5.0	2.6	0.8	5.6	4.1	4.5	4.9	1.2	13.2	8.1	2.4
职高、技校	2.5	0.4	0.0	0.0	2.4	1.8	1.9	2.1	1.3	7.8	3.0	1.1
中专毕业	2.4	0.8	1.3	0.6	4.0	2.3	3.7	3.4	1.4	0.0	0.0	11.3
大专毕业	7.8	5.1	6.7	5.8	34.2	2.3	9.0	11.7	9.0	15.3	0.0	21.9
本科毕业	57.2	67.5	38.2	72.9	39.3	41.2	44.1	52.9	66.6	25.4	61.6	53.3
研究生	17.5	7.3	44.6	10.8	1.4	43.0	1.1	4.1	3.1	6.0	10.1	3.7
说不清	7.3	8.9	6.7	2.3	2.5	1.8	25.9	15.7	13.1	11.1	9.1	5.2

第二节　城镇地区主观意愿分析

本节主要统计分析民族七省区城镇地区被访者对有关主观性问题的回答结果，一共分为三部分，包括家庭经济生活、社会文化和子女受教育程度等方面内容，各方面内容分别从民族七省区总体状况、各地区差异和民族间差异三个维度展开分析，内容涵盖了城镇地区居民关于经济、生活方方面面的主观看法，为全面了解民族地区城镇社会面貌提供了可靠的数据支撑。

一　家庭经济生活方面

（一）家庭最低生活标准

对于“您认为家庭生活一年的最低标准是多少”的问题，被访者的回答情况如表8－23、表8－24所示。

表8－23　家庭生活最低标准（分地区）

单位：%

标　准	民族七省区	西北四省区	内蒙古	宁夏	青海	新疆	西南三省区	湖南	广西	贵州（黔东南）
<10000元	8.0	9.5	10.9	10.9	9.1	7.2	6.0	6.5	2.2	11.2
10000～30000元	58.2	60.6	60.0	55.5	62.1	64.9	54.7	60.8	52.6	47.6
>30000元	33.8	29.9	29.1	33.7	28.9	27.9	39.3	32.7	45.1	41.2

注：10000～30000元包括10000元和30000元。下同。

表8－24　家庭生活最低标准（分民族）

单位：%

标　准	汉族	回族	蒙古族	藏族	维吾尔族	哈萨克族	撒拉族	苗族	侗族	瑶族	土家族	壮族
<10000元	8.7	8.0	10.9	15.2	9.2	6.4	0.0	6.8	9.3	3.9	11.1	1.0
10000～30000元	59.2	54.1	63.6	48.8	55.8	71.6	100.0	56.7	56.1	20.8	51.9	51.7
>30000元	32.0	37.9	25.5	36.0	35.0	22.1	0.0	36.4	34.6	75.4	37.0	47.3

总体上，民族七省区的被访者中，8.0%的受访家庭认为家庭生活一年的最低标准小于10000元，58.2%的受访家庭认为最低标准是10000～30000元，33.8%的受访家庭认为最低标准大于30000元。

分地区看，西北四省区的受访家庭认为最低标准是10000～30000元的人口比例为60.6%，而西南三省区这一比例仅为54.7%，低于西北四省区。从各省区来看，新疆受访家庭认为最低标准是10000～30000元的人口占比最高，为64.9%，而贵州（黔东南）的这一比例仅为47.6%。

分民族看，城镇各民族在几个选项中的人口比例基本呈正态分布。受访家庭认为最低标准是10000～30000元的人口占比最高，基本超过50.0%（除藏族和瑶族），其中受访家庭认为最低标准是10000～30000元的撒拉族占比最高，为100.0%，瑶族最低，为20.8%，各民族存在明显差异。

（二）经济状况比较对象

对于“您主要与谁比较您的收入状况”的问题，被访者的回答情况如表8－25、表8－26所示。

表8－25 经济状况比较对象（分地区）

单位：%

对象	民族七省区	西北四省区	内蒙古	宁夏	青海	新疆	西南三省区	湖南	广西	贵州（黔东南）
亲戚朋友	33.1	39.1	42.3	50.7	37.6	25.6	24.5	23.2	25.8	24.6
同一小区人	13.5	9.0	4.7	9.3	14.4	7.0	20.0	29.9	14.3	12.7
本市内的人	16.7	16.3	18.8	14.5	14.1	18.2	17.3	14.5	24.9	9.1
本市内同族	2.0	2.8	0.5	1.6	4.4	4.7	0.8	0.2	1.0	1.6
城市人	5.8	6.7	5.8	5.2	3.4	12.4	4.5	3.0	2.8	9.8
乡村人	1.5	1.3	0.8	1.4	1.8	0.9	1.9	2.7	1.8	0.9
同族人	0.9	1.3	0.2	1.8	0.2	2.8	0.3	0.3	0.3	3.0
全国人	1.8	2.2	5.1	0.3	1.4	2.6	1.3	0.5	1.0	38.3
说不清	24.7	21.4	21.9	15.2	22.8	25.9	29.5	25.7	28.2	0.0

总体上，民族七省区的被访者中，城镇各地区、各民族居民比较生活状况的参照有所不同，但“亲戚朋友”、“同一小区人”及“本市内的人”三个选项占主要位置。

表8－26 经济状况比较对象（分民族）

单位：%

对象	汉族	回族	蒙古族	藏族	维吾尔族	哈萨克族	撒拉族	苗族	侗族	瑶族	土家族	壮族
亲戚朋友	35.2	53.7	37.2	28.4	4.6	15.4	100.0	23.8	33.7	20.4	17.2	29.3
同一小区人	13.5	8.2	5.8	9.5	10.1	7.5	0.0	22.3	19.8	4.9	24.1	10.2

续表

对　象	汉族	回族	蒙古族	藏族	维吾尔族	哈萨克族	撒拉族	苗族	侗族	瑶族	土家族	壮族
本市内的人	16.3	9.2	18.1	23.6	23.4	28.4	0.0	12.0	13.0	45.1	31.0	29.0
本市内同族	2.1	2.8	0.9	6.3	3.2	9.5	0.0	0.8	0.0	0.0	0.0	0.0
城市人	5.1	3.3	9.4	3.9	22.3	2.0	0.0	5.5	7.6	1.4	20.7	1.3
乡村人	1.7	1.0	1.2	4.7	0.0	0.0	0.0	1.6	4.1	0.0	6.9	1.3
同族人	0.3	2.3	1.6	0.0	2.5	13.4	0.0	0.0	0.0	0.0	0.0	26.3
全国人	1.8	0.5	3.4	0.0	2.5	2.0	0.0	2.0	2.5	2.1	0.0	2.6
说不清	24.0	19.0	22.5	23.6	31.4	21.9	0.0	32.1	19.3	26.1	0.0	26.4

分地区看，城镇各地区居民比较生活状况的参照有所不同，但基本上“亲戚朋友”、“同一小区人”及“本市内的人”三个选项占主要位置，且不存在地区间的显著差异。

分民族看，城镇各民族居民比较生活状况的参照有所不同，但基本上“亲戚朋友”、“同一小区人”及“本市内的人”三个选项占主要位置，且不存在民族间的显著差异。

二　社会文化方面

（一）收入差距及幸福感

1. 收入差距与公平

“对于收入差距的看法”问题，被访者的回答情况如表 8－27、表 8－28 所示。

表 8－27　对收入差距的看法（分地区）

单位：%

看　法	民族七省区	西北四省区	内蒙古	宁夏	青海	新疆	西南三省区	湖南	广西	贵州（黔东南）
不 同 意	4.6	4.4	3.1	2.9	3.7	7.8	5.0	3.3	6.9	4.7
不太同意	8.0	9.2	7.9	12.1	8.2	8.3	6.2	6.0	6.9	5.5
基本同意	40.3	39.9	43.0	45.9	35.3	35.5	40.9	43.4	41.5	35.6
非常同意	40.0	40.9	40.5	35.8	47.9	39.5	38.6	40.9	32.1	45.6
说 不 清	7.2	5.7	5.5	3.3	4.9	9.0	9.3	6.5	12.6	8.6

表 8-28 对收入差距的看法（分民族）

单位：%

看 法	汉族	回族	蒙古族	藏族	维吾尔族	哈萨克族	撒拉族	苗族	侗族	瑶族	土家族	壮族
不同意	4.5	3.7	4.0	0.8	16.0	4.4	0.0	2.1	2.7	3.4	0.0	6.0
不太同意	6.9	13.9	7.1	22.1	10.0	9.3	100.0	5.7	6.4	2.0	10.3	11.4
基本同意	38.3	45.9	43.2	41.7	40.2	33.8	0.0	40.8	44.0	55.4	65.5	37.5
非常同意	43.6	32.6	40.1	27.6	28.4	30.9	0.0	46.0	37.9	25.7	24.1	26.4
说不清	6.7	4.0	5.6	7.9	5.4	21.6	0.0	5.4	9.0	13.5	0.0	18.7

总体上，民族七省区的被访者中，4.6%的受访者表示不同意存在收入差距是不公平的，8.0%的受访者表示不太同意存在收入差距是不公平的，40.3%的受访者表示基本同意存在收入差距是不公平的，40.0%的受访者表示非常同意这一说法，表示说不清的占比为7.2%。

分地区看，西北四省区的被访者中表示基本同意存在收入差距是不公平的比例为39.9%，而西南三省区这一比例为40.9%，无明显差异。从各省区来看，宁夏受访者基本同意存在收入差距是不公平的占比最高，为45.9%，而青海的这一比例最低，仅为35.3%。

分民族看，城镇各民族在几个选项中的人口比例基本呈正态分布。表示基本同意存在收入差距是不公平的人口占比最高，大部分超过40.0%（除哈萨克族、撒拉族和壮族），其中表示基本同意存在收入差距是不公平的土家族占比最高，为65.5%，哈萨克族最低，为33.8%（撒拉族因样本量仅为1人，不具有统计意义），各民族存在差异。

2. **幸福感调查**

对于“您幸福吗”的问题，被访者的回答情况如表8-29所示。

表 8-29 幸福度（分地区）

单位：%

地 区	非常幸福	比较幸福	不好也不坏	不太幸福	很不幸福	不知道
民族七省区	13.5	43.3	33.7	6.2	1.3	2.0
西北四省区	13.8	45.7	31.0	6.6	0.9	1.9
内蒙古	19.4	42.6	29.1	3.6	0.7	4.7
宁夏	11.5	53.4	26.6	7.3	0.5	0.8

续表

地　区	非常幸福	比较幸福	不好也不坏	不太幸福	很不幸福	不知道
青海	12.0	39.5	39.2	7.2	1.3	0.7
新疆	13.3	46.7	29.2	7.9	1.2	1.9
西南三省区	13.1	39.8	37.5	5.7	1.7	2.2
湖南	14.7	38.8	36.7	6.2	1.9	1.7
广西	13.6	38.0	40.0	3.6	0.8	4.1
贵州（黔东南）	9.1	45.0	34.6	8.4	3.0	0.0

总体上，民族七省区的被访者中，43.3%的受访者认为自己比较幸福，13.5%的受访者认为自己非常幸福，33.7%的受访者认为自己状况不好也不坏，6.2%的受访者认为自己不太幸福，认为自己很不幸福的占比为1.3%。

分地区看，西北四省区的受访者认为自己比较幸福的比例为45.7%，而西南三省区这一比例仅为39.8%，低于西北四省区。从各省区来看，宁夏被访者认为自己比较幸福的人口比例最高，为53.4%，而广西的这一比例仅为38.0%，比最高的青海被访者的相应比例低15.4个百分点。

（二）关于民族问题的主观看法

1. 好友的民族分布

对于“最好的三个朋友有几个是同民族”的问题，被访者的回答情况如表8－30、表8－31所示。

表8－30　好友的民族分布（分地区）

单位：%

分　布	民族七省区	西北四省区	内蒙古	宁夏	青海	新疆	西南三省区	湖南	广西	贵州（黔东南）
三个都是	58.6	64.7	54.4	57.2	71.1	74.9	49.8	42.4	68.2	32.1
只有两个	22.6	21.8	31.0	31.4	12.9	13.0	23.7	29.3	17.1	25.3
只有一个	12.0	9.1	10.1	7.3	9.9	9.3	16.3	18.2	10.0	23.6
一个都不是	6.7	4.4	4.5	4.1	6.2	2.8	10.0	10.1	4.7	18.8

表 8 - 31　好友的民族分布（分民族）

单位：%

分　布	汉族	回族	蒙古族	藏族	维吾尔族	哈萨克族	撒拉族	苗族	侗族	瑶族	土家族	壮族
三个都是	68.8	43.1	47.8	34.7	74.2	66.7	0.0	32.8	41.5	66.9	48.3	36.3
只有两个	17.7	39.9	35.9	17.3	17.8	19.1	0.0	31.2	17.6	12.7	13.8	27.4
只有一个	8.5	13.8	9.2	17.3	6.6	12.3	100.0	26.3	23.4	14.8	17.2	26.5
一个都不是	4.9	3.3	7.2	30.7	1.4	2.0	0.0	9.3	17.6	5.6	20.7	9.8

总体上，民族七省区的被访者中，58.6%的受访者表示三个最好的朋友均是同族，22.6%的受访者表示三个最好的朋友有两个是同族，12.0%的受访者表示有一个是同族，一个都不是的占比为6.7%。

分地区看，西北四省区的被访者中表示三个最好朋友都是同族的比例为64.7%，而西南三省区这一比例仅为49.8%，远低于西北四省区。从各省区来看，新疆受访者表示三个最好朋友都是同族的占比最高，为74.9%，而贵州（黔东南）的这一比例仅为32.1%。

分民族看，城镇各民族在几个选项中的人口比例基本呈现逐步降低趋势。表示三个最好朋友都是同族的人口占比最高，其中表示三个最好朋友都是同族的维吾尔族占比最高，为74.2%，撒拉族最低（因其样本量少，不具有统计意义），各民族存在一定差异。

2. 民族间通婚

对于“是否同意孩子和其他民族通婚”的问题，被访者的回答情况如表8 - 32、表8 - 33所示。

表 8 - 32　民族通婚状况（分地区）

单位：%

分　类	民族七省区	西北四省区	内蒙古	宁夏	青海	新疆	西南三省区	湖南	广西	贵州（黔东南）
赞　同	29.2	15.7	32.2	9.5	16.5	7.2	48.4	55.2	37.4	55.0
无所谓	33.7	26.4	45.0	25.7	29.4	7.9	44.1	38.8	52.7	39.1
不同赞	27.8	45.7	16.1	51.9	42.5	68.3	2.1	1.1	2.8	2.6
说不清	9.4	12.2	6.7	13.0	11.7	16.6	5.4	5.0	7.1	3.3

表 8－33 民族通婚状况（分民族）

单位：%

分类	汉族	回族	蒙古族	藏族	维吾尔族	哈萨克族	撒拉族	苗族	侗族	瑶族	土家族	壮族
赞同	25.3	12.7	43.0	23.2	2.4	22.1	0.0	58.4	32.3	58.1	55.2	32.6
无所谓	38.0	19.5	32.0	33.6	2.8	3.4	0.0	37.3	51.6	37.8	41.4	51.6
不赞同	26.6	59.8	18.4	30.4	74.4	58.3	100.0	1.3	4.2	0.0	3.5	4.2
说不清	10.0	8.1	6.7	12.8	20.4	16.2	0.0	3.0	11.9	4.1	0.0	11.6

总体上，民族七省区的被访者中，29.2%的受访者表示赞同子女与外族通婚，33.7%的受访者表示无所谓，27.8%的受访者表示不赞同子女与外族通婚，说不清的占比为9.4%。

分地区看，西北四省区的被访者中赞同子女与外族通婚的比例为15.7%，而西南三省区这一比例为48.4%，远高于西北四省区。从各省区来看，湖南受访者表示赞同子女与外族通婚的占比最高，为55.2%，而新疆的这一比例最低，仅为7.2%。

分民族看，城镇各民族在几个选项中的人口比例分布相差较大。各民族表示赞同子女与外族通婚的状况差异较大，其中赞同子女与外族通婚的苗族占比最高，为58.4%，撒拉族最低（因其样本量少，不具有统计意义）。

3. **对少数民族政策的看法**

对于“对少数民族政策的看法”问题，被访者的回答情况如表8－34、表8－35所示。

表 8－34 对民族政策的看法（分地区）

单位：%

看法	民族七省区	西北四省区	内蒙古	宁夏	青海	新疆	西南三省区	湖南	广西	贵州（黔东南）
赞同	51.5	45.6	51.7	41.7	39.0	50.9	60.0	68.9	46.4	67.6
无所谓	22.0	22.6	27.5	24.3	29.2	10.2	21.0	17.4	23.7	23.0
不太赞同	12.0	16.7	10.2	24.6	11.7	19.2	5.2	2.8	8.0	4.4
说不清	14.5	15.1	10.6	9.3	20.2	19.7	13.7	10.8	21.8	5.1

总体上，民族七省区的被访者中，51.5%的受访者表示赞同民族政策，22.0%的受访者表示无所谓，12.0%的受访者表示不太赞同民族政策，

表 8－35 对民族政策看的法（分民族）

单位：%

看　法	汉族	回族	蒙古族	藏族	维吾尔族	哈萨克族	撒拉族	苗族	侗族	瑶族	土家族	壮族
赞　同	39.7	53.8	74.0	78.0	81.9	71.1	100.0	75.7	59.6	48.7	72.4	44.2
无所谓	28.2	18.3	13.1	19.7	0.0	7.0	0.0	16.1	22.9	2.0	24.1	24.2
不太赞同	15.8	18.1	5.6	1.6	0.8	5.0	0.0	0.7	7.7	11.5	3.5	7.7
说不清	16.3	9.8	7.4	0.8	17.3	16.9	0.0	7.6	9.8	37.8	0.0	23.9

表示说不清的占比为 14.5%。

分地区看，西北四省区的被访者中表示赞同民族政策的比例为 45.6%，而西南三省区这一比例为 60.0%，远高于西北四省区。从各省区来看，湖南受访者赞同民族政策的占比最高，为 68.9%，而青海的这一比例仅为 39.0%。

分民族看，城镇各民族在几个选项中的人口比例分布相差较大。表示赞同民族政策的人口占比最高，其中表示赞同民族政策的撒拉族占比最高，为 100.0%，汉族最低，为 39.7%，各民族存在一定差异。

三　子女受教育程度

对于期望“第一个孩子的受教育程度”问题，被访者的回答情况如表8－36、表 8－37 所示。对于期望“第二个孩子的受教育程度”问题，被访者

表 8－36 第一个孩子受教育程度（分地区）

单位：%

受教育程度	民族七省区	西北四省区	内蒙古	宁夏	青海	新疆	西南三省区	湖南	广西	贵州（黔东南）
初中毕业	0.7	0.8	0.6	0.0	1.5	1.3	0.5	0.4	0.0	1.5
高中毕业	1.3	0.9	1.3	0.9	0.4	1.2	1.8	2.1	1.9	1.0
职高、技校	0.8	1.1	0.4	0.8	2.6	0.4	0.3	0.4	0.3	0.0
中专毕业	1.3	1.3	0.4	0.6	1.7	2.3	1.3	0.0	2.9	0.7
大专毕业	4.8	3.0	2.7	5.0	1.7	2.5	7.5	11.2	7.3	2.0
本科毕业	48.5	50.0	43.1	50.4	56.2	49.0	46.3	45.0	45.3	49.9
研究生	35.3	36.0	45.6	33.3	29.3	37.7	34.3	35.2	32.5	36.1
说不清	7.3	6.9	5.9	9.1	6.6	5.7	8.0	5.7	9.7	8.8

的回答情况如表8－38、表8－39所示。从调查结果来看，西北四省区被访者对孩子的受教育程度期望略高于西南三省区被访者，以期望第一个孩子的受教育程度为例，西北四省区希望孩子接受研究生教育的比例36.0%，而西南三省区为34.3%，其中内蒙古最高，为45.6%，青海最低，仅为29.3%。但比起农村各地区和各民族对孩子教育程度意向的明显差异而言，城镇各地区、各民族居民对子女受教育程度的意向差异性明显下降。

表8－37　第一个孩子受教育程度（分民族）

单位：%

受教育程度	汉族	回族	蒙古族	藏族	维吾尔族	哈萨克族	撒拉族	苗族	侗族	瑶族	土家族	壮族
初中毕业	0.6	1.4	0.0	0.0	3.9	0.0	0.0	1.0	0.0	0.0	0.0	0.0
高中毕业	1.8	0.0	0.6	0.0	3.6	0.0	0.0	0.8	0.0	0.0	0.0	0.0
职高、技校	0.6	2.5	0.6	0.0	0.0	0.0	0.0	0.2	0.0	0.0	0.0	1.0
中专毕业	1.3	0.8	0.6	0.0	4.2	0.0	0.0	0.0	0.0	1.1	0.0	3.4
大专毕业	4.2	3.6	2.5	7.8	3.3	1.2	0.0	7.8	6.8	1.1	0.0	10.2
本科毕业	47.1	57.0	42.5	57.3	65.5	30.5	100.0	48.1	54.1	46.2	55.0	42.2
研究生	37.2	21.4	46.9	32.0	17.0	65.9	0.0	37.1	32.0	32.3	30.0	29.1
说不清	7.2	13.3	6.4	2.9	2.4	2.4	0.0	5.1	7.2	19.3	15.0	14.1

表8－38　第二个孩子受教育程度（分地区）

单位：%

受教育程度	民族七省区	西北四省区	内蒙古	宁夏	青海	新疆	西南三省区	湖南	广西	贵州（黔东南）
初中毕业	0.3	0.5	0.0	0.0	0.0	1.6	0.0	0.0	0.0	0.0
高中毕业	0.5	0.7	0.0	0.0	3.7	0.0	0.0	0.0	0.0	0.0
职高、技校	1.4	2.2	0.0	3.7	1.6	1.1	0.0	0.0	0.0	0.0
中专毕业	1.5	0.7	0.0	1.0	0.0	1.1	3.0	3.1	1.9	4.2
大专毕业	6.0	4.7	4.1	6.4	5.3	2.4	8.5	9.7	11.4	2.1
本科毕业	57.7	56.5	56.1	55.9	56.1	57.5	60.2	62.7	52.6	66.9
研究生	26.2	27.3	31.6	19.9	28.1	35.4	24.1	23.0	30.3	16.9
说不清	6.3	7.4	8.2	13.1	5.3	1.1	4.3	1.6	3.8	9.9

表 8-39　第二个孩子受教育程度（分民族）

单位：%

受教育程度	汉族	回族	蒙古族	藏族	维吾尔族	哈萨克族	撒拉族	苗族	侗族	瑶族	土家族	壮族
初中毕业	0.1	0.0	0.0	0.0	2.3	0.0	0.0	0.0	0.0	0.0	0.0	0.0
高中毕业	0.5	1.4	0.0	0.0	0.0	0.0	0.0	0.0	0.0	0.0	0.0	0.0
职高、技校	1.8	3.6	0.0	0.0	0.0	0.0	0.0	0.0	0.0	0.0	0.0	0.0
中专毕业	2.4	0.0	0.0	0.0	0.0	0.0	0.0	4.7	0.0	0.0	0.0	15.0
大专毕业	5.8	6.4	6.5	33.3	4.1	2.5	0.0	2.4	0.0	0.0	0.0	65.0
本科毕业	53.4	59.1	48.4	46.7	77.0	11.4	100.0	62.2	93.3	61.5	37.5	0.0
研究生	31.0	14.5	37.1	0.0	0.0	81.0	0.0	27.6	0.0	30.8	37.5	15.0
说不清	5.0	15.0	8.1	20.0	16.7	5.1	0.0	3.2	6.7	7.7	25.0	5.0

本章小结

以上两节内容主要涉及农村、城镇地区的主观性问题分析，一共分为三部分，分别涉及家庭经济生活、社会文化和子女受教育程度等方面内容，各方面内容分别从总体状况、各地区差异和民族间差异三个维度展开分析，从以上分析可以得出如下结论。

第一，各民族、各地区普遍存在一定的收入差距，且西北四省区居民的收入状况略好于西南三省区，收入仍是影响人们生活质量的首要因素。

第二，农村地区对于收入差距造成的不公平感受低于城镇地区，分民族来看，农村地区的各族人民更愿意与同族人交往，且农村地区人民对于民族政策的认可度也高于城镇地区。此外，不论是农村地区还是城镇地区，具有民族宗教信仰的少数民族（多聚居于西北四省区）比起其他民族更愿意与本族人交往。

第三，比起农村各地区和各民族对子女受教育程度意向的明显差异，城镇各地区、各民族居民对子女受教育程度的意向差异性明显下降。

希望本章内容能使广大读者和研究人员对我国民族地区各族人民对于经济生活、社会文化、子女教育等方面的主观意见和看法有一个较为客观全面的认识。

第九章　西部民族地区农村儿童的语言、教育和健康状况分析

儿童的福祉与健康成长，是人类社会的共同义务。满足儿童的生理和心理需求，开发儿童潜能，既是文明社会的内在诉求，也符合促进社会发展的需要。在我国经济发展较为落后的西部民族地区，保障各族儿童的生存和幸福，促进各族儿童的健康成长，有助于提高本地区人口素质，有利于本地区人力资源的长期开发，从而为地区可持续发展奠定基础。

对于儿童成长，保障健康状况是其基础的生存需求，而教育，尤其是九年义务教育，则赋予各族儿童公平、长期发展的机会。另外，在西部民族地区的某些地域，民族语言被广泛使用，考察各族儿童的语言认知和语言掌握情况也是考察西部民族地区人文发展的重要视角。因此，本章将对西部民族地区农村儿童的健康状况、受教育状况以及语言学习和使用状况进行描述和分析。

第一节　西部民族地区农村各族儿童概况

根据《联合国儿童权利公约》第一部分第一条的规定，儿童系指18岁以下的任何人，而《中华人民共和国未成年人保护法》第二条则规定，未成年人指的是未满十八周岁的公民。因此，本章大部分内容所讨论的儿童年龄范围为0～17周岁；仅在讨论饮酒、吸烟习惯时，我们关注的年龄范围调整为15～24周岁。

由表9－1和表9－2可知，总样本中，共有4409户家庭正在抚养未成年的孩子，其中汉族家庭为1491户，少数民族家庭为2918户。总样本中汉族和少数民族的儿童总数为7190人，汉族儿童大约占31.5%，少数民

族儿童占68.5%。

父母和儿童的迁徙状况对于儿童的生存和成长会产生影响。本章我们将所涉及的儿童按照家庭居住和迁徙状态分为三类：流动儿童、留守儿童以及和父母在原籍生活的儿童。流动人口，通常指在某一时间范围居住地发生跨越一定地域的人。本书参照国家统计局的口径，将流动儿童定义为现住地与登记地跨乡镇并且时间超过半年的未成年人。在大家族已经解体的当代中国，留守儿童问题也是中国社会，尤其是农村地区所面临的重要挑战。段成荣等根据第六次人口普查对中国农村儿童进行了研究，对“留守儿童”做出了如下定义：父母中至少有一方外出的儿童都被界定为留守儿童，而“农村留守儿童”则是指留守儿童的户籍所在地在农村地区。[①] 如果儿童既不是流动儿童，其父母又均未外出，则本研究将其归为“和父母在原籍生活的儿童”。总样本中，流动儿童和留守儿童的数量较多，均占儿童总数的21%左右，而和父母共同生活在原籍的儿童占儿童总数的58%。

家庭需要抚养的儿童数目对于家庭的抚养负担、资源分配都有影响，从而影响到父母的培养意愿和质量，进而对儿童的长期成长产生一定影响。另外，对于农村地区尤其是非独生子女家庭而言，孩子的性别也是影响父母对孩子培养意愿的因素之一。实际上，孩子数量、出生顺序和性别对于父母对孩子的培养意愿既各自产生影响，也会产生交叉影响。如罗凯、周黎安（2010）基于中国健康与营养调查（CHNS）的数据进行的实证分析证实了子女个数、出生顺序及其性别结构对于子女受教育程度的影响。[②] 在本研究的各族儿童总样本中，共有男童3850人，女童3340人；在4409户家庭中，一孩家庭有2209户，占总数的一半左右，另外二孩家庭有1717户，三孩或以上的多孩家庭有483户，平均每户抚养的未成年孩子数目为1.63人。

下表中涉及的“家庭”均为有0～17岁儿童的家庭。“一孩家庭”并非独生子女家庭，而是指家中有一个未成年的孩子。

---

① 段成荣、吕利丹、郭静、王宗萍：《我国农村留守儿童生存和发展基本状况——基于第六次人口普查数据的分析》，《人口学刊》2013年第3期，第37～49页。

② 罗凯、周黎安：《子女出生顺序和性别差异对教育人力资本的影响——一个基于家庭经济学视角的分析》，《经济科学》2010年第3期。

表 9－1　民族七省区儿童样本分布

单位：户，人

样本分布	总　体	汉　族	少数民族
家庭			
家庭总样本量	4409	1491	2918
一孩家庭	2209	846	1363
二孩家庭	1717	530	1187
多孩家庭	483	115	368
家庭平均孩子数量	1.63	1.52	1.69
儿童总数	7190	2266	4924
男童	3850	1182	2668
女童	3340	1084	2256
留守儿童	1493	448	1045
流动儿童	1498	617	881
与父母共同生活在原籍的儿童	4205	1205	3000

表 9－2　各族儿童样本分布

单位：人

民　族	总　体	男　童	女　童
汉族	2266	1182	1084
少数民族	4924	2668	2256
蒙古族	191	89	102
回族	963	487	476
藏族	380	195	185
维吾尔族	704	374	330
苗族	1067	624	443
壮族	328	179	149
侗族	505	298	207
瑶族	161	93	68
土家族	174	95	79
撒拉族	149	72	77
其他少数民族	302	162	140

第二节　农村各族儿童健康状况

保障儿童的身心健康，是社会最根本的责任之一，而且对促进人力资源的长期可持续发展至关重要。本节主要描述西部民族地区儿童生理和心理健康情况，包括由于生病或受伤不能正常生活和学习的天数、青年吸烟和饮酒情况以及家庭对儿童是否遭遇身体和心理困难的主观认知。除在描述青年饮酒和吸烟情况时采用的年龄标准为 15 周岁至 24 周岁，其余部分与本章其他部分采用的儿童年龄界定一致。

一　身心健康的主观性认知

家庭对于抚养的儿童是否遇到身体和心理困难的认知，既涉及儿童身心健康的客观状况，也涉及家庭或受访者本人对儿童生理、心理健康问题的应对能力和认识程度。受访者可以回答“没有遇到身心困难”、“遇到一般的身心困难”或“遇到较为严重的身心困难”。

由表 9－3 可知，总体来看，7.78% 的儿童被其家庭受访者认为在 2011 年最后一个月遇到了身心健康问题，其中 6.98% 的儿童被认为遇到了一般的身体和心理困难，0.80% 的儿童被认为遇到了比较严重的身体和心理困难。各族儿童被认为遭遇较严重身心健康困难的比例均不高，其中回族的这一比例为 1.48%（除未识别民族外），为各族中最高的。

表 9－3　各族儿童遇到过身体和心理困难的情况

单位：%，人

民　族	身心困难比例（一般）	频数分布（一般）	身心困难比例（较为严重）	频数分布（较为严重）	样本量
汉族	7.46	163	0.82	18	2186
少数民族	6.71	319	0.69	33	4755
蒙古族	1.09	2	0.00	0	184
回族	3.07	29	1.48	14	946
藏族	3.71	14	0.27	1	377
维吾尔族	7.84	53	0.89	6	676
苗族	11.38	114	0.50	5	1002

续表

民　族	身心困难比例（一般）	频数分布（一般）	身心困难比例（较为严重）	频数分布（较为严重）	样本量
壮族	6.50	21	0.00	0	323
侗族	7.35	36	0.82	4	490
瑶族	14.19	22	0.65	1	155
土家族	3.87	6	0.00	0	155
撒拉族	1.35	2	0.00	0	148
其他民族	6.69	20	0.67	2	299
未识别民族	8.47	15	3.39	6	177
地区					
西南三省区	9.66	290	0.43	13	3003
西北四省区	5.03	207	1.07	44	4115
合　计	6.98	497	0.80	57	7118

被认为在2011年最后一个月遭遇身心困难的儿童呈现较显著的地域分布差异。西南三省区被认为遇到一般身心困难的儿童比例高出西北四省区4.63个百分点；西北四省区被认为遭遇严重身心困难的儿童比例则比西南三省区高出0.64个百分点。

男童和女童由于身体发育和心理发展的速度和程度不一致，家庭对其身体和心理困难认知的严重程度也不一致，被认为遇到了一般困难和较为严重困难的男童比例均高于女童。按照年龄组来分，儿童遇到一般困难的比例为6.98%，在三个年龄层次中最低（儿童由本家庭受访者代为回答），青少年比例略高于儿童，为7.03%；青年遇到一般困难的比例在三个分组中最高，为7.82%；认为自己遭遇较严重困难的情形与此类似，儿童最低，仅为0.80%，青少年次之，为0.97%，青年比例最高，为1.05%。

儿童就学和生活的方式对于儿童自身的身心健康认知产生影响，如表9-4所示。我们将所有学龄儿童分为寄宿和非寄宿两类，寄宿又分为住在校内和住在校外两类。非寄宿的儿童遇到一般困难的比例最高，所有非寄宿儿童中有7.27%被认为遭遇了一般的身心困难，但是非寄宿儿童遇到的较严重困难的比例最低，仅有0.36%；对于寄宿儿童来讲，遇到一般困难的比例虽然都比较低，住在校内的儿童中有6.78%被认为遭遇一般困难，而住在校外的儿童中有 7.03% 被认为遭遇一般困难，但是住宿儿童遇到较为严重困难的比例却比较高，住在校外儿童的这一比例高达 1.41%，住在校内儿童也有 0.90%；相比而言，非寄宿儿童遇到比较严重困难的比例仅为 0.36%。对此的一个解释是，寄宿儿童因为其日常生活无法得到父母的照料，在学校资源有限的情况下，其遭遇较为严重的身心困难的风险可能要高于走读的儿童；然而，也正因为寄宿儿童的生活空间脱离了家庭，家庭对他们遭遇一般身心困难的知悉能力受到限制，从而降低了受访者对于家中未成年子女负面健康状况的主观认知。

表 9－4　学龄儿童是否寄宿与遭遇身心困难的关系

单位：%，人

指　标	身心困难比例（一般）	频数分布	身心困难比例（较为严重）	频数分布	样本量
全部	7.07	323	0.66	30	4571
寄宿，并住在校内	6.78	113	0.90	15	1667
寄宿，住在校外	7.03	30	1.41	6	427
非寄宿	7.27	180	0.36	9	2477
缺失值	—	—	—	—	111

许多研究表明，父母的身心健康状况对子女的身心健康状况有一定影响，其机制既可能是生理遗传，也可能是物质条件的供给或者家庭氛围的营造。从代际关系的角度来看，父母遇到身体和心理健康困难的情况对子女有较为显著的影响。从表 9－5 可以看出，当父母描述自己遇到一般困难的时候，子女遇到一般困难的比例分别为 47.76% 和 46.33%，子女遇到严重

表 9－5　儿童身心健康困难的代际影响因素

单位：%，人

指　标	身心困难比例（一般）	频数分布	身心困难比例（较为严重）	频数分布	样本量
父亲的身心健康情况					
合计	7.00	448	0.77	49	6401
健康	1.54	85	0.51	28	5513
一般	47.76	352	0.95	7	737

续表

指　标	身心困难比例（一般）	频数分布	身心困难比例（较为严重）	频数分布	样本量
比较严重	7. 28	11	9. 27	14	151
母亲的身心健康情况					
合计	7. 09	455	0. 75	48	6418
健康	1. 26	69	0. 49	27	5464
一般	46. 33	379	1. 10	9	818
比较严重	5. 15	7	8. 82	12	136

注：“父亲的身心健康情况”和“母亲的身心健康情况”指代在“2011 年末最后一个月中遇到过身体和心理困难”的父亲回答和母亲回答。

困难的比例为 0. 95% 和 1. 10%，均高于父母健康时子女遭遇身心困难的比例；当父母描述自己遇到较为严重困难的时候，子女遇到一般困难的比例分别为 7. 28% 和 5. 15%，子女遇到严重困难的比例为 9. 27% 和 8. 82%。这可以用与就读方式对子女健康影响类似的方式进行解释。当父母本人认为遭遇较为严重的身心困难时，子女遭遇严重身心困难的风险远高于父母被认为健康或者遭遇一般身心困难时的子女，然而这一部分自己遭遇较为严重身心困难的父母可能会相对忽视或低估子女遭遇一般身心困难的情况。

家庭人口，无论是父母还是孩子本人，他们的流动都会对儿童身心健康带来影响。流动和留守儿童身体和心理困难的严重程度差别在卡方统计检验中不具有显著性。然而，根据统计检验，我们可以看出父母 2011 年的外出状况对儿童的身心健康程度具有显著影响。由表 9 - 6 可知，当儿童和父母生活在户籍地时，儿童被认为遭遇一般身心困难的比例为 7. 27%。而当父母双方在 2011 年均外出时，5. 94% 的儿童被认为遇到一般的困难；但是当只有母亲一方外出时，12. 69% 的儿童被认为遇到一般的困难；而当仅有父亲一方外出时，6. 51% 的儿童被认为遇到了一般的困难。值得注意的是，父母都外出时儿童被认为遭遇一般身心困难的比例稍低于父母都在家时的这一比例，这可能是父母都外出的家庭对于其未成年孩子遭遇身心健康问题的知悉程度要低于父母都在家的家庭。另外，母亲单独外出的家庭中，儿童被认为遭遇一般身心问题的比例是最高的，这与社会和文化对于母亲的身份和抚养责任的传统认知有关，儿童日常生活中母亲单方面的缺席对子女健康状况的较大影响可能既是一种现实的影响，也是一种社会认知的结果。

表 9-6　家庭人口迁徙情况对儿童身心困难的影响

单位：%，人

指　标	身心困难比例（一般）	频数分布（一般）	身心困难比例（较为严重）	频数分布（较为严重）	样本量
受人口流动的影响					
合计	6.98	497	0.80	57	7118
流动儿童	6.22	89	0.98	14	1430
留守儿童	6.89	101	0.61	9	1465
和父母生活在户籍地儿童	7.27	307	0.81	34	4223
父母 2011 年外出情况					
合计	6.89	101	0.61	9	1465
父母双方均外出	5.94	28	0.00	0	471
父亲外出	6.51	56	0.93	8	860
母亲外出	12.69	17	0.75	1	134

父母的外出经历不同，对于认为遇到严重困难的儿童影响不大，所有组别均保持在 1% 以下。

意外伤害是指突然发生的各种事件或事故对人体所造成的损伤，包括各种物理、化学和生物因素。对于儿童意外伤害，国际疾病分类（ICD—10）已将其单独列为一类，其中包括交通事故、溺水、窒息、中毒、烧（烫）伤、跌落、动物咬伤、自杀或他杀等。

根据统计，在全球儿童安全网络的成员国中，中国儿童的意外伤害死亡率排在第 3 位。在中国，意外伤害占儿童死因总数的 26.1%，而且正在以每年 7% ~10% 的速度增长。儿童意外伤害的类型以跌伤为主，其他依次为烧烫伤、钝锐器伤、道路交通伤和动物伤。1990 年世界卫生组织发出公告：在全世界大多数国家中，意外伤害是青年致伤、致残的最主要原因①。儿童生病和受到伤害的情况，一定程度上反映了家庭对于儿童看护的能力和意愿。

① 张岚、戴馨、胡晓云：《儿童伤害的类型、危险因素及预防措施》，《公共卫生与预防医学》2011 年第 2 期，第 69 ~72 页。

表 9－7　各族儿童的受伤害天数分布

分　布	平均数（天）	0～17 岁生病或受伤害天数分组（%）					样本量（人）
		0 天	1～7 天	8～30 天	30 天以上	合计	
全体	1.99	86.37	8.38	4.65	0.61	100	7402
汉族	2.59	82.60	11.72	4.76	0.93	100	2270
少数民族	1.73	87.98	7.00	4.55	0.47	100	4926
蒙古族	2.61	71.20	16.75	12.04	0.00	100	191
回族	1.63	85.98	10.59	2.80	0.62	100	963
藏族	0.30	93.19	6.02	0.79	0.00	100	382
维吾尔族	2.72	94.60	1.56	2.98	0.85	100	704
苗族	2.06	86.60	5.53	7.50	0.37	100	1067
壮族	0.92	92.68	2.74	4.27	0.30	100	328
侗族	2.63	78.42	14.26	6.53	0.79	100	505
瑶族	0.98	90.68	4.35	4.35	0.62	100	161
土家族	1.24	85.63	9.20	4.60	0.57	100	174
撒拉族	0.26	93.29	6.04	0.67	0.00	100	149
其他少数民族	0.59	96.03	1.66	2.32	0.00	100	302
未识别民族	1.49	89.32	4.37	5.83	0.49	100	206
受人口流动的影响							
合计	1.68	86.56	8.14	4.69	0.61	100	6510
流动儿童	1.67	87.67	6.00	5.08	0.26	100	1931
留守儿童	1.68	86.09	8.63	4.52	0.76	100	4579

注：民族与生病受伤天数交叉统计的卡方统计检验结果为 Pr＝0.000，受人口流动影响的生病受伤天数的卡方统计检验结果为 Pr＝0.010。

由表 9－7 可知，因为受伤和生病而不能正常生活和学习的天数在汉族和少数民族间有显著差异。汉族儿童在 2011 年由于生病、受伤等不能正常生活和学习的平均天数为 2.59 天，少数民族仅为 1.73 天；相应的，少数民族儿童中，87.98% 的儿童在 2011 年没有因为生病、受伤等影响正常生活和学习，汉族儿童的这一比例为 82.60%。汉族儿童中生病、受伤天数超过 30 天的比例也高于少数民族儿童。

家庭人口流动也可能影响儿童的生病和受伤害情况，流动儿童和留守儿童因为生病、受伤而影响正常生活和学习的天数基本一致，但其天数的具体分布有所不同。

二　青年（15~24岁）饮酒和吸烟状况

饮酒和吸烟习惯不但影响儿童的健康状况，而且可能对其一生的生活习惯和健康状况都产生影响。唐雯等人[①]根据中国健康与营养调查（CHNS）数据的分析表明，全国12~18岁的青年吸烟率为2.35%，男性吸烟率为5.18%，女性吸烟率为0.12%。《2008年中国控烟报告》指出，我国1.3亿青年中明确吸烟者达1500万人，而尝试吸烟者约4000万人。

本研究对有吸烟习惯的定义为每天至少抽一支烟，对有喝酒习惯的定义为每周至少喝一次酒。由表9-8可以看出，按照常规年龄划分，民族七省区儿童中饮酒、吸烟的样本量过小，进行描述分析的结果不具有一般代表性。因此，在这一部分我们采用15周岁至24周岁这一分类标准来分析民族七省区青年饮酒、吸烟的状况。整体来看，13.22%的汉族青年每周至少会饮一次酒，15.19%的少数民族青年每周至少会饮一次酒；22.69%的汉族青年每天至少抽一支烟，21.23%的少数民族青年每天至少抽一支烟；ANOVA检验表明，汉族青年和少数民族青年的吸烟比例之间没有显著差异。由表9-9可知，在15~24岁青年男性中，其饮酒比例为23.75%，其吸烟比例为35.26%，远高于青年女性，青年女性的两个比例分别为2.59%和2.70%。

表9-8　青年和儿童饮酒和吸烟基本情况

单位：%，人

年龄段	饮酒比例				吸烟比例			
	全体	汉族	少数民族	未识别民族	全体	汉族	少数民族	未识别民族
0~17岁	0.90 (27)	0.89 (9)	0.94 (18)	0.00 (0)	1.05 (30)	0.72 (7)	1.21 (23)	0.00 (0)
10~19岁	3.23 (66)	2.97 (22)	3.34 (42)	4.76 (2)	(5.19 (103)	5.17 (37)	5.22 (64)	4.76 (2)

① 唐雯、李晓松、潘杰：《我国青年吸烟行为的代际传递研究》，《四川大学学报》（医学版）2014年第2期，第262~265页。

续表

年龄段	饮酒比例				吸烟比例			
	全体	汉族	少数民族	未识别民族	全体	汉族	少数民族	未识别民族
15～24岁	14.54 (413)	13.22 (138)	15.19 (265)	15.63 (10)	21.69 (613)	22.69 (236)	21.23 (368)	14.75 (9)
18岁及以上	39.95 (5632)	38.41 (2206)	41.22 (3318)	35.41 (108)	45.23 (6402)	47.55 (2766)	43.58 (3497)	44.55 (139)

注：表中括号内为样本量。

表9－9　15～24岁青年饮酒和吸烟基本情况

单位：%

性　别	饮酒比例	频数分布	吸烟比例	频数分布
男　性	23.75	381	35.26	581
女　性	2.59	32	2.70	32
合　计	14.54	413	21.69	61

一般认为，饮酒、吸烟等行为习惯有较强的代际复制倾向，而母亲习惯对下一代的影响尤其显著。通过表9－10可以看出，在西部民族地区，若父母有饮酒、吸烟的习惯，则子女也更可能形成这样的习惯，而且母亲的影响更为明显。当父亲有饮酒、吸烟的习惯时，子女饮酒、吸烟的比例达21.94%和26.42%；而当母亲有饮酒、吸烟的习惯时，子女饮酒、吸烟的比例高达43.71%和54.55%；相应地，如果父亲或者母亲没有饮酒、吸烟的习惯，子女饮酒、吸烟的比例则显著低于样本平均值。

表9－10　代际关系对子女是否饮酒、吸烟的影响

单位：%，人

父亲是否饮酒、抽烟	子女饮酒比例		子女吸烟比例	
	百分比	频　数	百分比	样本数
是	21.94	307	26.42	424
否	3.90	40	9.76	76
合　计	14.31	347	20.97	500
母亲是否饮酒、抽烟				
是	43.71	71	54.55	12
否	6.49	136	12.57	265
合　计	9.16	207	13.00	277

第三节　农村各族儿童受教育状况

教育是各族儿童发展的根本途径，义务教育也是中国的基本国策。保障所有儿童受到良好的教育，对于各族儿童拓宽发展道路、拓展人生图景有至关重要的作用。教育发展不均衡是我国的基本教育国情。造成教育差距的原因，除了城乡、地区之间的经济、社会、文化的不平衡发展以外，不同地区和民族的文化习俗、传统也是形成差距的重要原因。

一　学校教育

（一）教育推迟

相对于比较明显的辍学行为，教育推迟是家庭对子女教育能力偏低的一个隐性信号。西部地区教育条件比较落后，毕业延迟和留级现象较为普遍，由此导致的学业推迟现象值得注意。已有研究显示，学业推迟是导致学龄儿童辍学的重要原因，需要合适的指标加以测量和分析。本研究收集了在校学生就读的年级信息，与儿童的年龄相结合，可以构造“超龄率”指标来测量和分析七省区儿童教育推迟的情况。

根据我国 2006 年新修订通过的《义务教育法》规定，“凡年满六周岁的儿童，其父母或者其他法定监护人应当送其入学接受并完成义务教育；条件不具备的地区的儿童，可以推迟到七周岁。”西部地区的教育条件比较落后，不少地区儿童从 7 岁开始接受小学教育，15 岁完成初中教育，18 岁完成高中教育。因此，我们以最多 7 岁入读小学一年级、最多 13 岁入读初中一年级为标准，分析儿童义务教育阶段的教育推迟状况。

1. 汉族、少数民族对比

学业推迟具有累加性，随着年级的提高呈加剧的趋势。从汉族和少数民族小学生教育延迟的对比可知（见表 9－11），汉族、少数民族对比差距随着年级提高增加明显，少数民族教育延迟情况明显更为严重：小学一至三年级的超龄比例相差不大，进入四年级，超龄比例的差距扩大到 6.3 个百分点，五年级持续扩大到 9.8 个百分点。六年级少数民族和汉族学生超龄率的差距在五年级的基础上有所缩小，为 5.6 个百分点，这可能是因为毕业班儿童，无论是汉族还是少数民族，辍学现象较为集中，且少数民族儿童在毕业班辍学的情况更为普遍。西部民族地区教育资源较为匮乏，同时某些民族文化和传统因素对于孩子外出求学的价值权衡有一定的特殊性，因此我们将超龄标准放宽一年，来考虑教育延迟较为严重的情形，见表9－11和表9－12的深色部分。可以发现，三、四、五年级的教育推迟比例，汉族和少数民族的相对差距更显著了。

表9－11　小学生超龄比例（汉族、少数民族对比）

单位：%，人

年级／年龄	汉族							少数民族						
	一	二	三	四	五	六	样本量	一	二	三	四	五	六	样本量
≤5岁	7.8	1.3	0.6	0.0	0.0	0.0	17	4.4	0.5	0.6	0.3	0.0	0.4	25
6岁	22.3	3.2	0.6	0.7	0.0	0.0	47	25.5	2.0	0.3	0.6	0.0	0.4	121
7岁	37.4	16.1	5.8	1.4	0.0	0.0	104	37.7	18.3	2.6	1.6	0.3	0.0	248
8岁	10.1	33.5	12.1	0.7	0.0	0.0	92	15.2	34.0	11.0	1.9	1.0	0.4	247
9岁	1.7	16.1	29.5	15.1	0.8	1.0	103	2.6	18.5	31.9	12.3	1.7	0.4	238
10岁	0.0	5.2	20.2	41.1	14.1	2.0	123	0.2	8.4	22.3	35.8	11.3	2.9	264
11岁	1.1	1.3	5.8	26.0	43.0	18.6	126	0.7	1.8	10.7	26.8	33.7	14.2	270
12岁	1.1	1.3	6.4	8.9	23.4	36.3	95	1.6	1.5	4.1	14.8	28.7	33.6	251
≥13岁	18.4	21.9	19.1	6.2	18.8	42.2	176	11.9	15.0	16.5	5.8	23.3	47.8	386
超龄比例	32.4	45.8	51.4	41.1	42.2	42.2	—	32.3	45.2	53.6	47.4	52.0	47.8	—
严重超龄	22.3	27.7	20.9	15.1	18.8	12.7	—	17.1	26.7	31.3	20.6	23.3	15.6	—
合　计	100.0	100.0	100.0	100.0	100.0	100.0	883	100.0	100.0	100.0	100.0	100.0	100.0	2050

表9－12　初中生超龄率（汉族、少数民族对比）

单位：%，人

年级／年龄	汉族				少数民族			
	初一	初二	初三	样本量	初一	初二	初三	样本量
≤11岁	2.05	1.52	0.79	6	1.33	1.61	0.00	7
12岁	19.18	1.52	0.00	30	11.56	2.02	0.94	33
13岁	40.41	16.67	0.79	82	36.89	8.47	3.77	112
14岁	24.66	31.82	16.67	99	32.44	32.26	11.79	178
15岁	8.22	31.06	33.33	95	11.56	34.68	38.21	193
≥16岁	5.48	17.42	48.41	92	6.22	20.97	45.28	162

续表

年龄＼年级	汉族				少数民族			
	初一	初二	初三	样本量	初一	初二	初三	样本量
超龄比例	38.36	48.48	48.41	—	50.22	55.65	45.28	—
严重超龄	13.70	17.42	6.3	—	17.78	20.97	10.2	—
合　计	100.00	100.00	100.00	404	100.00	100.00	100.00	685

儿童的教育进度延迟现象和学业成绩落后紧密联系，同时这部分儿童是辍学的高风险群体，儿童的辍学又集中发生在小学升初中、初中升高中阶段，相当一部分超龄就学的儿童在这一阶段由于辍学而退出在校生群体。因此，我们可以看到，在小学六年级和初三年级，少数民族学生和汉族学生教育延迟的差距缩小。尤其是在初三年级，这一缩小趋势尤为明显，这意味着初三年级的辍学情况更为严重。

（二）学校类型

1. 就读学校是否为收费学校

整体而言，民族七省区中大部分少数民族儿童在义务教育阶段（小学、初中）在公立学校就读，由于国家实行“两免一补”的政策，未成年儿童接受义务教育对其家庭而言没有学杂费的负担。但从调查中可以发现，仍然有 8.26% 的农村少数民族儿童在收费学校接受义务教育，其中瑶族儿童的比例最高，为 20.27%，哈萨克族、侗族的儿童比例也偏高，大于 10%。分地区来看，湖南省的比例最高，为 23.96%；青海省的比例最低，仅为 1.7%，其余五省区的就读收费学校的比例均在 10% 以下（见表 9-13）。

表 9-13　义务教育阶段在校农村少数民族儿童是否上收费学校

单位：%，人

	是否收费学校			样本量	缺失样本量
	是	否	合　计		
汉族	7.20	92.80	100	1236	114
少数民族	8.26	91.74	100	2518	394
民族缺失	23.16	76.84	100	95	1

续表

	是否收费学校			样本量	缺失样本量
	是	否	合　计		
少数民族细分					
少数民族儿童（分民族）					
蒙古族	2.00	98.00	100	100	19
回族	4.12	95.88	100	461	123
藏族	2.26	97.74	100	177	63
维吾尔族	2.20	97.80	100	273	130
苗族	6.92	93.08	100	549	101
壮族	5.52	94.48	100	163	25
侗族	15.38	84.62	100	260	40
瑶族	20.27	79.73	100	74	17
土家族	7.89	92.11	100	76	25
哈萨克族	10.91	89.09	100	55	6
撒拉族	4.41	95.59	100	68	11
其他	3.90	96.10	100	77	19
少数民族儿童（分性别）					
男童	7.34	92.66	100	1240	314
女童	5.49	94.51	100	1093	265
少数民族儿童（分地区）					
湖南	23.96	76.04	100	313	79
广西	4.62	95.38	100	303	57
贵州（黔东南）	4.69	95.31	100	576	83
宁夏	5.26	94.74	100	361	76
青海	1.71	98.29	100	350	123
新疆	2.41	97.59	100	332	141
内蒙古	2.04	97.96	100	98	20
合　计	8.29	91.71	100	3849	509

2. 就读学校是否为民族学校

民族学校是中国少数民族聚居地区特有的一种教育方式。农村儿童中共有 23.87% 的人在民族学校就读，少数民族儿童的比例更高，为 33.22%。西部民族地区不同民族、不同地区的少数民族儿童是否在民族学校就读的比例差距较大。从民族层面来看，维吾尔族儿童在少数民族学校就读比例最高，超过 90%，其次是藏族，达 84.39%；瑶族、土家族、回族和撒拉族的儿童就读少数民族学校的比例均不到 10%。分省区来看，新疆维吾尔自治区的儿童就读少数民族学校的比例最高，为 82.37%，宁夏回族自治区的儿童就读少数民族学校的比例最低，为 6.04%（见表 9-14）。

表 9-14 学生就读学校类型（是否为民族学校）

单位：%，人

	是否民族学校			样本量	缺失样本量
	是	否	合 计		
汉族	5.02	94.98	100	1575	695
少数民族	33.22	66.78	100	3001	1925
民族缺失	37.93	62.07	100	116	90
少数民族细分					
少数民族儿童（分民族）					
蒙古族	56.30	43.70	100	135	56
回族	6.29	93.71	100	588	375
藏族	84.39	15.61	100	237	145
维吾尔族	91.17	8.83	100	385	319
苗族	23.85	76.15	100	650	417
壮族	17.27	82.73	100	220	108
侗族	20.25	79.75	100	321	184
瑶族	6.86	93.14	100	102	59
土家族	8.79	91.21	100	91	83
哈萨克族	51.19	48.81	100	84	47
撒拉族	2.50	97.50	100	80	69
其他	13.89	86.11	100	108	63
少数民族儿童（分性别）					
男童	32.36	67.64	100	1579	1089
女童	34.18	65.82	100	1422	834
少数民族儿童（分地区）					
湖南	15.38	84.62	100	403	264
广西	13.90	86.10	100	403	224

续表

	是否民族学校			样本量	缺失样本量
	是	否	合　计		
贵州（黔东南）	25.26	74.74	100	673	410
宁夏	6.04	93.96	100	447	243
青海	46.07	53.93	100	458	358
新疆	82.37	17.63	100	482	368
内蒙古	54.81	45.19	100	135	58
合　计	23.87	76.13	100	4692	2710

3. 是否寄宿

对于被调查的少数民族儿童而言，民族之间、地区之间住宿学生的比例差距相对较大，如表 9－15 所示。首先，从民族角度来看，蒙古族、藏族、土家族、瑶族儿童学生的住宿比例超过 50%，维吾尔族、撒拉族儿童学生的住宿比例不到 20%。其次，从地区角度来看，湖南省、内蒙古自治区儿童学生的住宿比例较高，超过 50%，新疆维吾尔自治区、宁夏回族自治区儿童学生的住宿比例较低。

表 9－15　是否为住宿学生的分布情况

	是（%）			否（分钟）（从家里到学校的平均单程时间）	样本量（人）
	住校内	住校外	合　计		
民族					
总体	38.00	9.26	47.26	20.6	4203
汉族	42.72	11.14	53.86	20.2	1374
少数民族	35.80	8.37	44.17	20.9	2735
蒙古族	62.10	7.26	69.36	21.8	124
回族	22.12	8.46	30.58	21.8	520
藏族	53.07	5.70	58.77	21.0	228
维吾尔族	10.03	9.73	19.76	19.9	339
苗族	39.15	7.99	47.14	21.6	613
壮族	47.98	7.58	55.56	19.1	198
侗族	42.33	8.00	50.33	19.6	300
瑶族	55.68	4.55	60.23	19.5	88

续表

	是（%）			否（分钟）（从家里到学校的平均单程时间）	样本量（人）
	住校内	住校外	合　计		
土家族	54.26	18.09	72.35	32.6	94
撒拉族	12.66	16.46	28.75	14.8	79
其他少数民族	39.47	5.26	44.73	21.8	152
未识别民族	32.98	7.45	40.43	17.9	94
性别					
男童	36.98	10.10	47.07	20.7	2169
女童	39.12	8.37	47.49	21.5	2032
地区					
湖南	50.52	12.37	62.89	22.8	477
广西	46.62	6.95	53.57	18.7	532
贵州（黔东南）	33.90	7.43	41.33	21.5	767
宁夏	26.32	11.64	37.96	21.2	756
青海	39.56	8.82	48.38	19.7	680
新疆	26.60	9.26	35.86	20.0	594
内蒙古	55.92	8.31	64.23	20.1	397

对于走读学生而言，除土家族儿童学生以外，每个民族的学生从家里到学校的平均单程时间均不超过30分钟。从地区角度来看，每个省区之间的差别不大，所有西部民族地区的儿童学生的平均路程时间均在23分钟之内。

二　家庭教育

家庭教育一个非常重要的影响因素是父母对子女的培养意向。父母对子女的培养意向因家庭孩子规模、民族而异。比较汉族和少数民族家庭对子女的培养意向时，发现无论是一孩户还是多孩户，汉族家庭将子女培养到本科及以上教育程度的比例都高于少数民族家庭，差异具有统计意义上的显著性。

具体而言，父母对于子女的培养意向随着家庭子女数量的递增而可能会递减，而且少数民族家庭的这一递减趋势更为明显，原因是家庭拥有的物质和时间资源有限。汉族一孩家庭中的未成年子女被期望上大专及以上的比例达89.60%，而汉族两孩家庭中未成年子女的这一比例降至85.25%，汉族多孩家庭降至80.95%。少数民族一孩家庭中未成年子女被期望接受大专及以上教育的比例为81.70%，而少数民族二孩家庭中未成年子女被期望接受大专及以上教育的比例降至76.21%，少数民族三孩家庭中未成年子女被期望接受大专及以上教育的比例就只有71.04%了。

从表9－16很难看出各族家庭对于未成年儿子和未成年女儿培养意向的差异。我们对性别和教育意愿单独进行交叉统计，结果如表9－17所示。可以看出，无论未成年子女是男是女，其父母期望其接受大专及以上教育的比例为77%～80%。如果不考虑填答为不明确的观察值，父母培养意向与子女性别交叉统计的卡方值仅为5.83，P值为0.12，没有统计意义上的差异性。

表9－16　父母对子女的培养意向

单位：%，人

家庭 培养意向	一孩家庭				两孩家庭				多孩家庭			
	男	女	合计	样本量	男	女	合计	样本量	男	女	合计	样本量
汉族												
初中	0.92	0.00	0.55	3	1.34	1.02	1.18	14	4.95	1.79	3.03	14
高中、职高	5.23	1.35	3.65	20	5.53	6.45	5.99	71	10.99	11.43	11.26	52
大专	7.38	7.17	7.30	40	6.37	8.32	7.34	87	3.85	8.57	6.71	31
本科及以上	80.00	85.65	82.30	451	78.22	77.59	77.91	924	76.37	72.86	74.24	343
不明确	6.46	5.83	6.20	34	8.54	6.62	7.59	90	3.85	5.36	4.76	22
合计	100	100	100	548	100	100	100	1186	100	100	100	462
少数民族												
初中	3.48	3.13	3.35	28	4.40	5.71	4.99	117	8.06	9.17	8.65	118
高中、职高	5.80	5.64	5.74	48	8.19	9.42	8.74	205	8.69	11.35	10.12	138
大专	7.16	10.66	8.49	71	9.58	11.04	10.23	240	12.01	10.53	11.22	153
本科及以上	73.31	73.04	73.21	612	67.26	64.41	65.98	1548	61.30	58.55	59.82	816
不明确	10.25	7.52	9.21	77	10.58	9.42	10.06	236	9.95	10.40	10.19	139
合　计	100	100	100	836	100	100	100	2346	100	100	100	1364

表 9 – 17　儿童性别对父母培养意愿的影响

单位：%，人

培养意向 \ 性别	男	女	合　计	样本量
初中	4.07	4.53	4.29	295
高中、职高	7.48	8.54	7.98	549
大专	8.73	9.79	9.23	635
本科及以上	70.42	68.81	69.65	4790
不明确	9.31	8.33	8.84	608
合　计	100	100	100	6877

第四节　农村各族儿童语言使用和学习状况

在普通话广泛应用的大环境下，民族语言被广泛或局部的应用是中国西部民族地区特有的社会和文化特征。周庆生（2013）指出，在经济全球化和中国社会转型的背景下，少数民族语言面临着语言社区缩小、市场竞争、人口流动等挑战。[①] 根据联合国教科文组织濒危语言问题专家组提出的九条参考指标，并结合中国少数民族语言的使用和分布情况，将中国的少数民族语言分为六个级次：①充满活力；②有活力或仍然比较活跃；③活力降低，显露濒危特征；④活力不足，走向濒危；⑤活力很差，已经濒危；⑥无活力，失去交际功能或已经死亡。根据孙宏开对少数民族语言活力排序的研究[②]，西部主要少数民族的语言活力排序如表 9 – 18 所示。

少数民族儿童掌握本民族语言文字、接受民族语言教育对于本民族语言文字的传承起重要作用。本节我们将对少数民族地区儿童的语言掌握水平和民族语言的教育状况做分析。

① 周庆生：《少数民族语言在社会转型中的挑战与机遇》，《云南师范大学学报（哲学社会科学版）》2013 年第 2 期。

② 孙宏开：《中国少数民族语言活力排序研究》，《广西民族大学学报（ 哲学社会科学版）》2006 年第 5 期，第 6 ~ 10 页。

表 9-18　西部主要少数民族的民族语言活力排序

民　族	民族语言活力
蒙古族	充满活力
藏族	充满活力
维吾尔族	充满活力
哈萨克族	充满活力
壮族	充满活力
苗族	有活力
侗族	有活力
土家族	分为三个支系，显露濒危特征，绝大多数人通汉语
撒拉族	活力降低，显露濒危特征，很多使用维语
瑶族	语言成分复杂，走向濒危，现在主要讲壮语和苗语

一　农村少数民族儿童对本民族语言和文字的知晓率

农村少数民族儿童对本民族语言和文字的知晓情况如表 9-19 所示。91.88% 的农村少数民族儿童知道本民族语言。哈萨克族儿童对本民族语言的知晓率最高，达 100%；维吾尔族、壮族、藏族、撒拉族、蒙古族和苗族对本民族语言的知晓率也较高，都在 90% 以上。对本民族语言知晓率最低的瑶族，该比例也达 65.75%。

与语言相比较，农村少数民族儿童对本民族文字的知晓率相对较低，为 60.43%。其中，藏族、哈萨克族、维吾尔族和蒙古族该比例较高，均达 90% 以上；土家族、瑶族和撒拉族儿童对本民族文字的知晓率较低，都在 10% 以下；土家族和撒拉族两个民族的儿童对民族语言知晓率相对较高，但是对民族文字知晓率很低。分地区比较，新疆少数民族儿童对本民族语言知晓率达 100%，青海、贵州（黔东南）和广西也都在 90% 以上。

可以发现，各民族儿童对本民族语言和文字的知晓情况与其语言活跃程度的分类相当一致。唯一的例外是属于语言濒危民族的撒拉族，尽管撒拉族儿童对本民族文字的知晓率仅为 2.03%，是各族最低的，但他们对于本民族语言的知晓率却高达 97.32%。

表 9－19　农村少数民族儿童的语言和文字知晓率

单位：%，人

		本民族语言知晓率		本民族文字知晓率	
		比　例	样本量	比　例	样本量
少数民族合计		91.88	3844	60.43	3745
语言充满活力的民族	蒙古族	91.21	182	91.88	160
	藏族	98.94	377	98.38	370
	维吾尔族	99.13	690	96.44	674
	壮族	99.06	319	47.35	321
	哈萨克族	100.00	128	96.85	127
语言有活力的民族	苗族	90.87	1041	51.77	1018
	侗族	89.21	482	58.49	465
语言濒危的民族	瑶族	65.75	146	6.43	140
	土家族	80.84	167	5.49	164
	撒拉族	97.32	149	2.03	148
其他少数民族		69.33	163	4.43	158
性别					
男童		91.63	2115	59.36	2062
女童		92.18	1727	61.69	1681
地区					
湖南		77.10	620	7.18	599
广西		92.48	612	37.40	599
贵州（黔东南）		92.61	1055	68.34	1036
宁夏		0.00	12	0.00	12
青海		97.50	560	67.39	552
新疆		100.00	803	98.35	787
内蒙古		89.01	182	88.75	160

注：本表去掉了 963 个回族样本。

二　农村少数民族儿童语言沟通能力

农村少数民族儿童本民族语言的沟通能力在“基本及以上”的比例为 62.79%（见表 9－20），37.21%的儿童本民族语言的沟通能力在“简单及以下”；当地汉语（方言）方面的沟通能力在“基本及以上”的比例为

56.22%；普通话口语方面的沟通能力在“基本及以上”的比例为45.98%。

表9－20　农村少数民族儿童的语言沟通能力

单位：%，人

		本民族语言				当地汉语（方言）				普通话口语			
		基本及以上	简单及以下	样本量	缺失样本量	基本及以上	简单及以下	样本量	缺失样本量	基本及以上	简单及以下	样本量	缺失样本量
少数民族合计		62.79	37.21	3502	30	56.22	43.78	4701	225	45.98	54.02	4113	813
民　族													
语言充满活力的民族	蒙古族	64.24	35.76	165	1	65.36	34.64	179	12	64.57	35.43	175	16
	藏族	58.33	41.67	372	1	36.44	63.56	376	6	33.46	66.54	257	125
	维吾尔族	72.10	27.90	681	3	7.38	92.62	664	40	9.97	90.03	341	363
	哈萨克族	70.31	29.69	128	0	45.24	54.76	126	5	33.04	66.96	112	19
	壮族	78.98	21.02	314	2	62.86	37.14	315	13	58.86	41.14	316	12
语言有活力的民族	苗族	64.03	35.97	934	12	67.13	32.87	1013	54	50.15	49.85	1023	44
	侗族	51.64	48.36	426	4	65.07	34.93	481	24	56.26	43.74	487	18
语言濒危的民族	瑶族	48.39	51.61	93	3	71.83	28.17	142	19	58.28	41.72	151	10
	土家族	22.56	77.44	133	2	77.11	22.89	166	8	48.81	51.19	168	6
	撒拉族	62.07	37.93	145	0	44.30	55.70	149	0	26.17	73.83	149	0
回族		—	—	—	—	73.28	26.72	932	31	46.47	53.53	779	184
其他		57.66	42.34	111	2	71.52	28.48	158	13	49.68	50.32	155	16
性别													
男童		62.31	37.69	1921	17	55.36	44.64	2536	132	44.44	55.56	2239	429
女童		63.46	36.54	1579	13	57.28	42.72	2163	93	47.86	52.14	1872	384
地区													
湖南		38.20	61.80	466	12	73.38	26.62	601	66	59.71	40.29	618	49
广西		77.46	22.54	559	7	65.17	34.83	600	27	59.50	40.50	605	22
贵州（黔东南）		60.72	39.28	970	7	65.84	34.16	1048	35	45.29	54.71	1051	32
宁夏		—	—	—	—	77.04	22.96	675	15	50.09	49.91	529	161
青海		57.43	42.57	545	1	46.42	53.58	797	19	32.64	67.36	677	139
新疆		72.66	27.34	801	2	14.36	85.64	801	49	18.42	81.58	456	394
内蒙古		64.60	35.40	161	1	64.80	35.20	179	14	65.54	34.46	177	16

注：“本民族语言”部分排除了351个回族样本，宁夏没有符合条件的样本。

从各民族来看，壮族、维吾尔族和哈萨克族儿童本民族语言沟通能力相对较好，具有“基本及以上”语言沟通能力的比例超过70%；土家族和瑶族对当地汉语（方言）的沟通能力相对较好，具有“基本及以上”沟通能力的比例超过70%；蒙古族、壮族、瑶族、侗族和苗族儿童普通话口语沟通能力较好，具有“基本及以上”沟通能力的比例超过50%。

从性别来看，本民族语言和当地汉语（方言）的沟通能力男女差异不大，卡方检验不具有统计意义上的显著性；在普通话口语方面，女童比男童明显好一些，女童具有“基本及以上”沟通能力的比例比男童高3.42个百分点，且具有统计意义上的显著性。

从地区来看，广西和新疆的少数民族儿童本民族语言的沟通能力相对较好，具有“基本及以上”沟通能力的比例超过70%；湖南和宁夏的少数民族儿童当地汉语（方言）的沟通能力较好，具有“基本及以上”沟通能力的比例均超过70%；内蒙古、湖南、广西和宁夏少数民族儿童普通话口语的沟通能力较好，具有“基本及以上”沟通能力的比例超过50%。

三　农村少数民族儿童文字读写能力

与语言的沟通能力相比，少数民族儿童在文字的读写能力上表现更差。农村少数民族儿童本民族文字的读写能力如表9－21所示，能力为“较高”或“基本”（即“基本及以上”）水平的占29.43%，即绝大部分农村少数民族儿童本民族文字的读写能力为“简单”或“基本不会”（即“简单及以下”）水平。与本民族文字的读写能力形成鲜明对比，农村少数民族儿童汉字读写能力较好，“较高”或“基本”水平的占41.53%。

对本民族文字的读写能力较强的民族主要有维吾尔族、哈萨克族、蒙古族和藏族等。维吾尔族儿童本民族文字的读写能力最好，56.59%的儿童具有“基本及以上”的读写能力，形成较鲜明对比的是，他们汉语文字的读写能力较差，掌握“基本及以上”读写能力的比例仅为7.65%。

汉语文字读写能力较强的几个民族为蒙古族、侗族、瑶族、壮族、土家族和苗族，读写能力为“基本及以上”水平的比例超过40%。

从性别来看，女童汉文的读写能力比男童更好，统计检验的差异显著。另外，新疆和内蒙古对本民族文字的读写能力较强，湖南、内蒙古和广西儿童汉文的读写能力较强。

表 9－21　农村少数民族儿童的文字读写能力

单位：%，人

		本民族文字				汉文			
		基本及以上	简单及以下	样本量	缺失样本量	基本及以上	简单及以下	样本量	缺失样本量
少数民族合计		29.43	70.57	2246	17	41.53	58.47	4093	833
民　　族									
语言充满活力的民族	蒙古族	42.47	57.53	146	1	53.18	46.82	173	18
	藏族	37.09	62.91	364	0	37.45	62.55	259	123
	维吾尔族	56.59	43.41	645	5	7.65	92.35	340	364
	哈萨克族	50.41	49.59	121	2	30.95	69.05	126	5
	壮族	0.00	100.00	150	2	49.21	50.79	315	13
语言有活力的民族	苗族	4.62	95.38	520	7	48.51	51.49	1010	57
	侗族	5.15	94.85	272	0	50.82	49.18	486	19
语言濒危的民族	瑶族	0.00	100.00	9	0	49.30	50.70	142	19
	土家族	0.00	100.00	9	0	48.81	51.19	168	6
	撒拉族	0.00	100.00	3	0	30.61	69.39	147	2
回族		—	—	—	—	38.24	61.76	774	189
其他民族		0.00	100.00	7	0	39.87	60.13	153	18
性别									
男童		28.61	71.39	1213	11	39.72	60.28	2238	430
女童		30.46	69.54	1031	6	43.77	56.23	1853	403
地区									
湖南		4.88	95.12	41	2	53.17	46.83	600	67
广西		1.80	98.20	222	2	50.92	49.08	601	26
贵州（黔东南）		4.55	95.45	703	5	44.26	55.74	1046	37
宁夏		—	—	—	—	41.78	58.22	529	161
青海		36.83	63.17	372	0	33.28	66.72	673	143
新疆		55.54	44.46	767	7	15.78	84.22	469	381
内蒙古		42.55	57.45	141	1	53.14	46.86	175	18

注："本民族文字"用 C3 做了过滤，剔除了回答"没有本民族文字"的观测值，并排除了 525 个回族样本，宁夏没有符合条件的样本。

四 读中文报和上网情况

总体来看，农村儿童读中文报纸和上网的比例都很小，由表 9－22 可知，基本不看报纸的儿童比例为 79.57%，基本不上网的儿童比例为 77.47%。与汉族儿童相比，少数民族儿童看报纸和上网的比例更低。

表 9－22 农村儿童看报纸、上网情况

单位：%，人

		看中文报纸					上互联网				
		经常	偶尔	基本不看	样本量	缺失样本量	经常	偶尔	基本不上	样本量	缺失样本量
汉族		7.07	18.49	74.44	1866	404	6.55	23.46	69.99	1863	407
少数民族		3.04	14.94	82.02	3976	950	2.46	16.56	80.98	3980	946
民族缺失		7.41	14.07	78.52	135	71	3.65	18.98	77.37	137	69
合计		4.40	16.03	79.57	5977	1425	3.76	18.76	77.47	5980	1422
语言充满活力的民族	蒙古族	1.75	12.87	85.38	171	20	6.75	28.83	64.42	163	28
	藏族	0.79	16.21	83.00	253	129	0.79	14.57	84.65	254	128
	维吾尔族	0.90	6.02	93.07	332	372	0.59	7.99	91.42	338	366
	哈萨克族	1.64	19.67	78.69	122	9	0.00	10.00	90.00	120	11
	壮族	6.35	18.39	75.25	299	29	2.00	17.67	80.33	300	28
语言有活力的民族	苗族	4.49	16.72	78.80	981	86	1.73	17.24	81.02	980	87
	侗族	3.19	20.00	76.81	470	35	4.25	25.27	70.49	471	34
语言濒危的民族	瑶族	6.02	24.06	69.92	133	28	3.05	17.56	79.39	131	30
	土家族	7.74	9.68	82.58	155	19	9.88	32.10	58.02	162	12
	撒拉族	0.00	4.86	95.14	144	5	2.08	7.64	90.28	144	5
回族		1.45	13.14	85.41	761	202	1.44	11.53	87.02	763	200
其他		1.29	12.90	85.81	155	16	3.90	13.64	82.47	154	17
性别											
男童		4.11	15.91	79.97	3186	760	4.13	18.85	77.02	3194	752
女童		4.73	16.18	79.09	2788	662	3.34	18.68	77.97	2783	667
地区											
湖南		4.80	18.36	76.84	708	163	4.36	23.07	72.57	711	160
广西		6.83	21.37	71.81	791	203	4.21	18.37	77.42	784	210
贵州（黔东南）		4.01	15.89	80.10	1221	94	2.28	20.28	77.44	1228	87

续表

	看中文报纸					上互联网				
	经常	偶尔	基本不看	样本量	缺失样本量	经常	偶尔	基本不上	样本量	缺失样本量
宁夏	4.88	18.03	77.09	1004	223	2.69	19.16	78.14	1002	225
青海	1.61	11.57	86.82	994	242	1.80	10.50	87.70	1000	236
新疆	6.21	12.83	80.96	709	423	7.99	15.43	76.58	713	419
内蒙古	3.09	14.18	82.73	550	77	5.72	29.15	65.13	542	85

从民族来看，瑶族儿童读中文报纸的比例相对较高，土家族、蒙古族儿童上网的比例相对较高；从地区来看，广西儿童经常读报纸的比例较高，湖南和内蒙古儿童经常上网的比例较高。

农村少数民族儿童看中文报纸、上互联网的频率与中文的读写能力和沟通能力息息相关。由表 9－23 可知，当各族儿童有较强的汉语读写能力时，他们偶尔或者经常看中文报纸的比例为 42.89%，基本不会汉语的儿童有 99.13% 都基本不看中文报纸。有较强普通话沟通能力的儿童有 43.98% 会偶尔或者经常上互联网，而基本不会普通话沟通的儿童有 98.84% 基本不上互联网。普通话沟通能力对各族儿童看报纸和上网也有着正面影响。

表 9－23　看中文报、上网频率与文字读写能力

单位：%

	看中文报纸			上互联网		
	经常	偶尔	基本不看	经常	偶尔	基本不上
少数民族	3.04	14.94	82.02	2.46	16.56	80.98
汉语读写能力						
具有较强的读写能力	11.39	31.50	57.12	9.85	40.15	50.00
具有基本的读写能力	4.40	28.35	67.25	3.27	28.50	68.23
会简单的读写	1.20	10.30	88.50	0.99	11.86	87.16
基本不会	0.00	0.87	99.13	0.00	0.93	99.07
普通话沟通能力						
具有较强的沟通能力	9.73	26.79	63.48	8.51	35.47	56.02
具有基本的沟通能力	4.03	25.00	70.97	3.10	25.25	71.64
会简单的沟通	1.19	11.05	87.76	0.87	12.61	86.52
基本不会	0.08	1.58	98.33	0.00	1.16	98.84

注：卡方统计检验结果都为 P < 0.0001，差异显著。

五 语言教育经历

我们分别从小学和初中两个教育阶段考察农村少数民族儿童接受语言教育的经历。

（一）农村少数民族儿童小学阶段语言教育经历

从授课语言的角度考察，对小学在读或小学及以上教育程度的农村少数民族儿童来讲，66.28%的儿童在小学阶段授课语言只有汉语，7.08%的儿童只以少数民族语言接受小学教育，26.64%的儿童所在小学的授课语言由汉语和少数民族语言结合（见表9－24）。授课语言的民族间差异较大，90%以上的撒拉族、苗族和土家族儿童小学阶段授课语言只有汉语；维吾尔族儿童小学阶段接受汉语和少数民族语言结合的双语教学的比例最高，为71.37%，藏族也较高，为64.20%；另外，20%以上的哈萨克族和维吾尔族儿童在小学阶段授课语言只有少数民族语言。

表9－24 农村少数民族儿童语言教育经历
（小学在读或小学及以上教育程度的儿童）

单位：%，人

		授课语言					少数民族语文课			
		汉语	少数民族语言	两者结合	样本量	缺失样本量	是	否	样本量	缺失样本量
少数民族合计		66.28	7.08	26.64	1794	1179	27.61	72.39	1742	1231
语言充满活力的民族	蒙古族	53.76	19.35	26.88	93	55	52.75	47.25	91	57
	藏族	19.75	16.05	64.20	162	148	80.75	19.25	161	149
	维吾尔族	6.11	22.52	71.37	262	299	95.60	4.40	250	311
	哈萨克族	36.67	28.33	35.00	60	23	50.00	50.00	48	35
	壮族	73.08	0.64	26.28	156	80	2.56	97.44	156	80
语言有活力的民族	苗族	90.39	0.59	9.02	510	280	3.96	96.04	505	285
	侗族	89.39	0.00	10.61	245	129	4.26	95.74	235	139
语言濒危的民族	瑶族	76.54	0.00	23.46	81	40	2.53	97.47	79	42
	土家族	92.00	4.00	4.00	75	57	4.41	95.59	68	64
	撒拉族	100.00	0.00	0.00	66	22	0.00	100.00	66	22

续表

	授课语言					少数民族语文课			
	汉语	少数民族语言	两者结合	样本量	缺失样本量	是	否	样本量	缺失样本量
其他	92.86	0.00	7.14	84	46	1.20	98.80	83	47
性别									
男童	68.99	6.14	24.87	977	640	24.97	75.03	949	668
女童	63.04	8.20	28.76	817	539	30.77	69.23	793	563
地区									
湖南	87.50	1.88	10.63	320	196	4.04	95.96	297	219
广西	74.30	0.35	25.35	284	165	4.96	95.04	282	167
贵州（黔东南）	93.48	0.00	6.52	537	258	2.61	97.39	537	258
青海	45.38	10.92	43.70	238	185	54.85	45.15	237	186
新疆	10.97	23.82	65.20	319	314	89.46	10.54	294	339
内蒙古	53.76	19.35	26.88	93	55	52.17	47.83	92	56

从地区来看，93.48%的贵州（黔东南）少数民族儿童小学阶段的授课语言只有汉语，湖南的比例也较高，达87.50%，广西和内蒙古也超过50%；新疆少数民族儿童在小学阶段接受汉语和少数民族语言结合的双语教学的比例最高，达65.20%，青海其次，为43.70%。

从是否开设少数民族语文课的角度考察，维吾尔族儿童小学阶段开设少数民族语文课的比例最高，为95.60%，其次是藏族，为80.75%，再次是蒙古族，为52.75%。从地区来看，绝大多数新疆地区在小学阶段开设了少数民族语文课，比例为89.46%，其次是青海和内蒙古，均超过50%。

（二）农村少数民族儿童初中阶段语言教育经历

农村少数民族儿童初中阶段语言教育经历如表9－25所示。对初中在读或初中及以上教育程度的农村少数民族儿童而言，在初中阶段70.52%的人其学校授课语言只有汉语，8.72%的人其学校授课语言只有少数民族语言，20.76%的人其学校授课语言由汉语和少数民族语言结合。各民族中，撒拉族、侗族、壮族、瑶族、土家族和苗族农村少数民族儿童中超过95%的人在初中阶段的授课语言只有汉语；藏族和维吾尔族农村少数民族儿童初中阶段授课语言以汉语和少数民族语言结合为主；哈萨克族儿童初

表 9-25 农村少数民族儿童的语言教育经历
（初中在读或初中及以上教育程度的儿童）

单位：%，人

		授课语言					少数民族语文课			
		汉语	少数民族语言	两者结合	样本量	缺失样本量	是	否	样本量	缺失样本量
少数民族合计		70.52	8.72	20.76	814	702	28.31	71.69	770	746
语言充满活力的民族	蒙古族	48.78	26.83	24.39	41	31	53.85	46.15	39	33
	藏族	17.65	8.82	73.53	68	83	86.15	13.85	65	86
	维吾尔族	7.69	27.27	65.03	143	196	96.18	3.82	131	208
	哈萨克族	34.62	46.15	19.23	26	19	50.00	50.00	18	27
	壮族	98.59	0.00	1.41	71	42	0.00	100.00	71	42
语言有活力的民族	苗族	95.71	0.95	3.33	210	159	1.97	98.03	203	166
	侗族	99.15	0.85	0.00	117	74	0.91	99.09	110	81
语言濒危的民族	瑶族	97.44	0.00	2.56	39	23	2.63	97.37	38	24
	土家族	97.44	0.00	2.56	39	38	0.00	100.00	36	41
	撒拉族	100.00	0.00	0.00	11	10	0.00	100.00	11	10
其他		97.96	0.00	2.04	49	27	0.00	100.00	48	28
性别										
男童		70.67	10.85	18.48	433	384	27.34	72.66	406	411
女童		70.34	6.3	23.36	381	318	29.4	70.6	364	335
地区										
湖南		95.71	1.43	2.86	140	128	0.00	100.00	122	146
广西		98.52	0.00	1.48	135	82	1.49	98.51	134	83
贵州（黔东南）		97.46	0.42	2.12	236	149	1.69	98.31	236	149
宁夏		100.00	0.00	0.00	5	1	0.00	100.00	5	1
青海		35.96	6.74	57.30	89	102	66.67	33.33	84	107
新疆		11.31	30.36	58.33	168	209	91.22	8.78	148	229
内蒙古		51.22	26.83	21.95	41	31	51.22	48.78	41	31

中阶段只有少数民族语言授课的比例最高，达 46.15%。从地区来看，湖南、广西、贵州（黔东南）和宁夏农村少数民族儿童初中阶段接受汉语授课的比例在 90% 以上。

从是否开设少数民族语文课的角度来看，96.18% 的维吾尔族儿童初中阶段接受少数民族语文课教育，藏族儿童的相应比例也较高，达86.15%，再次是蒙古族，为53.85%。新疆地区少数民族儿童初中阶段开设少数民族语文课的比例最高，达91.22%，其次是青海和内蒙古，开设比例都在50%以上。

（三）家庭和学校教育对语言水平的影响

1. 学校语言教育经历与儿童语言水平

少数民族儿童的语言沟通能力受他们在学校的语言教育经历影响如表9-26所示。小学阶段是否开设少数民族语文课的情况对农村少数民族儿童本民族语言的沟通能力的影响较为显著：当开设少数民族语文课时，其在本民族语言的沟通能力为“不会”的比例只有1.88%，当没有开设少数民族语文课时，该比例高达26.69%；当开设少数民族语文课时，本民族语言沟通能力较强的比例达62.63%，当没有开设少数民族语文课时，该比例明显降低，为45.75%。

表9-26　儿童本民族语言沟通能力与学校语言教育经历

单位：%，人

分析对象		本民族语言的沟通能力						
		较　强	基　本	简　单	不　会	合　计	样本量	缺失样本量
小学阶段	少数民族语文课							
	是	62.63	22.96	12.53	1.88	100	479	2
	否	45.75	19.24	8.32	26.69	100	1154	107
	授课语言							
	汉语	43.69	18.27	8.72	29.31	100	1078	111
	少数民族语言	45.67	27.56	22.83	3.94	100	127	0
	双语结合	68.64	22.03	7.42	1.91	100	472	6
初中阶段	少数民族语文课							
	是	83.03	12.84	2.29	1.83	100	218	0
	否	50.91	14.49	4.43	30.18	100	497	55
	授课语言							
	汉语	50.39	14.20	4.09	31.32	100	514	60
	少数民族语言	78.87	14.08	4.23	2.82	100	71	0
	双语结合	83.33	14.29	1.79	0.60	100	168	1

小学阶段的授课语言与本民族语言的沟通能力之间的关系也比较明显，当授课语言只有汉语时，农村少数民族儿童本民族语言沟通能力为“不会”的比例高达 29.31%，比授课语言为少数民族语言或者双语结合的明显更高。

值得注意的是，双语教育对于少数民族儿童本民族语言沟通能力的促进作用甚至强于单纯的少数民族语言教育。这可能是较新的双语学校本身具备更好的师资力量、教育资源以及培养理念，双语学校可能是一种既保留少数民族语言传统，又能加强学生多元竞争力的较为优秀的教育体系。

2. **儿童语言沟通能力与父母语言沟通能力**

语言沟通能力的代际传承是广泛存在的现象。农村少数民族儿童本民族语言沟通能力与父母本民族语言沟通能力之间的关系见表 9－27，二者存在较强的正相关关系。当父亲本民族语言沟通能力较强时，77.19% 的未成年子女有较强或基本的本民族语言沟通能力。而父亲基本不会本民族语言时，99.32% 的未成年子女不具备基本的本民族语言沟通能力。当母亲具有较强的本民族语言沟通能力时，77.24% 的未成年子女具备较强或基本的本民族语言沟通能力，而如果母亲基本不会本民族语言，其未成年子女不具备基本的本民族语言沟通能力的比例高达 97.49%。

表 9－28 则报告了各项因素对儿童的本民族语言沟通能力影响的统计显著性。

表 9－27　儿童本民族语言沟通能力与父母本民族语言沟通能力关系

单位：%，人

指　标	本民族语言的沟通能力		合　计	样本量	缺失样本量
	较强或基本	简单或不会			
父亲本民族语言沟通能力					
具有较强的沟通能力	77.19	22.81	100	2240	29
具有基本的沟通能力	63.35	36.65	100	352	21
会简单的沟通	13.79	86.21	100	145	2
基本不会	0.68	99.32	100	439	7
母亲本民族语言沟通能力					
具有较强的沟通能力	77.24	22.76	100	2201	33
具有基本的沟通能力	66.14	33.86	100	378	20
会简单的沟通	9.91	90.09	100	111	5
基本不会	2.51	97.49	100	479	10

表 9－28　家庭和学校教育对农村少数民族儿童语言水平的影响卡方统计检验

	农村少数民族儿童本民族语言沟通能力
小学阶段授课语言	0.000
小学阶段是否开设少数民族语文课	0.000
初中阶段授课语言	0.000
初中阶段是否开设少数民族语文课	0.000
父亲本民族语言沟通能力	0.000
母亲本民族语言沟通能力	0.000

本章小结

西部民族地区各族受访家庭对未成年子女遭遇身心健康方面困难的认知受到儿童本身特征、家庭对子女的照料能力以及对身心健康困难的主观认知态度的综合影响，与儿童的地域分布、性别、年龄、儿童寄宿方式、家庭人口迁徙情况以及父母遭遇身心困难的认知相关。家庭的人口迁徙情况和民族对儿童因为生病或者受伤而无法正常学习、生活的时间也有一定影响。

民族因素对儿童的就读方式、学校类型、父母培养意向、语言文字的知晓和使用等方面均有影响。家庭所需抚养的未成年子女数目对于父母对子女的培养意向也有显著影响。

代际传承现象在健康状况、生活习惯以及本民族语言沟通能力等方面都广泛存在，母亲在儿童的健康生存方面表现得更为重要。

附录1　城镇居民收入及生活质量调查（2011年）

请调查员在调查开始时向调查对象宣读以下内容：

您好！请您按照自家的实际情况和自己的真实想法如实回答问题，认真协助调查员填写调查表。我们将严格遵守统计法，对您个人的信息给予保密。谢谢合作！

中央民族大学经济学院、中国社会科学院民族学与人类学研究所

2012年2月

家庭住址：______省，______市，______区（县），______街道

户主姓名：______________　联络电话：______________

上户访谈开始时间：2012年______月______日______时______分

访谈结束时间：2012年______月______日______时______分

调查员姓名：________　联络电话：________　调查员签字：________

注：1. 调查对象为家庭中的所有成员（即与城镇住户调查《城镇居民家庭成员基本情况调查表（W201表）》一致）。

2. 在本调查表中家庭成员代码应与《城镇居民家庭成员基本情况调查表（W201表）》自始至终保持一致，注意不要错位。

3. 请向户主提问。如果户主长期在外或年纪太大的话，请向其他主要的家庭经济承担者提问。

4. 对于有选项的问题，基本上选最合适的一项。如果有多选的问题，请按照要求填写。

省/市（区）编码［city］	（6位）	住户编码［hous］			
调查时间 月［month］		调查时间日［day］			

A. 个人表

一、家庭成员基本情况

（一）基本情况（向所有的家庭成员提问）

问　题	代码								
1. 家庭成员姓名	A1								
2. 家庭成员代码（应与《城镇居民家庭成员基本情况调查表（W201表）》自始至终保持一致）［W201表A1］	A2	1户主	2	3	4	5	6	7	8
3. 与户主关系 ①配偶 ②亲生子女 ③非亲生子女 ④儿媳女婿 ⑤兄弟姐妹 ⑥父母 ⑦岳父母/公婆 ⑧（外）祖父母 ⑨孙子女 ⑩外孙子女 ⑪孙媳婿 ⑫外孙媳婿 ⑬叔（姑）/舅（姨）⑭侄/甥子女 ⑮其他	A3								
4. 性别 ①男 ②女［W201表代码A6］	A4								
5. 年龄（2011年末，周岁）	A5								
6. 婚姻状况①已婚 ②未婚 ③离异 ④丧偶 ⑤其他［W201表代码A9］	A6								
7. 是否常住人口①是 ②否	A7								
8. 民族（从后面的《民族代码表》选择）	A8								
9. 户口（如果本地已取消农业户口与非农业户口的区别的话，填写取消农业户口以前的户口性质）①农业 ②非农业［W201表代码A3］	A9								
9-1. 户口所在地 ①本市内 ②市外［T202表代码8］	A9-1								
9-2. 如果有过农业户口转非农业户口的情况，请问是哪年取得非农业户口的？（不包括取消农业户口统称为居民户口的情况）（年份）	A9-2								

续表

问　题	代码								
9-3. 如果有过农业户口转非农业户口的情况，是如何取得非农户口的？①上学 ②参军 ③转干 ④土地被征用（土地换户籍）⑤购房 ⑥其他（请注明）	A9-3								
10. 政治面貌 ①中共党员 ②团员 ③民主党派 ④无（群众）	A10								
11. 是否有宗教信仰 ①伊斯兰教 ②佛教 ③道教 ④天主教 ⑤基督教 ⑥其他 ⑦没有宗教信仰	A11								

（二）健康情况（向所有的家庭成员提问）

问　题	代码								
家庭成员代码（应自始至终保持一致，注意不要错位）	A12	1户主	2	3	4	5	6	7	8
1. 过去一个月中，您在工作或生活上是否遇到过身体和心理上的困难？①没有 ②不太严重 ③一般 ④比较严重 ⑤很严重	A13								
2. 是否有身体残疾？①没有②有，但不影响正常工作、学习和生活 ③有，且影响正常工作、学习和生活	A14								
3. 在2011年，由于生病或受伤等不能正常工作、上学和生活的天数一共有多少？（天）（2011年中一直正常工作、上学和生活的话，填写零）	A15	天	天	天	天	天	天	天	天
4. 每周喝酒的频率多少？（次/周，如果不喝酒或频率不到每周一次，填写零）	A16								
5. 每天吸多少支烟？（包括手工卷烟，烟头）（支/天，如果不吸烟，填写零）	A17								
6.（有成人牙齿的成员，请回答）是否失去过前面牙齿？①是 ②否	A18								

（三）2011 年末，保险、福利、社会保障情况（向所有的家庭成员提问）

问　题	代码								
家庭成员代码（应自始至终保持一致，注意不要错位）	A19	1 户主	2	3	4	5	6	7	8
1. 是否参加公费医疗或统筹 ①单位负担 ②自己购买 ③单位与自己共付 ④没有 ⑤不知道	A20								
2. 是否参加城镇合作医疗 ①单位负担 ②自己购买 ③单位与自己共付 ④没有 ⑤不知道	A21								
3. 是否参加商业医疗保险①单位负担 ②自己购买 ③单位与自己共付 ④没有 ⑤不知道	A22								
4. 是否参加农村合作医疗①是 ②否	A23								
5. 是否参加其他医疗保险①单位负担 ②自己购买 ③单位与自己共付 ④没有 ⑤不知道	A24								
6. 是否享受最低生活保障①是 ②否	A25								
7. 是否参加城镇养老保险①单位负担 ②自己购买 ③单位与自己共付 ④没有 ⑤不知道	A26								
8. 是否参加商业养老保险①单位负担 ②自己购买 ③单位与自己共付 ④没有 ⑤不知道	A27								
9. 是否参加工伤保险①单位负担 ②自己购买 ③单位与自己共付 ④没有 ⑤不知道	A28								
10. 是否参加失业保险①单位负担 ②自己购买 ③单位与自己共付 ④没有 ⑤不知道	A29								
11. 是否有住房公积金①是 ②否	A30								

（四）最近一周的时间安排（向所有的家庭成员提问）

注：在过去一周内，每天从事以下活动的平均时间（小时/天）。

问　题	代码								
家庭成员代码（应自始至终保持一致，注意不要错位）	A31	1 户主	2	3	4	5	6	7	8
1. 工作的时间（小时）（包括上下班时间在内；包括在校学生业余从事工作，得到零星收入的情况在内）	A32								

续表

问　题	代码								
2. 偶尔帮帮家里的经营活动（农业、工商业等）（包括在校学生帮家里的农活或其他家庭经营的情况在内）	A33								
3. 在学校和在家里做功课或复习的时间（小时）（包括上下学的时间，参加校内辅导班、业余班等时间在内）	A34								
4. 照料/看护家里的婴儿、小孩的时间（小时）	A35								
5. 照料/看护家里的大人（老人或病人等）的时间（小时）	A36								
6. 照料/看护家外（亲戚，邻居等）的婴儿、小孩的时间（小时）	A37								
7. 照料/看护家外的大人的时间（小时）	A38								
8. 做其他的家务（做饭、打扫、洗衣服、维修修理等）的时间（小时）	A39								
9. 宗教信仰有关联的活动（小时）（去宗教信仰场所、家里礼拜等）	A40								

二、就业情况

（一）工作身份和工作时间（向所有的家庭成员提问）

问　题	代码								
家庭成员代码（应自始至终保持一致，注意不要错位）	B0	1 户主	2	3	4	5	6	7	8
1. 2011 年最后一周的就业/在学情况 ①就业（农业/非农自营、工资性工作）②全日制学生 ③非全日制学生（有工作）④非全日制学生（不工作）⑤学龄前儿童 ⑥在家做家务 ⑦退休人员 ⑧在失业或待业 ⑨其他不工作、不上学的成员［W201 表代码 A12］	B1								
2.（所有就业者以及以前从事过工作的成员，请回答）开始参加工作的年份（年份）	B2								

（二）当前的主要工作（向所有的就业者提问）

家庭成员代码（应自始至终保持一致，注意不要错位）	B3	1户主	2	3	4	5	6	7	8
1-1. 在2011年，他/她从事当前的主要工作的总时间（周/年，按一年52周算）	B4-1								
1-2. 当前的主要工作，平均每周工作多少小时？（小时/周，包括加班在内的实际劳动时间）	B4-2								
2. 开始这份工作的年份（年）	B5								
3. 当前的主要工作的性质 ①国有经济单位职工 ②城镇集体经济单位职工 ③其他经济类型单位职工 ④城镇个体或私营企业主 ⑤城镇个体或私营企业被雇者 ⑥其他就业者	B6								
4. 当前的主要工作的行业①农、林、牧、渔业 ②采矿业 ③制造业 ④电力、燃气及水的生产和供应业 ⑤建筑业 ⑥交通运输、仓储和邮政业 ⑦信息传输、计算机服务和软件业 ⑧批发和零售业 ⑨住宿和餐饮业 ⑩金融业 ⑪房地产业 ⑫租赁和商务服务业 ⑬科学研究、技术服务和地质勘察业 ⑭水利、环境和公共设施管理业 ⑮居民服务和其他服务业 ⑯教育 ⑰卫生、社会保障和社会福利业 ⑱文化、体育和娱乐业 ⑲公共管理和社会组织 ⑳国际组织	B7								
5. 当前的主要工作的职业①国家机关党群组织、企事业单位负责人 ②专业技术人员 ③办事人员和有关人员 ④商业 ⑤农林牧渔水利生产人员 ⑥生产、运输设备操作人员及有关人员 ⑦军人 ⑧不便分类的其他从业人员	B8								
6. 刚开始这份工作时，一个月的总收入大约有多少？（工资性收入或营业净收入）（元）	B9								
如果主要工作是工资性工作的话，请回答以下问题7~9；如果主要工作是自营的话，请跳到问题10									
7. 如何获得这份工作的？①政府/社区安排介绍 ②商业职介（包括人才交流会）③招聘广告 ④直接申请（含考试）⑤家人/亲戚介绍 ⑥朋友/熟人介绍 ⑦其他，请注明	B10								

续表

8. 这份工作的劳动合同性质 ①固定职工（包括国家干部、公务员）②长期合同工 ③短期或临时合同工 ④没有合同的员工 ⑤从事私营或个体经营人员 ⑥其他	B11								
9. 工作单位的员工大约有多少人 ①10 人及以下 ②11 人～50 人 ③51 人～100 人 ④101 人～250 人 ⑤251 人～500 人 ⑥501 人～1000 人 ⑦1001 人以上	B12								
如果主要工作是自营的话，请回答以下问题 10－1、10－2，其他成员 请跳到问题 11									
10－1. 开业时是否向亲友借款？①是 ②否	B13－1								
10－2. 开业时是否有来自银行或信用社的贷款？①是 ②否	B13－2								
11. 除了主要工作以外，是否还有第二个职业？（包括钟点工等）①是 ②否	B14								
12. 如果有第二个职业的话，每周工作多少小时？（小时/周）	B15								
13. 当前的主要工作是否为他/她毕业以后头一次从事的工作？①是 ②否	B16								
14. 如果当前的主要工作不是头一次从事的工作的话，是他/他的第几个工作？	B17								

（三）上一个工作（向所有的就业者提问）

家庭成员代码（应自始至终保持一致，注意不要错位）	B18	1 户主	2	3	4	5	6	7	8
1. 是否换过工作？①是（请回答以下的问题）②否（请跳到下一个部分）	B19								
2－1. 开始从事上一个工作的年份（年）	B20－1								
2－2. 离开上一个工作的年份（年）	B20－2								
3. 上一个工作的工作性质①国有经济单位职工 ②城镇集体经济单位职工 ③其他经济类型单位职工 ④城镇个体或私营企业主 ⑤城镇个体或私营企业被雇者 ⑥其他就业者	B21								

续表

4. 上一个工作的职业①国家机关党群组织、企事业单位负责人 ②专业技术人员 ③办事人员和有关人员 ④商业 ⑤农林牧渔水利生产人员 ⑥生产、运输设备操作人员及有关人员 ⑦军人 ⑧不便分类的其他从业人员	B22								
5. 离开上一个工作的原因 ①自己辞职/停止营业 ②被解雇/下岗 ③合同期满 ④单位解散（破产） ⑤其他	B23								
6-1. 刚开始上一个工作时的月收入（工资性收入或营业净收入）（元/月）	B24-1								
6-2. 离开上一个工作前，最后一个月收入（工资性收入或营业净收入）（元/月）	B24-2								

（四）离退休人员、失业人员的工作经历（向离退休人员、辞职、失业的成员提问）

注：离退休人员填写离退休以前的最后一个工作的情况，辞职、失业的成员填写辞职、失业以前的最后一个工作的情况。

家庭成员代码（应自始至终保持一致，注意不要错位）	B25	1户主	2	3	4	5	6	7	8
1. 开始从事最后一个工作的年份（年）	B26								
2. 离开或退休前最后一个工作的年份（年）	B27								
3. 最后一个工作的工作性质 ①国有经济单位职工 ②城镇集体经济单位职工 ③其他经济类型单位职工 ④城镇个体或私营企业主 ⑤城镇个体或私营企业被雇者 ⑥其他就业者	B28								
4. 最后一个工作的职业 ①国家机关党群组织、企事业单位负责人 ②专业技术人员 ③办事人员和有关人员 ④商业、服务业人员 ⑤农林牧渔水利生产人员 ⑥生产、运输设备操作人员及有关人员 ⑦军人 ⑧不便分类的其他从业人员	B29								
5-1. 刚开始最后一个工作时的月收入（工资性收入或营业净收入）（元/月）	B30-1								
5-2. 离开这份工作的最后一个月的收入	B30-2								

续表

离退休人员，请回答问题 6 ~ 7；辞职、失业的成员，请跳到问题 8									
6. 离退休后，第一年的退休金有多少？（元/月）	B31								
7. 目前的退休金有多少？（元/月）	B32								
8. 离开最后一个工作的原因 ①自己辞职/停止营业 ②被解雇/下岗 ③合同期满 ④单位解散（破产） ⑤其他	B33								

三、教育与语言

（一）语言（向所有的家庭成员提问）

问　题	变量代码								
家庭成员代码（应自始至终保持一致，注意不要错位）	C0	1 户主	2	3	4	5	6	7	8
少数民族，请回答问题 1 ~ 5；汉族，请跳到问题 6									
1.（少数民族，请回答）是否有本民族的语言？①是 ②否	C1								
2.（少数民族，请回答）如果有本民族的语言的话，该语言的沟通能力如何？①具有较强的沟通能力 ②具有基本的沟通能力 ③会简单的沟通 ④基本不会	C2								
3.（少数民族，请回答）是否有本民族的文字？①是 ②否	C3								
4.（少数民族，请回答）如果有本民族的文字的话，该文字的读写能力如何？①具有较强的读写能力 ②具有基本的读写能力 ③会简单的读写 ④基本不会	C4								
5.（少数民族，请回答）当地汉语口语（方言）的沟通能力如何？①具有较强的沟通能力 ②具有基本的沟通能力 ③会简单的沟通 ④基本不会	C5								
6.（所有人，请回答）普通话口语的沟通能力如何？①具有较强的沟通能力 ②具有基本的沟通能力 ③会简单的沟通 ④基本不会	C6								
7.（所有人，请回答）中文（汉文）的读写能力如何？①具有较强的读写能力 ②具有基本的读写能力 ③会简单的读写 ④基本不会	C7								

续表

问 题	变量代码								
8.（所有人，请回答）是否经常看中文（汉文）报纸？①经常看 ②偶尔看 ③基本不看	C8								
9.（所有人，请回答）是否经常上互联网？①经常上 ②偶尔上 ③基本不上	C9								

（二）教育程度（向所有的家庭成员提问）

问 题	变量代码								
家庭成员代码（应自始至终保持一致，注意不要错位）	C10	1户主	2	3	4	5	6	7	8
1-1. 所完成的最高教育程度（在校学生，填写在2011年末上学的学校）①未上过学 ②扫盲班、识字班 ③幼儿园、学前班 ④小学 ⑤初中 ⑥高中 ⑦职高、技校 ⑧中专 ⑨大专（全日制）⑩大专（非全日制）⑪大学本科（全日制）⑫大学本科（非全日制）⑬研究生	C11-1								
1-2. 如果是在校学生的话，在2011年末上几年级？（年级）	C11-2								
1-3. 如果在上小学或初中，是否上收费学校 ①是 ②否	C11-3								
2. 受正规教育的年数（年，以半年为单位算，不包括跳级和留级年数）（在校学生，填写到2011年末的年数，2011年9月~12月算0.5年）	C12								

（三）语言教育经历（向18周岁及以下的家庭成员提问）

注：请填最后上的学校或现在上的学校。

问 题	变量代码								
家庭成员代码（应自始至终保持一致，注意不要错位）	C13	1户主	2	3	4	5	6	7	8

续表

问　题	变量代码								
1. 小学	C14								
1-1. 如果上过小学，授课语言是 ①汉语 ②少数民族语言 ③汉语和少数民族语言	C14-1								
1-2. 除了汉文（普通话）以外，是否有少数民族语言的语文课？①是 ②否	C14-2								
2. 初中	C15								
2-1. 如果上过初中，授课语言是 ①汉语 ②少数民族语言 ③汉语和少数民族语言	C15-1								
2-2. 除了汉文（普通话）以外，是否有少数民族语言的语文课？①是 ②否	C15-2								
3. 高中、职高、技校或中专（最后上的学校或现在上的学校）	C16								
3-1. 授课语言是①汉语 ②少数民族语言 ③汉语和少数民族语言	C16-1								
3-2. 除了汉文（普通话）以外，是否有少数民族语言的语文课？①是 ②否	C16-2								

（四）孩子的监护（向18周岁以下的家庭成员提问）

注：请填写18周岁及18周岁以下的家庭成员的情况。

问　题	变量代码								
家庭成员代码（应自始至终保持一致，注意不要错位）	C17	1户主	2	3	4	5	6	7	8
1-1. 平时谁来监护、照料他/她？如果家里人监护的话，请填写家庭成员号码	C18-1								
1-2. 如果其他人监护的话，与他/她的关系是：①祖父母 ②外祖父母 ③其他亲戚 ④邻居 ⑤其他	C18-2								
2. 如果父母外出务工经商的话，是否接受政府或集体办的临时监护机构的监护？①是 ②否	C19								

（五）上学的学校的情况（向所有的在校学生提问）

注：凡是全体或非全日制在校学生，包括18周岁以上的成员在内。

问　题	变量代码								
家庭成员代码（应自始至终保持一致，注意不要错位）	C20	1户主	2	3	4	5	6	7	8
1. 从家里到学校的单程时间（分钟）	C21								
2. 是否属于民族学校 ①是 ②否	C22								
3. 是否寄宿学生 ①是，住校 ②是，在校外住 ③否	C23								
4.（如果是寄宿学生）是否有监护人陪读 ①是 ②否	C24								
5.（如果有监护人）陪读费用（元/月）	C25								

B. 户表

四、家庭结构

（一）夫妻和孩子

注：除了户主和户主配偶以外，家庭成员内还有夫妻及其孩子的话，请列出家庭成员代码。

	变量代码	丈夫的成员代码	变量代码	妻子的成员代码	变量代码	孩子1	变量代码	孩子2	变量代码	孩子3
1. 夫妻1	H1－1		H1－2		H1－3		H1－4		H1－5	
2. 夫妻2	H2－1		H2－2		H2－3		H2－4		H2－5	

（二）户主和户主配偶的父母的情况

问　题	变量代码	户主父亲	户主母亲	配偶父亲	配偶母亲
1. 他/她现在是否为家庭成员？①是 ②否	H3				
2. 如果是家庭成员，填其家庭成员代码，然后跳至下一人；如果不是，填写以下的问题	H4				
3. 他/她的出生年份（年）	H5				
4. 他/她的教育程度（如果有上过私塾等情况，选择相同的程度）①未上过学 ②上过扫盲班、识字班 ②小学程度 ③初中程度 ④高中程度 ⑤中专程度 ⑥大专程度 ⑦大学本科及以上	H6				

续表

问　题	变量代码	户主父亲	户主母亲	配偶父亲	配偶母亲
5. 他/她的民族（从后面的《民族代码表》选择）	H7				
6. 他/她现在或曾经的职业（仍在工作者回答当前的主要工作，已不工作者回答最近的主要工作）①国家机关党群组织、企事业单位负责人 ②专业技术人员 ③办事人员和有关人员 ④商业、服务业人员 ⑤农林牧渔水利生产人员 ⑥生产、运输设备操作人员及有关人员 ⑦军人 ⑧不便分类的其他从业人员	H8				
7. 他/她是否健在？①是 ②否	H9				
8. 如果他/她健在的话，您是否给他/她赡养费？①是 ②否	H10				

（三）现住房

问　题	变量代码	
1. 现住房的地理位置 ①主城区 ②城乡结合区 ③镇中心区 ④镇乡结合区 ⑤特殊区域	H11	
2. 现住房是否属于保障房？①不属于保障房 ②经济适用房 ③两限商品房 ④廉租房 ⑤公共租赁房 ⑥安置房 ⑦其他保障房	H12	

（四）现住房以外的房产

注：除了现住房以外，还有其他房产的话，请填写其他房产的情况。

	变量代码	产权种类 ①房改私房 ②商品房 ③房改后继承产权的房子 ④房改前自建，购买或祖传的房子 ⑤其他	变量代码	是否属于保障房 ①不属于保障房 ②经济适用房 ③两限商品房 ④安置房 ⑤其他保障房	变量代码	所在地 ①本市内 ②市外省内 ③省外 ④国外	变量代码	地理位置 ①主城区 ②城乡结合区 ③镇中心区 ④镇乡结合区 ⑤特殊区域	变量代码	哪一年取得？（年份）
1. 其他第一套房子	H13－1		H13－2		H13－3		H13－4		H13－5	

续表

	变量代码	产权种类 ①房改私房 ②商品房 ③房改后继承产权的房子 ④房改前自建，购买或祖传的房子 ⑤其他	变量代码	是否属于保障房 ①不属于保障房 ②经济适用房 ③两限商品房 ④安置房 ⑤其他保障房	变量代码	所在地 ①本市内 ②市外省内 ③省外 ④国外	变量代码	地理位置 ①主城区 ②城乡结合区 ③镇中心区 ④镇乡结合区 ⑤特殊区域	变量代码	哪一年取得？（年份）
2. 其他第二套房子	H14－1		H14－2		H14－3		H14－4		H14－5	

	变量代码	目前的用途 ①居住 ②出租 ③其他用途 ④暂时空置	变量代码	按市场价估计值为多少？（元）
1. 其他第一套房子	H13－6		H13－7	
2. 其他第二套房子	H14－6		H14－7	

五、主观性的问题

注：请向户主提问。如果户主长期在外或年纪太大的话，请向其他主要的家庭经济承担者提问。

问　题	变量代码	
回答以下问题的家庭成员（填写家庭成员代码）	H15	

（一）有关收入、生活的问题

	变量代码	
1. 为了全家能够维持最低生活，请估计您家全年至少需要多少现金？（元）	H16	
2. 一般说来，当您把您自己或您家的经济、生活情况与别人相比时，您相比的对象是谁呢？（1）亲戚朋友（2）同一个小区的人（3）本市内的人（4）本市内的同民族的人（5）城市人（6）乡村人（7）同民族的人（8）全国人（10）说不清	H17	

（二）有关社会、文化的问题

问　题	变量代码	
1. 您去宗教信仰场所（寺庙、道观、清真寺、教堂等）的次数一般是多少（次/月）	H18	
2. 您最好的三个朋友中有几个和您是同一个民族①三个都是 ②只有两个 ③只有一个 ④一个都不是	H19	
3. “目前，社会上的收入差距是不公平的”，您是否同意这样的看法？①不同意 ②不太同意 ③基本同意 ④非常同意 ⑤说不清	H20	
4. “一般来讲，亲戚朋友可信，其他人不可信”，您是否同意这样的看法？①不同意 ②不太同意 ③基本同意 ④非常同意 ⑤说不清	H21	
5. “一般来讲，不同民族交往中，同一民族是更容易交往”，您是否同意这样的看法？①不同意 ②不太同意 ③基本同意 ④非常同意 ⑤说不清	H22	
6. 您是否赞同您孩子同其他民族的人结婚？①赞同 ②无所谓 ③不太赞同 ④说不清	H23	
7. 您对少数民族优惠政策的看法是 ①赞同 ②无所谓 ③不太赞同 ④说不清	H24	
8. 考虑到生活的各个方面，您是否觉得幸福？①非常幸福 ②比较幸福 ③不好也不坏 ④不太幸福 ⑤很不幸福 ⑥不知道	H25	

（三）对孩子教育程度的意向

1. 请您介绍您对家里的22岁及以下的孩子/年轻人教育程度的看法，您打算他/她学到什么程度？（选1项）①初中毕业 ②高中毕业 ③职高、技校毕业 ④中专毕业 ⑤大专毕业 ⑥大学本科毕业 ⑦研究生 ⑧说不清

	变量代码	成员代码	变量代码	教育程度
第一个孩子	H26－1		H26－2	
第二个孩子	H27－1		H27－2	
第三个孩子	H28－1		H28－2	

C. 2011 年个人、家庭收支情况

（一）2011 年个人支出

问　题	变量代码								
家庭成员代码（应自始至终保持一致，注意不要错位）	N0	1 户主	2	3	4	5	6	7	8
教育费、学杂费（学校征收的常规费用）	N1								
1. 托儿费、幼儿园费用（元/年）（统计局账页记录编码 546111，546121）	N2								
2. 小学和初中交纳各种费用（元/年）（统计局账页记录编码 546131）	N3								
2－1. 如果在义务教育期间入收费学校就读的话，实际交纳学杂费（元/年）	N3－1								
3. 高中及以上（职高、技校、中专、大专、大学本科、研究生等）学杂费（元/年）（统计局账页记录编码 546132）	N4								
4. 学校征收的其他费用（入学赞助费、借读费等不常规费用）（元/年）（统计局账页记录编码 546151）	N5								
5. 寄宿学生住宿费、生活费（元/年）（统计局账页记录编码 546141，546142，546143）	N6								
医疗费	N7								
6. 扣除各种报销后，个人实际支付的医疗费（元/年）（统计局账页记录编码 547111）	N8								
7. 由医疗社会保障、医疗保险报销或减免的医疗费（元/年）（统计局账页记录编码 350192）（请不要与上一项重复填入）	N9								

（二）2011 年家庭金融资产

问　题	变量代码	
1. 2011 年底，家庭金融资产余额（元）	N10	
2. 2011 年底，家庭债务余额（元）	N11	
2－1. 其中，住房贷款未还余额（元）	N11－1	

调查结束，谢谢您的合作！

附表　民族代码

民族代码	民族	民族代码	民族	民族代码	民族	民族代码	民族	民族代码	民族
1	汉族	12	侗族	23	高山族	34	布朗族	45	鄂温克族
2	蒙古族	13	瑶族	24	拉祜族	35	撒拉族	46	德昂族
3	回族	14	白族	25	水族	36	毛南族	47	保安族
4	藏族	15	土家族	26	东乡族	37	仡佬族	48	裕固族
5	维吾尔族	16	哈尼族	27	纳西族	38	锡伯族	49	京族
6	苗族	17	哈萨克族	28	景颇族	39	阿昌族	50	塔塔尔族
7	彝族	18	傣族	29	柯尔克孜族	40	普米族	51	独龙族
8	壮族	19	黎族	30	土族	41	塔吉克族	52	鄂伦春族
9	布依族	20	傈僳族	31	达斡尔族	42	怒族	53	赫哲族
10	朝鲜族	21	佤族	32	仫佬族	43	乌孜别克族	54	门巴族
11	满族	22	畲族	33	羌族	44	俄罗斯族	55	珞巴族
								56	基诺族
								57	外籍人
								58	入籍

附录 2　农村居民收入及生活质量调查（2011 年）

请调查员在调查开始时向调查对象宣读以下内容：

您好！请您按照自家的实际情况和自己的真实想法如实回答问题，认真协助调查员填写调查表。我们将严格遵守统计法，对您个人的信息给予保密。谢谢合作！

中央民族大学经济学院、中国社会科学院民族学与人类学研究所

2012 年 2 月

家庭住址：______省，______县（市）______乡（镇）______村

户主姓名：________________　联络电话：________________

上户访谈开始时间：2012 年_______月_______日______时______分

访谈结束时间：2012 年______月______日______时______分

调查员姓名：______　联络电话：______　调查员签字：______

注：1. 调查对象为被调查户居住的全部人口，包括常住人口与非常住人口（即与《农村住户人口与劳动力就业情况基层年报表》的调查对象一致）。

2. 在本调查表中家庭成员代码应与《农村住户人口与劳动力就业情况（T104 表）》和《农村住户成员及劳动力从业情况（T202 表）》

自始至终保持一致，注意不要错位。

3. 请向户主提问。如果户主有特殊情况（长期在外或年纪太大等）的话，请向户主的配偶或其他主要的家庭经济承担者提问。

4. 对于有选项的问题，基本上选最合适的一项。如果有多选的问题，请按照要求填写。

	变量代码			变量代码			变量代码	
县/市编码（6位）	coun		村编码	vill		住户编码	hous	
调查时间（月）	month		调查时间（日）	day				

A. 个人表

一、所有家庭成员的情况

（一）基本情况（向所有的家庭成员提问）

问　题	变量代码										
1. 家庭成员姓名	A1										
2. 家庭成员代码（应与《农村住户人口与劳动力就业情况（T104表）》和《农村住户成员及劳动力从业情况（T202表）》自始至终保持一致）	A2	1户主	2	3	4	5	6	7	8	9	10
3. 与户主关系 ①配偶 ②亲生子女 ③非亲生子女 ④儿媳女婿 ⑤兄弟姐妹 ⑥父母 ⑦岳父母/公婆 ⑧（外）祖父母 ⑨孙子女 ⑩外孙子女 ⑪孙媳婿 ⑫外孙媳婿 ⑬叔（姑）/舅（姨）⑭侄/甥子女 ⑮其他	A3										
4. 性别 ①男 ②女	A4										
5. 年龄（2011年末，周岁）	A5										
6. 婚姻状况①已婚 ②未婚 ③离异 ④丧偶 ⑤其他	A6										
7. 是否常住人口①是 ②否	A7										
8. 民族（从后面的《民族代码表》选择）	A8										
9. 户口性质（如果本地已取消农业户口与非农业户口的区别的话，填写取消农业户口以前的户口性质）①农业 ②非农业	A9										
9-1. 户口所在地 ①村内 ②村外乡内 ③乡外县内 ④县外省内 ⑤省外 ⑥其他	A9-1										

续表

问　题	变量代码										
9－2. 如果有过农业户口转非农业户口的情况，请问是哪一年取得非农业户口的？（不包括取消农业户口统称为居民户口的情况）（年份）	A9－2										
9－3. 如果有过农业户口转非农业户口的情况，是如何取得非农户口的？①上学 ②参军 ③转干 ④土地被征用（土地换户籍）⑤购房 ⑥其他（请注明）	A9－3										
10. 政治面貌 ①中共党员 ②团员 ③民主党派 ④无（群众）	A10										
11. 是否乡村干部①是，村干部 ②是，乡镇干部 ③否	A11										
12. 是否乡村教师①是 ②否	A12										
13. 是否有宗教信仰 ①伊斯兰教 ②佛教 ③道教 ④天主教 ⑤基督教 ⑥其他 ⑦没有宗教信仰	A13										
14（已婚妇女，请填写）您一共生过几个孩子？（个）	A14										

（二）健康情况（向所有的家庭成员提问）

问　题	变量代码										
家庭成员代码（应自始至终保持一致，注意不要错位）	A15	1 户主	2	3	4	5	6	7	8	9	10
1. 过去一个月中，您在工作或生活上是否遇到过身体和心理上的困难？①没有 ②不太严重 ③一般 ④比较严重 ⑤很严重	A16										
2. 是否有身体残疾？①没有 ②有，但不影响正常工作、学习和生活 ③有，且影响正常工作、学习和生活	A17										

续表

问　题	变量代码										
3. 在 2011 年，由于生病或受伤等不能正常工作、上学和生活的天数一共有多少？（天）（2011 年中一直健康的话，填写零）	A18	天	天	天	天	天	天	天	天	天	天
4. 每周喝酒的频率多少？（次/周）	A19										
5. 每天吸多少支烟？（包括手工卷烟，烟头）（支/天,）	A20										
6. （有成人牙齿的成员，请回答）是否失去过前面牙齿？①是 ②否	A21										

（三）2011 年的居住地（向所有的家庭成员提问）

问　题	变量代码										
家庭成员代码（应自始至终保持一致，注意不要错位）	A22	1 户主	2	3	4	5	6	7	8	9	10
1. 2011 年，在家居住的时间（以月为单位，保留 1 位小数，折算时每月按 30 天算）（没有在家居住的话，填写零）	A23	月	月	月	月	月	月	月	月	月	月
2. 2011 年，在本乡镇以外居住了多长时间？（以月为单位，保留 1 位小数，折算时每月按 30 天算）（没有乡外居住的话，填写零）	A24	月	月	月	月	月	月	月	月	月	月

续表

问　题	变量代码										
3. 如果2011年在本乡镇以外居住时间超过3个月，主要住在哪里？①本县农村 ②本省外县农村 ③外省农村 ④本县县城 ⑤县外省内城市/县城 ⑥外省城市/县城 ⑦其他（请说明）	A25										
4. 如果2011年在本乡镇以外居住时间超过3个月，主要原因是什么？①上学 ②参军 ③务工经商 ④探亲访友 ⑤其他（请说明）	A26										

（四）2011年末，保险、福利、社会保障情况（向所有的家庭成员提问）

问　题	变量代码										
1. 是否参加新型农村合作医疗①是 ②否	A27										
2. 是否参加商业医疗保险①是 ②否	A28										
3. 是否参加城镇医疗保险①是 ②否	A29										
4. 是否享受农村最低生活保障①是 ②否	A30										
5. 是否参加农村养老保险①是 ②否	A31										
6. 是否参加城镇养老保险①是 ②否	A32										
7. 是否参加商业养老保险①是 ②否	A33										
8. 是否参加工伤保险①是 ②否	A34										
9. 是否参加失业保险①是 ②否	A35										

（五）最近一周的时间安排（向所有的家庭成员提问）

注：在过去一周内，每天从事以下活动的平均时间（小时/天）。

问　题	变量代码										
家庭成员代码（应自始至终保持一致，注意不要错位）	A36	1户主	2	3	4	5	6	7	8	9	10
1. 工作的时间（小时）（农业/非农业自营或工资性工作，包括上下班时间在内）（包括在校学生业余从事工作，得到零星收入的情况在内）	A37										
2. 偶尔帮帮家里的经营活动（农业、工商业等）（包括在校学生帮家里的农活或其他家庭经营的情况在内）	A38										
3. 在学校和在家里做功课或复习的时间（小时）（包括上下学的时间，参加校内辅导班、业余班等时间在内）	A39										
4. 照料/看护家里的婴儿、小孩的时间（小时）	A40										
5. 照料/看护家里的大人（老人或病人等）的时间（小时）	A41										
6. 照料/看护家外（亲戚、邻居等）的婴儿、小孩的时间（小时）	A42										
7. 照料/看护家外的大人的时间（小时）	A43										
8. 做其他的家务（做饭、打扫、洗衣服、维修修理等）的时间（小时）	A44										
9. 宗教信仰有关联的活动（小时）（去宗教信仰场所，家里礼拜等）	A45										

二、工作情况

（一）2011 年工作情况（向所有的家庭成员提问）

问　题	变量代码										
家庭成员代码（应自始至终保持一致，注意不要错位）	B0	1户主	2	3	4	5	6	7	8	9	10

续表

问　题	变量代码										
1. 2011年最后一周的就业/在学情况 ①工作（农业/非农自营、工资性工作）②全日制学生 ③非全日制学生（有工作）④非全日制学生（不工作）⑤学龄前儿童 ⑥在家做家务 ⑦退休人员 ⑧在失业或待业 ⑨其他不工作，不上学的成员	B1										

在2011年从事过工作的家庭成员（包括有工作的非全日制学生，在2011年中退休、辞职或失业人在内），请填写以下（二）、（三）；在2011年没有从事过工作的成员，请跳到（四）

（二）2011年的工作时间安排（向2011年从事过工作的所有家庭成员提问）

注：包括有工作的非全日制学生，在2011年中失业、辞职或退休的成员在内。

问　题	变量代码										
家庭成员代码（应自始至终保持一致，注意不要错位）	B2		1户主	2	3	4	5	6	7	8	9
1. 在2011年，是否在本地从事过农业（农林牧渔业）生产？①是 ②否（跳到问题2）	B3										
1-1. 在2011年，从事农业生产的时间（月，保留1位小数，折算时每月按30天算）	B3-1	月	月	月	月	月	月	月	月	月	月
1-2. 在2011年，从事农业生产的时间中，最忙的季节大约有多少？（月，保留1位小数，折算时每月按30天算）	B3-2	月	月	月	月	月	月	月	月	月	月

续表

问　题	变量代码										
1-3. 在最忙的季节，平均每周从事农业生产的时间（小时/周）	B3-3	小时	小时	小时	小时	小时	小时	小时	小时	小时	小时
1-4. 在其他季节，平均每周从事农业生产的时间（小时/周）	B3-4	小时	小时	小时	小时	小时	小时	小时	小时	小时	小时
2. 在2011年，是否在本地从事非农务工（工资性工作）？①是 ②否（跳到问题3）	B4										
2-1. 在2011年，在本地从事非农务工（工资性工作）的时间（月，保留1位小数，折算时每月按30天算）	B4-1	月	月	月	月	月	月	月	月	月	月
2-2.（在本地从事非农务工）平均每周工作多少小时？（小时/周）	B4-2	小时	小时	小时	小时	小时	小时	小时	小时	小时	小时
3. 在2011年，是否在本地从事非农自营活动？①是 ②否（跳到问题4）	B5										
3-1. 在2011年，在本地从事非农自营活动的时间（月，保留1位小数，折算时每月按30天算）	B5-1	月	月	月	月	月	月	月	月	月	月
3-2.（在本地从事非农自营）平均每周工作多少小时？（小时/周）	B5-2	小时	小时	小时	小时	小时	小时	小时	小时	小时	小时
4. 在2011年，是否外出从业？①是 ②否（跳到问题5）	B6										

续表

问　题	变量代码										
4－1. 在2011年，外出从业的总时间（月，保留1位小数，折算时每月按30天算）	B6－1	月	月	月	月	月	月	月	月	月	月
4－2.（外出从业）平均每周工作多少小时？（小时/周）	B6－2	小时	小时	小时	小时	小时	小时	小时	小时	小时	小时
5. 在2011年，从事公共工程（有偿劳务）的天数（天，1天工作不论超过不超过8小时，均按1天算；没有从事过的话，填写零）	B7	天	天	天	天	天	天	天	天	天	天
6. 在2011年，向国家或集体提供无偿劳务（义务工等）的天数（天，1天工作不论超过不超过8小时，均按1天算）	B8	天	天	天	天	天	天	天	天	天	天
7. 在2011年，给村里亲邻帮工（农忙季节，盖房子、红白事等）天数（天，1天工作不论超过不超过8小时，均按1天算）	B9	天	天	天	天	天	天	天	天	天	天

（三）2011年的工作内容（向2011年从事过工作的所有家庭成员提问）

注：包括有工作的非全日制学生，在2011年中失业、辞职或退休的成员在内。

问　题	变量代码										
家庭成员代码（应自始至终保持一致，注意不要错位）	B10	1户主	2	3	4	5	6	7	8	9	10

续表

问　题	变量代码										
1. 在 2011 年从事过本地非农务工的成员，请回答以下问题 1－1 至 1－2；没有从事过本地非农务工的成员，请跳到问题 2											
1－1.（本地非农务工）这份工作是哪一年开始的？（年份）	B11－1										
1－2.（本地非农务工）找到这份工作的最主要的渠道是 ①政府/社区安排介绍 ②商业职介（包括人才交流会）③招聘广告 ④直接申请（含考试）⑤家人/亲戚介绍 ⑥朋友/熟人介绍 ⑦其他（请注明）	B11－2										
2. 在 2011 年从事过本地非农自营的成员，请回答以下问题 2－1 至 2－3；没有从事过本地非农自营的成员，请跳到问题 3											
2－1.（本地非农自营）这份工作是哪一年开始的？（年份）	B12－1										
2－2. 开业时是否向亲友借款？①是 ②否	B12－2										
2－3. 开业时是否有来自银行或信用社的贷款？①是 ②否	B12－3										
3. 在 2011 年，外出从业（务工或自营）的成员，请回答以下问题 3－1 至 3－4；没有外出从业的成员，请跳到问题 4											
3－1.（外出从业）这份工作是哪一年开始的？（年份）	B13－1										
3－2.（如果是外出务工，请填写）找到这份工作的最主要的渠道是 ①政府/社区安排介绍 ②商业职介（包括人才交流会）③招聘广告 ④直接申请（含考试）⑤家人/亲戚介绍 ⑥朋友/熟人介绍 ⑦其他（请注明）	B13－2										
3－3.（如果是外出自营，请填写）开业时是否向亲友借款？①是 ②否	B13－3										
3－4.（如果是外出自营，请填写）开业时是否有来自银行或信用社的贷款？①是 ②否	B13－4										

续表

问　题	变量代码										
4.（在2011年从事过工作的所有家庭成员，请填写）在2012年中，是否打算外出从业？①已外出 ②目前在本地，打算外出 ③不打算外出④说不清	B14										
5. 2010年或以前，是否外出从过业？如果是，头一次外出的时间（年份）	B15										
5－1. 头一次外出的工作地点①本乡镇外本县内 ②县外省内 ③省外 ④国外	B15－1										
5－2. 头一次外出从业的最主要的渠道是①政府/社区安排介绍 ②商业职介（包括人才交流会）③招聘广告 ④直接申请（含考试）⑤家人/亲戚介绍 ⑥朋友/熟人介绍 ⑦其他（请注明）	B15－2										

三、语言和教育的情况

（一）语言（向所有的家庭成员提问）

问　题	变量代码										
家庭成员代码（应自始至终保持一致，注意不要错位）	C0	1户主	2	3	4	5	6	7	8	9	10
少数民族，请回答问题1～5；汉族，请跳到问题6											
1.（少数民族，请回答）是否有本民族的语言？①是 ②否	C1										
2.（少数民族，请回答）如果有本民族的语言的话，该语言的沟通能力如何？①具有较强的沟通能力 ②具有基本的沟通能力 ③会简单的沟通 ④基本不会	C2										
3.（少数民族，请回答）是否有本民族的文字？①是 ②否	C3										

续表

问　题	变量代码										
4.（少数民族，请回答）如果有本民族的文字的话，该文字的读写能力如何？①具有较强的读写能力 ②具有基本的读写能力 ③会简单的读写 ④基本不会	C4										
5.（少数民族，请回答）当地汉语口语（方言）的沟通能力如何？①具有较强的沟通能力 ②具有基本的沟通能力 ③会简单的沟通 ④基本不会	C5										
6. 普通话口语的沟通能力如何？①具有较强的沟通能力 ②具有基本的沟通能力 ③会简单的沟通 ④基本不会	C6										
7. 中文（汉文）的读写能力如何？①具有较强的读写能力 ②具有基本的读写能力 ③会简单的读写 ④基本不会	C7										
8. 是否经常看中文（汉文）报纸？①经常看 ②偶尔看 ③基本不看	C8										
9. 是否经常上互联网？①经常上 ②偶尔上 ③基本不上	C9										

（二）教育程度（向所有的家庭成员提问）

问　题	变量代码										
家庭成员代码（应自始至终保持一致，注意不要错位）	C10	1户主	2	3	4	5	6	7	8	9	10
1-1. 所完成的最高教育程度（在校学生，填写在2011年末上学的学校）①未上过学 ②扫盲班、识字班 ③幼儿园、学前班 ④小学 ⑤初中 ⑥高中 ⑦职高、技校 ⑧中专 ⑨大专（全日制）⑩大专（非全日制）⑪大学本科（全日制）⑫大学本科（非全日制）⑬研究生	C11-1										
1-2. 如果是在校学生的话，在2011年末上几年级？（年级）	C11-2										

续表

问　题	变量代码										
1-3. 如果在上小学或初中的话，是否上收费学校 ①是 ②否	C11-3										
2. 受正规教育的年数（年，以半年为单位算，不包括跳级和留级年数）（在校学生，填写到 2011 年末的年数，2011 年 9 月~12 月算 0.5 年）	C12										

（三）语言教育经历（向 18 周岁及以下的家庭成员提问）

注：请填最后上的学校或现在上的学校。

问　题	变量代码										
家庭成员代码（应自始至终保持一致，注意不要错位）	C13	1 户主	2	3	4	5	6	7	8	9	10
1. 小学	C14										
1-1. 授课语言 ①汉语 ②少数民族语言 ③汉语和少数民族语言	C14-1										
1-2. 除了汉文（普通话）以外，是否有少数民族语言的语文课？①是 ②否	C14-2										
2. 初中	C15										
2-1. 授课语言 ①汉语 ②少数民族语言 ③汉语和少数民族语言	C15-1										
2-2. 除了汉文（普通话）以外，是否有少数民族语言的语文课？①是 ②否	C15-2										
3. 高中、职高、技校或中专（最后上的学校或现在上的学校）	C16										
3-1. 授课语言 ①汉语 ②少数民族语言 ③汉语和少数民族语言	C16-1										
3-2. 除了汉文（普通话）以外，是否有少数民族语言的语文课？①是 ②否	C16-2										

（四）孩子的监护（向 18 周岁及以下的家庭成员提问）

注：凡是 18 周岁及以下的家庭成员，包括非在校生在内。

问　题	变量代码										
家庭成员代码（应自始至终保持一致，注意不要错位）	C17	1户主	2	3	4	5	6	7	8	9	10
1－1. 平时谁来监护他/她？如果家里人监护话，请填写家庭成员号码	C18－1										
1－2. 如果其他人监护、照料的话，与他/她的关系是 ①祖父母 ②外祖父母 ③其他亲戚 ④邻居 ⑤其他	C18－2										
2. 如果父母外出务工经商的话，是否接受政府或集体办的临时监护机构的监护？①是 ②否	C19										

（五）上学的学校的情况（向所有的在校学生提问）

注：凡是全日制或非全日制在校学生，包括18周岁以上的成员在内。

问　题	变量代码										
家庭成员代码（应自始至终保持一致，注意不要错位）	C20	1户主	2	3	4	5	6	7	8	9	10
1. 从家里到学校的单程时间（分钟）	C21										
2. 是否属于民族学校 ①是 ②否	C22										
3. 是否寄宿学生 ①是，住校 ②是，在校外住 ③否	C23										
4.（如果是寄宿学生）是否有监护人陪读 ①是 ②否	C24										
5.（如果有监护人）陪读费用（元/月）	C25										

B. 户表

一、家庭结构

（一）夫妻和孩子

注：除了户主和户主配偶以外，家庭成员内还有夫妻及其孩子的话，请列出家庭成员代码。

	变量代码	丈夫的成员代码	变量代码	妻子的成员代码	变量代码	孩子1	变量代码	孩子2	变量代码	孩子3
1. 夫妻1	H1-1		H1-2		H1-3		H1-4		H1-5	
2. 夫妻2	H2-1		H2-2		H2-3		H2-4		H2-5	
3. 夫妻3	H3-1		H3-2		H3-3		H3-4		H3-5	

（二）户主和户主配偶的父母的情况

问 题	变量代码	户主父亲	户主母亲	配偶父亲	配偶母亲
1. 他/她现在是否为家庭成员？①是 ②否	H4				
2. 如果是家庭成员，填其家庭成员代码，然后跳至下一人；如果不是，填写以下的问题	H5				
3. 他/她的出生年份（年）	H6				
4. 他/她的教育程度（如果有上过私塾等情况，选择相同的程度）①未上过学 ②上过扫盲班、识字班 ②小学程度 ③初中程度 ④高中程度 ⑤中专程度 ⑥大专程度 ⑦大学本科及以上	H7				
5. 他/她的民族（从后面的《民族代码表》选择）	H8				
6. 他/她现在或曾经的职业（仍在工作者回答当前的主要工作，已不工作者回答最近的主要工作）①农林牧渔业 ②非农务工 ③非农自营 ④公职人员，教师、医生等专业人员 ⑤其他	H9				
7. 他/她是否健在 ①是 ②否	H10				
8. 如果他/她是健在的话，您是否给他/她赡养费 ①是 ②否	H11				

二、农业生产结构和生产性固定资产

问 题	变量代码	
1. 您家如果实施过退耕还林（退牧还草）的话，从起始年份到2011年末，退耕、退牧累计面积为多少亩？（如果没有实施过，填写零）	H12	亩
2. 2011年末，拖拉机（大中型、小型或手扶）数量（台）	H13	台
3. 2011年末，役畜头数（头）	H14	头
4. 2011年末，产品畜禽存栏数量（头/只）	H15	头/只

三、居住、卫生情况

问 题	变量代码	
1. 饮用水来源（选最主要的一项）①自来水 ②井水 ③河水 ④湖水、池塘 ⑤集雨水窖 ⑥其他	H16	
2. 饮用水来源的位置 ①屋内 ②院内 ③院外	H17	
3. 如果饮用水来源在院外的话，取水时步行用多少时间（分钟，取水然后返回所需要的时间）	H18	分钟
4. 如果饮用水来源在院外的话，一般谁去取水？请填写去取水的频度最多的家庭成员代码	H19	
5. 如果家里没有厕所的话，家里人使用的公厕是（1）水冲式（2）旱厕	H20	
6. 最近一次婴儿（3岁及以下）的拉便便是如何处理的？①婴儿马桶 ②厕所/马桶 ③放在地沟、坑 ④放在垃圾箱 ⑤埋掉 ⑥没处理 ⑦其他（请注明）	H21	

四、主观性的问题（向户主提问）

注：如果无法向户主提问，请向户主的配偶提问；如果找不到户主和户主的配偶的话，请向其他主要的家庭经济承担者提问。

问 题	变量代码	
回答以下问题的家庭成员（填写家庭成员代码）	H22	

（一）有关家庭经济、生活的问题

1. 为了全家能够维持最低生活，请估计您家全年至少需要多少口粮？（公斤）	H23	
2. 为了全家能够维持最低生活，在满足口粮需要之外，请估计您家全年至少还需要多少现金？（元）	H24	
3. 您家收入在村里处于什么水平？①大大高于平均水平 ②高于平均水平 ③平均水平 ④低于平均水平 ⑤大大低于平均水平 ⑥不知道。	H25	
4. 您对目前的家庭收入满意吗？①很满意 ②比较满意 ③一般 ④不太满意 ⑤不满意 ⑥说不清	H26	
5. 您认为下列各项重要吗？①很重要 ②比较重要 ③一般 ④不太重要 ⑤不重要 ⑥说不清。	H27	
5－1. 家庭	H27－1	

续表

5-2. 朋友	H27-2	
5-3. 收入	H27-3	
6. 考虑到生活的各个方面，您是否觉得幸福？①非常幸福 ②比较幸福 ③不好也不坏 ④不太幸福 ⑤很不幸福 ⑥不知道	H28	
7. 如果您“不太幸福”或“很不幸福”的话，其主要原因是什么呢？①收入太低 ②将来生活不安定 ③身体不好 ④家庭矛盾 ⑤个人问题 ⑥其他问题	H29	
8. 一般说来，当您把您自己或您家的经济、生活情况与别人相比时，您相比的对象是谁呢？①亲戚朋友 ②本乡村人 ③本乡村的同民族的人 ④县里的人 ⑤县里的同民族的人 ⑦城市人 ⑧ 同民族的人 ⑨全国人 ⑩说不清	H30	

（二）有关社会、文化的问题

问　题	变量代码	
1. 您去宗教信仰场所（寺庙、道观、清真寺、教堂等）的次数一般是多少？（次/月）	H31	
2. 您最好的三个朋友中有几个和您是同一个民族①三个都是 ②只有两个 ③只有一个 ④一个都不是	H32	
3. “目前，社会上的收入差距是不公平”，您是否同意这样的看法？①不同意 ②不太同意 ③基本同意 ④非常同意 ⑤说不清	H33	
4. “一般来讲，亲戚朋友可信，其他人不可信”，您是否同意这样的看法？①不同意 ②不太同意 ③基本同意 ④非常同意 ⑤说不清	H34	
5. “一般来讲，不同民族交往中，同一民族是更容易交往”，您是否同意这样的看法？①不同意 ②不太同意 ③基本同意 ④非常同意 ⑤说不清	H35	
6. 您是否赞同您孩子同其他民族的人结婚？①赞同 ②无所谓 ③不太赞同 ④说不清	H36	
7. 您对少数民族优惠政策的看法是 ①赞同 ②无所谓 ③不太赞同 ④说不清	H37	
8. 请问，您今天的心情如何？①比较好 ②一般 ③不太好 ④说不清	H38	

（三）对孩子教育程度的意向

1. 请您介绍您对家里的22岁及以下的孩子/年轻人教育程度的看法，您打算他/她学到什么程度？（选1项）①初中毕业 ②高中毕业 ③职高、技校毕业 ④中专毕业 ⑤大专毕业 ⑥大学本科毕业 ⑦研究生 ⑧说不清

续表

	变量代码	成员代码	变量代码	教育程度
第一个孩子	H39－1		H39－2	
第二个孩子	H40－1		H40－2	
第三个孩子	H41－1		H41－2	
第四个孩子	H42－1		H42－2	

C. 2011 年，个人、家庭收支情况

（一）2011 年个人收入

问　题	变量代码										
家庭成员代码（应自始至终保持一致，注意不要错位）	N0	1 户主	2	3	4	5	6	7	8	9	10
劳动收入	N1										
1. 在本地从事非农务工的收入总额（工资、奖金、各种补贴等）（元/年）	N1－1										
2. 在本地从事非农自营的净收入（营业额或经营费用）（元/年）	N1－2										
3. 外出从业实际拿到的收入（工资性收入总额或自营净收入）（元/年）	N1－3										
3－1. 外出从业收入中，寄回或带回现金（家庭转移性收入）	N1－3－1										
4. 向国家以及集体提供劳务（国家投资基建项目等）得到的收入（元/年）	N1－4										
5. 其他个人劳动收入（元/年）	N1－5										
转移性收入	N2										
6. 离退休金、养老金（元/年）	N2－1										
7. 领取新型农村养老保险（元/年）	N2－2										

（二）2011 年个人支出

问　题	变量代码										
家庭成员代码（应自始至终保持一致，注意不要错位）	N3	1 户主	2	3	4	5	6	7	8	9	10
教育费	N4										
1. 托儿费、幼儿园费用（元/年）	N4－1										

续表

问　题	变量代码										
2. 小学和初中交纳各种费用（元/年）（如果在义务教育期间入收费学校就读的话，实际交纳学杂费）	N4 - 2										
3. 高中及以上（职高、技校、中专、大专、大学等）学杂费（元/年）	N4 - 3										
4. 学校征收的其他费用（入学赞助费、借读费等不常规费用）（元/年）	N4 - 4										
5. 寄宿学生住宿费、生活费（元/年）	N4 - 5										
医疗费	N5										
6. 扣除各种报销、减免后，个人实际支付的医疗费医疗费（元/年）	N5 - 1										
7. 由农村合作医疗或其他医疗保险报销或减免的医疗费（元/年）（请不要与上一项重复填入）	N5 - 2										
转移性支出	N6										
8. 实际交纳医疗保险（元/年）	N6 - 1										
9. 交纳养老保险（元/年）	N6 - 2										
10. 交纳其他社会保障费用（元/年）	N6 - 3										

（三）2011 年家庭收入和支出

注：以下各项是不重叠的，请注意不要将同一项支出重复填入不同的类别中［T302 表］。

家庭收入	变量代码		家庭支出	变量代码	
转移性收入/非收入现金所得	N7		税费支出	N8	
1. 家人寄回或带回	N7 - 1	元/年	1. 缴纳各种税	N8 - 1	元/年
2. 粮食直接补贴	N7 - 2	元/年	2. 上交村集体的费用（“一事一议筹资”及其他集资和各种收费）	N8 - 2	元/年
3. 其他各种农业生产补贴（购买生产资料综合补贴或农资综合补贴、良种补贴、购置和更新大型农机具购置补贴、养殖业补贴等）	N7 - 3	元/年	3. 如果有以钱代工（指向国家或集体要提供的劳务）的情况，填写金额	N8 - 3	元/年

续表

家庭收入	变量代码		家庭支出	变量代码	
4. 退耕还林、退牧还草补贴	N7－4	元/年	转移性支出/非消费性支出	N9	
5. 领取的最低生活保障费	N7－5	元/年	4. 赡养费	N9－1	元/年
6. 无偿扶贫或扶持款	N7－6	元/年	5. 向寺庙等捐赠	N9－2	元/年
7. 其他从国家以及集体领取的转移性收入（救济金、抚恤金、救灾款、退税等）	N7－7	元/年			
8. 调查补贴	N7－8				

（四）2011 年家庭金融资产

问　题	变量代码	
1. 2011 年底，家庭金融资产余额（元）	N10	
2. 2011 年底，家庭债务余额（元）	N11	

调查结束，谢谢您的合作！

附表　民族代码

民族代码	民族	民族代码	民族	民族代码	民族	民族代码	民族	民族代码	民族
1	汉族	12	侗族	23	高山族	34	布朗族	45	鄂温克族
2	蒙古族	13	瑶族	24	拉祜族	35	撒拉族	46	德昂族
3	回族	14	白族	25	水族	36	毛南族	47	保安族
4	藏族	15	土家族	26	东乡族	37	仡佬族	48	裕固族
5	维吾尔族	16	哈尼族	27	纳西族	38	锡伯族	49	京族
6	苗族	17	哈萨克族	28	景颇族	39	阿昌族	50	塔塔尔族
7	彝族	18	傣族	29	柯尔克孜族	40	普米族	51	独龙族
8	壮族	19	黎族	30	土族	41	塔吉克族	52	鄂伦春族
9	布依族	20	傈僳族	31	达斡尔族	42	怒族	53	赫哲族
10	朝鲜族	21	佤族	32	仫佬族	43	乌孜别克族	54	门巴族
11	满族	22	畲族	33	羌族	44	俄罗斯族	55	珞巴族
								56	基诺族
								57	外籍人
								58	入籍

附录3　行政村（调查户所在村）调查问卷（2011年）

A. 需要入村调查的指标

表　　号：　　　　　　　　　　制表机关：

文　　号：　　　　　　　　　　有效期至：

填表说明：

1. 向村领导干部（村支部书记、村委会主任或村文书）提问，由调查员填写。尽可能请村干部根据有关村报表等资料回答（如无统计，请村干部所掌握的情况估计）。
2. 行政村编码按住户调查行政村编码填写。
3. 本调查表所调查的村是行政村，而不是自然村。
4. 在填写数字项时，注意区分零值和不清楚两种情况：如果是“零值”，务必填0，如果是“不清楚”，请留空白。
5. 选择题，除特别注明外，只选答案中的一个。
6. 请将回答内容填写在题后所标序号的横线上。

调查村：______省______县（市）______乡（镇）______村

	变量代码			变量代码	
县/市编码（6位）	coun		村编码	vill	

注意：与住户调查的省、县、村编码保持一致，不要错位。

被调查人（主要回答人）姓名：____________　被调查人（主要回答人）职务：____________

被调查人（主要回答人）联络电话：____________

调查开始时间：2012年______月______日______时______分

调查结束时间：2012年______月______日______时______分

2012 年	变量代码			变量代码	
调查时间（月）	month		调查时间（日）	day	
主要回答人职务①支书 ②村委会主任 ③村文书	person				

调查员签字：＿＿＿＿＿＿　调查员联络电话：＿＿＿＿＿＿

一、人口、就业与经济情况

（一）2011 年末，本村分民族人口

调查问题	变量代码	民族（从后面的《民族代码表》填写代码）	变量代码	2011 年末人口
1. 人口最多的民族	v1101		v1111	人
2. 第二位	v1102		v1112	人
3. 第三位	v1103		v1113	人
4. 第四位	v1104		v1114	人
5. 第五位	v1105		v1115	人

（二）2011 年末，本村分民族住户结构

注：应该跟“本村分民族人口”保持一致，住户类型的定义应该与统计局报表（T101 表）一致。

调查问题	变量代码	人口最多的民族	变量代码	人口第二位的民族	变量代码	人口第三位的民族
1. 个体工商户	v1201	户	v1211	户	v1221	户
2. 干部户	v1202	户	v1212	户	v1222	户
3. 既是干部户又是个体工商户	V1203	户	V1213	户	V1223	户
4. 五保户	V1204	户	V1214	户	V1224	户
5. 参加农村最低生活保障的户数	V1205	户	V1215	户	V1225	户
6. 参加新型农村合作医疗的户数	V1206	户	V1216	户	V1226	户
7. 实施退耕还林（退牧还草）的户数	V1207	户	V1217	户	V1227	户

（三）2011 年本村劳动力就业结构

注：如无统计，请根据被调查人的估计填写。

调查问题	变量代码	回　答
1. 2011 年，主要从事农林牧渔业的劳动力所占比例	v1401	%
2. 2011 年，主要从事工业的劳动力所占比例	v1402	%
3. 2011 年，主要从事建筑业的劳动力所占比例	v1403	%
4. 2011 年，本村劳动力在本村各类企业中从业的人员数量	v1404	人
劳动力外出情况		
5. 2011 年，全村外出从业人员总人数	V1405	人
6. 2011 年，全村外出从业人员中，男劳动力人数	V1406	人
7. 2011 年，全村外出从业人员中，35 岁及 35 岁以下人数	V1407	人
8. 2011 年，全村外出从业人员的民族结构（总数应跟上面的问题 5 一致）		
8-1. 外出从业人员中，本村人口最多的民族所占的比例	V1408-1	%
8-2. 外出从业人员中，本村人口第二位的民族所占的比例	V1408-2	%
8-3. 外出从业人员中，本村人口第三位的民族所占的比例	V1408-3	%
9. 从 2007 年到 2011 年末累计的，举家外出户数（指全家外出，但户口还留在本村的情况）	V1409	户

（四）经济水平

调查问题	变量代码	2011 年	变量代码	2007 年
1. 本村农民人均年纯收入	v1501	元	v1511	元
2. 本乡镇内打临工一天大致赚多少钱？	V1502	元/天	V1512	元/天
3. 向国家以及集体提供劳务（国家投资基建项目等），一天的劳务报酬标准	V1503	元/天		

（五）自然灾害

		2011 年		2010 年		2009 年
1. 本村是否遭遇过自然灾害？①是 ②否	v1601		v1611		v1621	
2. 如有自然灾害，农业生产比正常年份减少了多少？（%）（如没有受灾，请留空白）	v1602					

		2008 年		2007 年
1. 本村是否遭遇过自然灾害？①是 ②否	v1631		v1641	

二、农业与土地管理

（一）农作物播种面积

调查问题	变量代码	
1. 2011 年，本村农作物总播种面积	v2101	亩
2. 其中，粮食播种面积	V2102	亩

（二）农业直补

调查问题	变量代码	
1. 2011 年，本村粮食直接补贴的标准	v2201	元/亩
2. 2011 年，本村农资综合补贴的标准	V2202	元/亩

（三）土地管理政策

调查问题	变量代码	
1. 第二轮土地承包后本村进行过承包地调整的次数（如没有进行过调整，请填写零）	v2301	次
2. 2011 年本村是否提留机动田（机动田指由村组集体保留作为人口增加的补充的耕地）①是 ②否	v2302	
3. 对于因新增人口要承包地的农户，本村的政策是 ①按第二轮承包标准分给承包地 ②低于第二轮承包标准分给承包地 ③不分承包地 ④按个别情况来定 ⑤其他	V2303	
4. 如果发生本村人外出后抛荒承包地的情况，本村是否收回承包地？①是 ②否	V2304	

（四）土地流转情况

注：如无统计，请根据被调查人的估计填写。

	变量代码	2011年，本村是否有实施过以下形式的土地流转？（1）是（2）否	变量代码	如果实施过，是哪一年开始的？（年份）	变量代码	2011年末的流转面积（亩）（如果2011年没有实施的话，填写零）
1. 转包	v2401		v2411	年	v2421	亩
2. 入股，股份合作	v2402		v2412	年	v2422	亩
3. 其他形式（出租、互换等）	v2403		v2413	年	v2423	亩

调查问题	变量代码	
4. 2011年，本村内的土地承包转包费平均多少钱？（请回答有偿转包的一般情况，元/亩）	v2431	元/亩

（五）退耕还林（退牧还草）

调查问题	变量代码	
1. 本村是否实施过退耕还林（退牧还草）？①是 ②否	v2501	
2. 如果实施过退耕还林（退牧还草）的话，起始年份是哪一年？（年份）	V2502	年
3. 如果实施过退耕还林（退牧还草），但2011年没有继续实施的话，是哪一年停止的？（年份）	V2503	年
4. 如果实施过退耕还林（退牧还草）的话，从起始年份到2011年末累计面积为多少亩？	V2504	亩
5. 如果2011年继续实施退耕还林（退牧还草）的话，2011年新增面积为多少亩？	V2505	亩
6. 如果2011年继续实施退耕还林（退牧还草），2011年退耕还林补贴标准（每亩平均折合）为多少？	V2506	元/亩
7. 当地有关部门是否实施过对退耕户的职业培训？①是 ②否	V2507	
8. 如果实施过对退耕户的职业培训的话，培训项目有哪些（选最主要的一项）①种植业 ②造林种草 ③畜牧业、养殖业 ④劳务（外出务工）培训 ⑤其他	V2508	
9. 如果实施过对退耕户的职业培训的话，接受过培训的退耕户占退耕户总数的比例大概多少？（%）	V2509	%

三、村集体财务和村治理

（一）2011 年 村集体财务收支

注：请根据村一级的财务报表填写。

调查问题	变量代码	
1. 2011 年，村集体财务收入合计	v3101	元
（1）村组统一经营收入（包括集体企业上缴）	V3101 - 1	元
（2）村"一事一议"筹资（酬劳部分按以钱代工的标准折算）	V3101 - 2	元
（3）村民上缴的其他各种费用（承包任务、收费、集资等）	V3101 - 3	元
（4）上级拨入的各种收入	V3101 - 4	元
（5）土地征用补偿费、土地使用权转让费（留集体部分）	V3101 - 5	元
（6）其他收入	V3101 - 6	元
2. 2011 年，村集体财务支出合计	V3102	元
（1）用于集体经营扩大再生产服务支出	V3102 - 1	元
（2）为农户提供生产服务支出	V3102 - 2	元
（3）教育事业支出	V3102 - 3	元
（4）医疗卫生事业支出	V3102 - 4	元
（5）公路维修事业支出	V3102 - 5	元
（6）灌溉排水管理事业支出	V3102 - 6	元
（7）其他公共服务支出	V3102 - 7	元
（8）村组干部工资和补贴支出	V3102 - 8	元
（9）其他支出	V3102 - 9	元

（二）村领导班子（2011 年末）

调查问题	变量代码	村支书	变量代码	村委会主任
1. 从哪一年开始担任村支书或村主任（年）	v3201	年	v3211	年
2. 年龄（周岁）	V3202	岁	V3212	岁
3. 学历 ①小学及以下 ②初中 ③高中 ④职高、技校 ⑤中专 ⑥大专 ⑦大学本科及以上	V3203		V3213	
4. 民族（从后面的《民族代码表》填写代码）	V3204		V3214	
5. 每月的工资（干部补贴）标准	V3205	元/月	V3215	元/月

（三）有关村治理的其他问题

调查问题	变量代码	
1. 2011年召开村民代表大会的次数	v3301	次
2. 本村是否有人在县级及以上的党政部门当干部的？①有 ②无	V3302	
3. 在县级及以上的党政部门，本村是否有联系人 ①有 ②无	V3303	
4. 本村是否跟其他村合并过，如有在哪一年？（如没有，留空白）	V3304	年
5. 本村所属的乡镇2000年以后是否与其他乡镇合并过，如有在哪一年？（如没有，留空白）	V3305	年

四、公共服务

（一）本村受益的历年公共项目

问题：2007～2011年，是否有下列的本村受益的公共项目？其资金来源（包括村民酬劳折资部分）有哪些？请从以下的备选答案中，填写一个。

备选答案：①无；②有，资金完全是村里自筹（包括村民酬劳）；③有，资金的一部分是村里自筹（包括村民酬劳），一部分是上级资金和其他外部资金；④有，资金完全是上级资金和其他外部资金。

	2011年		2010年		2009年	
1. 修路工程	v4101		v4111		v4121	
2. 水利排灌工程	v4102		v4112		v4122	
3. 小学及小学设施	V4103		V4113		V4123	
4. 其他教育事业	V4104		V4114		V4124	
5. 乡村医疗点及设施	V4105		V4115		V4125	
6. 人畜饮水工程	V4106		V4116		V4126	

	2008年		2007年	
1. 修路工程	v4131		v4141	
2. 水利排灌工程	v4132		v4142	
3. 小学及小学设施	V4133		V4143	
4. 其他教育事业	V4134		V4144	
5. 乡村医疗点及设施	V4135		V4145	
6. 人畜饮水工程	V4136		V4146	

（二）村集体支农、经济服务

调查问题	变量代码	2011 年	变量代码	2007 年
1. 本村集体是否实行统一灌溉排水？①是 ②否	v4201		v4211	
2. 本村集体是否提供机耕服务？①是 ②否	V4202		V4212	
3. 本村集体是否实行统一防治病虫害？①是 ②否	V4203		V4213	
4. 本村集体是否组织、安排劳动力外出？①是 ②否	V4204		V4214	

调查问题	变量代码	
1. 本村是否有专业性合作经济组织？①是 ②否	V4205	
2. 如果有专业性合作经济组织，是哪些方面？①蔬菜 ②水果 ③其他经济作物 ④畜牧业、养殖业 ⑤其他	V4206	
3. 最近五年中（2007～2011 年），本村是否有招商引资项目？①没有 ②有本村村民引资项目 ③有本村干部引资项目 ④有乡镇及以上干部引资项目 ⑤有其他人引资项目	V4207	

（三）教育

调查问题	变量代码	
1. 2011 年，本村是否有小学？①有完小 ②有初小 ③有教学点 ④以前有过完小，现在没有 ⑤以前有过初小，现在没有 ⑥以前有过教学点，现在没有 ⑦从来没有小学或教学点	v4301	
2. 如本村曾经有小学或教学点，现在没有的话，是哪一年被撤销的？	V4302	年
本村孩子上学的完小的情况（2011 年末的情况，如果本村孩子上学的完小有两所或以上的话，请回答上学的人数最多的一所的情况）		
3. 这所完小离本村距离（公里）（如本村没有完小，填写零）	V4303	
4. 本村孩子上这所完小，是否需要寄宿？①是 ②否	V4304	
5. 这所完小是否有编外民办、代课教师？①是 ②否	V4305	
6. 这所完小是否有少数民族的教师？①是 ②否	V4306	
7. 这所完小是否有汉族的教师？①是 ②否	V4307	
8. 这所完小是否有寄宿学生？①是 ②否	V4308	
9. 这所完小是否有寄宿学生的宿舍？①是 ②否	V4309	

续表

调查问题	变量代码	
10. 这所完小的学生，是否享受“两免一补”政策？①是 ②否	V4310	
11. 这所完小的学生，是否享受在校小学生营养补贴？①是 ②否	V4311	
12. 这所完小是否有危房问题？①是 ②否	V4312	
13－1. 这所完小，主要用什么语言授课？（指授课时使用的语言，不是语文课的内容）①汉语 ②少数民族语言 ③汉语和少数民族语言 ④其他	V4313－1	
13－2. 这所完小，如果用少数民族语言授课的话，具体用哪个民族的语言？（从后面的《民族代码表》填写代码）	V4313－2	
14－1. 这所完小的语文课是否有教少数民族语言的课？（指语文课的内容，不是授课时使用的语言）①是 ②否	V4314－1	
14－2. 如果有教少数民族语言的课，具体教哪个民族的语言？（从后面的《民族代码表》填写代码）	V4314－2	
15. 这所完小的设备，教学设施，是否有下列的设备		
15－1. 暖气 ①有 ②无	V4315－1	
15－2. 自来水 ①有 ②无	V4315－2	
15－3. 厨房 ①有 ②无	V4315－3	
15－4. 洗澡的地方 ①有 ②无	V4315－4	
15－5. 足够的学生桌和椅子 ①有 ②无	V4315－5	
15－6. 图书室 ①有 ②无	V4315－6	
15－7. 学生用的电脑 ①有 ②无	V4315－7	
15－8. 是否能上互联网 ①是 ②否	V4315－8	

调查问题	变量代码	
1. 本地是否有临时监护留守儿童的机构 ①是 ②否	V4316	
2. 如有临时监护留守儿童的机构的话，其性质是 ①村集体办 ②乡镇政府或乡镇级机构办 ③县政府或县级机构办 ④其他	V4317	
3. 如有临时监护留守儿童的机构的话，该机构监护的本村儿童大约有多少？（人）	V4318	

（四）卫生、农村新型合作医疗

调查问题	变量代码	2011 年
1. 2011 年底，本村是否有集体的医疗点（卫生站等）？①有 ②无	v4401	
2. 2011 年底，本村是否有私人诊所？①有 ②无	V4402	
3. 如本村曾经有医疗点，现在没有的话，是哪一年被撤销的？	V4403	年
4. 本村开始实施新型农村合作医疗保险的年份（年）	V4404	年
5. 本村是否属于地方病病区？①是 ②否	V4405	

调查到此结束，谢谢！

附表　民族代码

民族代码	民族	民族代码	民族	民族代码	民族	民族代码	民族	民族代码	民族
1	汉族	12	侗族	23	高山族	34	布朗族	45	鄂温克族
2	蒙古族	13	瑶族	24	拉祜族	35	撒拉族	46	德昂族
3	回族	14	白族	25	水族	36	毛南族	47	保安族
4	藏族	15	土家族	26	东乡族	37	仡佬族	48	裕固族
5	维吾尔族	16	哈尼族	27	纳西族	38	锡伯族	49	京族
6	苗族	17	哈萨克族	28	景颇族	39	阿昌族	50	塔塔尔族
7	彝族	18	傣族	29	柯尔克孜族	40	普米族	51	独龙族
8	壮族	19	黎族	30	土族	41	塔吉克族	52	鄂伦春族
9	布依族	20	傈僳族	31	达斡尔族	42	怒族	53	赫哲族
10	朝鲜族	21	佤族	32	仫佬族	43	乌孜别克族	54	门巴族
11	满族	22	畲族	33	羌族	44	俄罗斯族	55	珞巴族
								56	基诺族
								57	外籍人
								58	入籍

＊B 调查附表：贵州省农村住户所在村基本情况（T101 表）

指标名称	代码		回答		代码		回答
1. 地势	01	①平原 ②丘陵 ③山区		5. 是否通公路	05	①是 ②否	
2. 是否老区	02	①是 ②否		6. 是否通电	06	①是 ②否	
3. 是否郊区	03	①是 ②否		7. 是否通电话	07	①是 ②否	
4. 是否少数民族地区	04	①是 ②否		8. 能否接受电视节目	08	①能 ②不能	

指标名称	代　码	计量单位	数　量
甲	乙	公里	
1. 调查村距最近县城的距离	09	公里	
2. 调查村距最近乡镇政府的距离	10	公里	
3. 调查村距最近小学的距离	11	公里	
4. 调查村距最近初中的距离	12	公里	
5. 调查村距最近车站（码头）的距离	13	公里	
6. 调查村距最近卫生站（所）的距离	14	公里	
7. 调查村距最近邮电所的距离	15	公里	
8. 调查村耕地及灌溉情况	—	—	
（1）年末耕地面积	16	亩	
（2）年末有效灌溉面积	17	亩	
（3）园地面积	18	亩	
（4）林地面积	19	亩	
（5）牧草地面积	20	亩	
（6）养殖水面面积	21	亩	
9. 调查村人口与劳动力情况	—	—	
（1）全村总户数	22	户	
（2）全村总人口	23	人	
（3）全村劳动力	24	人	
（4）其中 男劳动力	25	人	
10. 参加农村最低生活保障的户数	26	户	
11. 参加农村最低生活保障的人数	27	人	
12. 参加新型农村合作医疗的户数	28	户	
13. 参加新型农村合作医疗的人数	29	人	

后　记

本书是集体辛勤劳动的结晶。撰稿分工情况为：李克强、龙远蔚撰写序言，丁赛撰写第一章，李渊呈撰写第二章，陈心之撰写第三章，李浴撰写第四章，潘登撰写第五章，常忠钰撰写第六章，陈俊宏、韩梦曦撰写第七章，霍静璐撰写第八章，吕利丹、陈心之、徐曼撰写第九章。全书由李克强、龙远蔚、刘小珉、丁赛修改，刘小珉最后定稿。

中央民族大学经济学院的刘永佶教授、中国社会科学院民族学与人类学研究所所长王延中研究员对课题组的立项和调查研究给予了大力支持，新疆维吾尔自治区、内蒙古自治区、宁夏回族自治区、青海省、广西壮族自治区、贵州省黔东南苗族侗族自治州、湖南省等地方各级政府的有关部门为我们的调查提供了大量帮助，在此我们一并表示深深的谢意。

刘小珉

2014 年 6 月

图书在版编目（CIP）数据

中国少数民族地区经济社会住户调查：2013/李克强，龙远蔚，刘小珉主编.—北京：社会科学文献出版社，2014.10
ISBN 978-7-5097-6654-5

Ⅰ.①中… Ⅱ.①李…②龙… ③刘… Ⅲ ①少数民族-民族地区经济-经济发展-调查报告-中国-2013 ②少数民族-民族地区-社会发展-调查报告-中国-2013 Ⅳ.①F127.8

中国版本图书馆 CIP 数据核字（2014）第 242193 号

中国少数民族地区经济社会住户调查（2013）

主　　编／李克强　龙远蔚　刘小珉

出 版 人／谢寿光
项目统筹／邓泳红
责任编辑／陈晴钰

出　　版／社会科学文献出版社·皮书出版分社（010）59367127
　　　　　地址：北京市北三环中路甲 29 号院华龙大厦　邮编：100029
　　　　　网址：www.ssap.com.cn
发　　行／市场营销中心（010）59367081　59367090
　　　　　读者服务中心（010）59367028
印　　装／三河市尚艺印装有限公司

规　　格／开　本：787mm × 1092mm　1/16
　　　　　印　张：25　字　数：409 千字
版　　次／2014 年 10 月第 1 版　2014 年 10 月第 1 次印刷
书　　号／ISBN 978-7-5097-6654-5
定　　价／98.00 元